中国农业补贴的
经济效应研究

RESEARCH ON
THE ECONOMIC EFFECT OF
AGRICULTURAL SUBSIDIES
IN CHINA

闫胜利 ◎ 著

中国财经出版传媒集团

经济科学出版社
Economic Science Press

·北 京·

图书在版编目（CIP）数据

中国农业补贴的经济效应研究／闫胜利著 . -- 北京 ：
经济科学出版社，2025. 7. -- ISBN 978 - 7 - 5218 - 6445 - 8

Ⅰ. F812.8

中国国家版本馆 CIP 数据核字第 202446HT28 号

责任编辑：王　娟　李艳红
责任校对：易　超
责任印制：张佳裕

中国农业补贴的经济效应研究
ZHONGGUO NONGYE BUTIE DE JINGJI XIAOYING YANJIU
闫胜利　著
经济科学出版社出版、发行　新华书店经销
社址：北京市海淀区阜成路甲 28 号　邮编：100142
总编部电话：010 - 88191217　发行部电话：010 - 88191522
网址：www. esp. com. cn
电子邮箱：esp@ esp. com. cn
天猫网店：经济科学出版社旗舰店
网址：http：//jjkxcbs. tmall. com
北京季蜂印刷有限公司印装
710 × 1000　16 开　28. 5 印张　423000 字
2025 年 7 月第 1 版　2025 年 7 月第 1 次印刷
ISBN 978 - 7 - 5218 - 6445 - 8　定价：98. 00 元
（图书出现印装问题，本社负责调换。电话：010 - 88191545）
（版权所有　侵权必究　打击盗版　举报热线：010 - 88191661
QQ：2242791300　营销中心电话：010 - 88191537
电子邮箱：dbts@ esp. com. cn）

前　　言

　　农业补贴的经济效应是一个值得深入探究的学术议题。梳理既有的研究成果发现，更多的学者从微观层面对农业补贴的经济效应进行了探讨，但是对农业补贴的宏观经济效应研究相对较少。不仅如此，农业补贴的经济效应由微观至宏观是一个逻辑严谨的系统性工程，现有文献对此论述略显单薄。此外，农业补贴经济效应研究在使用经验数据进行实证检验的同时，借助其他学科的研究方法进行政策评价，有助于深化对农业补贴经济效应的认知。基于以上考量，本书对农业补贴由微观至宏观的作用路径进行了系统性分析，借鉴其他学科的研究方法对农业补贴政策进行了多角度剖析，并从微观与宏观两个层面对农业补贴的经济效应进行了实证检验。因此，本书可能在以下几个方面作出了一定贡献。

　　第一，理论分析的系统性与拓展性。首先，本书构建了包含农业生产者、居户以及政府的内生经济增长模型，并将农业补贴变量引入该模型，系统地阐述了农业补贴的微观经济效应、宏观经济效应以及由微观至宏观的作用路径。其次，本书在对农业补贴经济效应进行分析的过程中，将风险变量纳入理论模型，分析了风险存在的情况下，农业补贴如何影响农业生产者决策。最后，本书对 Orr 模型、优序融资模型、空间溢出模型进行了拓展，融入农业补贴变量，为研究农业补贴的经济效应提供了较为充实的理论支撑。

　　第二，研究方法的多样性与创新性。本书在对农业补贴经济效应研究的过程中，不仅使用了计量经济学相关方法进行了实证检验，而且还借鉴了政策科学、人类学与社会学的研究方法对农业补贴政策进行了多角度剖析。首先，本书尝试将政策科学研究中使用较多的政策文献量化研究方法引入农业补贴政策分析，以探知我国农业补贴政策演进特征，客观分析我国农业补贴政策存在的问题。其次，本书尝试将民族志研究方法引入农业补贴经济效应研究，通过实地观察与主观访谈深切感知农业补贴带来的多重影响，这在一定程度上弥补了农业补贴经济效应研究客观性强、主观感知性不足的缺陷。

第三，研究数据的丰富性与基础性。首先，本书以北大法网数据库为基础，通过多种手段搜集、整理、建立了新中国成立至专著完成时 2019 年的农业补贴政策文件数据库，为研究农业补贴政策提供了丰富的材料支撑。其次，本书在对农业补贴对农业企业创新影响进行实证分析过程中，通过查阅上市公司年报的方式提取出农业企业创新补贴数据，并进行了实证检验，基于此得到的实证结论更加准确。最后，本书通过查阅县级政府决算报告的方式获得了县级农业补贴数据，为评估农业补贴的宏观经济效应奠定了良好的数据基础。

第四，政策建议的纵深性与应用性。以理论研究、政策研究与实证研究为基础，本书对我国农业补贴政策进行了综合评价。在坚持以推动农业发展为根本，农业补贴支持为手段的基本思路下，由经济、制度、文化及生态视角对我国农业补贴政策优化提出了对策建议。此外，由于现代农业的发展，不仅需要农业补贴政策的支持，还需要其他政策措施协同，因此，本书从构建现代农业产业体系、强化财政税收政策及金融保险支农政策等方面提出具体政策建议，以期更好推动我国农业发展。

目　　录

第1章 导　　论

1.1　研究背景与研究意义

1.1.1　研究背景

《中共中央关于制定国民经济和社会发展第十四个五年规划和二〇三五年远景目标的建议》指出：我国农业基础还不稳固，农业发展还面临提高农业质量效益和竞争力的压力。第一，农业数量与质量有待进一步提高。数量层面，首先，农业投入的数量有待进一步稳定与提高。为适应现代农业发展，农业机械拥有量、高素质农业生产经营人员数量、农业科技使用量需要稳定与提高。其次，农业产出的数量有待继续提高。我国拥有14亿人口，始终保证将"饭碗牢牢端在自己的手中"是农业发展的基本着力点。质量层面，首先，农业投入的质量有待进一步提高。为了实现农业绿色、生态、安全，需要不断提高农业投入，增加低毒无害农业生产资料的使用，推动耕地地力不断提升，加大农业生产者素质的培养。其次，农产品产出的质量有待进一步提高。随着社会经济的发展，在解决了"吃饱"问题后，更重要的是如何让居民"吃好"，满足居民个性化、多样性的农产品需求成为提高农业质量的关键。第二，农业效益有待进一步提升。首先，农业自身效益有待进一步提高。增产不增收是中国农业面临的重大问题，在粮食产量连续多年增长的情况下，如何让农民共享改革发展成果是急需解决的重要问题。其次，农业产业效益有待进一步提高。小农户与大市场的"割裂"是农业现实问题，积极发展农业产业，畅通小农户与大市场的联系，提高农业产业效益，做大做强农业产业是提高农业效益的重要步骤。第三，农业竞争力有待进一步增强。竞争力不足是我国农业的现实问题，供需不匹配是制约农业竞争力提升的症结所在。首先，农产品供需结构不匹配。当前农产品供给中，低端无效农产品供给过剩，中高端个性化农产品供给不足，居民需求得不到有效满足（宋洪远，2019）。其次，农产品区域供给结构不匹配。粮食主产区、重要农产品生产保护区和特色农产品优势区建设有待进一步增强。

　　面对农业发展中的众多问题，单纯依靠市场力量很难得到妥善解决，此时便需要政府予以积极干预。农业补贴作为支农惠农的重要手段对推动农业发展发挥着重要作用，产生了众多经济效应。微观层面，农业补贴改变了农业生产者决策，在一定程度上推动了农业企业的发展。宏观层面，农业补贴增强了农业生产的区域优势，形成了区域结构效应，并对邻近区域产生溢出效应，推动了农业经济增长，加快了地区减贫的步伐。虽然农业补贴为农业发展带来了众多好处，但是也存在一定不足。微观层面，农业补贴扩大了农户"隐形"退出的规模，农业企业创新补贴的创新质量不高，农业合作社补贴资金管理不善。宏观层面，农业增产不增收。为了更好地评估农业补贴的经济效应，本书构建了包含农业生产者、居户及政府的三部门内生经济增长模型，通过数理推导，揭示农业补贴与农业微观经济变量和宏观经济变量之间的作用关系，并结合经验数据，使用计量经济学方法进行实证检验，由理论与实证视角发掘我国农业补贴存在的优点与不足。不仅如此，我们还借鉴民族志研究方法与政策文献计量方法对农业补贴政策进行了研究，采用主客观相结合的方式对农业补贴政策进行探讨，发现农业补贴政策优势的同时，探知农业补贴政策存在的问题。最终，综合理论分析、实证分析、政策分析，对农业补贴政策进行综合评价，针对农业补贴政策存在的问题，提出优化路径与措施。

1.1.2　研究意义

农业补贴是财政支农惠农的重要方式，农业补贴的实施产生了诸多的经济效应，对农业补贴的经济效应进行研究，既能完善农业补贴分析框架，充实与完善农业补贴理论，又能对我国农业补贴政策的实施状况进行客观分析与评价，发现存在的问题与不足，进而更好地指导实践。因此，农业补贴经济效应研究兼具理论意义与现实意义。

1.1.2.1　理论意义

（1）贯通农业补贴分析路径，深化财政补贴认知，为完善财政理论提供了有益探索。本书构建了包含农业生产者、居户及政府的三部门模型，将农业补贴变量引入生产函数，在分析了农业补贴对微观经济主体即农业生产者经济决策影响的基础上，研究了农业补贴对经济结构、减贫及农业经济增长的影响。由此可知，本书的理论意义在于：首先，贯通了农业补贴的分析路径，以农业补贴对农业生产者的影响为基础，通过社会总供给与社会总需求的结构及总量的变化影响经济结构与农业经济增长，使农业补贴的微观经济效应与宏观经济效应作用路径得到有效衔接。其次，深化了财政补贴认知，农业补贴属于财政补贴的重要组成部分，我们在分析农业补贴经济效应的同时，无疑也会深化对财政补贴的认知，形成的研究成果会为研究财政补贴的经济效应提供借鉴与参考。最后，为完善财政理论提供了有益探索。优化资源配置功能是财政的基本职能，如何优化？通过何种路径优化？这些是值得理论探索及实证检验的重大课题，我们以农业补贴为切入点，着重分析了农业补贴的影响路径、作用机理，为推动财政理论整体向前做出了一定探索。

（2）深化了农业经济研究，加深了财政学与农业经济学的联系。本书由农业补贴的经济效应着手，着重分析了农业补贴对农业生产者及宏观农业经济的影响。在分析过程中，以财政学基本要素农业补贴为理论分析起点，以农业经济学诸多要素为理论分析落脚点，由数理分析到实证检验，刻画与验证了二者之间的作用关系与作用强度，由财政学视角拓展到农业经济研究视角，深化了农业经济研究内涵，推动财政学与农业经济学的融合，为统筹发展财政学与农业经济学提供了有益参考。

（3）拓展了政策学的研究范围，密切了财政学与政策科学的联系。本书对农业补贴政策这一财政学及政策科学交叉问题进行了深入探究，以政策科学最新研究方法——政策文献量化分析方法，研究农业补贴政策实践问题，丰富了财政学关于农业补贴政策实践的认知，推动了财政学与政策科学的融合，为统筹发展财政学与政策科学提供了有益探索。

（4）拓展了社会学的研究范围，深化了财政学与社会学的联系。本书以农业补贴的经济效应为主题，采用民族志研究方法，对农业补贴政策的主观感知认识进行了研究，通过实地观察与主观访谈，深度探寻了农业补贴对农业生产方式与农村社会的影响，在一定程度上推动了农业补贴研究向社会学领域延伸，在丰富财政学基本认知的同时，推动了社会学研究向纵深发展，深化了财政学与社会学的融合，为统筹发展财政学与社会学提供了有益探索。

1.1.2.2 现实意义

（1）夯实农业基础。农业基础还不稳固是当前我国农业发展面临的重大问题。农业补贴的实施有助于活跃农业信贷市场，激发农业生产者增加农业要素投入的热情，提高农业机械化、科技化、现代化水平，不断推动农业综合生产能力的提高，促使农业效益与竞争力的提升，不断夯实农业基础。不仅如此，以农业补贴为引导，通过补与不补、补多补少的调整，推动农业供给侧结构性改革，逐渐摆脱部分农产品"三高"局面，进而实现农业供给与需求的有效匹配，逐渐满足社会公众个性化农产品需求，稳固农业基础，推动农业健康发展。

（2）确保粮食安全。中国是人口大国，确保粮食安全，始终保证将"饭碗牢牢端在自己的手中"显得尤为重要。农业补贴的实施，特别是以提高农业现代化水平及农业绿色发展为目标的农业补贴政策的实施，极大地推动了"藏粮于地、藏粮于技"的农业政策目标的实现，促使优质粮食工程建设的推进，为确保国家粮食安全奠定了基础。

（3）推动区域经济协调发展。中国当前有 800 个产粮大县，产粮大县的经济发展较为落后，推动区域经济协调发展是实现我国经济向更高层次水平发展的重要步骤。农业补贴的实施，对粮食主产功能区、重要农产品生产保护区及特色农产品优势区建设具有积极推进作用，对突出区域经济特色、缩小区域经济发展差距、推动区域经济协调发展具有重要的现实意义。

1.2 文献回顾与文献述评

1.2.1 文献回顾

本部分将由国外以及国内两个层次，分别按照理论分析与实证分析两个视角，对与农业补贴的经济效应有关的文献进行梳理、归纳，并在此基础上进行简要评述。由于文章的第 4、5、6、7、8 章中仍会对相关文献进行详细梳理、归纳，因此，本部分仅做简要梳理。

1.2.1.1 国外研究现状

（1）理论研究。对国外农业补贴理论研究现状进行回顾，首先，需要对国外农业补贴对农业支持测量方法进行回顾；其次，需要对农业补贴的依据进行分析；最后，落脚于农业补贴经济效应的文献回顾。

①农业支持水平的衡量。农产品作为国际贸易的重要载体，国内支持水平必然受到他国的关注，因此，对农业国内支持水平的衡量显得尤为重要。目前世界上通用的衡量农业国内支持水平的方法主要有四种：一是世界银行经济学家巴拉萨（Balassa，1965）首创的名义保护系数（Nominal Protection Coefficient，NPC），计算方法为自由贸易条件下农产品价格除以该农产品的国内价格。二是 OECD 在 1978 年为了全面反映农业支持水平

所设计的衡量指标体系，该体系将农业总支持水平进行了分解，具体分为三个衡量指标，从不同角度来具体测算国内对农业的支持情况。该指标体系包括生产者支持估计（Producer Support Estimate，PSE），消费者支持估计（Consumer Support Estimate，CSE），以及一般服务支持估计（General Services Support Estimate，GSSE）。三是柯登（Corden，1986）提出的有效保护系数（Effective Protection Coefficient，EPC）。四是 WTO 设计的用来衡量成员国农业国内支持水平的综合支持量（Aggregate Measure of Support，AMS），该指标是衡量政府用于支持一部门投入的货币价值的指标。综合支持量包括对生产者直接支付（如差额补贴）、投入品补贴（如对灌溉用水的补贴）、能够引起市场价格扭曲的收入转移的估计值（如市场价格支持）、商品贷款计划的利率补贴的实际发生额或累计额，PSE 与 AMS 是国际上比较通用的衡量国内农业支持水平的指标。

②农业补贴的依据。农业活动的直接结果是产出农产品，尽管本书的主题是农业补贴的经济效应研究，但是追溯农业补贴的依据就不可回避农业在政治、社会、生态及经济方面的影响。

第一，农业与政治。农业活动尽管与经济以及生态的联系更为紧密，但是当农产品特别是粮食安全威胁国家安全、社会稳定、国民生存时，农业问题便上升为涉及国家主权的政治问题。爱德华·萨乌马（1983）认为："粮食安全是确保所有人在任何时候既能买得到又能买得起他们所需的基本食品"，因此，粮食安全可以区分为三类：国家粮食安全、家庭粮食安全以及营养安全（钟甫宁等，2013），我们在此只讨论国家粮食安全问题。发达国家农业协会成员对国家粮食主权保护的呼声日益提高（Bartos，2014；Fairbairn，2012），美国、欧盟以及加拿大等呼吁要对国内农产品的生产与分配进行控制，他们认为国际农产品贸易会危及国内食品安全，削弱国内饮食文化。针对上述思潮，纳文和迪特尔（Navin & Dieterle，2018）由避免发达国家直接反对、虚假对等以及目标中和等方面论述了如何维护发展中国家粮食主权。粮食主权强调国际粮食贸易风险对本国市场的影响（Patel，2009），事实也证明20世纪八九十年代兴起的新自由主义在国际粮食价格稳定的情况下有助于粮食进口国粮食的供给，但是2007～

2008 年爆发的国际粮食价格危机对西非粮食进口国产生了较大的冲击（Bini，2018）。

第二，农业与社会。农业活动直接为人类生存服务，但是随着社会经济的发展、科技的进步，化肥、农药以及其他化学添加剂的大范围使用，对食品安全造成巨大威胁。此外，饮食结构的变化，高热量食物的大量摄入使得超重及肥胖问题日益严峻。食品安全问题、超重及肥胖问题虽然是社会问题但是却与农业有着莫大的联系。食品安全是指消费者对与农业生产方式有关的农药、化肥、人工添加剂和防腐剂残留的关注（Yeung & Yee，2005）。食品安全是人类的基本人权，但是食品从田间地头到餐桌会受到微生物、化学制品、生态环境等多重因素的影响，因此，保证食品安全需要生产者、消费者以及政府协同合作（Lam et al.，2013）。随着中国经济社会的发展，中国食品安全问题日益成为学界关注的重点，特别是2008 年三聚氰胺事件后，中国对食品安全进行了全方位的规范与治理，并取得了显著的成效（Connolly et al.，2015）。食品安全问题不容忽视，超重及肥胖等公共卫生问题日益严峻。2000 年，世界卫生组织（The World Health Organization）将超重以及肥胖问题列为全世界主要的公共卫生问题。为了解决由饮食引发的公共卫生问题（以超重以及肥胖为主），很多国家采取了税收手段，法国以及丹麦开征了"脂肪税"（Allais et al.，2010；Jensen & Smed，2013），挪威对增值税税率进行了调整，以促进居民健康饮食（Gustavsen & Rickertsen，2013）。

第三，农业与生态。农业生产活动与生态环境联系紧密，这种联系一方面表现为农业生产活动要受到自然环境的制约；另一方面表现为农业生产活动在产出农产品的同时，也会给生态环境带来影响。首先，农业生产对自然条件依赖性很强，自然条件的变化会严重影响农业生产。气候因素是制约农业生产的主导性因素，气候变化会对农产品产量产生影响，奥尔蒂斯等（Ortiz et al.，2008）对恒河平原 2050 年小麦产量对气候变化的适应性进行了研究，通过研究发现，全球气候变暖会增加部分地区小麦产量，但是也会降低炎热地区小麦生产率。安瓦尔等（Anwar et al.，2007）运用作物模拟模型（CropSyst）对气候变化对澳大利亚东南部小麦生产情况进行了预测，通过模型分析发现，CO_2 排放量的增加会使得小麦产量平均下降25%。其次，农业生产活动对生态环境的影响。这一影响主要表现在两方面，一是农业生产活动促进生态环境的改善，即正的外部性；二是农业生产活动造成生态环境的污染，产生负的外部性。尽管农业生产活动对生态环境既有正效应又有负效应，但是由于负效应所引发的危害巨大且深远，因此，学界对农业生产负的外部性研究居多。农业生产过程中农药、化肥的大量使用在带来粮食产量增加的同时，也会对生态环境造成负面影响，如生物多样性减少、土壤退化、温室气体排放以及水污染（Skevas et al.，2013；Wang et al.，2018）。

第四，农业与经济。农业作为基本的经济部门与多种经济变量之间存在联系，这种联系既存在于微观的农业生产、经营以及消费过程中，又存在于宏观的区域经济发展、经济增长及减贫之中。首先，农业生产过程中需要农户对农业生产活动进行决策，农业生产决策无疑会面临风险，宾斯万格和西勒（Binswanger & Sillers，1983）对风险厌恶以及信贷约束对农民投资的影响进行了分析，通过理论模型推导发现风险厌恶以及信贷约束会对良种以及肥料的使用产生影响。农业生产新技术的采用是农业生产决策的主要内容，转基因技术的应用（Ali & Abdulai，2010；Nolan & Santos，2019）、有机农产品的生产（Khaledi et al.，2010）都是农业新技术的代表。其次，农业经营活动是农业活动的重要内容，农业产业化经营是农业经营活动的热点。通常而言，鲜活农产品都有保存时间限制，农业产业化经营缩短了生产者与消费者之间的距离，有助于人们获得健康、清洁、可信赖的农产品（Aubry & Kebir，2013）。不仅如此，农业产业化经营在给消费者带来鲜活农产品的同时，也会给小农户带来发展机遇（Michelson，2013；Rao et al.，2012）。最后，农产品消费作为农业活动的终结，在农业经济中占据着重要地位。在居民进行农产品消费选择时，由于信息不对称，消费者倾向于选择自己参与生产的本地产品（Cranfield et al.，2012）。经济的繁荣、家庭收入的增加、对外开放程度的提高促使中国城市居民饮食结构发生了变化（Dong & Fuller，2010）。尽管经济的发展、收入的增加会给居民的农产品消费带来负面影响（如前述提到的超重以及肥胖问题），但是不可否认的是随着生活质量的提高，居民对农产品质量、安全性、健康性的要求也在日益提高（Michaelidou & Hassan，2010；Balcombe et al.，2010）。

农业与经济的联系不仅存在于微观的农业经济活动各环节，而且存在于宏观的区域经济发展、农业经济增长以及减贫等领域。农村的繁荣、农业经济的发展是促进区域经济协调发展的重要内容。自列昂惕夫（Leontief，1936）首次提出投入—产出分析以来，投入—产出分析在农业经济学中的应用不断得到拓展。政府层面，美国农业部一直使用投入—产出分析监控食品以及纺织行业。学术研究层面，农业经济学家一方面使用投入—产出分析，预测劳动力如何与当地新兴企业进行有效匹配（Lego et al.，2000）；另一方面使用投入—产出研究方法分析区域发展状况，莱泽曼等（Leatherman et al.，2002）基于该方法分析了当地产业目标计划实施情况。不仅如此，农业经济的发展对整个国民经济的发展有着重要意义。舒尔茨（Schultz，1968）认为农业与工业一样也是重要的国民经济部门，片面追求工业的现代化而忽视农业的发展，不仅不会带来经济的现代化，而且会使得经济更加落后。舒尔茨（Schultz，1968）认为土地作为自然资源在农业生产中扮演着重要的角色，但是伴随着经济的发展对农业进行投入，提高农民的知识水平，增加农业生产的人力资本投入，推动农业科技进步，促进传统农业向现代农业迈进，能够更好地推动国家经济的协调发展。农业生产率的提高，能够释放更多的劳动力，进而为整体经济的增长贡献力量（Dethier & Effenberger，2011）。此外，农村地区一直是贫困的高发区，减贫也成为农村工作甚至国家经济政策的重点。尽管如此，全球经济下滑无疑给减贫工作蒙上了厚重的阴影（Debucquet & Martin，2018）。萨利姆和唐纳森（Saleem & Donaldson，2016）认为减贫目标的实现有四种路径，一是加快推进产业化；二是推动农村发展；三是增加社会福利；四是充分发挥资源优势。此外，为了实现减贫目标，首先，需要国家在政策层面对减贫予以大力支持，作为最大的发展中国家，中国的减贫工作取得了举世瞩目的成效，而这一成绩的取得与中国全方位系统化扶贫政策的大力实施存在着必然的联系（Li，2014）。其次，减贫工作的最终落脚点在于发展地方经济，因此，推动作物种植多样化（Thapa et al.，2018），发展地方产业如食品制造业，增加非农收入是实现农村减贫的重要路径（Cazzuffi et al.，2017）。

③农业补贴的经济效应。农业补贴带来的经济效应是多方面的，具体表现为农业补贴的决策效应、收入效应、福利效应、挤出与挤入效应以及生产效应。

第一，农业补贴的决策效应。农业生产活动是以农户的生产决策为开端的，农业生产资料（种子、化肥、农药）的选择直接关系到农作物的产量。因此，对农业进行补贴并对农业补贴发放的时间点进行有效安排，有助于为农业生产者提供资金支持，进而促使农业生产者进行最优生产决策（Huang et al.，2013）。尽管农业补贴有助于农业生产者做出最优决策，但是性别的差异却会影响农业生产者对农业生产资料（现代优质玉米种子）的选取（Fisher & Kandiwa，2014）。不仅如此，由于农产品储存需要花费一定的成本，因此，农民在进行农业生产中就会面临采用高产农作物/高储存成本以及低产农作物/低储存成本的抉择问题，当农作物市场价格上升，农作物产量增加，政府补贴降低储存成本时，农民倾向于种植高产作物（Ricker - Gilbert & Jones，2015）。余和萨姆纳（Yu & Sumner，2018）分别讨论了常数绝对风险规避模型（CARA）以及递减的风险规避模型（DARA）下，农作物保险补贴对作物选择的影响，假设农作物有基本农作物以及风险农作物之分，通过数理分析发现，在满足一定条件下，农作物风险补贴能够促使农民更多地选择风险农作物。农作物保险补贴不仅会对农作物品种决策产生影响，而且会对生产决策产生影响。余等（Yu et al.，2017）通过数理模型分析发现，农作物保险补贴会产生两个经济效应：一是直接的利润效应，二是间接的覆盖效应，这两种经济效应均有助于促进农作物种植面积的扩大。

第二，农业补贴的收入效应。梅森和斯梅尔（Mason & Smale，2013）以农户收益最大化为目标，对农业补贴（种子补贴）对农户收入产生的影响进行了理论分析，经过数理模型分析发现，农业补贴增加农户收入的路径是作物产量的提高。竹内和利物浦·塔西（Takeshima & Liverpool - Tasie，

2015）对尼日利亚实施的化肥补贴进行了规范分析，通过分析发现化肥补贴通过价格机制对农户收入产生影响。高塔姆（Gautam，2015）认为投入补贴项目不仅可以帮助受助农户，而且可以释放强大的经济效应，其中包括农业收入的提高、实际工资的增加、家庭贫困的削减。梅森等（Mason et al.，2017）对肯尼亚的国家农业投入增长计划进行了研究，通过研究发现该计划总体增收效果十分微弱，甚至可以忽略不计，但是贫穷农户的作物净收入却增加了。杰恩等（Jayne et al.，2018）对非洲第二代农业补贴项目实施的效果进行了总体回顾，并结合已有研究文献对实施结果进行了评价，总体而言非洲的农业投入补贴项目提高了农业收入，降低了地区贫困程度。

第三，农业补贴的福利效应。多尔沃德和彻尔瓦（Dorward & Chirwa，2010）对马拉维农产品投入补贴的福利效应进行了规范分析，通过规范分析发现，农业投入补贴的实施（农业投入补贴规模、成本、方式、时间节点、目标、比率）通过国家层面或地方层面，以市场以及非市场途径作用于农户，作者认为接受农业补贴的农户的福利水平有了显著的提高。沃森等（Wossen et al.，2017）对尼日利亚农业增长支持计划（GES）的福利效应进行了分析，以人均食品支出、人均非食品支出、人均总支出以及贫困发生率作为福利指标，通过分析发现尼日利亚的农业增长计划显著地提高了受助农民的福利水平。梅森等（Mason et al.，2017）使用类实验研究方法对肯尼亚农业投入补贴的福利效应进行了分析，通过分析发现，农业投入补贴对净作物收入、净家庭总收入及贫困发生率短期内没有影响，但是有助于缩小贫困差距、降低贫困程度。

第四，农业补贴的挤出与挤入效应。农业补贴属于公共支出形式之一，因此，实施农业补贴必然会产生一定的挤出效应，但是当国家对某种农业生产资料进行补贴时，会使得家庭实际可支配收入增加，在此情况下就会使得有的家庭有财力购买之前无力购买的农业生产资料，进而产生挤入效应。徐等（Xu et al.，2009）将政府投入补贴的挤入/挤出效应定义为特定时点特定区域内增加一单位政府投入引发的总的农业投入品消费变化情况。总的消费数量包括受政府补贴支持的农业投入数量（GOV）以及私营部门提供的农业投入数量（PRIV），当对政府支持的农业投入数量对总农业投入消费数量求偏导时，因$\frac{\partial PRIV}{\partial GOV}$的符号不同即当$\frac{\partial PRIV}{\partial GOV} > 0$时产生挤入效应；当$\frac{\partial PRIV}{\partial GOV} = 0$时没有影响；当$\frac{\partial PRIV}{\partial GOV} < 0$时产生挤出效应。里克尔·吉伯特（Ricker - Gilbert et al.，2011）认为在发展中国家由于自然环境的限制、信贷约束以及劳动力市场缺陷导致农户在生产与消费决策时不可分割，据此将家庭特征、社会人口特征、政府补贴等因素纳入理论模型之中，参考已有文献对农业补贴的挤出效应进行了分析。霍尔顿和伦杜卡（Holden & Lunduka，2012）以家庭收入最大化为出发点，构建了理论分析模型，分析了两种情况下农业补贴对有机肥使用的挤出效应，一方面当家庭收益最大化时，非角点解的情况下，农业补贴会对有机肥产生明显的挤出效应，另一方面当存在角点解时，农业补贴对有机肥的使用是挤入还是挤出效应要结合具体情况进行进一步分析。杰恩等（Jayne et al.，2013）借鉴了徐等（Xu et al.，2009）的研究模型并对其模型进行了一定拓展，着重考虑了农业补贴可能存在的"渗漏效应"对农业补贴挤入/挤出效应的影响。不仅如此，莱文等（Levine et al.，2016）、莱文和梅森（Levine & Mason，2014）以不可分离模型作为基本分析框架，对农业补贴（化肥补贴）对其他土壤肥力保持项目的挤入/挤出效应进行了分析。

第五，农业补贴的生产效应。朱和兰辛克（Zhu & Lansink，2010）认为，就理论而言，农业补贴生产效应的发挥有四种理论机制：一是通过改变农业投入品与产出品价格来影响农业生产；二是通过增加农户可支配收入进而影响农户生产决策，最终产生生产效应；三是通过实施农业保险项目进而降低以及消除农业生产风险而产生生产效应；四是通过农业经济增长以及农产品出口产生生产效应。里佐夫等（Rizov et al.，2013）以农场收益最大化为假设，结合贝尔曼方程对欧洲共同农业政策下农业补贴对生产效率的影响进行了分析，经过数理分析发现，农场生产效率高低与农民投入、政府补贴、农民拥有的资本以及经济环境有关。库马尔和乔希（Kumar & Joshi，2014）使用综合模型对农业补贴的生产效应构建了基本的理论框架，该模型由要素需求和产出供给、产出需求和作物净收益方程组成。卡祖考斯卡斯等（Kazukauskas et al. , 2014）对农业脱钩补贴政策对农业生产率的影响进行了分析，通过模型分析发现，脱钩补贴促进生产率提高的路径可能是脱钩补贴为农业生产专业化创造了条件。

（2）实证研究。国外不仅对农业补贴理论进行了全方位研究，而且对农业补贴政策的实施效果进行了多角度实证检验，产生了丰富的研究成果，为研究农业补贴经济效应提供了有益借鉴。

①农业国内支持水平的测算。通过文献梳理发现，目前对农业国内支持水平的测算研究可以分为单一国家农业国内支持水平测算以及多个国家农业国内支持水平测算两类。在单一国家农业国内支持水平测算方面，尼尔森（Nelson, 1994）对美国农业生产者支持估计（PSE）进行了测算，通过测算发现美国的 PSE 由 1987 年的 32% 下降到 1989 年的 18%，1992 年则保持在 18% ~19%。利费特等（Liefert et al. , 1996）对俄罗斯 1992 ~ 1994 年主要农产品（小麦、玉米、甜菜、家禽、蛋、奶等 10 项农产品）的 PSE 进行了测算，通过测算发现在该期间内俄罗斯的主要农产品的财政支持均是负值。斯特罗科夫和迈耶斯（Strokov & Meyers, 1996）同样对俄罗斯农业支持水平进行了测算，并对利费特等的研究成果进行了质疑，他们结合俄罗斯转轨时期的经济特征对 PSE 进行了调整，在此基础上对俄罗斯 1992 ~ 1994 年主要农产品 PSE 进行了测算，通过测算发现，不仅 1992 年甜菜的 PSE 为正，而且其他农产品的生产者支持估计的绝对值明显小于利费特等的研究成果，1993 年有 6 种农产品 PSE 为非负数，1994 年仅有 3 种农产品 PSE 为负数。加拉格尔和莱马（Gallacher & Lema, 2014）对阿根廷 2007 ~ 2012 年农业补贴（支持）情况进行了研究，通过研究发现样本期间内阿根廷的一般服务支持估计（GSSE）平均每年为 2.6 亿美元、样本期间内生产者支持估计（PSE）平均每年为 32%、样本期间内消费者支持估计（CSE）平均每年为 3.7 亿美元。

在多个国家农业国内支持水平测算方面，古拉蒂、沙玛（Gulati & Sharma, 1992）从跨国视角比较了亚洲的中国、日本、韩国，非洲的埃及，北美的加拿大、美国及欧洲部分成员国等 37 个国家和地区的农业补贴水平，通过测算发现，农业保护水平最高的是日本，然后依次是欧洲部分国家、美国以及发展中国家。欧洲部分国家、美国等主要农产品出口国的 PSE 分别是 37%、26.17%，中国台湾地区 PSE 为 22.33%，中国大陆 PSE 为 -34.17%。奥登等（Orden et al.，2007）分别对印度、印度尼西亚、中国以及越南的 PSE 进行了测算，通过测算印度 1985～1993 年年均 PSE 为 -12.71、印度尼西亚 1985～1992 年年均 PSE 为 10.95、中国 1995～2001 年年均 PSE 为 -1.76、越南 1987～1994 年年均 PSE 为 -17.44。

②农业补贴经济效应的实证分析。农业补贴的经济效应不仅需要理论研究，而且需要实证检验，农业补贴经济效应的实证检验由农业补贴决策效应的实证检验、收入效应的实证检验、福利效应的实证检验、挤出与挤入效应的实证检验以及生产效应的实证检验构成。

第一，农业补贴决策效应的实证研究。农业补贴能够对农民生产决策产生影响，而这种影响广泛存在于劳动力供给、农作物种植面积、种子选取、技术采纳等多个方面。潘迪特等（Pandit et al.，2013）运用参数以及半参数估计对农业补贴对劳动力供给决策影响进行了实证分析，首先对估计方法的适用性进行了检验，通过 t 值、p 值以及 LR 检验，发现尽管参数估计方法下农业补贴对劳动力供给决策产生了显著影响，但是半参数估计方法适应性更好，但在半参数估计下，农业补贴并未对农民的非农业劳动力供给产生显著影响。余等（Yu et al.，2017）运用面板数据，采用固定效应模型对农业保险补贴对农作物播种面积的影响进行了研究，实证结果显示，1 美元风险支出中农业风险补贴提高 10%，就会使得农作物种植面积扩大 0.43%。费希尔和坎迪瓦（Fisher & Kandiwa，2014）运用 Logit 模型对马拉维农业补贴对不同性别采用现代玉米种子情况进行了估计，通过实证分析发现，在农业补贴情况下，女性户主家庭采用现代玉米种子提高了 222%，农业补贴对男性户主家庭现代玉米种子的采用没有影响。费罗伊登赖克和穆布霍夫（Freudenreich & Mußhoff，2018）结合实验经济学基本方法，运用 Ordered 模型对农业保险补贴对高产农作物品种的采用进行了实证分析，通过实证分析发现，农业保险补贴显著地提高了农民对高产农作物品种的采用程度。斯梅尔等（Smale et al.，2014）结合赞比亚的截面数据对小农户对玉米杂交种子补贴的需求情况进行了实证检验，通过实证分析发现农业补贴对种子需求产生递归式影响。里克尔·吉伯特和琼斯（Ricker – Gilbert & Jones，2015）基于马拉维农产品投入补贴的视角对存储技术是否影响高产玉米品种的采用进行了实证检验，使用面板数据，通过实证分析发现化学储存技术会对高产玉米种子的采用产生显著影响，而且化学储存技术补贴会对商业化学存储技术产生明显的挤出效应。

第二，农业补贴收入效应的实证研究。里克尔·吉伯特和杰里（Ricker – Gilbert & Jayne，2016）运用分位回归对化肥补贴的收入效应进行了实证研究，实证结果显示，受补贴化肥每增加 1 公斤会使得第 90 分位的家庭玉米产出增加 2.61 公斤，但是对第 10 分位的家庭玉米产出增加仅有 0.75 公斤，由此可知，化肥补贴对不同分位家庭所带来的增收效果存在显著差异。梅森和斯梅尔（Mason & Smale，2013）实证检验了杂交种子补贴对农民收入的影响，通过实证分析发现，10 公斤的杂交玉米种子能够使得玉米产量提高 256 公斤，农民总收入增加至 314929 克瓦查。梅森和滕博（Mason & Tembo，2015）运用 Tobit 模型以及 FE 模型实证检验了农业补贴对小农户收入的影响，通过实证分析发现，农业补贴显著地提高了小农户的总收入以及农作物收入。阿恩特等（Arndt et al.，2014）使用 CGE 模型对马拉维农业投入补贴项目的收入效应进行了实证分析，通过实证分析发现，马拉维农业投入补贴能够使农民平均农业收入增加 5% ~8%。梅森等（Mason et al.，2017）运用 DID 模型、固定效应模型以及 PSM – DID 模型实证检验了肯尼亚农业投入补贴对小农户收入的影响，通过实证分析发现，不同实证方法下回归结果略有差异，但是农业投入补贴仅在 DID 模型下对总体收入产生显著影响，而在其他回归模型下并未产生显著影响。

第三，农业补贴福利效应的实证研究。梅森和斯梅尔（Mason & Smale，2013）运用固定效应模型（FE）对赞比亚农业补贴的福利效应进行了实证检验（以玉米生产、家庭收入、贫困的严重程度和相对贫困作为福利的表示变量），通过实证检验发现，增加 10 公斤受补贴种子，就会使得每个家庭玉米产量增加 106 公斤、家庭收入提高 1.1%、贫困严重程度下降0.7%、相对贫困下降0.4%。叶等（Ye et al.，2017）运用离散选择实验模型（DCE）结合中国湖南省水稻生产调查数据对农作物保险补贴的福利效应进行了实证检验（以补偿变化（CV）代指福利水平），通过模拟分析发现，在较低的赔付水平（小于600元/亩）的情况下，较高保险费的负面影响超过了增加赔付的积极影响，当赔付达到1800元/亩时，样本平均福利效应增加了约15元/亩。沃森等（Wossen et al.，2017）运用倾向得分匹配（PSM）、逆概率加权调整回归模型（IPWRA）以及工具变量（IV）模型对农业补贴对尼日利亚小农户福利的影响进行了实证检验，实证结果显示尼日利亚的农业补贴项目使得项目参与者的人均消费支出增加30.7%，并且会使得农业补贴项目参与者的贫困人口比例下降17.7%。

第四，农业补贴挤入/挤出效应的实证研究。徐等（Xu et al.，2009）以面板数据实证检验了赞比亚农业补贴的挤入/挤出效应，通过实证分析发现，农业补贴产生挤入还是挤出效应与项目实施区域市场活跃程度有关。总体而言，增加1公斤受补贴的化肥，会使得总的化肥使用量提高0.92公斤。当补贴项目实施的区域市场活跃时，增加1吨的政府补贴化肥，会使得该地区化肥消费量减少0.12吨；当项目实施区域市场活跃程度较低时，受补贴化肥增加1公斤时，总的化肥消费量增加1.06公斤，最贫困地区化肥使用量则会增加1.7公斤。里克尔·吉伯特等（Ricker-Gilbert et al.，2011）以面板数据对马拉维农业补贴的挤出效应进行了实证分析，通过实证分析发现，政府每补贴1公斤化肥，就会使得0.22公斤的商业化肥被挤出，但是这种挤出效果在贫困地区为0.18，在非贫困地区为0.3。梅森等（Mason et al.，2013）以Tobit模型以及TNH模型实证检验了存在"渗漏效应"时农业补贴（化肥补贴）的挤出效应，通过实证分析发现，每增加1公斤受补贴化肥，会使得总的化肥使用量增加0.56公斤，当不控制"渗漏效应"时，将会增加0.87公斤。不仅如此，莱文和梅森（Levine & Mason，2014）运用Probit模型以及Tobit模型对农业补贴是否挤入/挤出其他土壤肥力管理项目进行了实证检验，通过实证分析发现，农业补贴项目对休耕地肥力保持项目有着微小但是显著的挤入效应，但是也有对其他肥力保持项目 11.3% 的挤出效应。霍尔顿和伦杜卡（Holden & Lunduka，2012）运用 Tobit 以及 Probit 模型对化肥补贴是否会对有机肥的使用产生挤出效应进行了实证分析，通过实证分析发现，有机肥使用的数量以及可能性与受补贴化肥使用高度正相关，每增加 1% 的受补贴化肥使用数量，就会使得有机肥使用数量增加 1.94% ~ 1.96%，使用可能性增加 0.62% ~ 1.66%；受补贴化肥价格平均提高 1%，有机肥使用的可能性提高 3.5% ~ 5.3%。

第五，农业补贴生产效应的实证研究。里佐夫等（Rizov et al.，2013）结合欧盟 15 个国家的农业数据，运用 Spearman 相关系数对农业补贴与农场生产率之间的相关关系进行了实证检验，实证结果显示，当欧盟共同农业支持政策与欧盟预算脱钩后，欧盟共同农业支持政策对农业生产率产生了微妙变化，对部分国家农业生产率的提高起到了积极促进作用（例如，比利时 0.076、德国 0.037、丹麦 0.049）。拉屈夫等（Latruffe et al.，2016）对欧盟共同农业支持政策的技术效率进行了实证分析，通过实证分析发现农业补贴对技术效率的影响在不同的国家产生了不同的影响，在丹麦、西班牙、英国是显著的积极影响，而在爱尔兰以及德国没有影响。塞克（Seck，2017）以 DEA 模型对塞内加尔化肥补贴对农民生产效率的影响进行了实证分析，通过实证分析发现，化肥补贴项目使得农民化肥使用量增加（接受补贴的农民平均化肥使用量为 28.4kg/ha，而没有接受补贴的农民平均化肥使用量为 23.3kg/ha），在 Ronkh 地区化肥补贴在提高农民生产效率方面更加明显，化肥补贴使化肥使用率得到提高（54%）、农民合作组织得到增强（100%）、农民融资增加（63%）、存储能力以及生产能力提高（94% 、37%）。曼维尔和维特（Minviel & Witte，2017）使用非参数估计方法对财政补贴对农场技术效率的影响进行了实证检验，通过实证分析发现，财政补贴对农场技术效率的提高产生了微小的但是显著的负面影响。曼维尔和拉屈夫（Minviel & Latruffe，2017）运用 Meta 分析方法对财政补贴对农场技术效率的影响进行了实证分析，通过实证分析发现，当补贴以额外的产出变量引入模型时，财政补贴对农业技术效率的影响是积极的。

1.2.1.2　国内研究现状

我国自 2002 年开始农业补贴试点，2006 年全部取消农业税，并全面实施农业补贴，国内对农业补贴的研究日益增多，研究视角日益广阔，在理论研究、实证研究与农业补贴政策研究中取得了丰富的研究成果。

（1）理论研究。

①农业补贴的理论依据。国内对农业补贴的理论分析起始于对农业补贴的理论依据的探讨，在农业补贴理论依据方面包括了农业弱质性理论、公共财政理论、农业多功能性理论等几个方面。

第一，农业弱质性理论。农业的弱质性一方面表现为农业生产受到自然条件的制约，另一方面农产品受到市场条件的制约。在自然环境方面，农业生产活动的对象是动植物，农业生产活动受到自然条件的制约，以及自然环境的不确定性的影响，例如洪涝、干旱、病虫害等自然灾害的发生会使得农业生产活动面临很高的自然风险，农业生产活动表现出很强的脆弱性。在市场风险方面，通常而言，农产品生产周期较长，农业生产者很难对市场信息做出及时的反应，农业生产规模很难根据市场情况进行及时的调整，并且农产品还具有需求弹性小的特点，这些特点使得农产品一旦供过于求就会导致"谷贱伤农"的问题出现（何忠伟，2005；穆月英，2010）。

第二，公共财政理论。韦苇、杨卫军（2004）认为农业既有正的外部性同时也有负的外部性，总体而言农业正的外部性是主要方面，因此，需要对农业进行补贴以使得农业均衡产量达到社会最优产量。邓小华（2004）认为粮食具有明显的准公共产品属性，因此，需要对粮食生产进行一定的补贴。农业基础设施、农民技术培训以及农业科技的研发与推广对农村经济的发展具有重要作用，而且农业人力资本的积累以及农业科技的研发具有明显的正的外溢效应，因此，政府应该通过财政手段予以干预（何忠伟，2005）。张祖荣（2009）对农业保险的"生产"与"消费"的双重正外部性进行了规范分析，当农业保险存在正的"溢出"时，需要政府以补贴的形式予以扶持，进而实现帕累托最优。谢玉梅、刘慰霖（2013）以规范分析并结合数理模型对有机农业的外部性进行了阐述，认为有机农业在给农业生产者带来经济收入的同时，还具有减少碳排放、保护生态环境以及增加土壤肥力的功效，正的外部性的存在需要农业补贴的扶持。

第三，农业多功能性理论。随着经济社会的发展，农业在提供食物的同时衍生了更多功能。何忠伟、蒋和平（2003），何忠伟（2005），鲁礼新（2006）认为农业生产系统是农业生态系统与农业经济系统的结合，农业生产活动不仅产出农产品，而且连续的农业生产活动还可以产出农产品以外的有形的与无形的价值，而这些有形的与无形的价值与各国的地形、气候、文化相互结合产生不同的文化差异，进而形成市场价值之外的公益性价值。李传健、何伦志（2007）以土地资源作为切入点，结合土地资源的多功能性对农业补贴理论依据进行了论述，认为土地资源不仅具有经济价值，而且土地资源还有生态价值、社会价值与文化价值，然而现实中土地价值中仅有经济价值转化为农民收入，而土地的生态、文化以及社会价值没有转化为农民的收入，需要政府进行补贴。梁世夫、姚惊波（2008）认为农业在提供农产品的同时能够改善生态环境、促进农村经济发展、维护生物多样性以及传承农耕文化等功能，因此，农业具有经济功能的同时还具备了生态功能、文化功能。

②农业补贴的经济效应。实施农业补贴所产生的经济效应是多方面的，既有对微观主体农户以及涉农企业的经济效应，又有对宏观农业经济的影响。

第一，农业补贴的微观经济效应。首先，农业补贴对农户的经济影响。农户是我国农业补贴的主要接受者，因此，农业补贴对农户的经济效应表现的最为直接。农业补贴对农户的经济效应，集中反映在农户的决策效应、农户的生产效应、农户的收入效应以及福利效应方面。

农业补贴的农户决策效应。施红（2008）基于 Chambers 模型对农户的农业保险参保决策进行了理论分析，通过理论分析发现农业保险补贴会对农户的生产决策产生积极影响。吴连翠、蔡红辉（2010）基于新古典理论分析框架，对粮食补贴如何影响农户粮食生产决策进行了数理分析，通过数理分析发现，农户选择种植粮食作物还是经济作物与哪一种作物得到的补贴规模大直接相关。刘克春（2010）以农户追求收益最大化为理论基点，通过规范分析发现，国家粮食补贴政策通过改变农户种粮预期收益，进而影响农户种植决策。颜玄洲等（2015）对种稻大户的农机购买决策机理进行了分析，将种稻大户农机购买决策影响因素划分为自身因素、生产需求、购买能力以及外部政策刺激四种，通过规范分析发现，购机补贴通过外部政策刺激对农户的购机决策产生影响。陈飞（2016）对农业补贴政策对农户的生产投入决策的影响机理进行了理论分析，通过分析发现，农业补贴首先对生产决策模型中的参数值产生影响，进而影响最优生产投入。张倩等（2016）基于劳动分配模型，分别探讨了挂钩补贴、脱钩补贴以及农机购置补贴对稻作制度决策的影响，通过分析发现，农业补贴的增加有助于农户选择双季稻的生产。王莉、周密（2017）基于博弈模型对农户在农业生产与非农业就业之间的劳动力供给决策进行了分析，通过分析发现，目前的农业补贴政策不会引起农业劳动力回归农业。

农业补贴的农户生产效应。高玉强（2010）对农机购置补贴如何影响土地生产能力的作用机理进行了分析，当农户有购买农机意愿且具备购买能力的情况下，农机购置补贴会对农户的购机行为产生刺激，促成农机购买进而推动农户生产效率的提高；当农户有购买意愿但是资金不足时，配合补贴以及其他支持政策能够实现农户的购机意愿，进而推动农户生产率的提高。汪阳洁等（2012）基于贝克尔经典的家庭经济学模型对退耕还林补贴对农户的生产行为进行了分析，通过分析发现，不管劳动力市场是否健全，退耕还林补贴占农业收入的比重越高，农户生产投资的积极性越高，退耕还林补贴所产生的生产效应越明显。洪自同、郑金贵（2012）对农机购置补贴如何影响农户粮食生产的作用机理进行了分析，通过理论分析发现，尽管农户的粮食生产有多种状态，但是大多数农户购买农业机械后粮食种植面积扩大了，进而导致农户粮食收入增加。王欧、杨进（2014）基于农户生产函数，将农业补贴以额外价格的形式引入模型，通过数理模型分析发现，农户的最优粮食产量与农业补贴直接相关，农业补贴有助于粮食产量的增加，并且在异质性条件下，农业补贴对贫困地区农户的粮食生产的正效应更大。

农业补贴的农户收入效应。陈波等（2005）结合 Uzawa 模型对直接补贴对农户收入的影响进行了数理分析，通过数理模型推导发现，给予农户直接收入补贴能够对农户产生收入效应。顾和军（2007）对我国不同的农业补贴政策对农民收入的影响进行了规范分析，将我国农业补贴政策分为价格作用型补贴政策以及成本作用型补贴政策，两种补贴政策对农户收入的影响根据不同情况有所不同（例如，农机具补贴在农户分化为农机服务供给专业户以及大田生产者的情况下，农机具补贴收入效应集中于专业户而对大田生产者收入的增加没有影响甚至是负向影响）。孙云奋、齐春宇（2010）通过构建理论模型分别对直接补贴以及价格支持政策对自给型农户以及种粮大户的收入影响进行了分析，通过分析发现，直接补贴对自给型农户的收入影响明显，直接补贴以及价格支持政策对种粮大户收入都有积极影响，但是价格支持政策的影响更大。谷征（2014）对农业支持政策对农民收入的影响进行了理论阐述，通过分析发现，农业支持政策对农民收入的增加产生了积极的作用。邱雁、李越（2016）对价格支持政策对农民增收的影响进行了数理分析，通过数理模型可知，农民增收效果的大小与产量以及价格差直接相关。

农业补贴的福利效应。徐全红（2006）以福利经济学中社会福利最大化的两条标准即效率标准以及公平标准，对我国农业补贴的福利效应进行了分析，提出在新形势下应着重考虑解决社会公平问题，对农民以及弱势群体进行补贴，能够实现社会的公平进而提高社会福利水平。孙香玉、钟甫宁（2008）将农业保险作为一种特殊商品，进而探讨农业保险补贴的福利效应，当保险市场供求曲线不相交时，保险补贴可以帮助其实现相交进而增加社会福利。孙香玉、钟甫宁（2009）结合规范分析，分别探讨了完全强制以及有条件的强制保险下政府补贴的福利效应。钟春平等（2013）以劳动力供给模型为基础对我国农业补贴的福利效应进行了分析，通过分析发现，当补贴规模较小时，补贴不能改变农业生产与非农业生产的相对收益，在此条件下补贴以收入效应为主，有助于增加农民的福利。时小琳、刘伟平（2015）以封闭市场为分析假设，分别考察了存在制度成本以及不存在制度成本情况下，油茶补贴的福利效应，当油茶补贴满足一定条件时，不论是在何种情况下均会带来福利效应的增加。罗超平等（2017）

通过构建数理模型，对粮食主产区农业补贴的福利效应进行了分析，通过数理模型分析发现，农业补贴有助于粮食主产区农户福利水平的改善。郭庆宾等（2018）结合数理模型分别探讨了无补贴以及有农业补贴情况下农户的福利情况，通过数理推导以及对比分析发现，农业补贴有助于农户福利水平的增加。

其次，农业补贴对涉农企业的经济影响。冷建飞、王凯（2007）结合上市公司数据，对农业补贴与涉农企业的盈利能力的影响关系进行了分析，认为农业上市公司盈利是补贴的函数，二者呈现正相关关系。彭熠、胡剑锋（2009）在对农业上市公司财务数据进行分析的基础上，提出研究假设即补贴收入对农业上市公司的经营绩效有显著的正向促进作用。李红星、李洪军（2012）对我国财税政策对农业企业的支持状况进行了描述，并对财税补贴对农业上市公司经营状况的影响进行了深入分析，通过分析发现，财税补贴对农业上市公司经营状况的改善有积极的影响。范黎波等（2012），刘云芬、陈砺（2015）以企业经营多元化（尤其是农业企业）为理论基点，分别探讨了农业企业多元化经营、政府补贴以及农业企业绩效之间的关系，结合已有文献认为财政补贴与农业企业绩效之间存在显著的正向关系；企业多元化经营以及财政补贴对涉农企业具有显著的交互作用，当企业经营专业化加强时，财政补贴与农业企业绩效之间存在正向关系。白全民等（2018）结合当前我国对涉农企业的支持情况并对已有研究进行归纳的基础上，提出政府支持对涉农企业当期财务绩效有积极的影响，但显著性如何需要进一步检验。

第二，农业补贴的宏观经济效应。农业补贴的宏观经济效应主要涉及农业补贴的区域结构效应、农业补贴的经济增长效应与农业补贴对削减贫困的影响。

首先，农业补贴的区域结构效应。农业补贴的区域结构效应揭示了农业补贴在农业生产区域变化中发挥了怎样的作用，因此，对农业补贴区域结构效应规范分析的文献回顾由两个视角展开：农业生产区域的变化及农业补贴对农业生产区域转变的影响。首先，关于农业生产区域变化的规范分析。金涛（2014）、姚成胜等（2016）基于数理方法对粮食总产量空间转移进行了分析，通过数理模型可知，粮食产量空间转移受到粮食产量及所占份额影响，这为粮食生产区域划分奠定了基础。其次，农业补贴对农业生产区域转变的影响的规范分析。龚维进等（2018）基于柯布—道格拉斯生产函数，构建了数理模型，分析了支农支出对地区产出的影响，数理分析发现，支农支出一方面会对本区域农业产出产生正向影响，另一方面也会对邻近区域产生影响。

其次，农业补贴的经济增长效应。农业补贴是财政支农惠农的重要手段，农业补贴的实施推动了农业经济的增长。梳理现有文献发现，农业补贴的经济增长效应通过增加农业科技创新投入、提高农业生产力及提高农业产量实现。一是农业补贴提高了农业科技投入，推动了农业经济增长。邓翔、王仕忠（2020）拓展了农业经济增长总量生产函数、Romor 的知识生产函数、AK 模型与 Lucas 人力资本模型，分析了国家农业科技创新投入对农业经济增长的影响，通过数理分析发现，农业科技创新投入的增加，推动了农业经济增长。二是农业补贴提高了农业生产力，实现了农业经济增长。王金莲（2013）通过分析认为农机购置补贴是我国农业补贴的重要组成部分，农机购置补贴大大促进了农业机械的推广与使用，提高了农业的机械化水平，进而提高了农业生产力。李农、万祎（2010）对农机购置补贴如何提高农业生产率的作用机理进行了分析，通过机理分析发现，财政补贴以乘数效应、替代效应以及收入效应的形式作用于农业生产，促使农机总动力提高，改变农业生产要素组合，进而实现农业生产率提高。三是农业补贴推动了农业产量的提高，实现了量化形式下农业经济的增长。康涌泉（2015）结合现实数据以及规范分析对农业补贴的宏观经济效应进行了分析，通过分析发现，农机购置补贴促进了农业投入的增加，扩大了作物种植面积，推动了农业产量的提高。张慧琴等（2016）对财政支农支出、粮食保护价格政策以及农村固定资产投资对粮食生产的影响进行了分析，通过分析发现，上述财政支农惠农政策的实施是保证粮食产量稳定与增长的重要因素。

最后，农业补贴对削减贫困的影响。农业补贴对减贫影响的规范分析主要由两个视角展开：一是农业补贴的减贫机理与内在逻辑分析；二是农业补贴的减贫路径分析。农业补贴（支农支出）的减贫机理与内在逻辑分析，闫坤、于树一（2013），刘明慧、侯雅楠（2017）基于规范分析对我国财政减贫的机理与内在逻辑进行了分析。农业补贴（支农支出）的减贫路径分析，总体而言，农业补贴削减贫困作用的发挥可通过如下路径实现：（1）农业补贴推动了农业经济发展，进而达到削减贫困的目的（秦建军、武拉平，2011；张东玲等，2020）；（2）农业补贴以转移支付的形式直接增加了贫困农户收入，进而达到削减贫困的作用（陈鹏、李建贵，2018；解垩、李敏，2020）；（3）农业补贴有助于粮食市场的稳定，进而达到减贫的效果（张东玲等，2020）；（4）解垩、李敏（2020）认为，税收与转移支付通过影响家庭消费行为进而对削减贫困产生影响。

（2）实证研究。

①农业补贴微观经济效应的实证研究。第一，农业补贴的农户决策效应的实证研究。王秀东、王永春（2008）运用 Logit 模型对良种补贴对农户小麦新品种的选择进行了实证分析，实证结果显示，良种补贴对农户选择小麦新品种未产生显著影响。施红（2008）运用 Binary Logistic 模型对农业保险补贴对农户农业保险参保决策进行了实证研究，实证分析发现，知道农业保险补贴政策的农户购买保险概率是不知道该政策农户的 64 倍。吴连翠、蔡红辉（2010）结合调查数据，运用加权最小二乘法（WLS）对粮食补贴对农户的种植决策进行了实证研究，实证分析发现，亩均补贴增加 1%，会使得本年粮食种植面积增加 0.112%，下一年增加 0.006%。刘克春（2010）运用 Logit 模型对粮食生产补贴对农户粮食种植决策进行了实证研究，通过实证分析发现，粮食生产补贴通过影响种粮农户的预期收入进而会对农户扩大粮食种植面积产生显著的正向影响。庄道元等（2013）使用 Logit 模型对农业补贴对小麦品种选择的影响进行了实证研究，实证结果显示，良种补贴能够使得小麦良种采用提高 3.436%。张倩等（2016）结合理论模型，运用湖南调查数据对农业补贴对双季稻生产决策的影响进行了实证研究，实证研究发现，农业补贴并未对农户双季稻生产决策产生显著影响。陈苏、胡浩（2017）运用 GMM 估计对我国财政支农惠农政策对农户生产决策的影响进行了实证研究，实证结果显示，不管

是系统 GMM 估计还是差分 GMM 估计财政支农惠农政策均对单位产量增加以及播种面积扩大产生了显著的正向影响。高鸣等（2017）运用 2003～2014 年农村固定观察点数据，对农业补贴是否影响农户种植小麦进行了实证研究，实证结果显示，农业补贴对农户种植小麦产生了积极影响（系数为 0.447）。李想、陈宏伟（2018）基于选择实验法对农户技术选择的政策激励进行了实证分析，通过实证分析发现，直接补贴政策对于农户技术选择具有显著的正向影响。

第二，农业补贴的农户生产效应的实证研究。叶乐安等（2008）结合上海市郊水稻监测点的数据对粮食直补后农户的粮食生产状况进行了分析，通过对现实数据的分析发现，2003 年粮食直补后农户种植水稻积极性增加，水稻种植面积扩大。洪自同、郑金贵（2012）运用 Logit 模型对农户扩大水稻种植面积的影响因素进行了实证分析，通过实证分析发现，粮食直补、农机购置补贴以及价格支持政策对农户是否扩大种植水稻面积没有影响，但是多元回归结果显示，农机购置补贴对水稻种植面积的扩大产生了显著影响。王欧、杨进（2014）结合农村固定观察点数据，实证研究了农业补贴对农户粮食产量以及粮食播种面积的影响，实证结果显示，农业补贴对粮食产量以及粮食播种面积具有显著影响，农业补贴增加 1 时，粮食产量增加 0.701，粮食播种面积增加 0.279。吴海涛等（2015）基于家庭生产函数，结合面板数据对农业补贴对农户种植面积的影响进行了实证研究，实证结果显示，除了农机购置补贴未对种植面积产生显著影响外，其他三项补贴均对农户种植面积扩大产生了显著的影响，其中农资综合补贴作用最大（系数值为 0.0032）。孙伟艳、翟印礼（2016）运用 Logit 模型结合农户调查数据对农业补贴政策对农户生产影响进行了实证研究，实证结果显示，农业补贴政策对农户生产积极性提高起到了积极作用。高鸣等（2016）结合 2003～2014 年农村固定观察点数据对粮食直补对不同规模农户小麦生产效率进行了实证分析，通过实证分析发现，粮食直补对经营规模为 3～6 亩的农户的小麦生产率变化有显著正向影响（系数为 0.006）。高鸣、宋洪远（2018）基于农村固定观察点数据，使用 IV－Tobit 模型对脱钩补贴对不同收入农户小麦生产效率进行了实证研究，实证结果显示脱钩收入补贴对低收入农户具有显著的影响（其中，规模报酬不变的系数为0.0783，规模可变的系数为0.0520）。尽管大量实证研究结果显示，农业补贴有助于农户粮食产量的增加，但是吕新业、胡向东（2017）结合调研数据，运用最小二乘回归以及分位回归分析发现，粮食补贴对粮食生产的影响随着规模的扩大由积极转变为消极，分位回归结果显示，当分位数为0.7、0.8、0.9时，弹性系数为负值（分别为 −0.29、−0.26、−0.23）。

　　第三，农业补贴的农户收入效应的实证研究。韩剑锋（2010）利用1997~2008年时间序列数据对农机购置补贴对农户收入影响进行了实证研究，实证结果显示，农机购置补贴显著提高了农民收入（估计系数为0.18）。黄季焜等（2011）利用6省份随机大样本抽样数据对农业补贴的农户收入效应进行了实证分析，通过分析发现农户收入增加的1.7%来源于农业补贴。邱雁、李越（2016）结合省级面板数据，实证检验了价格支持政策对农民收入的影响，实证结果显示，2001~2012年价格支持政策除了稻谷的平均增收效果为负以外，其他农产品的平均增收效果均为正，其中小麦最高（年均26.05%）。辛翔飞等（2016）结合面板数据运用固定效应模型对农业补贴对农户收入影响进行了实证分析，实证分析发现，农业补贴使得农户收入显著提高，并且表现出一定的差异性，产粮大县农户收入提高为9.63%，非产粮大县农户收入提高为6.01%。周振等（2016）结合2003~2008年中国县级面板数据，对农机购置补贴对农户收入影响进行了实证检验，实证结果显示，滞后一期的农机购置补贴对农户总收入产生了显著影响（回归系数为0.013）。田聪颖、肖海峰（2018）在构建农户生产行为模型基础上，模拟了不同情况下农业补贴对农户收入的影响，通过模拟结果发现，当补贴保持一定增长，且农产品价格以及务工工资保持增长的情况下，农户的种植收入以及家庭纯收入均会呈现增长态势。

　　第四，农业补贴对涉农企业经济效应的实证研究。林万龙、张莉琴（2004）结合上市公司数据，对财税补贴政策对涉农企业产出水平的影响进行了实证检验，实证结果显示，财税补贴政策对涉农企业主营业务收入没有产生显著影响。冷建飞、王凯（2007）结合2002~2005年农业上市公司财务数据，对财政补贴对农业企业盈利能力的影响进行了实证检验，实证结果显示，税收补贴对农业企业盈利能力产生显著的正向影响。彭熠、胡剑锋（2009）结合上市公司数据，对财税优惠政策对农业企业的经营绩效进行了实证分析，实证结果显示，财税补贴与企业的综合绩效呈现显著的正相关关系。李道和、池泽新（2011）基于 2003 ~ 2010 年江西 26 家农业企业数据，运用 DEA - Tobit 模型对政府支持对农业企业经营绩效的影响进行了实证研究，实证结果显示，贷款贴息以及税收减免对农业企业全要素生产率、技术进步以及技术效率有显著影响（例如，贷款贴息对全要素生产率的回归系数为 0.156）。范黎波等（2012），刘云芬、陈砺（2015）结合农业上市公司数据，对政府支持对企业绩效的影响进行了实证分析，实证结果显示，政府补贴能够显著提高农业企业经营绩效。舒云（2017）结合沪深 2008 ~ 2015 年农业上市公司数据，对财政补贴对农业企业持续发展能力进行了实证检验，实证结果显示，财政补贴对当期农业企业的持续发展能力没有显著影响，但是滞后一期财政补贴对农业企业持续发展能力呈现显著的负向影响（系数为 - 2.1361）。白全民等（2018），徐敏丽、付方媛（2018）基于农业上市公司数据，对政府支持与农业企业绩效提升进行了实证分析，实证分析结果显示，政府补贴对农业企业经营绩效没有显著影响。

②农业补贴宏观经济效应的实证研究。第一，农业补贴的区域效应的实证研究。杨林、许丹（2011）基于 DEA 模型，结合 2010 年省级截面数据，对财政补贴粮食生产效率的区域差异进行了实证研究，实证结果显示，财政补贴的粮食生产效率存在明显的区域差异，31 个省级行政区域中，黑龙江、吉林、湖南等 6 个省份的 DEA 有效，河北、山西、北京等 21 个省份的 DEA 无效。朱满德等（2015）基于 DEA - Tobit 模型对综合性收入补贴对玉米的全要素生产率进行了实证分析，实证分析发现，西部地区玉米全要素生产率提升最为显著，例如贵州提升了 47.03%，东部地区以及东北地区提升则较为缓慢。王亚运等（2016）基于湖北省调研数据，运用 HLM 模型对农业补贴政策的区域效应进行了实证研究，通过实证分析发现，农产品主产区农户对农业补贴政策最为敏感。江东坡等（2017）基于随机前沿函数，结合 2002 ~ 2008 年省级面板数据对粮食收入补贴对

小麦生产技术效率影响进行了实证分析,实证结果显示,粮食收入补贴对小麦生产技术效率提高存在显著的区域差异,例如新疆、江苏小麦生产技术效率一直在 0.99 以上,而云南、甘肃、宁夏等省份则一直低于全国平均水平。

第二,农业补贴的宏观粮食生产效应的实证研究。高玉强(2010)基于省级面板数据对农机购置补贴以及财政支农支出对土地生产率的影响进行了实证研究,通过实证分析发现,粮食主产区的土地生产率对单位面积农机购置补贴的弹性为 0.0045,单位土地面积上财政支农支出的弹性为 0.33。杨林、许丹(2011)运用 1990~2010 年数据,结合 DEA 模型对财政补贴的粮食生产效率进行了实证分析,实证结果显示,除了个别年份(1997~1999 年)以外,我国粮食生产率保持规模不变或递增状态,即增加粮食生产投入有助于实现粮食产量增加。张玉周(2013)基于 C–D 生产函数,结合面板数据,运用多元回归分析对农业补贴对粮食生产的影响进行了实证检验,实证结果表明,农业补贴对粮食产量增加有显著影响,例如收入补贴上升 1%。粮食产量将会增加 0.0249%。彭澧丽等(2013)运用 DEA 模型以及 DID 模型探讨了我国粮食生产补偿政策对粮食生产的影响,DEA 模型结果显示 2004~2011 年我国粮食生产效率指数平均为 0.738,并且波动较为频繁;DID 模型结果显示,在控制了其他变量后,粮食生产补偿政策对粮食产量增加有显著的正向影响,粮食生产补偿增加 1 会使得粮食产量增加 0.6902。钱加荣、赵芝俊(2015)运用 OLS 估计对农业补贴与粮食产量的影响进行了实证研究,实证结果显示,农业补贴对主要粮食作物(玉米、小麦、大米)产量提高有显著影响,其中玉米的产量增加最大,为 0.005。张慧琴等(2016)结合省级面板数据,运用 GMM 估计方法对财政支农支出对粮食生产的影响进行了实证分析,实证结果显示,财政支农支出增加 1 会使得粮食产量增加 0.0247。

第三,农业补贴对削减贫困的影响的实证研究。农业补贴对减贫的影响的实证检验由支农支出总体对削减贫困影响的实证检验及支农支出中分项目类别对削减贫困影响的实证检验构成。首先,支农支出总体对削减贫困的影响的实证检验,秦建军、武拉平(2011),陈鹏、李建贵(2020),

张东玲等（2020）使用我国数据，采用 ECM 模型、面板数据模型、中介效应模型等实证方法对支农支出总体的减贫效果进行了实证检验，检验结果表明，支农支出显著削减了贫困。其次，支农支出中分项目类别对削减贫困影响的实证检验，林伯强（2005）使用我国数据，采用联立方程模型实证检验了各类支农支出的减贫效果，实证结果表明，生产性支出有效降低了贫困。朱青、卢成（2020）使用 2009～2015 年全国农村固定观察点数据，采用分位回归方法实证检验了农业补贴的减贫效应，实证结果表明，农业补贴有助于增加中低收入群体收入，进而缓解农村绝对贫困。

（3）农业补贴政策研究。

农业补贴政策作为农业补贴实施的基本依据，包含了政策目标、补贴标准、补贴范围等信息，通过对农业补贴政策的研究既能揭示农业补贴政策演进过程与演进规律，也能发现农业补贴政策存在的不足，为更好地完善农业补贴政策提供指引。梳理国内农业补贴政策研究可知，我国农业补贴政策研究围绕农业补贴政策的演进研究、农业补贴政策的现状研究、农业补贴政策存在的问题研究、农业补贴政策的经验借鉴研究及农业补贴政策的优化研究等主题展开。

①农业补贴政策的演进研究。新中国成立至今，我国社会经济发生了翻天覆地的变化，农业补贴政策几经变迁，经历了多个阶段，展现了不同的演进特征。彭慧蓉、钟涨宝（2010，2011）基于利益调整视角将新中国成立后我国农业补贴政策演进过程分为三个阶段：传统经济体制时期（1950～1978 年），该阶段以生产领域的间接农业补贴政策为主要内容；改革时期（1978～2002 年），该阶段以流通领域的间接农业补贴政策为核心内容；改革完善时期（2003 年以后），该阶段以生产领域的明补政策为主要内容，透过农业补贴政策的演进过程，揭示了我国农业乃至宏观经济由非均衡发展向协同推进的发展历程。作为农业补贴的重要组成部分，粮食补贴政策也经历了多个发展阶段，展现了不同的演进特征。李利英、肖开红（2015）将新中国成立后我国的粮食补贴政策划分为三个阶段：粮食补贴政策起步阶段（1953～1978 年），该阶段国家对粮食以生产性补贴政策为主；粮食补贴政策探索阶段（1979～2003 年），该阶段国家对粮食以

间接性补贴政策为主；粮食补贴政策改革发展阶段（2004 年以后），该阶段国家对粮食以收入型、生产型及价格支持等复合性补贴政策为主。

②农业补贴政策的现状研究。农业补贴政策制定后，关键在于实施，实施后会形成不同的政策实施现状，为此不同的学者基于不同的方法对农业补贴政策的现状进行了研究。第一，基于现实数据对农业补贴政策的现状进行描述性统计分析（王雨濛等，2015；蔡海龙、林万龙，2017）；第二，基于主观访谈的方法对农业补贴政策的现状进行研究（国家发展和改革委员会宏观经济研究院课题组，2003；王思博，2018）；第三，基于调查问卷的方式对农业补贴政策的现状进行研究（侯石安、刘飞）。基于不同的研究手段，对我国农业补贴政策的现状有了清晰的认知，为发现农业补贴政策存在的问题、优化农业补贴政策提供了指引。

③农业补贴政策存在的问题研究。对农业补贴政策进行研究关键在于发现农业补贴政策存在的问题，梳理已有文献，学者们认为农业补贴政策存在如下问题：第一，农业补贴资金不足，支持力度不够。充足的补贴资金是农业补贴政策有效实施的基本保障，资金不足会严重限制农业补贴政策的实施效果，但部分学者分析发现，我国农业补贴政策实施过程中存在资金不足问题（牛永辉，2011；黄汉权等，2016）。第二，农业补贴方式不合理。具体表现在补贴重点不突出、补贴对象过窄、补贴方式少且不科学（何菊芳，2008；张明等，2021）。第三，农业补贴结构不合理。当前我国农业补贴政策在保增产的同时，忽略了环境与生态问题，农业补贴结构失衡（魏玉军、叶中华，2019）。第四，农业补贴管理体制不合理，农业补贴政策效率较低。农业补贴资金分块管理、政出多门、挤占挪用问题较为突出，不合理的管理体制严重降低了农业补贴政策效率（郭军、孔祥智，2015；张明等，2021）。第五，农业补贴政策法制化不足，农业补贴政策前瞻性、稳定性、连续性、协调性较弱。尽管《中华人民共和国农业法》对财政支农资金规模进行了明确规定，但是在农业补贴政策领域却存在农业补贴政策法制化不足（何菊芳，2008），政策调整滞后、前瞻性不足（郭军、孔祥智，2015；黄汉权等，2016），稳定性与连续性较差（魏玉军、叶中华，2019），农业补贴政策与其他支农政策协调性较差（彭超，

2017）等问题。第六，农业补贴政策推动农业生产，促进农业综合生产能力提高的作用逐渐减弱，政策的边际递减效应日益显现（彭超，2017）。

④农业补贴政策的经验借鉴研究。"它山之石，可以攻玉"，借鉴成熟的农业补贴政策经验能够更好地推动我国农业补贴政策的完善，为此学者们由国别与国际组织的视角对农业补贴政策的经验借鉴进行了探讨。第一，基于国别视角的农业补贴政策经验借鉴研究。美国、德国、日本等国是现代农业发展水平较高的国家。首先，透过美国与日本农业补贴政策的演进与调整过程，发现美国与日本农业补贴政策的演进规律，为完善我国农业补贴政策提供借鉴（徐雪、夏海龙，2015；刘景景，2018）。其次，总结美国农业补贴政策特点，为我国农业补贴政策完善提供参考（王勇，2014）。再次，基于美国农业补贴政策体系，探寻完善我国农业补贴政策路径（高玉强、沈坤荣，2014）。此外，美国与德国农业补贴政策的有机化导向也对完善我国农业补贴政策提供了有益借鉴（吴文浩等，2019）。第二，基于国际组织的经验借鉴。欧盟是当前最重要的国际组织，欧盟共同农业支持政策深刻影响着国际农产品市场，给我国农业补贴政策的调整与完善也提供了诸多借鉴。首先，通过对欧盟共同农业补贴政策的演进特征与中国农业补贴与价格支持政策相比，为优化中国农业补贴政策提供有益借鉴（于晓华等，2017）。其次，基于对欧盟农业支持政策转型趋势的判断，形成对中国农业补贴政策制定的有益启示（张云华等，2020）。

⑤农业补贴政策的优化研究。对农业补贴政策进行研究，最终目标是优化农业补贴政策，进而更好地推动农业发展。基于对农业补贴政策的演进特征、现状、存在的问题及经验借鉴，学者们认为，我国农业补贴政策应从以下方面进行优化：第一，适当扩大农业补贴规模（何菊芳，2008），保证农业补贴资金及时足额发放到位，杜绝农业补贴资金被挤占挪用，提高农业补贴资金使用效率（侯石安、赵和楠，2016；郭军、孔祥智，2015），建立支持"三农"长效增长机制（彭超，2017）。第二，加强农业补贴政策立法（范宝学，2011），充分利用 WTO 有关规则（何忠伟、蒋和平，2003；牛永辉，2011）。第三，优化农业补贴方式（侯石安、赵和楠，2016）。第四，优化农业补贴政策目标（侯石安、刘飞，2011），探索实施

农产品收入补贴制度（彭超，2017），积极引导有机农业发展（吴文浩等，2019），实现农业发展与生态保护协调（魏玉军、叶中华，2019）。第五，优化农业补贴结构（范宝学，2011），推动农业补贴向新型农业生产经营主体倾斜（彭超，2017）。第六，完善农业补贴政策体系，强化农业补贴政策的系统性（汤敏，2017），提高农业补贴政策的连续性与稳定性（王思博，2018）。第七，推进粮食补贴政策与乡村振兴、粮食安全、农业市场化、农业规模化、农业现代化及农业信息化等政策协调，统筹推进农业发展（张明等，2021）。

1.2.2 文献评述

1.2.2.1 研究的成熟之处

（1）理论研究的成熟之处。国内外关于农业补贴理论依据的研究详实而丰富，既有宏观意义上农业与政治、经济、社会以及生态相互关系的探讨，也有微观意义上纯粹的农业补贴经济效应的分析，还有学理意义上基于经典理论的农业补贴理论依据的探究。虽然国内外在农业补贴理论研究层面均取得了丰硕的研究成果，但由于国情的不同，形成了各具特色的研究体系。国外农业补贴理论研究层面，国外关于农业补贴的研究起步较早，形成了较为完善的理论体系，并结合国情特征建立了与实际情形更为契合的分析框架。创建了农业国内支持水平的分析指标，形成了以数理分析为基础，实证检验为工具的一整套较为完善的农业补贴经济效应研究框架与范式。国内理论研究层面，国内关于农业补贴理论的研究起步较晚，因此，在理论分析方面更多地借鉴了西方现有理论，并结合中国实际进行了适当修正，形成了反映中国农业发展特色的农业补贴理论体系。

（2）实证研究的成熟之处。实证研究层面，国内外学者结合微观调查数据以及宏观数据，运用不同实证分析方法对农业补贴对微观主体以及宏观经济变量的影响进行了全方位多视角的实证研究，检验与评估了农业补贴政策的多方面经济效应。尽管国内外在实证研究层面均取得了丰硕成果，但是国内却有着他国不具备的研究优势。中国自 2002 年开始农业补贴试点，2006 年全面取消农业税，并日益形成了完整的农业补贴体系，中国丰富的农业补贴实践为农业补贴经济效应研究提供了得天独厚的外部研究环境，因此，国内对农业补贴经济效应的实证分析更加丰富多样。

（3）政策研究的成熟之处。农业补贴政策研究层面，国内学者围绕我国农业补贴政策的演进特征、农业补贴政策的现状、农业补贴政策存在的问题、农业补贴政策的经验借鉴以及农业补贴政策的优化进行了深入探讨。研究内容涵盖了农业补贴政策的各个方面，研究成果详实而充分。研究方法既有主观描述性分析，也有结合经验数据的客观描述性分析，还有调查以及问卷分析，结合多重分析手段，对我国农业补贴政策进行了多视角的审视，为推动农业补贴政策完善，促进农业发展创造了条件。

1.2.2.2　研究的争议之处

第一，由于国家之间、区域之间要素禀赋存在着显著差异，导致同样的农业补贴政策会产生不同的经济效应，例如同样的补贴政策对不同省份粮食全要素生产率的影响结果迥异。第二，在技术处理上，由于采用的技术方法不同，同样会导致同一地区、同一数据产生不同实证分析结果，例如潘迪特等（Pandit et al.，2013）分别使用参数以及半参数估计方法检验了农业补贴对劳动供给的影响，两种估计方法下农业补贴对劳动供给的影响存在显著差异。第三，由于数据选取的差异以及对同一个问题指标选取的不同，同样会得出不同的实证分析结果。

1.2.2.3　研究的薄弱之处

（1）理论研究的薄弱之处。①产业特征性较为不足。农业有别于其他产业的最大特征是农业的双重风险性，这也是进行农业补贴的重要原因，因此，在分析农业补贴的经济效应中需要综合考量农业产业特征进行农业补贴理论分析。②数理性研究较为单薄。尽管我国丰富的农业补贴实践为农业补贴经济效应的理论研究提供了广袤的空间，但是由实践上升为理论，并以数理模型的形式予以表述仍是国内农业补贴理论研究的薄弱之处。③系统性研究较为不足。尽管国内借鉴国外相关理论对中国农业补贴的经济效应进行了多角度的理论阐述，但是农业补贴经济效应既涵盖了微观主体的经济效应，又包括了宏观的总量以及结构影响，因此，需要对农业补贴经济效应由微观扩展至宏观，由个体上升为行业、区域乃至总体，并对作用机理进行系统性阐述。

（2）实证研究的薄弱之处。①实证分析方法有待进一步充实。农业补贴经济效应研究实际上是对政策实施结果进行评估，国内外学者结合相应的实证研究方法对农业补贴的经济效应进行了检验。然而不可回避的是，国内的农业补贴在政策评估分析过程中，缺乏运用质性分析方法及政策文献量化分析方法对政策本身以及政策发展过程中存在的问题进行评价，即对政策本身的实证分析缺乏。②实证分析的链条有待进一步延伸。农业补贴直接作用于微观主体农户以及农业企业，但是由"田间"到"餐桌"是一个延续的过程，农业补贴在此过程中是否存在经济效应，经济效应如何均需要实证分析予以评估。③实证分析数据有待进一步细化与充实。微观层面，现有研究基本以农业补贴总额作为研究农业企业创新的表示变量，然而创新补贴仅是农业补贴的一部分，在此情况下所得到的实证结论欠缺准确性；宏观层面，我国共有800个产粮大县（含农场），产粮大县是我国确保粮食安全的基础，然而由于数据获取的繁琐性，现有文献鲜有基于产粮大县视角探讨农业补贴的经济效应的实证研究。

（3）政策研究的薄弱之处。①研究方法有待进一步充实。尽管当前学界对农业补贴政策进行了多种分析，但是现有研究范式基本以主观描述为主，农业补贴政策研究主观性较强、客观性不足。因此，在农业补贴政策研究中需要引入其他学科研究方法，对农业补贴政策研究方法予以充实，提高农业补贴政策研究的客观性。②研究内容历史性与现实性略显不足。新中国成立至今已走过70多年历史，农业补贴政策也伴随着社会经济的变化而不断调整与完善，系统而完整地搜集、整理与研究过往农业补贴政策，探究其演变历史、发现其现实不足、推动其日臻完善应成为农业补贴政策研究的重要内容。

综上所述，农业补贴作为支农惠农的重要政策，对其所产生的经济效应进行研究是丰富农业经济学理论与公共财政理论的应有之义，并且国内外也形成了丰富的研究成果。不仅如此，国内外学者还结合不同数据，运用多种实证方法对农业补贴的经济效应进行了实证检验，为评估农业补贴的经济效应提供了经验与事实依据。中国作为人口大国与农业大国，丰富的农业补贴实践，为农业补贴理论研究与实证探讨提供了广阔的天地，系统全面地对农业补贴的经济效应进行分析，认真梳理农业补贴作用机理，创新引进其他学科实证分析方法，拓展农业补贴经济效应研究范围是本书的立意所在。据此，本书在现有国内外理论研究的基础上，结合中国实际进行适当拓展与修正，运用多种实证分析方法对农业补贴政策本身以及农业补贴所产生的经济效应进行实证检验，最后依据理论研究、政策研究与实证研究结论，结合中国国情提出相应政策建议。

1.3　研究方法与结构安排

1.3.1　研究方法

（1）规范分析与实证分析相结合。本书采用规范分析与实证分析相结合的方法对农业补贴的经济效应进行研究。本书由农业生产者的进入退出决策、融资决策、投入产出决策、农业企业发展、农业经济增长以及削减贫困等经济现象入手，抽丝剥茧确定农业补贴、农业生产者及经济效应范畴，进而逻辑推导出农业补贴经济效应机制理论。在对我国农业实践及农业补贴政策实践的演进历程进行系统梳理的基础上，对农业补贴的原因进行了深刻阐述，并构建了具有一般意义的理论分析框架，用于指导全书的分析。为验证规范分析是否准确，同时也为了准确评价我国农业补贴政策效果，我们分别以微观与宏观视角对农业补贴所产生的经济效应进行实证检验，希冀通过规范分析与实证检验系统地阐述农业补贴产生的经济效应，为完善农业补贴理论、评估农业补贴政策实施成效、优化农业补贴政策提供借鉴与参考。

（2）总体分析与结构分析相结合。本书在研究农业补贴的经济效应过程中始终贯彻着总体分析与结构分析的思路。第 2 章农业补贴经济效应的理论分析是全书的灵魂，发挥着提纲挈领的作用，第 4 章至第 8 章均是在第 2 章理论分析的基础上结合经验数据进行的实证检验。实证检验由农业补贴微观经济效应及农业补贴宏观经济效应组成。微观经济效应为第 4 章至第 6 章，以第 2 章理论分析为基础，结合微观数据分别对农业生产者的进入退出决策、融资决策（第 4 章），投入产出决策（第 5 章），农业企业发展（第 6 章）进行了实证检验。宏观经济效应为第 7 章至第 8 章，同样以第 2 章的理论分析为基础，结合宏观数据分别对区域结构与农业经济增长（第 7 章）、削减贫困（第 8 章）进行了实证检验。

（3）主观感知分析与政策文献量化分析相结合。本书采取主观感知分析与政策文献量化分析相结合的方法，对我国农业补贴政策实践进行了研究。首先，我们借鉴人类学、社会学、教育学等学科使用较多的民族志研究方法，通过实地观察与主观访谈，探知农业生产者的农业补贴感知状况。其次，在对我国农业补贴政策进行主观感知的基础上，我们引入政策科学新兴研究方法——政策文献量化分析方法，对新中国成立以来我国农业补贴政策的演进特征及现行农业补贴政策存在的优点与不足进行客观量化分析。通过将主观感知与客观量化分析方法结合，我们摸索了一条全新的农业补贴政策分析方法，并初步构建了主观与客观相结合的分析范式。

（4）数理分析与经验分析相结合。本书实证分析采用数理分析与经验分析相结合的方法对我国农业补贴的经济效应展开研究。首先，第 2 章依据经济理论并结合农业特征构建了数理分析模型，对农业补贴与农业经济变量之间的内在关系与作用机理进行描述与刻画，并通过严格的数学推导揭示农业补贴与相关农业经济变量之间的相关关系及作用方向，为实证分析提供先期的理论研判。其次，结合微观及宏观数据，基于数理模型构建合意的计量模型，对农业补贴引发的经济效应进行实证检验，在进行理论验证的同时，评估我国农业补贴实施效果，为完善农业补贴理论、优化农业补贴政策提供实证支撑。

（5）静态分析与动态分析相结合。本书使用静态分析与动态分析相结合的方法对我国农业补贴的经济效应进行研究。首先，我们使用静态分析方法，对农业补贴与农业经济变量之间的作用关系进行描述与刻画。其次，实证分析过程中使用静态分析方法如 Heckman 两步法、似不相关回归、Mlogit 模型、分位回归等对农业补贴的经济效应进行研究。最后，根据研究问题的需要，我们在部分实证检验中使用动态分析方法（动态差分GMM）实证检验了农业补贴对相关农业经济变量的影响。

1.3.2　结构安排

以农业补贴经济效应研究为主线，本书的研究内容主要包括三个方面：农业补贴的理论分析、农业补贴的政策实践分析及农业补贴的实证分析。在此基础上，我们形成如下研究思路与研究内容，如图1.1所示。

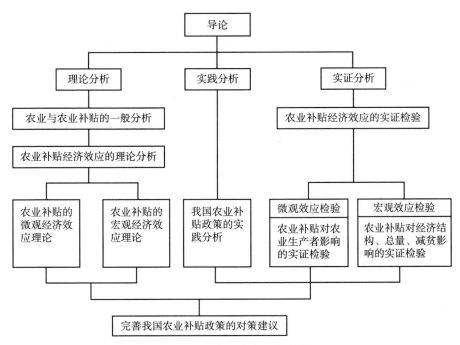

图 1.1　研究思路和研究内容

由图 1.1 可知,农业补贴的经济效应经历了由微观向宏观的传导过程。农业补贴首先作用于农业生产者,通过影响农业生产者的经济决策影响社会总供给与总需求,进而对宏观经济结构、农业经济增长、减贫产生影响。有鉴于此,本书的研究思路如下:依据农业补贴的传导路径,分别由微观视角与宏观视角对农业补贴的经济效应进行理论分析与实证检验。第一,借鉴经济学基本理论,构建农业补贴经济效应分析框架,并系统阐述农业补贴经济效应的作用机理,为实证检验提供理论支撑。接着,对新中国成立以来我国农业补贴政策实践进行系统性梳理,对我国农业补贴政策实践的演进特征与现状进行深入剖析,从制度层面探寻农业补贴产生的经济效应,为实证分析与政策建议提供更为充实的依据。第二,基于理论分析与实践分析,运用计量经济学相关方法,对农业补贴的经济效应从微观与宏观两个视角进行实证检验。首先,微观经济效应实证检验由农业补贴对农业生产者进入退出决策、融资决策(第 4 章),农业补贴对农业生产者投入产出决策(第 5 章),农业补贴对农业企业发展的影响(第 6 章)组成。其次,宏观经济效应实证检验由农业补贴的宏观结构效应、农业补贴的经济增长效应(第 7 章)及农业补贴的减贫效应(第 8 章)组成。

1.4 可能的创新与不足

1.4.1 可能的创新

1.4.1.1 理论分析的拓展性

本书基于农业产业特征,构建了包含农业生产者、居户及政府的三部门内生经济增长模型,畅通了农业补贴微观经济效应与宏观经济效应的联系,形成了系统性分析框架,推动了农业补贴经济效应理论研究向纵深发展。

(1)拓展了农业补贴理论。第一,将农业风险性特征融入理论分析模

型。以三部门模型为基点，分析了风险存在情形下农业补贴如何影响农业
生产者最优决策，通过理论分析发现不管采取何种形式补贴，在风险存在
情况下，农业补贴的增加都会推动农业生产者最优决策量的提高。第二，
全面阐述了农业补贴对农业生产者的作用机理。基于基本模型，分别探讨
了农业补贴对农业生产者经济决策（进入退出决策、融资决策、投入产出
决策）及发展的影响，深刻揭示了农业补贴对微观经济变量的作用机理。
第三，系统分析了农业补贴对宏观经济的作用机理。以农业补贴微观经济
效应为基础，通过社会总供给与社会总需求的变化，农业补贴的经济影响
由微观领域传导至宏观经济，进而系统分析了农业补贴对经济结构、宏观
农业经济增长及减贫的影响。

（2）拓展了 Orr 理论。Orr 模型主要用于解释生产经营者的进入与退
出行为。本书对该模型进行了拓展，引入农业补贴变量，构建了融入农业
补贴变量的 Orr 模型，用于说明农业补贴如何影响农业生产者进入退出决
策，为实证分析农业补贴对农业生产者的进入退出决策的影响提供了理论
基础。

（3）拓展了优序融资理论。优序融资模型主要用于研究生产经营者融
资结构问题。本书对该模型进行了拓展，引入农业补贴变量，构建了包含
农业补贴变量的优序融资模型，用于说明农业补贴如何影响农业生产者融
资决策，为实证分析农业补贴对农业生产者的融资决策的影响提供了理论
基础。

（4）拓展了农业补贴宏观经济效应的研究视角。差别化的农业补贴政
策会加剧区域间农业发展的差异，形成农业补贴的区域结构效应。由于外
溢性的存在，会使得农业发展优势区向邻近区域流动，带动邻近区域农业
经济的协同发展，将农业补贴纳入农业生产函数，分析农业补贴对邻近区
域的影响，拓展了农业补贴的研究视角。

1.4.1.2 实证分析的延展性

（1）使用二值选择模型对农业补贴对农业生产者进入退出决策进行了
研究。①就农户而言，农业补贴政策目标是为了调动农户农业生产的积极

性，稳定我国农业生产形势，保证国家粮食安全。然而通过实地调研、访谈以及微观数据发现获得农业补贴但不进行农业生产的农户呈现逐年增长趋势，为此我们延展了实证分析思路，通过二值选择模型实证检验农业补贴在农户"隐形"退出农业生产过程中发挥了何种作用。②就农业企业而言，农业补贴的主要目标是推动农业企业做大做强，培植农业企业核心竞争力，进而带动农业产业发展。然而当前农业企业多元化经营已成为较为普遍的现象，跨专业经营也成为许多农业企业的选择，为此我们借鉴多元化经营理论，运用二值选择模型实证检验农业补贴对农业企业跨专业经营的影响，拓展了实证分析思路。

（2）使用动态差分 GMM 估计方法对农业补贴对农业企业融资决策的影响进行了实证检验。由于受到数据限制我们对农业补贴对农户融资决策的影响采取了传统的静态实证分析方法，但对农业企业融资决策的实证检验方法进行了拓展，采用更为合意的动态差分 GMM 估计方法对农业补贴对农业企业融资决策的影响进行了实证检验，拓展了实证方法。

（3）使用系统性实证分析方法对农业补贴对农业生产者投入决策的影响进行了实证检验。农业生产是以农业生产要素投入为基础进行的，各要素投入之间存在相互影响、相互替代的关系，尽管已有研究对农业补贴对农业生产要素投入的影响进行了较多分析，但是多数研究都是就要素而论要素，鲜有文章将农业补贴对农业生产要素投入影响进行系统性检验，为此本书采用系统性实证分析方法（似不相关回归），整体检验了农业补贴对农业生产诸要素的影响，拓展了实证研究视野，丰富了农业补贴投入要素实证研究方法。

（4）借鉴中介效应模型对农业企业的盈利能力及成长能力的影响机制进行了实证检验。农业补贴会对农业企业的盈利能力及成长能力产生影响，然而影响路径是什么却不得而知。为此我们借鉴中介效应模型，对农业补贴的作用路径进行了实证检验，从而深化了农业补贴对农业企业盈利能力及成长能力影响的认识，延长了实证分析链条。

（5）使用空间计量模型对农业补贴经济效应的空间外溢性进行了实证检验。农业补贴的区域差异会导致农业资源向部分区域集中，进而形成农业生产"高地"。由于外溢性的存在，因农业补贴形成的局部农业生产"高地"会对邻近区域农业生产产生影响。我们采用空间杜宾模型对农业补贴的空间溢出性进行了动态实证检验，拓展了认识的广度。

（6）实证数据的拓展性。①微观实证数据的拓展性。就农业企业而言，创新补贴是推动农业企业创新的关键，然而现有研究多以农业补贴总额代替创新补贴，对农业企业创新影响进行实证检验，显然由此得到的实证结论会存在一定偏差，为此本书通过查阅上市公司年报的方式收集了农业企业创新补贴数据，进而实证检验了农业创新补贴对农业企业创新的影响。②宏观实证数据的拓展性。就宏观实证分析而言，基层的经验数据是进行实证分析的基础，然而鲜有文献应用基层数据对农业补贴的宏观经济效应进行实证检验。为此本书以国家农业信贷担保联盟有限责任公司公布的 800 个产粮大县名单为依据，通过查阅县级政府财政决算报告的方式收集农业补贴数据，并对相同省份非产粮大县农业补贴数据进行了提取，进而为农业补贴宏观经济效应的实证检验提供了全新的基层数据支撑。

基于微观实证分析与宏观实证分析，我们得到如下具有应用性的结论。在微观层面，本书实证研究发现：第一，农业补贴显著降低了农业企业退出农业生产经营的概率，增强了农业企业专业化水平，进而有助于核心竞争力的培养。第二，农业补贴显著提高了农业生产者内源性融资规模，降低了债务融资规模，在一定程度上降低了农业生产者预算约束。第三，农业补贴显著增加了农业生产者要素投入，提高了产出水平，优化了产出结构，为推动农业健康发展创造了条件。第四，农业补贴显著地提高了农业企业科技创新能力、盈利能力与成长能力，最终推动了农业企业发展。在宏观层面，本书实证研究发现：第一，农业补贴对不同区域农业产出产生显著差异，形成了农业补贴的区域效应，同时由于外溢性的存在，农业补贴的经济效应会对邻近区域产生影响。第二，就经济增长而言，农业补贴显著提高了量化形式下的农业经济增长，但对价值形式的农业经济增长产生显著的抑制效果，据此可知农业补贴加剧了"增产不增收"的问题。第三，就区域减贫而言，农业补贴整体上发挥了显著的减贫效果，加快了县级政府脱贫步伐。

1.4.1.3　政策分析的纵深性与应用性

随着计算机技术的发展，政策文献量化分析方法日益广泛应用于政策科学领域。政策文献量化研究是以政策问题为导向，通过公开获取的政策文献，规范地测量政策的本质事实与演进规律，以揭示政策文献背后所隐藏的信息的一种定性与定量相机结合的分析方法。当前国内鲜有文献采用政策文献量化方法对农业补贴政策进行分析，本书尝试将该方法引入农业补贴政策研究之中，以揭示农业补贴政策背后的政策选择与演进特征、内容的本质性事实和趋势，进而提出更科学的对策建议。

（1）将质性研究方法引入农业补贴政策分析。采用质性研究方法对农业生产者对农业补贴政策的感知状况进行了深入研究，并得到一系列有价值的研究结论：农业补贴在一定程度上提高了农户种粮积极性，但是它对普通农户的刺激作用在逐渐消退，而对种粮大户的激励作用更加明显；农业补贴在激励农户增加农业投资层面的作用不甚明显。农业补贴提高了农业合作社社员收入，推动了农业合作社发展。

（2）将政策文献计量分析方法引入农业补贴政策分析。从农业补贴政策的演进特征来考察，农业补贴政策分为萌芽期、成长期、成熟期三个阶段。在萌芽时期农业补贴政策呈现为间接性、碎片化、薄弱性；在成长期呈现为调整性、过渡性、成长性；在成熟期呈现为直接性、均衡性、成熟性。

（3）将政策文本内容量化分析方法引入农业补贴政策分析。以农业生产要素与农业价值链创造为维度构建了二维分析框架，对农业补贴政策进行量化分析，并得到一系列有价值的结论：仅考察单维度情形下，无论是基于农业生产要素视角还是基于农业价值链创造视角，农业补贴政策基本实现了全覆盖。双维度情形下，现行农业补贴政策存在分布不均问题：劳动力在农业补贴政策体系中得到的支持不足；农业补贴通过技术路径作用于农产品加工以及零售环节较为薄弱；自然资源与农业价值创造协调有待进一步深化。

基于政策与实证分析，本书在遵循以农业发展为根本，以农业补贴支持为手段，多方协调共同推动的思路指引下，由经济视角、制度视角、文化视角、生态视角及推动农业发展的协同政策视角对完善我国农业补贴政策提出了建议。第一，经济层面优化农业补贴结构、提高资金使用效率、适当扩大农业补贴规模。第二，制度层面提高政府管理水平。第三，文化层面注重农业发展与农耕文化保护相协调。第四，生态层面注意农业与生态的协调。第五，农业补贴政策要注重与农业产业体系政策、财政税收政策、金融保险政策、科技人才政策及管理政策的协调，协同推动农业发展。

1.4.2　主要的不足

（1）研究视野尚需进一步拓展。

本书对我国农业补贴的经济效应进行了研究，研究视野集中于国内范围，但是在经济全球化飞速发展的今天，世界各国之间联系愈发紧密，中国农业市场与国际农业市场之间的关联也在不断深化，国际农产品市场的变化必然会波及我国农业市场。世界其他农业大国农业补贴政策的调整也会对我国农业的发展产生深刻影响，但由于主观及客观原因，本书未对国际视野下的农业补贴政策的经济效应进行研究，这成为本书的一处不足。

（2）农户与农业企业之间分析维度有待进一步拓展。

本书在研究农业补贴对微观经济主体影响时，采用横向维度进行研究，将农业生产者分为农业企业与农户两类，同步进行理论分析与实证检验。但事实上，农户与农业企业之间存在着纵向关联，农业补贴在横向上发挥作用的同时，也会通过价格、供求等途径影响农业企业，然而迫于精力有限及客观数据限制，纵向维度的理论与实证分析未在本书的研究中体现。

（3）农业供给侧结构性改革实证检验尚需进一步深化。

随着社会经济发展，人民生活水平不断得到提高，人民对绿色、有机、生态、安全、高质量、个性化农产品需求日益增加，但我国现有农业生产能力很难满足此类农产品需求。如何通过农业补贴引导农业生产者进行高质量、个性化农产品生产是今后农业供给侧结构性改革的重要方向。尽管本书初步探讨了农业补贴对农产品供给结构的影响，但是由于缺少实证所需数据，使得实证研究很难向更深层次推进。

第2章 农业补贴经济效应的理论分析

食为人天，农为正本。农业的发展直接关系到人民生活与国家改革发展稳定大局。尽管如此，农业的双重风险性却严重制约了农业的发展，在此情况下，需要政府予以支持。农业补贴作为支农惠农的重要手段对推动农业发展发挥了积极作用，在微观与宏观领域产生了众多经济效应。本章将以农业补贴经济效应的理论分析为核心，在充分考虑农业产业特征的基础上，构建理论分析模型，对农业补贴的微观经济效应与宏观经济效应进行理论分析，从数理角度揭示农业补贴与微观经济变量及宏观经济变量之间的作用关系。本章是全书的核心，后续章节的实证分析均是在本章理论分析基础上，结合经验数据展开的研究。本章共有三部分：农业与农业补贴的一般分析、农业补贴机制分析、农业补贴的经济效应分析。

2.1 农业与农业补贴的一般分析

2.1.1 农业的一般分析

2.1.1.1 农业的定义

根据《农业法》的定义，农业是指种植业、林业、畜牧业和渔业等产业，换言之，《农业法》将农业视为一个产业概念。于光远（1979）认为：农业就是一切利用生物生命过程取得产品的生产以及附属于这种生产的各部门的总称。钟甫宁（2011）认为：农业是指人类利用太阳能，依靠生物生产发育机能以获取劳动产品的社会物质生产部门。孔祥智（2014）认为：农业是指人们利用土地、水、气和太阳能等资源依靠生物的生长发育和转化，并通过投入人的劳动去促进和控制生物体的生命活动过程，以获得人们生活和生产所需要产品的社会物质生产部门。显然《农业法》以及学者们将农业定义为产业的概念，属于广义的"大农业"范畴，即农业不仅包括植物栽培而且包括了动物饲养①。

2.1.1.2　农业的特点

农业作为一大产业有着明显区别于其他产业的特点，具体表现在：土地的不可或缺性、农业生产的地域性、农业生产环节的不可间断性、农业生产周期的固定性、农业的双重生产性、农业的双重风险性、农产品功能的稳定性等特点。

（1）土地的不可或缺性。土地的不可或缺性主要表现在以下两个方面：一方面表现为土地作为农业生产的基本要素，对农业生产而言具有不可替代性；另一方面表现为土地是农业生产活动的基础，脱离了土地农作物就失去了生存的自然基础，农业生产活动就无法进行。

（2）农业生产的地域性。农业活动与其他产业的最大区别是，农业活动必须在一定的自然条件下进行，具有明显的地域性特征，农作物的生长对气候、土壤、光照、水的要求不同。在不同自然条件下适宜生产的农作物种类不同，即便是生产同种农作物，由于地域的差别，也会对农产品的品质产生显著影响。

（3）农业生产环节的不可间断性。农业生产活动的一大特点是农业生产是连续进行的，任何一个环节的迟滞或缺失都可能会对农业生产造成致命的影响。农业生产中播种、锄地、施肥、收获这些基本过程缺一不可、

---

① 需要明确的是这里的种植业是一个产业概念，不仅包括种植业本身，同时还包括与种植业相关的产前、产中、产后的社会化服务。

间断不可。这与工业品及服务业商品的生产存在显著差别。工业品或服务业商品生产过程中，基本可以停滞，停滞时间的长短不会对产品产生较大影响，但是农业生产任何环节一旦停滞，就会对整个农业生产造成严重影响。

（4）农业生产周期的固定性。与工业及服务业不同，农业生产周期的固定性特征十分显著，并且这种固定性很难被打破。工业以及服务业生产会因新工具、新技术、新工艺的引进而使得某种产品或服务的生产周期成倍缩短，但是农业生产周期却很难被缩短。农作物由播种到收获需要经历固定的生长周期，贸然干预作物生长可能会产生事倍功半的结果，甚至导致作物的绝收。

（5）农业的双重生产性。农业是自然生产与社会生产的叠加，农业依靠动、植物的自然生长特点，通过施加一定的人类劳动进而产出农产品，因此，农业生产是自然生产与人类劳动相互作用的结果。农业生产的自然生产活动会持续进行，而社会生产即人类劳动则集中在特定的时间，如播种、除草、施肥、收获等，这便造成了农业生产活动尽管是自然生产与社会生产的叠加，但是存在一定的生产时间的不一致。

（6）农业的双重风险性。农业与其他产业相比不仅需要承受来自市场的风险，而且要承受自然风险的冲击。首先，市场风险会对农业造成冲击，市场经济条件下，农产品作为商品必然需要在市场上进行流通，当农产品的供给与需求出现不匹配，特别是农业丰收时，由于供给远大于需求，会导致农产品价格下降，继而诱发"谷贱伤农"问题。其次，自然风险也会对农业产生冲击，并且在某种程度上自然风险对农业而言具有不可抗拒性。农业需要在一定的自然环境下进行生产，但是自然环境的预测较为困难，自然风险难以抵御，这些会对农业生产产生严重影响。

（7）农产品功能的稳定性。从古至今，农产品功能基本未发生变化，这与工业产品有着明显的区别。自从人类诞生以来，农业虽然历经千年发展，但是农产品满足基本生存需求的功能从未发生改变，并且农产品基本不存在任何附加功能，但工业品却完全不同，随着时代的变迁工业品的功能发生了显著变化。农产品功能的长期稳定性严重制约了农产品价格的提高，直接影响农民收入的增加，进而导致农民贫困问题。

2.1.1.3　农业的分类

农业因时空的差异，展现出了多种形态。波兰农业地理学家 J. 柯斯特罗维茨基为农业类型学的发展作出了突出贡献，他为农业类型的划分，提出了 3 组特征（社会特征和所有制特征、组织特征和技术特征、生产特征）、20 项指标测算农业类型。据此他将世界农业类型分为四大类：原始农业、传统农业、市场农业、社会化农业（J. 柯斯特罗维茨基、潘幸来，1980）。

（1）原始农业。原始农业形态下，农业具有土地公有，对土地的劳动力投入少，劳动工具简单，生产技术低且原始，农业生产效率低，农产品商品化程度低的特点。原始农业形态下，包含了弃耕的长期休闲农业以及游牧式的放牧业两种农业类型（J. 柯斯特罗维茨基、潘幸来，1980）。

（2）传统农业。传统农业形态下，土地的所用权与使用权长期背离，农业生产活动投入的劳动力较多，农业生产资料投入增加（畜力的使用、农田水利、施肥），农产品生产以自给自足为主要目标，农产品商品化程度较低。传统农业形态下，包含了当年的休闲农业、连续且粗放的混合农业以及劳动力集约的非灌溉的农业等 8 种农业类型（J. 柯斯特罗维茨基、潘幸来，1980）。

（3）市场农业。市场农业形态下，农业生产以市场为导向、商品化生产为主要经营方针，采取农场式农业生产模式，或多或少地采用现代化农业生产技术与管理方法。市场化农业形态下，包含了混合农业、种植国农业以及专业化灌溉农业等 6 种农业生产类型（J. 柯斯特罗维茨基、潘幸来，1980）。

（4）社会化农业。社会化农业形态下，按照中央计划，由集体组织的成员集体耕作的或由雇佣农业工人耕作的大规模的集体农业或国营农业。社会化农业形态下包含混合农业、专业化的工业原料作物农业、专业化牧场等 7 种农业类型（J. 柯斯特罗维茨基、潘幸来，1980）。

2.1.1.4　农业的功能

农业是人类生存发展的基础，农业的作用是多方面的，不仅涉及经济领域，而且对社会、文化、生态产生深远影响。

（1）农业的经济功能。经济功能是农业的基本功能，农业的经济功能包括产品功能、要素功能、市场功能、外汇功能。

①产品功能。农业的产品功能表现在以下两个方面：一方面农业提供人类生存所需的食物，即农业是人类的生存之本、衣食之源；另一方面农产品是轻工业以及部分制造业的原料来源。

②要素功能。农业的要素功能表现在以下三个方面：一是农业的土地要素功能，土地是农业生产活动的必需条件，但是在一定条件下，农用土地能够转化为非农土地，成为其他产业的生产要素，促进经济的发展。二是农业的资金要素功能，农业能够为其他产业积累资金，新中国成立后很长一段时间我国以工农业产品价格"剪刀差"的方式从农业获得了大量的资金，据估算1953～2007年国家以此方式从农业获得约37332.9亿元的积累资金（郭宏宝，2015），这些资金支撑了工业现代化建设。三是农业的劳动力要素功能，农业生产需要一定的劳动力，但是当农业生产率提高时，农业劳动力就会出现剩余，富余的农业劳动力转移至其他产业就会为其他产业的发展提供充足的劳动力资源，形成劳动力贡献。

③市场功能。农业的市场功能主要表现为农民对商品的需求状况，一是现代农业条件下，农民对农业生产资料以及农机具会产生一定需求，形成农资相关产品需求市场；二是农民在进行农业生产的同时还会对日用工业品形成需求市场如家电、服装、家具等。

④外汇功能。农业的外汇功能，即国家通过出口农产品换取外汇，在新中国成立初期，由于工业发展严重落后，便采取了出口农产品换回机器设备的发展策略，通常而言，发展中国家在经济发展初期基本会采取以农产品换取外汇的发展方针。

（2）农业的社会功能。农业的社会功能包括社会稳定功能、农产品安全以及粮食安全三个方面。首先，农业在某种程度上讲也是一种职业，农业生产活动需要一定的劳动力，将人口约束在农业上能够减少社会流动人口数量，进而有助于社会的稳定。其次，农产品是人类生活必需品，农产品的安全与人类的健康直接相关，低毒、绿色、有机农产品无疑会大幅度提高人类健康水平，推动社会和谐健康发展。最后，粮食安全直接关系社会稳定，我国是人口大国，将"粮袋子"紧紧抓在自己手中是维护社会稳定的基础，一旦粮食出现短缺会引发严重的社会危机，甚至演变为政治危机。

（3）农业的文化功能。农业的文化功能包含三个方面：文化培育功能、文化传承功能与文化景观功能。首先，文化培育功能方面，广义的农业包含了多方面内容，既有种植业同时也有畜牧业、渔业等内容，不同的农业形态培育了不同的文化，如游牧文化、农耕文化。其次，文化传承功能方面，农业生产活动是与农民生活相互交织的，由于农业在长期内以自给自足的自然经济为主，商品经济发展缓慢，这在一定程度上形成了独立、封闭的文化系统，而这种相对独立、封闭的文化系统在一定程度上保证了文化的独立性与传承性。最后，农业的文化景观功能方面，农业是自然生产与人类劳动相互作用的产业，长期劳作或精心加工会形成一定的农业文化景观，一方面当人类长期耕作于某块土地就会形成特定的文化印记，形成独具特色的农业文化景观，例如元阳梯田便是哈尼人数千年耕作留下的特有的文化景观；另一方面当农民进行农业生产时，适当搭配农作物品种会形成错落有致的农业景观。此外，在一定条件下，农业生产活动本身就具备农业景观功能，如油菜花盛开时形成的农业景观。

（4）农业的生态功能。生态环境是人类赖以生存的基础，农业生产活动是自然生产与人类劳动相互结合的产业，农业的健康发展有助于生态环境改善。首先，农作物的生长过程通过光合作用，吸收二氧化碳释放氧气有助于空气质量的改善，降低二氧化碳的温室效应。其次，广义的农业中，林业的发展对防风固沙、保持水土、涵养水源、防治土地荒漠化具有积极影响。

2.1.2 农业补贴的一般分析

2.1.2.1 农业补贴的定义

补贴这一概念与福利经济学的外部性直接相关，农业补贴在福利经济学外部性理论的基础上又深刻反映了农业的特征，在此基础上，中国的农业补贴既有深刻的理论支撑，同时也反映着具体的客观现实。结合农业特点，依据农业补贴理论与现实需要，本书对农业补贴做如下定义：农业补贴是指政府为了保证农产品供给充足，充分发挥农业正的外部性，提高农民农业生产积极性，促进农民增收，促进农业提质增效，实现产业、区域协调发展，对农业投入、生产、加工、流通、消费环节进行的转移支付。通过定义可知农业补贴有以下特点：第一，农业补贴的主体是政府。农业补贴活动是由政府主导，与此相对，农业补贴的客体是农业产业。第二，我国农业补贴期望实现的经济目标既有微观的经济效应（如农户农产品的增产、增收）也有宏观的经济效应（区域经济的协调增长、产业的协调发展、农业经济的稳定增长）。

2.1.2.2　农业补贴的分类

农业补贴依据不同的分类标准可以划分为不同类别，本书依据世贸组织《农业协定》有关条款、农业补贴与农业生产的关系、《2019 年政府收支分类科目》对农业补贴进行分类。

（1）依据世贸组织《农业协定》的分类。世贸组织对农业补贴的定义是基于"乌拉圭回合"的谈判达成的协议，目的是促进国际农产品贸易，减少国内政府对国际农产品贸易的干预。基于此，世贸组织界定了两种基本的国内支持（补贴）以及特殊项目。

①绿箱补贴（措施），是指国内的支持对国际农产品贸易没有扭曲或仅有轻微扭曲的政策。为了进一步明确绿箱补贴的范围，世贸组织对绿箱补贴政策进行了说明，一般意义上讲，绿箱补贴政策由两大部分组成：第一，一般性的政府服务如科研、病虫害防治、培训推广服务、基本建设等；第二，对农业生产者的直接补贴，这些补贴不会对农民的生产决策产生影响。

②黄箱补贴（措施），是指国内的支持对国际农产品贸易会产生扭曲的政策。黄箱补贴最典型的便是价格支持，即政府补贴会对农产品价格产生直接影响，进而对国际农产品贸易产生扭曲。

③特殊项目。为推动全球农业发展特别是发展中国家农业发展，世贸

组织制定了特殊项目包括：第一，蓝箱补贴，指生产限制条件下的直接补贴；第二，微量补贴，对部分或全部农产品生产能够进行微量的支持；第三，发展举措，指为了推动发展中国家农业与农村发展而提供的补贴。

按照世贸组织《农业协定》规则，各成员国的绿箱补贴政策不受约束，也无需承担削减任务，黄箱补贴则需要受到约束，并承担削减任务，特殊项目因特殊初衷而设置，尽管受到世贸组织的允许，但是实施需要符合一定条件。

（2）依据农业补贴与农业生产之间的关系分类。依据农业补贴与农业生产之间的关系，农业补贴可以分为脱钩补贴与非脱钩补贴两类。

①脱钩补贴。脱钩补贴是指补贴只与基期的土地面积有关，与农业生产无直接关系，根据基期土地面积的大小对农民进行定额补贴（柯炳生，2018）。脱钩补贴对农民而言，实际是来源于政府的一项固定收入，会使得农户的家庭预算线向外平移。种粮农民直接补贴、农业支持保护补贴均属于脱钩补贴范畴。

②非脱钩补贴。非脱钩补贴是指补贴与农产品产量、农产品价格、农作物种类直接挂钩，根据农产品产量、农产品价格、农作物品种进行的补贴。棉粮、糖粮挂钩奖售粮政策，农产品目标价格补贴，玉米生产者补贴都属于非脱钩补贴。

（3）依据我国预算支出科目分类。《2019 年政府收支分类科目》对我国财政收支进行了详细分类，根据《中华人民共和国预算法》以及预算管理体系，当前我国政府预算由四部分组成，即一般公共预算、政府性基金预算、国有资本经营预算以及社会保险基金预算。四本预算中，社会保险基金预算以及国有资本经营预算与农业补贴关系较远，并未设置农林水支出科目，政府性基金预算中尽管设置了农林水支出科目，但是支出主要针对的是国家大型水利工程，与农业补贴相距较远。因此，农业补贴基本集中于一般公共预算。一般公共预算收支科目下，农林水支出科目中共包含10 项农业补贴内容，依据支出目的本书将其归纳为 5 类农业补贴。

①增加农民收入类补贴。该类补贴以稳定增加农民收入为主要目标，农林水支出中第 20 项，稳定农民收入补贴即属于此类补贴。

②促进农业发展类补贴。该类补贴以推动农业发展为主要目标，包括农林水支出中的农业结构调整补贴、农业生产支持补贴、农业组织化产业化经营补助、农田水利补助、抗旱补助。

③扶贫类补贴。该类补贴以推动贫困地区农民脱贫，促进区域农业经济发展为主要目标，包括扶贫贷款奖补和贴息以及"三西"农业建设专项补助。

④农业保险类补贴。该类补贴以推动农民以及农业生产经营组织购买农业保险，提高农业生产抗风险能力为主要目标，主要包括农业保费补贴。

⑤目标价格补贴。该类补贴主要以保护生产者利益为目标，包括棉花目标价格补贴以及其他目标价格补贴。

2.1.2.3　农业补贴的依据

农业与人类生存直接相关，农业的基础性与特殊性决定了农业补贴的必要性，对农业进行补贴既有理论的证据，又有现实的需要。

（1）农业补贴的理论依据。就经济学而言，农业补贴理论依据主要有两个：外部性理论与蛛网模型。[①]

当某一实体（一个人或一个企业）的活动以市场机制之外的某种方式直接影响他人福利时，这种影响称为外部性（罗森、盖亚，2009）。外部性有正负之分，当对他人福利产生正面影响时称为正外部性，当对他人福利产生负面影响时称为负外部性。通常而言，对正的外部性需要政府补贴予以支持。农业生产是自然生产与社会生产的叠加，在带来经济效应的同时，会形成社会、文化、生态多重功能，农业是经济收益明显小于社会总收益的产业，农业生产会形成多重正的外部性，单纯市场经济条件下，消费者仅支付了农业生产的经济成本，但是农业生产过程中的社会功能、文化功能、生态功能具有一定公共品属性，显著提高了社会成员的福利水平，因此，结合农业外部性理论对农业进行补贴成为应有之意。

由图2.1可知，当农业生产者以利润最大化为目标时，在不考虑外部

---

① 由于蛛网模型较为基础，为了节省篇幅，我们将蛛网模型放在了附录中，详见附录2.1。

性条件下，农业生产者的边际收益（MPB）与边际成本（MC）的交点即为最优价格（P_1），此时的产量也是最优的（Q_1）。当考虑外部性时，农业生产总体边际收益（MTB = MTSB + MPB）即农业生产的总体边际收益既包括农业生产带来的总体社会边际收益（MTSB），同时也包括农业生产者的私人边际收益（MPB）。此时，若按 Q_1 的产量进行农业生产，农产品价格 P_1 只反映了边际私人收益状况，但是农业生产具有明显的正外部性，存在依靠市场机制无法弥补的社会福利（即社会边际收益），将价格提高至 P_2 既体现农业生产带来的边际私人收益同时也体现了农业生产带来的边际社会收益。市场机制无法弥补的部分，政府应以补贴形式加以弥补，补贴总量应为 $P_1EE_1P_2$，在保障农业生产者利益的同时，有助于提高社会福利水平（如图 2.1（a）所示）。

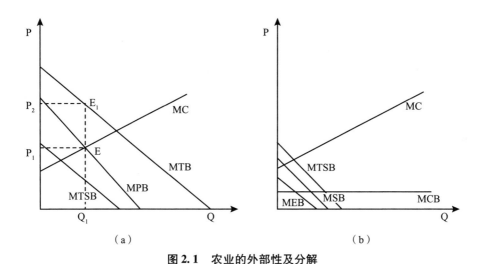

图 2.1　农业的外部性及分解

基于上述分析，我们将结合农业的多重功能对农业生产的外部性做进一步的分解（如图 2.1（b）所示），农业的外部性包含三个方面[①]：一是

---

　　① 由于农业的经济功能能够通过市场得到补偿，因此，本书着重对农业的社会、文化及生态方面的外部性进行分解与解析。

农业生产具有社会效益。农业生产活动提供了一定的工作岗位，促进了社会稳定，同时农业生产带来的农产品安全与粮食安全也有助于推动社会的稳定，农业作为一种职业其社会收益呈现递减趋势，而农产品安全与粮食安全具有明显的准公共品属性，因此，农业的社会边际收益（MSB）呈现递减趋势。二是农业生产具有文化效益。农业是人类劳动与自然环境相互作用的产物，农业的文化孕育功能、文化传承功能以及文化景观功能内化于农业生产过程之中，由于农业生产的特点，使得农业的文化功能具有显著的公共产品属性，很难将农业的文化功能直接转化为经济收益，如元阳梯田就是农业文化效益的直接体现，哈尼族人民经过千年的耕作，形成了独具特色的梯田文化，成为人类宝贵的文化遗产，兼具农业文化的孕育、传承与景观功能，但是从某种角度讲元阳梯田与城市公园无异，边际收益不会因为农业产量的增减而变化，因此，农业文化的边际收益（MCB）为常数。三是农业生产带来的生态效益。农业生产的最大特点便是植物通过光合作用生产出农产品，在农作物成长过程中会吸收二氧化碳、粉尘等污染物释放出氧气，有净化空气的作用，农业生产具有明显的生态效应，需要指出的是由于农作物生长要符合自然规律，当农作物种植量超过某一数量时，农作物就会减产，农作物的生态效应也会随之降低，因此农业生产的边际生态效应呈现递减趋势（MEB）。农业社会的边际效应、农业文化的边际效应及农业生态的边际效应共同构成了农业总体社会边际收益（MTSB）。

（2）农业补贴的现实依据。农业补贴的现实依据反映的是农业发展中遇到的各种问题，农业发展是一个历史过程，很多现实的农业问题源于历史，同时当前的决策也会对农业发展的未来产生影响，因此，农业补贴的现实依据可以由纵向维度分解为农业发展的历史选择与农业补贴的现实依据、农业发展现状与农业补贴的现实依据两部分内容。

①农业发展的历史选择与农业补贴的现实依据。新中国成立后，为了尽快实现工业化，国家采取了牺牲农业发展工业的方针，通过农民储蓄、工农业产品价格"剪刀差"、农业税三种方式积累了大量资金。据测算，1953～2006 年国家通过农民储蓄的方式从农业吸取的资金为 229.1 亿

元；1953～2007 年通过工农业产品价格"剪刀差"的方式为工业提供了
37332.9 亿元的资金；1950～2007 年通过农业税的方式从农业汲取资金
12327.75 亿元（郭宏宝，2015）。通过上述方式国家从农业获得了大量资
金，为工业化提供了有力支持，但是不可否认的是，由于农业发展受到长
期压制，农业与工业、城市与农村、城市居民与农村居民的差距越拉越
大，"二元结构"已经成为困扰我国经济健康发展的重要障碍。破除"二
元结构"的关键在于发展农业与农村经济，基于农业、农村、农民为我国
现代化建设所作的巨大牺牲与贡献，结合农业发展相对滞后的现实，对农
业进行补贴是应有之意。

　　②农业发展现状与农业补贴的现实依据。我国农业发展的内部压力与
外部压力共同构成了我国农业补贴的现实依据。我国农业投入现状与产出
现状共同构成了我国农业发展的内部压力，其中，农业投入包含自然投入
与社会投入。第一，在自然投入方面：首先，耕地面积不足，耕地质量
低。土地特别是耕地是农业生产的基本要素，但是我国却面临人均耕地
少，耕地质量差的严峻形势，2016 年我国共有耕地 20.24 亿亩，人均耕地
面积 1.46 亩，全国耕地平均质量等级为 9.96 等，优等地占比 2.9%，高
等地占比 26.59%，大量耕地属于中低等地，耕地质量低。[①] 其次，旱涝
灾害频发。水是农业生产的基础，我国幅员辽阔，水资源分布不均，干
旱、洪涝灾害严重威胁农业生产，2016 年全国因干旱受灾 9872.8 千公顷，
因洪涝受灾 8531.3 千公顷。[②] 最后，气象灾害频繁。农业生产必须依赖一
定的气候条件，气候条件异常会给农业生产带来灾害，气象灾害中台风、
风雹、低温冻雨对农业生产的影响最大，2016 年因台风受灾 2023.5 千公
顷，因风雹受灾 2908.1 千公顷，因低温冻雨受灾 2885.1 千公顷。[③] 第二，
在社会投入方面：首先，劳动力是农业的核心要素，然而由于农业收入
低，大量青壮年劳动力流向其他产业，农业从业人员以"老弱病残"居
多，劳动力外流，劳动力素质不高严重制约了农业发展，数据显示，2018

[①]　数据来源：《2017 年中国土地矿产海洋资源统计公报》。
[②][③]　数据来源：《2017 年中国农业年鉴》。

年我国农民工总数达到 28836 万人。[①] 其次，科技是农业发展的重要推动力，科技也是改造传统农业的必要手段，2017 年我国农业科技进步贡献率达到了 57.5%，[②] 农业科技对农业发展发挥了重要作用，但是农业科技的推动作用还需进一步提高。第三，在农业产出方面，农产品数量与质量共同构成农业产出压力。首先，农产品数量方面，满足近 14 亿人的粮食供给是农业生产的首要任务，2018 年我国进口粮食 20501976.03 吨，出口粮食 2544216.3 吨，粮食净进口 17957759.73 吨。[③] 其次，农产品质量方面，2018 年我国化肥使用量 5653.42 万吨，农药使用量 30 万吨，[④] 大量使用农药化肥对农产品品质产生不利影响。

外部压力层面，第一，农业的重要性受到国际组织的认可。在不影响国际农产品价格的基础上，对农业进行补贴成为国际组织认可的方法，世贸组织《农业协定》便对农业补贴的种类进行了详细规定，成为世界各国支持本国农业发展的重要参考。第二，对农业进行补贴是世界各国普遍采取的方法。美国 2018 年通过的《2018 年农业提升法案》使美国直接支农支出增加 18 亿美元。[⑤] 第三，当世界各国均对本国农业进行补贴时，国内不对农业进行补贴，进口农产品就会对国内农产品造成巨大冲击，尽管我国粮食进口量占粮食产量的比重较低，但是我国粮食净进口绝对数量较大，不对国内农业进行补贴就会形成农产品国际市场"洼地"，在不考虑其他政策情况下，大量外国农产品涌入既会冲击国内农产品市场，又会影响国家粮食安全。

农产品的充足供给对我国这样一个人口大国尤为重要，但是我国农业

---

① 数据来源：国家统计局网站，http://www.stats.gov.cn/tjsj/zxfb/201904/t20190429_1662268.html。

② 数据来源：国务院网站，http://www.stats.gov.cn/tjsj/zxfb/201904/t20190429_1662268.html。

③ 数据来源：农业农村部网站，http://zdscxx.moa.gov.cn:8080/misportal/public/agricultureIndexRedStyle.jsp。

④ 数据来源：国家统计局网站，http://data.stats.gov.cn/easyquery.htm? cn=C01；世界农化网，http://cn.agropages.com/News/NewsDetail--17464.htm。

⑤ 数据来源：美国国会预算办公室网站，https://www.cbo.gov/system/files/2018-12/hr2conf_0.pdf。

生产的自然条件较差，人多地少、耕地质量低、自然灾害多发导致我国农业生产自然投入不足，农村劳动力流失、农业科技进步对农业贡献较低的社会投入不足也给我国农业生产带来不利影响。同时，农业产出方面农产品数量不足以及农产品质量有待进一步提高也对农业提出了诸多挑战。不仅如此，对农业进行补贴是现行国际社会的共识，发达国家以及发展中国家均会对本国农业进行大幅度补贴，对本国农业进行补贴也得到了世贸组织的认可，并进行了统一规范，为世界各国支持本国农业发展提供了参考，支持本国农业发展，保持国内农产品价格稳定，提高农产品国际市场竞争力成为农业发展的外在压力。农业发展的内部压力与外部压力，共同形成了农业补贴的现实依据。

2.2　农业补贴机制分析

如前所述，农业生产受到自然风险以及市场风险的双重影响，农业风险的存在使得农业处于弱势地位。农业补贴作为抵御农业风险的重要手段，对熨平农业风险，推动农业以及整个国民经济的发展发挥着重要作用。农业补贴会增加农业生产者的财富，提高农业生产者抵御风险能力，影响农业生产者最优决策，在此基础上通过价格机制及产业波及效应影响其他经济活动参与者的生产决策，最终推动整个宏观经济的发展。

2.2.1　农业补贴机制的作用流程

本书在农业风险既定情形下，围绕着农业补贴如何影响农业生产者的经济行为展开。首先，在农业风险存在的情形下，农业补贴提高了农业生产者抵御风险能力（保险效应）、增加了农业生产者财富（财富效应）、改变了农业生产者的最优生产决策（生产决策效应），不仅如此，在一定假设条件下，农业补贴的财富效应、保险效应会通过最优决策变量影响农业生产。其次，农业补贴的核心目的是推动农业发展，即农业补贴的生产决策效应，农业生产者进入退出农业产业，农业生产者融资决策以及农业生产者的投入产出决策成为农业补贴最优生产决策的重要组成部分。最后，农业补贴的财富效应有助于削减贫困，进入退出决策改变了产业结构与区域结构，推动了经济结构转型，生产决策效应改变了社会总供求最终推动了宏观经济的增长。农业补贴的作用机制及路径见图2.2。

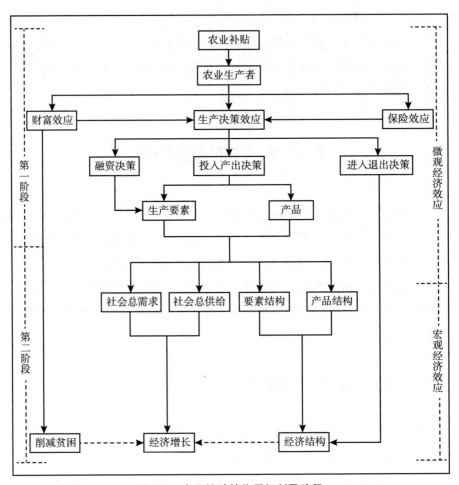

图2.2　农业补贴的作用机制及路径

　　如图2.2所示，农业补贴直接作用于农业生产者，增加了农业生产者的收入、提高了抵御风险能力、改变了农业生产者的最优生产决策，最终通过价格机制、产业波及效应传递至其他经济决策者，进而波及整个宏观经济，具体而言，农业补贴的作用机制及作用路径可以分为两个阶段。

（1）农业补贴对农业生产者的影响。农业生产是自然再生产与社会再生产的统一体，因此，农业生产受到自然风险与市场风险的双重影响。农业补贴的重要目标便是抵御农业风险，稳定并增加农业生产者收入，提高农业生产者最优生产决策水平。首先，农业补贴对农业生产者而言是一笔额外收入，从事农业活动便有机会获得该笔额外收入，因此，农业补贴会对农业生产者进入退出农业产业产生影响。其次，农业补贴属于政府对微观主体的转移支付，对农业生产者而言是一笔无须偿还的资金，因此，农业补贴会降低农业生产者的资金约束，改变农业生产者融资决策。最后，农业补贴特别是与农业生产相挂钩的补贴能够有效改变农业生产者的投入产出决策，例如农资综合补贴可能会刺激农户的农资需求，农业企业的科技创新性补贴会提高农业企业的科研创新能力。

（2）农业补贴对宏观经济的影响。农业补贴作为支持农业发展的重要手段，立足于微观，着眼于宏观，通过影响农业生产者的经济决策以价格机制、产业波及效应传递至宏观领域，形成农业补贴的宏观经济效应。具体而言，首先，农业生产者的进入退出决策影响了产业结构，不仅如此，农业补贴通过价格机制在不同产业之间转移，也会形成农业补贴的产业效应。此外，尽管农业具有明显的区域性特征，但是农业补贴的实施会进一步增强农业的区域性，形成特色农业区域结构，产业结构与区域结构共同构成了农业补贴宏观经济结构效应。其次，农业补贴降低了农业生产者的资金约束，改善了农业生产者融资决策，推动农业生产者扩大农业投入，提高了农业生产者产出水平，进而对社会总供给产生影响，要素投入的增加也会对社会总需求产生影响。最后，农业补贴增加了农业生产者可支配收入，促使农业生产者投入要素需求的增加，要素需求的增加提高了社会总需求，同时农业生产要素的增加会推动农业产出的提高，增加社会总供给。此外，农业补贴的宏观经济社会效应还体现在削减贫困方面，农业补贴既能直接提高收入，又能通过影响投入产出创造收入增加的机会，进而有助于削减贫困。

2.2.2 农业补贴机制的数理模型

根据农业补贴作用流程，本书构建了包含农业生产者、居户以及政府的三部门内生经济增长模型，进一步对农业补贴的作用机制进行分析，具体的模型如下：

$$y_t = F(a_t,\ k_t,\ l_t,\ s_t) \tag{2-1}$$

$$\max\pi = p_t y_t - \left[\varsigma_t a_t + w_t l_t + (r_t + \delta_t) k_{t-1} + \theta_t s_t\right] + m_t \tag{2-2}$$

$$\max U = \rho u(c_t,\ 1-l_t) \tag{2-3}$$

$$c_t + k_t = w_t l_t + (1 + r_t) k_{t-1} \tag{2-4}$$

$$S_t = T_t \tag{2-5}$$

$$V_g = f(v_A,\ v_K,\ v_L,\ v_S) \tag{2-6}$$

假设经济体中每个农业生产者及消费者同质并有无限期寿命，每个农业生产者及消费者都均匀分布在 $[0,\ 1]$。上述模型中，y_t 表示 t 期农业生产者的产出，a_t、k_t、l_t、s_t 分别表示 t 期的技术、资本、劳动力以及农业补贴；π 表示农业生产者的利润，p_t、ς_t、w_t、r_t、δ_t、θ_t、m_t 分别表示 t 期的农产品价格、技术价格率、工资率、利率、资本折旧率、补贴率、补贴性收入，k_{t-1} 表示第 t-1 期的资本；U 表示农业消费者效用，ρ、c_t、$1-l_t$ 分别代表主观贴现率、t 期的消费以及闲暇；从政府层面看，政府的农业补贴性支出 S_t 通过税收 T_t 的形式筹集。

在总模型中，式（2-1）表示农业生产者生产函数，农业生产者的产出由技术、资本、劳动力以及农业补贴决定，此处将农业补贴变量引入农业生产者的生产函数。式（2-2）反映了农业生产者以追求利润最大化为目标，在利润最大化情况下，农业生产者决定劳动力、资本、技术的最佳投入量以及最优生产决策组合，在此基础上，我们将农业补贴由两个路径引入利润函数：一是农业补贴作为农业生产要素直接进入农业生产函数；二是农业补贴以收入的形式直接进入利润函数。式（2-3）表示农业消费者的效用函数，农业消费者以追求效用最大化为目标，农业消费者的效用由消费以及闲暇决定。式（2-4）为农业消费者的预算约束，等式左侧表示农业消费者的消费支出及资本积累，右侧则表示农业消费者的收入由工资性收入与资本性收入构成。式（2-5）则表示政府的预算约束即政府以征税的形式获得收入，并将税收收入用于农业补贴性支出。在三部门的内生经济增长模型中，农业生产者、农业消费者、政府均以自身目标进行经济决策，共同决定了要素投入与社会的均衡产出。式（2-6）揭示了经济增长的决定性因素。

2.3　农业补贴的经济效应分析

在对农业补贴机制及路径（见图2.2）进行阐述的基础上，本节将由微观和宏观两个层面对农业补贴的经济效应进行分析，具体见图2.3。

由图2.3可知，农业补贴的经济效应由农业补贴的微观经济效应与农业补贴的宏观经济效应组成。

在微观经济效应层面，农业补贴直接作用于农业生产者，继而会形成财富效应、保险效应及生产决策效应。首先，农业补贴作为转移支付的重要形式，必然会提高农业生产者收入水平；其次，双重风险性是农业的突出特征，抵御农业风险，降低农业生产者损失，保证农业生产者收入是农业补贴的题中之义；再次，财富效应及保险效应提高了农业生产者最优投入量，进而会对生产决策效应产生影响；最后，农业补贴改变了农业生产者的预算约束，进而会对农业生产者进入退出、融资、投入产出决策产生影响，最终影响农业生产者的要素供求与产品供求。

在宏观经济效应层面，农业补贴以微观经济效应为基础，有助于削减贫困、完善与优化经济结构、推动宏观农业经济增长。首先，农业补贴增加了农业生产者收入，收入的增加有助于贫困人群、贫困地区脱贫；其次，农业补贴通过改变要素需求结构与产品供给结构影响农业产业结构，通过差别化的区域补贴政策影响农业区域结构；最后，农业补贴通过影响要素需求数量与产品供给数量，进而会对社会总供给与社会总需求产生影响，最终共同推进宏观农业经济增长的实现。

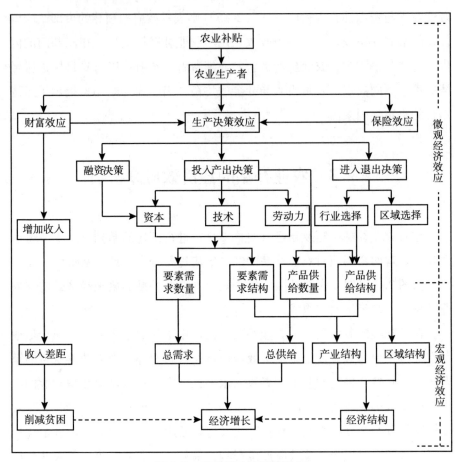

图 2.3　农业补贴的经济效应

2.3.1　农业补贴的微观经济效应

农业补贴是政府向微观经济主体进行的转移支付，农业补贴的微观经济效应是农业补贴经济效应的基础。总体而言，农业补贴微观经济效应可由基础影响、短期影响及长期影响组成，具体作用路径如图2.4所示。

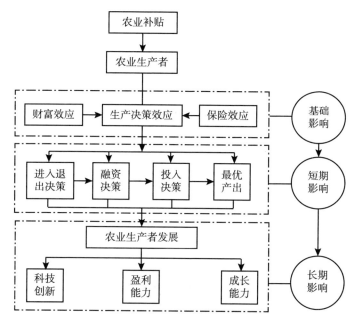

图 2.4　农业补贴的微观经济效应

由图 2.4 可知，农业补贴的微观经济效应由农业补贴的基础影响、短期影响及长期影响组成。农业补贴直接作用于农业生产者，形成基础性的财富效应、保险效应及生产决策效应，其中生产决策效应是农业补贴基础影响的核心。以生产决策效应为基点，农业补贴在短期内会对农业生产者的进入退出决策、融资决策及投入决策产生影响，在此基础上带来农业生产者最优产出的变化。立足于短期影响，着眼于长期发展是农业生产者从事农业生产经营的最终落脚点，同时也是农业补贴重要的政策意图。

2.3.1.1　农业补贴的基础影响

双重风险性是农业有别于其他产业的显著标志，农业补贴的目标便是抵御农业风险，增加农业生产者财富，提高农业生产者最优决策水平，即在风险视角下，农业补贴会产生保险效应、财富效应以及生产决策效应。推动农业生产发展是农业补贴的核心目标，不管是脱钩补贴还是非脱钩补贴所形成的保险效应及财富效应，都会对农业生产者的最优生产决策量产生影响，推动农业生产者最优生产决策量提高。

2.3.1.2　农业补贴的短期影响

农业补贴是政府对农业生产者的转移支付，农业生产者并不需要承担偿还责任，因此，农业补贴的存在会激发更多的市场主体进入农业产业。不仅如此，农业补贴资金会降低农业生产者的资金约束，资金约束的降低会刺激农业生产者的农业投入行为，农业投入的增加会推动农业产出的增长。

2.3.1.3　农业补贴的长期影响

对农业生产者而言，实现自身的长期可持续发展是农业生产者从事农业生产经营活动的基本目标。在短期内农业补贴会对农业生产者的多重经济决策产生影响，并最终会对农业生产者的产出产生影响。在产品价格保持不变的情况下，农业产出的增加使得农业生产者的收益增加，农业生产者收益的增加会直接对农业生产者的科技创新能力、盈利能力以及成长能力等一系列农业企业发展指标产生积极影响。

（1）风险视角下农业补贴的微观经济效应。以前文所构建的数理模型为基础，综合考量农业生产的双重风险性特征，在农业生产者追逐利润最大化目标指引下，我们着重分析农业补贴如何影响农业生产者决策。为此，借鉴轩尼诗（Hennessy，1998）的研究成果，我们对前文所构建的数理模型进行进一步演化与延伸，对我国现行农业补贴的微观经济效应特别是农业补贴的最优生产决策效应进行分析。

假定农业生产者是绝对风险厌恶递减，并构建一个农业生产者期望利润效用最大化的效用函数：

$$\max_{x} \int_a^b U[\pi(x, \varepsilon)] dH(\varepsilon) \qquad (2-7)$$

其中，x 表示农业生产者最优选择变量，ε 表示随机变量即农业风险，$H(\varepsilon)$ 表示累积分布函数，农业补贴在区间 [a，b] 浮动，$\pi(x, \varepsilon)$ 为农业生产者利润（函数形式如式（2-2）所示），显然农业生产者利润受到了农业最优选择变量 x 以及农业风险 ε 的影响。假定效用函数为递增函数且是凹函数。对目标函数（2-7）求一阶导数得出生产者最优选择 x^*，并在农业生产者最优选择 x^* 处求二阶导数：

$$\int_a^b U_\pi[\pi(x,\ \varepsilon)]\pi_x(x,\ \varepsilon)dH(\varepsilon) = 0 \qquad (2-8)$$

$$\sigma = \int_a^b \{U_{\pi\pi}[\pi(x,\ \varepsilon)[\pi_x(x,\ \varepsilon)]]^2 + U_\pi[\pi(x,\ \varepsilon)]\pi_{xx}(x,\ \varepsilon)\}dH(\varepsilon)$$

$$(2-9)$$

至此，我们已经构建了农业风险背景下，农业生产者在追求利润最大化时的效用最大化函数、一阶导数以及农业生产者最优选择时的二阶导数。此时我们需要将农业补贴引入期望效用函数，依据农业补贴分类（是否与产量、种类、价格挂钩分为非脱钩补贴及脱钩补贴）。首先，分析脱钩补贴情形下，农业补贴如何影响农业生产者最优生产决策。其次，分析非脱钩情形下，农业补贴对农业生产者最优生产决策的影响。

①脱钩补贴对农业生产者最优决策的影响。对脱钩补贴而言，农业补贴直接增加了农业生产者的收入，即农业补贴以外生变量的形式引入期望效用函数，此时可假定农业生产者的利润为：

$$\pi^+(x,\ \theta,\ \varepsilon) = \pi(x,\ \varepsilon) + m(\theta,\ \varepsilon) \qquad (2-10)$$

此时，$m(\theta,\ \varepsilon)$ 表示农业生产者的补贴函数，θ 表示农业补贴标准，显然农业补贴函数大于 0 且递增。引入脱钩补贴后，一阶条件式（2-8）变为：

$$\int_a^b U_\pi[\pi^+(x,\ \theta,\ \varepsilon)]\pi_x(x,\ \theta,\ \varepsilon)dH(\varepsilon) =$$

$$\int_a^b U_\pi[\pi^+(x,\ \theta,\ \varepsilon)]\pi_x(x,\ \varepsilon)dH(\varepsilon) = 0 \qquad (2-11)$$

在脱钩补贴情形下，补贴函数 $m(\theta,\ \varepsilon)$ 直接增加了农业生产者财富，对农业生产者而言形成财富效应，探讨财富效应如何影响农业生产者最优决策 x^* 只需探讨 θ 与 x^* 的关系，因此有：

$$\frac{dx^*}{d\theta} = -\frac{\int_a^b U_{\pi\pi}[\pi^+(x,\ \theta,\ \varepsilon)]\pi_x(x,\ \varepsilon)m_\theta(\theta,\ \varepsilon)dH(\varepsilon)}{\int_a^b \{U_{\pi\pi}[\pi^+(x,\ \theta,\ \varepsilon)[\pi_x(x,\ \varepsilon)]^2 + U_\pi[\pi(x,\ \theta,\ \varepsilon)]\pi_{xx}(x,\ \varepsilon)\}dH(\varepsilon)}$$

$$(2-12)$$

$$= -\frac{1}{\sigma}\int_a^b U_{\pi\pi}[\pi^+(x, \theta, \varepsilon)]\pi_x(x, \varepsilon)m_\theta(\theta, \varepsilon)dH(\varepsilon) \quad (2-13)$$

$$= \frac{1}{\sigma}R[\pi^+]\int_a^b U_{\pi\pi}[\pi^+(x, \theta, \varepsilon)]\pi_x(x, \varepsilon)m_\theta(\theta, \varepsilon)$$

$$\frac{\int_a^b U_\pi[\pi^+(x, \theta, \varepsilon)]}{\int_a^b U_{\pi\pi}[\pi^+(x, \theta, \varepsilon)]}dH(\varepsilon) \quad (2-14)$$

$$= \frac{1}{\sigma}\int_a^b R[\pi^+]U_\pi[\pi^+(x, \theta, \varepsilon)]\pi_x(x, \varepsilon)$$

$$m_\theta(\theta, \varepsilon)dH(\varepsilon) \quad (2-15)$$

此处 $R[\pi^+]$ 表示绝对风险厌恶系数[1]，事实上我们知道 $\frac{dx}{d\theta}$ 与 0 的关系即可知道在农业风险存在情况下，农业补贴的财富效应对农业生产者的最优决策产生何种影响。为此做如下假设，一是农业补贴随着不确定性的增加而增加；二是决策量对利润的边际影响在不确定性下是递增的；三是农业补贴的边际影响在不确定性下递减。在绝对风险规避递减情形下，令 $\varphi(\varepsilon) = R[\pi^+]m_\theta(\theta, \varepsilon)$ 且假设 $\varphi(\varepsilon)$ 是 ε 的减函数，因此：

$$\frac{dx^*}{d\theta} = \frac{1}{\sigma}\int_a^b \varphi(\varepsilon)U_\pi[\pi^+(x, \theta, \varepsilon)]\pi_x(x, \varepsilon)dH(\varepsilon) \quad (2-16)$$

根据奥米斯顿（Ormiston，1992）的研究成果，式（2-16）可转化为：

$$\frac{dx^*}{d\theta} = \frac{1}{\sigma}\{\varphi(x^*, b)\int_a^b U_\pi[\pi^+(x, \theta, \varepsilon)]\pi_x(x, \varepsilon)dH(\varepsilon)$$

$$-\int_a^b \int_a^v U_\pi[\pi^+(x, \theta, \varepsilon)]\pi_x(x, \varepsilon)dH(\varepsilon)\frac{d\varphi(v)}{dv}dv\}$$

$$(2-17)$$

令 $v = \varepsilon$，由式（2-7）可知，式（2-17）左侧式子为 0，由假设条

---

① 风险厌恶系数用来衡量风险厌恶程度，风险厌恶系数的计算方法共有两种即绝对风险厌恶系数与相对风险厌恶系数。二者不同之处是，绝对风险厌恶系数应用于风险项目对当前财富水平绝对增加或绝对减少的影响，相对风险厌恶系数应用于风险项目对当前财富水平的百分比增加或减少的影响，显然本书分析采用绝对风险厌恶系数更加合意。

件可知，$\dfrac{d\varphi(v)}{dv}<0$ 且有 $\displaystyle\int_a^v U_\pi[\pi^+(x,\theta,\varepsilon)]\pi_x(x,\varepsilon)dH(\varepsilon)<0$ ，据此

可知 $\dfrac{dx^*}{d\theta}>0$ ，即在农业风险存在情况下，脱钩补贴不仅带来了收入的增

加，而且增加了农业生产者最优决策量。

前文对农业补贴的财富效应对农业生产者最优决策量的影响进行了分析。抵御农业风险也是农业补贴的重要目标之一（即保险效应），保险效应对农业生产者最优决策量的影响可以由以下渠道进行分析，在脱钩补贴情形下，农业生产者获得的农业补贴与农业风险直接相关，随着风险增加，农业补贴收入增加，收入的稳定性增强，进而产生激励效应，保险效应形成一个单调函数 m_θ ，其作用机制与农业补贴的财富效应相同。

②非脱钩补贴对农业生产者最优决策的影响。对非脱钩补贴而言，农业补贴通常与产量、价格等因素直接相关，换言之，非脱钩补贴与农业生产者的投入—产出直接相关，农业补贴与农业生产者的利润不可分割。此时一阶最优条件、二阶条件为：

$$\int_a^b U_\pi[\pi(x,\theta,\varepsilon)]\pi_x(x,\theta,\varepsilon)dH(\varepsilon)=0 \qquad (2-18)$$

$$\sigma=\int_a^b\{U_{\pi\pi}[\pi(x,\theta,\varepsilon)[\pi_x(x,\theta,\varepsilon)]]^2$$
$$+U_\pi[\pi(x,\theta,\varepsilon)]\pi_{xx}(x,\theta,\varepsilon)\}dH(\varepsilon) \qquad (2-19)$$

由此可知：

$$\frac{dx^*}{d\theta}=-\frac{\displaystyle\int_a^b\{U_{\pi\pi}[\pi(x,\theta,\varepsilon)]\pi_x(x,\theta,\varepsilon)\pi_\beta(x,\theta,\varepsilon)+U_\pi[\pi(x,\theta,\varepsilon)]\pi_{x\beta}(x,\theta,\varepsilon)]\}dH(\varepsilon)}{\displaystyle\int_a^b\{U_{\pi\pi}[\pi(x,\theta,\varepsilon)[\pi_x(x,\theta,\varepsilon)]^2+U_\pi[\pi(x,\theta,\varepsilon)]\pi_{xx}(x,\theta,\varepsilon)\}dH(\varepsilon)}$$

$$(2-20)$$

$$=-\frac{1}{\sigma}\{-\int_a^b\{R(\pi)U_\pi[\pi(x,\theta,\varepsilon)]\pi_x(x,\theta,\varepsilon)\pi_\theta(x,\theta,\varepsilon)$$
$$+U_\pi[\pi(x,\theta,\varepsilon)]\pi_{x\theta}(x,\theta,\varepsilon)]\}dH(\varepsilon)\} \qquad (2-21)$$

$$= \frac{1}{\sigma} \int_a^b R(\pi) U_\pi [\pi(x, \theta, \varepsilon)] \pi_x(x, \theta, \varepsilon) \pi_\theta(x, \theta, \varepsilon) dH(\varepsilon)$$

$$- \frac{1}{\sigma} \int_a^b U_\pi [\pi(x, \theta, \varepsilon)] \pi_{x\theta}(x, \theta, \varepsilon) dH(\varepsilon) \qquad (2-22)$$

对式（2-22）而言，假设右侧积分非负，左侧积分与式（2-15）基本相同，所不同的是将 m_θ 换为 π_θ，令 π_θ 满足式（2-15）中 m_θ 的基本假设即可得到 $\frac{dx^*}{d\theta} > 0$，即在农业风险存在情况下，非脱钩补贴不仅带来了收入的增加，同时也增加了农业生产者最优决策量。

对非脱钩补贴而言，抵御农业风险依旧是农业补贴的重要目标之一，农业补贴直接与价格、产量挂钩，由于假设农业补贴会随着农业风险的增加而增加，即农业补贴会使得农业生产者的生产收益的波动性降低，进而会产生激励作用。例如我国的农资综合补贴，其补贴的目的是抵消农资价格上升对农业生产者的影响，推动农业生产者投入的增加，稳定农业生产者成本，保持农业生产者收益的稳定。

（2）农业补贴对农业生产者进入退出决策的影响。是否进行农业经济活动、生产何种产品的原始动机都是为了获取利益。为此以前文构建的数理模型为基础，借鉴奥尔（Orr, 1974）的进入退出模型，对农业生产者的进入退出决策机理进行分析。Orr模型的核心思想是，考察进入壁垒、预期收益对生产者进出某行业的影响。Orr模型可表述为：

农业生产者进入（退出）= F（进入退出壁垒，预期收益）

$$(2-23)$$

①农业补贴对进入退出壁垒的影响。农业补贴是政府对农业生产者的转移支付，由于农业生产者不需要承担偿还责任，因此，农业补贴会激励农业生产者进入农业生产经营领域，同时会对农业生产者的退出行为产生抑制。由式（2-10）可知，得到农业补贴的农业生产者，利润函数由农业生产经营产生的利润及农业补贴构成。当 $\pi(x, \varepsilon) > 0$，$m_\theta > 0$ 时，农业补贴的实施使得农业生产者从事农业生产经营活动更加有利可图，会激励非农业生产者进入农业生产经营领域；当 $\pi(x, \varepsilon) = 0$，$m_\theta > 0$ 时，农业生产者成本与收入相等或未从事农业生产经营活动，此时农业补贴成为

农业生产者利润来源,会对农业生产者退出农业生产经营形成一定抑制;当 $\pi(x, \varepsilon) < 0$,$m_\theta > 0$ 时,农业补贴在一定程度上弥补了农业生产者的损失,此时若农业补贴收入大于损失支出,农业生产者依旧有可能继续维持农业生产经营活动。事实上,对理性的农业生产者而言,当 $\pi(x, \varepsilon) \leq 0$ 时,不进行农业生产,但千方百计保持获得补贴的资格,无疑是最有利的。及至现实,农业补贴对当前中国两类农业生产者的进入退出决策均产生了较大影响。农户层面,农户享有土地承包权(即能够获得农业补贴),但是不进行农业生产的现象日益严重,这其中农业补贴发挥了较为明显的退出壁垒作用,尽管进行农业生产的收入 $\pi(x, \varepsilon)$ 不一定小于 0,但是由于农业收入低,农业对普通农户而言成为"鸡肋"性产业,进行农业生产的机会成本明显高于从事其他产业,为此不从事农业生产,但保留获得农业补贴资格无疑对农户更有利。农业企业层面,由于农业具有投资周期长、利润低的特点[1],企业从事农业生产经营的动力并不充足,但是农业事关人民基本生活,是重要的民生产业,维持并推动农业企业发展不仅具有经济意义而且具有重要的社会意义。在此情形下,需要政府对从事农业生产经营的企业予以扶持,通过农业补贴缩小农业企业与其他企业之间的利润差距,此时农业补贴便会对未从事农业生产经营的企业形成激励,对从事农业生产经营的农业企业的退出行为形成抑制。

②农业补贴对预期收益的影响。农业生产者进入退出农业经济活动的根本目的是获得最大利润,为此我们以前文构建的数理模型为基础,综合式(2-1)、式(2-2)对农业补贴对农业生产者预期收益的影响进行数理分析,由于式(2-1)采用的是隐函数形式,为了简化分析我们假设农业生产者的生产函数为 C-D 形式,令 $\alpha > 0$、$\beta > 0$、$\gamma > 0$、$\vartheta > 0$,因此有:

$$y_t = a_t^\alpha k_t^\beta l_t^\gamma s_t^\vartheta \tag{2-24}$$

$$\max \pi_t = p_t y_t - [\varsigma_t a_t + w_t l_t + (r_t + \delta_t) k_{t-1} + \theta_t s_t] + m_t \tag{2-25}$$

其中,y_t、a_t、k_t、l_t、s_t 分别表示 t 期农业生产者产出、技术投入、资本投入、劳动力投入及农业补贴投入,π_t、p_t、ς_t、w_t、r_t、δ_t、θ_t、m_t

---

① 如表 6.6 所示,2006~2019 年中国农业类上市公司营业净利润率均值为 -0.0135。

分别表示 t 期农业生产者获得的利润、农产品价格、技术价格率、工资率、利率、资本折旧率、补贴率、补贴性收入，对式（2−25）中的技术、劳动、资本、补贴求导可得：

$$\frac{\partial \pi}{\partial a} = p_t \alpha a_t^{\alpha-1} k_t^{\beta} l_t^{\gamma} s_t^{\vartheta} - \varsigma_t = 0 \qquad (2-26)$$

$$\frac{\partial \pi}{\partial k} = p_t \beta a_t^{\alpha} k_t^{\beta-1} l_t^{\gamma} s_t^{\vartheta} - (r_t + \delta) = 0 \qquad (2-27)$$

$$\frac{\partial \pi}{\partial l} = p_t \gamma a_t^{\alpha} k_t^{\beta} l_t^{\gamma-1} s_t^{\vartheta} - w_t = 0 \qquad (2-28)$$

$$\frac{\partial \pi}{\partial s} = p_t \vartheta a_t^{\alpha} k_t^{\beta} l_t^{\gamma} s_t^{\vartheta-1} - \theta_t = 0 \qquad (2-29)$$

因此有：

$$s_t = \frac{1}{\theta_t} \vartheta p_t y_t \qquad (2-30)$$

对式（2−30）进行变形可得到：

$$y_t p_t = \frac{1}{\vartheta} s_t \theta_t \qquad (2-31)$$

综合式（2−25）及式（2−31）可知，农业补贴通过以下两种路径影响农业生产者利润：一是以直接增加农业生产者收入（m_t）的形式增加了农业生产者利润，而且通过式（2−25）可知即使农业生产者产出为 0 依旧能够获得农业补贴；二是农业补贴以生产要素形式进入农业生产函数如式（2−31）所示，当 ϑ、p_t、θ_t 保持不变时，农业补贴 s_t 的增加会使得收益 $y_t p_t$ 增加，最终使得农业生产者利润增加。预期利润的增加会激励更多的市场主体进入农业生产经营领域，同时也会抑制已进入农业生产经营领域的农业生产者退出农业生产经营。

（3）农业补贴对农业生产者融资决策的影响。基于前文构建的数理模型，根据式（2−1）即 $y_t = F(a_t, k_t, l_t, s_t)$ 可知，资金 k_t 是农业生产的基本要素。农业补贴的实施增加了农业生产者可支配收入，改变了农业生产者的预算约束，深刻影响了农业生产者的融资决策。为了理清农业补贴如何影响农业生产者融资决策，我们在基本模型的基础上，借鉴迈尔斯和马伊卢夫（Myers & Majluf，1984）的优序融资理论，对农业补贴对农业生产者融资决策的作用机理进行分析。优序融资理论认为融资由内源性融资与外源性融资构成，在此基础上外源性融资又可以进一步分为债务融资以及权益融资两类，基于优序融资理论，农业生产者的融资结构可表述为：

$$K_r = K_n + \underbrace{(K_z + K_g)}_{K_w} \qquad (2-32)$$

其中，K_r、K_n、K_w、K_z、K_g 分别表示农业生产者总融资、内源性融资、外源性融资、债务融资以及权益融资，依据优序融资理论可知，$K_n >$ $K_z > K_g$ 即内源性融资优于外源性融资，债务融资优于权益性融资。

①农业补贴对农业生产者内源性融资决策的影响。通常而言，内源性融资是生产经营活动中形成的资金，反映了融资者不断将自身积累的资金转化为投资的过程。当对农业生产者实施补贴时，补贴资金直接影响农业生产者利润，增加农业生产者积累，进而改变了农业生产者内源性融资结构与规模。受农业补贴影响农业生产者融资结构可表述为：

$$K_{rs} = (K_n + K_{ns}) + (K_z + K_g) \qquad (2-33)$$

其中，K_{rs} 表示加入农业补贴后农业生产者总融资，K_{ns} 表示农业补贴。当 K_w、K_n 保持不变时，K_{ns} 的增加扩大了农业生产者的融资规模即 $K_{rs} > K_r$，不仅如此，农业补贴的实施还改变了农业生产者的融资结构即 $\dfrac{K_n + K_{ns}}{K_{rs}} > \dfrac{K_n}{K_r}$①，据此可知，农业补贴增加了内源性融资。

②农业补贴对农业生产者外源性融资决策的影响。一般而言，外源性融资是指融资者向自身以外的其他经济体筹集资金的过程，根据优序融资理论，外源性融资由债务融资与权益性融资组成。

第一，农业补贴对债务融资的影响。农业补贴政策的实施会通过两种路径对农业生产者的债务融资产生影响。首先，农业补贴降低了农业生产者的预算约束，从而降低了农业生产者的债务融资需求。当农业生产者进行农业生产时会受到预算约束的影响，若自有资金无法满足农业生产的需要，农业生产者便需要进行债务融资，然而农业生产者特别是小农户由于

---

① 证明过程参见附录2.2。

没有足够的抵押物作为抵押，因此，很难进行债务融资。农业补贴作为政府对农业生产者的转移支付，不需要农业生产者承担偿还责任，农业补贴缓解了农业生产者的债务融资压力，降低了债务融资需求。其次，农业补贴推动了农业生产者发展，增强了农业生产者经济实力，进而降低了农业生产者的债务融资需求。农业补贴政策设计的初衷是提高农业生产者收益，推动农业生产者健康发展，农业生产者自身经济实力的壮大有助于降低预算约束的影响，进而降低债务融资需求。

第二，农业补贴对权益性融资的影响。权益性融资主要通过扩大所有者权益实现，包含吸引新的投资者及追加投资等方式。吸引新的投资者层面，农业补贴能够"撬动"社会资本，吸引新的经济主体参与农业生产经营活动。基于一定政策意图，政府会对特定农业项目进行补贴，经济主体受到农业补贴激励进而投资于农业生产经营活动（如本书访谈中，农业合作社社员直言，决定建设农业合作社的重要原因是政府承诺对农业合作社建设予以补贴支持）。追加投资层面，外部投资者是否投资及是否追加投资的关键在于所投资项目预期收益状况如何。由于信息不完全、不对称，外部投资者很难对农业生产者所从事的农业项目预期收益进行准确判断，此时来源于独立第三方即政府的农业补贴成为外部投资者投资的重要参考。政府通过农业补贴大力支持的农业项目是政府综合研判后做出的审慎选择，补贴规模与政府支持强度正相关，在一定程度上反映了农业项目的市场前景及预期收益状况，此时农业补贴在农业生产者与外部投资者之间发挥了信号传递的作用。

（4）农业补贴对农业生产者投入产出决策的影响。农业补贴的目的是推动农业生产的发展，农业生产的发展需要以增加农业投入为基础，农业投入的增加带来农业产出的提高。在追求农业投入产出增加的同时，还需要以农业补贴为引导，对农业投入产出结构予以优化，推动农业供给侧结构性改革的顺利实施，最终实现农业市场供需均衡。

①农业补贴对农业生产者投入决策的影响。基于前文构建的数理模型，根据式（2-1）、式（2-2）对农业补贴对农业生产者投入决策的影响进行数理分析，由于式（2-1）为隐函数形式，为了简化分析，我们假

设农业生产者的生产函数为 C – D 形式，令 $\alpha > 0$、$\beta > 0$、$\gamma > 0$、$\vartheta > 0$，因此有：

$$y_t = a_t^\alpha k_t^\beta l_t^\gamma s_t^\vartheta \tag{2-34}$$

$$\max \pi_t = p_t y_t - \left[\varsigma_t a_t + w_t l_t + (r_t + \delta_t) k_{t-1} + \theta_t s_t \right] + m_t \tag{2-35}$$

其中，y_t、a_t、k_t、l_t、s_t 分别表示 t 期农业生产者产出、技术投入、资本投入、劳动力投入及农业补贴投入，π_t、p_t、ς_t、w_t、r_t、δ_t、θ_t、m_t 分别表示 t 期农业生产者获得的利润、农产品价格、技术价格率、工资率、利率、资本折旧率、补贴率、补贴性收入，分别对式（2-35）中的技术、劳动、资本、补贴求导可得：

$$\frac{\partial \pi}{\partial a} = p_t \alpha a_t^{\alpha-1} k_t^\beta l_t^\gamma s_t^\vartheta - \varsigma_t = 0 \tag{2-36}$$

$$\frac{\partial \pi}{\partial k} = p_t \beta a_t^\alpha k_t^{\beta-1} l_t^\gamma s_t^\vartheta - (r_t + \delta) = 0 \tag{2-37}$$

$$\frac{\partial \pi}{\partial l} = p_t \gamma a_t^\alpha k_t^\beta l_t^{\gamma-1} s_t^\vartheta - w_t = 0 \tag{2-38}$$

$$\frac{\partial \pi}{\partial s} = p_t \vartheta a_t^\alpha k_t^\beta l_t^\gamma s_t^{\vartheta-1} - \theta_t = 0 \tag{2-39}$$

由式（2-36）、式（2-37）、式（2-38）可得到利润最大化条件下农业生产者最优技术、资本以及劳动力投入：

$$a_t = \frac{1}{\varsigma_t} \alpha p_t y_t \tag{2-40}$$

$$k_t = \frac{1}{r_t + \delta} \beta p_t y_t \tag{2-41}$$

$$l_t = \frac{1}{w_t} \gamma p_t y_t \tag{2-42}$$

为了进一步探索农业补贴对农业生产者技术、资本、劳动力投入的影响，分别对式（2-40）、式（2-41）、式（2-42）中的农业补贴求导，进而得到：

$$\frac{\partial a}{\partial s} = \frac{1}{\varsigma_t s_t} \alpha \vartheta p_t y_t \tag{2-43}$$

$$\frac{\partial k}{\partial s} = \frac{1}{(r_t + \delta_t) s_t} \beta \vartheta p_t y_t \tag{2-44}$$

73

$$\frac{\partial l}{\partial s} = \frac{1}{w_t s_t} \gamma \vartheta p_t y_t \qquad (2-45)$$

由于 y_t、p_t、ς_t、w_t、r_t、δ_t、θ_t、α、β、γ、ϑ 均大于 0，因此，可以得到 $\frac{\partial a}{\partial s} > 0$，$\frac{\partial k}{\partial s} > 0$，$\frac{\partial l}{\partial s} > 0$。可得到如下结论：首先，$\frac{\partial a}{\partial s} > 0$ 表明农业补贴的增加会使得最优农业技术投入量增加；其次，$\frac{\partial k}{\partial s} > 0$ 表明农业补贴的增加会使得最优农业资本投入量增加；最后，$\frac{\partial l}{\partial s} > 0$ 表明农业补贴的增加会使得最优农业劳动力投入量增加。

②农业补贴对农业生产者产出决策的影响。农业补贴对产出决策的影响主要集中在两个方面，一是农业补贴对产量的影响；二是农业补贴对产出结构的影响。

第一，农业补贴对产量的影响。以前文农业补贴对农业生产者投入决策的数理分析为基础，本部分对农业补贴对农业生产者产出决策的影响进行如下数理分析，由式（2-39）可知：

$$y_t = \frac{\theta_t}{\vartheta p_t} s \qquad (2-46)$$

对式（2-46）中的 s 求导可得：

$$\frac{\partial y}{\partial s} = \frac{\theta_t}{\vartheta p_t} \qquad (2-47)$$

根据式（2-47）中 θ_t、ϑ、p_t 大于 0 可知 $\frac{\partial y}{\partial s} > 0$，即随着农业补贴 s 的增加农业产出增加。

第二，农业补贴对农业产出结构的影响。农业生产者作为理性经济人，进行农业生产的目标是获得最大利润，因此，农业生产者是否生产以及生产多少某种产品由该种产品的最终利润决定。假定农业生产者只生产两种产品 g_1、g_2 由此形成两种利润 π_1、π_2，据此构建如下模型：

$$\max\{\pi_1; \pi_2\} = \begin{cases} \pi_1, & \pi_1 > \pi_2 \\ \text{无差异}, & \pi_1 = \pi_2 \\ \pi_2, & \pi_1 < \pi_2 \end{cases} \qquad (2-48)$$

由模型（2-48）可知，当 $\pi_1 > \pi_2$ 时农业生产者会选择生产产品 g_1；当 $\pi_1 = \pi_2$ 时农业生产者生产 g_1、g_2 无差异；当 $\pi_1 < \pi_2$ 时农业生产者会选择生产产品 g_2。假定初始状态下，农业生产者生产 g_1、g_2 两种产品，此时农业生产者在 g_1 中获得的利润为 π_1，在 g_2 中获得的利润为 π_2，此时农业生产者的产出结构 $G = g_1 + g_2$。当政府对产品 g_1 实施补贴时，使得生产 g_1 变得更加有利可图，理性的农业生产者会扩大 g_1 的生产，进而使得农业生产者的产出结构发生变化。

（5）农业补贴对农业企业发展的影响。

农业风险普遍存在于农业经济活动之中，农业补贴的实施为抵御农业风险、提高农业企业收入创造了条件，农业补贴的提高会增加农业企业最优决策量，在此基础上，农业企业在利润最大化目标驱使下，通过进入退出决策、融资决策以及投入产出决策实现最优要素配置与最佳产品供给，最终影响农业企业发展。在探讨农业补贴对农业企业发展的影响之前，我们需要对农业企业发展内涵进行界定。综合已有研究（肖海林、王方华，2004；李静、刘志迎，2007；刘红霞，2017），我们将农业企业发展定义为，在一定制度条件下，农业企业核心竞争力不断增强，盈利能力不断提高，进而呈现出持续健康成长状态。首先，对农业企业而言，核心竞争力的培养关键在于创新，创新能够使农业企业在激烈的市场竞争中处于领先位置，创新是农业企业发展的不竭动力；其次，农业企业进行生产经营活动的原始动力是获得利润，盈利水平的高低直接关系到农业企业的生死存亡，盈利能力是农业企业发展的基础；最后，农业企业的发展，离不开农业企业的持续健康成长，成长能力是农业企业发展的落脚点。

①农业补贴对农业企业创新的影响。农业的出路在现代化，农业现代化的关键在科技进步。[①] 作为农业科技创新的主体，农业企业在农业科技创新中发挥着重要作用。农业创新活动的技术水平要求高、资金需求量大、创新周期不规律、创新成果不确定、创新产品正的外部性都会对农

---

① 习近平. 十八大以来，习近平说过的农业科技创新金句 [EB/OL]. (2020-08-03) https：//www. country. cnr. cn/gundong/20161210/t20161210_523321453. shtml.

业企业创新的积极性产生影响，不利于农业科技创新。农业创新领域的
"市场失灵"需要政府予以干预，财政补贴作为政府激励农业企业创新
的重要手段降低了农业企业科技创新的资金约束、增强了农业企业科技
创新的信心。不仅如此，作为独立的第三方，政府在审核农业企业创新
资质、监督农业企业创新活动的实施中具有得天独厚的优势，在此基础
上政府补贴可视为政府对农业企业的认可程度，补贴金额越大，说明政
府对农业企业科技创新能力认可度越高。在此情况下，政府补贴已成为
农业企业的隐形担保（郭玥，2018）。当农业企业自有资金与政府补贴
资金不能满足农业企业创新需要时，农业企业需要向外部投资者进行融
资。由于信息不对称，理性的外部投资者会严格控制投资规模，此时由
于政府的介入，在一定程度上降低了农业企业与外部投资人的信息不对
称程度，增强了外部投资人对农业企业的信心，促使更多的社会资本流
入农业企业。基于上述分析可知，农业企业创新的实施涉及三类市场主
体：农业企业、政府、外部投资者，为此我们构建了模型对三者之间的
作用关系予以阐述（如图2.5所示）。

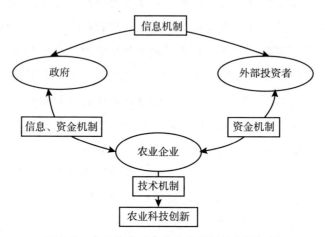

图 2.5　农业补贴对农业企业创新的作用机制

第一，政府与外部投资者。农业企业的研发活动需要大量的资金，当

农业企业自身的资金不能满足研发需要时①，农业企业需要向外部投资者进行融资。农业企业创新资质信息的不完全性、创新活动的不确定性、农业企业创新项目由于涉及商业机密的不可公开性，使得信息不对称存在于外部投资者与农业企业之间，进而引发道德风险与逆向选择问题。在农业企业与外部投资者之间存在信息不对称时，政府补贴的介入在一定程度上消除了信息不对称的影响。首先，由农业企业创新补贴的初衷来看，政府是为了鼓励农业企业创新，推动农业科技化现代化的目标而设立的转移支付项目；其次，农业企业想要获得创新补贴必须向政府申请，政府要对农业企业创新资质、创新立项的可行性进行考核与论证；最后，由于对农业企业进行了补贴，政府会对农业企业创新实施过程及创新成果进行监督与评估，显然政府以补贴为媒介对农业企业创新进行了全流程参与。换言之，农业企业创新能力的高低与获得政府创新补贴的多寡直接相关。此时政府补贴对外部投资者而言，已经成为研判农业企业融资请求是否可行的信息载体，创新补贴获得量越大往往意味着农业企业创新能力越强，外部投资者对农业企业支持的信心就会越足。

　　第二，外部投资者与农业企业。当农业企业科技创新资金不足时，农业企业需要向外部投资者进行融资，农业企业提出融资申请，外部投资者对融资请求进行审核，最终决定是否对农业企业进行融资，资金机制成为农业企业与外部投资者之间沟通的重要通道。首先，农业企业需要向外部投资者发出融资请求，在提交融资请求时农业企业必然需要向外部投资者提供融资目的、资金用途等信息，但是由于信息不对称，外部投资者很难对农业企业创新项目的可行性进行准确评估，即使能够对创新项目进行评估，但是评估也必然需要耗费一定的成本。此时，作为独立的第三方，政府创新补贴作为农业企业创新资质的重要佐证成为农业企业向外部投资者传递项目可行性与创新实力的重要载体。其次，外部投资者根据农业企业的融资请求，需要对农业企业融资项目进行评估，当所融资项目为政府补

---

　　①　由于政府补贴是政府对农业企业的转移支付，不需要企业承担偿还义务，因此，我们可将补贴资金视为内部融资即农业企业自有资金。

贴支持项目时，无疑会提高外部融资者对农业企业融资项目的信心，提高农业企业融资申请获得批准的可能性。外部投资者与农业企业之间的关系直接以资金机制表现出来，但是政府创新补贴充当了"信用担保"工具。

第三，政府与农业企业。农业现代化的实现需要农业科技，农业科技的发展需要农业科技创新，农业科技创新的外部性与不确定性需要政府予以扶持，补贴作为鼓励引导农业企业创新的重要手段在推动农业企业创新中发挥着重要作用。政府与农业企业之间以补贴为媒介，通过资金机制与信息机制发挥作用。具体作用路径如图2.6所示。

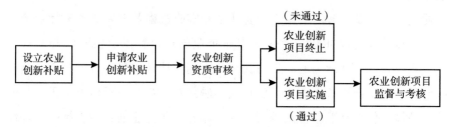

图2.6　农业补贴与农业企业创新流程

如图2.6所示，首先，政府根据农业经济发展需要，设立农业科技创新补贴；其次，农业企业基于自身农业科技创新资质，申报政府农业科技创新项目；再次，政府组织相关专家对农业企业科技创新资质进行审核，决定是否对申报企业予以补贴支持；最后，当政府审核未通过时，农业企业由于缺乏农业科技创新资金放弃农业科技创新项目，当政府审核通过时，农业企业开始实施农业科技创新项目。此外，在农业企业接受政府农业科技创新补贴后，农业企业的科技创新过程与创新成果受到政府的监督与考核。在农业科技创新中，政府以补贴资金为纽带对农业企业的科技创新资质、创新过程与创新成果进行全程监督，农业企业为了获得政府补贴的无偿资助必须提供详实的信息证明企业的科技创新能力，并严格按照农业科技创新补贴的要求推进农业科技创新项目。

总之，结合图2.6可知，农业科技创新的实现，是农业企业、政府及外部投资者共同作用的结果。首先，政府以农业补贴为媒介向外部投资者传达农业企业创新资质的信号，补贴额度与农业企业科技创新能力正相关。其次，政府以补贴为纽带通过资金机制与信息机制对农业企业的科技创新行为实施支持与监督。最后，农业企业结合自身技术优势，充分利用政府财政补贴支持与外部投资者融资支持实施农业科技创新项目，形成农业科技创新成果，推动农业科技进步，加快推进农业现代化实现。

②农业补贴对农业企业盈利能力的影响。逐利性是农业企业进行生产经营活动的根本动机，农业补贴作为政府支持农业企业发展的重要政策工具，直接增加农业企业营业外收入，影响农业企业利润，进而会对农业企业的盈利能力产生影响。由会计核算的视角审视，农业补贴对农业企业盈利能力的影响是直接的。作为一种无偿取得的收入，农业企业必然会不遗余力地向政府申请各种补贴支持，与此同时为了推动农业企业以及农业产业发展，政府以多种形式对农业企业进行补贴支持。农业补贴对农业企业盈利能力的影响主要集中于会计核算方面，农业补贴作为营业外收入，直接计入农业企业利润，进而提高农业企业的盈利能力，即农业补贴↑→营业外收入↑→农业企业利润↑→农业企业盈利能力↑。

③农业补贴对农业企业成长能力的影响。积极扶持农业企业成长，做优、做大、做强农业企业不仅有助于农业企业健康成长，而且有助于带动农民增收与农业产业提质增效。农业补贴作为扶持农业企业成长的重要手段在推动农业企业成长过程中发挥着重要作用。由政策立意角度审视，农业补贴的增加会促使农业企业做优、做大、做强，即农业补贴↑→农业企业成长能力↑。

2.3.2　农业补贴的宏观经济社会效应

农业补贴直接作用于微观经济主体，微观经济效应是农业补贴经济效应的基础。前文构建了农业补贴经济效应分析的微观基础，在农业风险存在情形下对农业补贴所形成的经济影响进行分析的基础上，着重分析了农业补贴对农业生产者经济决策以及发展的影响。农业补贴作为支持农业发展的重要手段，立足于微观，着眼于宏观，通过影响农业生产者的经济决策，以价格机制、产业波及效应传递至宏观领域，形成农业补贴的宏观经济效应。具体而言，第一，农业生产者的进入退出产业决策决定了产业结构，不仅如此，农业补贴通过价格机制在不同产业之间转移，也会形成农业补贴的产业效应。此外，尽管农业具有明显的区域性特征，但是农业补贴的实施会进一步增强农业的区域性，形成特色农业区域结构，产业结构与区域结构共同构成了农业补贴的宏观经济结构效应。第二，农业补贴降低了农业生产者的资金约束，改善了农业生产者融资决策，推动农业生产者扩大农业投入，提高了农业生产者产出水平，进而对社会总供给产生影响，要素投入的增加也会对社会总需求产生影响。第三，农业补贴增加了农业生产者可支配收入，促使农业生产者投入要素需求的增加，要素需求的增加提高了社会总需求水平，同时农业生产要素的增加会推动农业产出的提高，增加社会总供给水平。第四，农业补贴既能直接提高收入，也能通过影响投入产出创造收入增加的机会，进而有助于削减贫困。

2.3.2.1 农业补贴的区域结构效应

作为支农惠农的重要手段，差异化的农业补贴政策会促使优势资源向部分区域集聚。粮食主产功能区、重要农产品生产保护区及特色农产品优势区的形成均是农业区域集聚的突出表现。不仅如此，由于外溢性的存在，农业补贴形成的经济效应会向邻近区域流动，具体作用路径见图2.7。

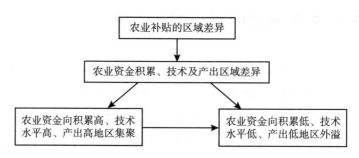

图2.7 农业补贴区域结构效应

由图 2.7 可知，政府所提供的农业补贴具有明显的区域性差异，中央财政会对农产品优势产区给予财政补贴支持，以突出优势产区的区域优势。地方财政会在中央财政支持优势地区发展的同时对符合一定发展条件的地区给予财政补贴支持，进一步强化与推动优势区域农业的发展。差别化的农业补贴政策，直接导致了不同地区农业资金积累的差别，获得农业补贴高的地区，农业资金积累水平高，有更多的资金用于农业技术的研发与使用，最终导致农业资源区域化集聚，形成农产品优势产区。与此同时，农业具有显著的外溢性，农业优势产区的形成，会出现区域内农业生产"高地"，相邻区域会借鉴优势产区的成功经验与成熟的农业技术推动本地区农业发展。

为了深入探讨农业补贴的区域结构效应，基于前文构建的基本理论模型，同时借鉴龚维进（2018）的研究成果，我们构建如下生产函数：

$$y_{it} = a_{it}^{\alpha} s_{it}^{\beta} \qquad (2-49)$$

其中，y_{it} 表示 i 地区 t 年产出，a_{it}、s_{it} 分别表示 i 地区 t 年农业技术及农业补贴。我们将农业补贴以生产要素形式引入生产函数，但是农业补贴对地区产出的影响需要通过一定路径发挥作用，为此，我们假设农业补贴通过农业技术进步影响地区产出。农业补贴首先改变资本积累，进而引发农业技术进步。然而，不同地区的经济发展水平、农业生产条件存在明显差距，农业补贴水平也会因地域不同而不同，这便导致资本积累存在地区差异，最终形成农业技术区域差异，不仅如此，在农业中农业技术具有显著的外部性。当存在农业技术外部性时，地区的技术水平受到三个因素的影响：一是整体农业技术进步；二是因资本积累引发的农业技术进步；三是因区域资本积累引发的农业技术进步跨区域流动形成的空间外溢性，因此，区域的农业技术水平可做如下表述：

$$a_{it}^{\alpha} = \sum_{t} s_{it}^{\eta} \prod_{j \neq i}^{N} a_{jt}^{\gamma W_{ij}} \qquad (2-50)$$

其中，$\sum_{t}$ 为整体农业技术进步；s_{it}^{η} 则是因农业补贴增加即资本积累引发的农业技术进步，当农业技术水平随着农业补贴的增加而提高时，参数

η 反映了农业补贴增加即资本积累引发的技术进步的外部性；$\prod\limits_{j\neq i}^{N} a_{jt}^{\gamma W_{ij}}$ 反映了资本积累引发的农业技术进步跨区域流动形成的空间外溢性，换言之，农业补贴形成的资本积累，进而产生的农业技术进步不仅会对本区域农业产出产生影响，还会对其他区域农业产出产生影响。$a_{jt}^{\gamma W_{ij}}$ 表示区域 i 的农业技术水平直接受到周围区域农业技术水平的直接影响（即因农业补贴差异引发的农业技术跨区域外部性），W 表示空间权重，γ 表示区域 i 与区域 j 之间农业技术水平的影响程度。

对式（2 – 49）、式（2 – 50）取对数并令 $\ln a = T$、$\ln\sum\limits_t = \Omega$、$\ln s = P$、$\ln y = F$ 可得：

$$F = \alpha T + \beta P \qquad\qquad (2-51)$$

$$\alpha T = \Omega + \eta P + \gamma WT \qquad\qquad (2-52)$$

当 $\alpha - \gamma W$ 可逆时，整理式（2 – 52）并代入式（2 – 51）可得：

$$F = \alpha\left[\,(\alpha - \gamma W)^{-1}(\Omega + \eta P)\,\right] + \beta P \qquad\qquad (2-53)$$

$$F = \Omega + (\eta + \beta)P - \beta\,\frac{\gamma}{\alpha}WP + \frac{\gamma}{\alpha}WF \qquad\qquad (2-54)$$

由式（2 – 54）可知，地区 i 的产出受到整体农业技术进步 Ω、农业补贴支出 P、空间滞后项 WP 及区域产出滞后项 WF 的影响。

2.3.2.2 农业补贴的经济增长效应

由微观分析可知农业补贴会对农业生产者的投入、产出决策产生影响，农业生产者投入、产出决策的变化会影响要素市场及产品市场，要素市场与产品市场的变化会对社会总需求与社会总供给产生影响，最终在社会总需求与社会总供给的共同作用下推动经济增长。在投入方面，农业补贴的增加会使农业生产者的要素需求增加，要素需求的增加会推动社会总需求的增加。具体而言，农业补贴↑→农业生产要素（技术、劳动力、资本）↑→社会总需求↑。在产出方面，农业补贴的增加会使农业生产者投入要素增加，进而推动农业生产规模扩大，农业生产规模的扩大推动了产品产量的增加，最终提高了社会总供给水平。具体而言，农业补贴↑→农业生产要素↑→农业生产规模↑→农业产出↑→社会总供给↑。

为了进一步说明农业补贴对总需求及总供给的影响，我们以前文的三部门模型为基础，假定农业生产者的生产函数为柯布－道格拉斯形式，同时农业生产者以追求利润最大化为目标，构建如下模型：

$$y = a^{\alpha} k^{\beta} l^{\gamma} s^{\vartheta} \qquad (2-55)$$

$$\max \pi^{+} = p_t y_t - [\varsigma_t a_t + w_t l_t + (r_t + \delta) k_t + \theta_t s_t] + m_t \qquad (2-56)$$

（1）农业补贴对总需求的影响。

在利润最大化条件下，分别对 a、l、k、s 求导，得到利润最大化时科技、劳动、资本以及补贴的最优需求量：

$$a = \frac{1}{\varsigma_t} \alpha p_t y_t \qquad (2-57)$$

$$k = \frac{1}{r_t + \delta} \beta p_t y_t \qquad (2-58)$$

$$l = \frac{1}{w_t} \gamma p_t y_t \qquad (2-59)$$

$$s = \frac{1}{\theta_t} \vartheta p_t y_t \qquad (2-60)$$

由式（2-57）、式（2-58）、式（2-59）可知，农业补贴的增加会带来科技、资本以及劳动力需求的增加。假设社会总需求函数由科技总需求、资本总需求、劳动总需求、补贴总需求以及其他总需求构成，即：

$$D = A + K + L + S + Q \qquad (2-61)$$

由于分析的是代表性农业生产者，因此，各种要素的需求具有可加性，即 $A = \sum_{i=0}^{n} a_i$，$K = \sum_{j=0}^{n} k_j$，$L = \sum_{m=0}^{n} l_m$，$S = \sum_{u=0}^{n} s_u$，由于农业补贴增加会促使各种生产要素投入量增加，当社会总需求中其他生产要素需求 Q 不变时，A、K、L、S 的增加必然会带来社会总需求 D 的增加。

（2）农业补贴对总供给的影响。

为了探讨农业补贴与社会总供给的关系，我们同样依据基本模型，并在利润最大化时对 a、l、k、s 求导，得到利润最大化时科技、劳动、资本以及补贴的最优需求量即式（2-57）、式（2-58）、式（2-59）、式（2-60），并将上述式子代入农业生产函数式（2-55）可得：

$$y_t = \left(\frac{1}{\varsigma_t}\alpha p_t y_t\right)^{\alpha}\left(\frac{1}{r_t+\delta}\beta p_t y_t\right)^{\beta}\left(\frac{1}{w_t}\gamma p_t y_t\right)^{\gamma}\left(\frac{1}{\theta_t}\vartheta p_t y_t\right)^{\vartheta} \quad (2-62)$$

$$y_t = \left[\left(\frac{1}{\varsigma_t}\alpha p_t\right)^{\alpha}\left(\frac{1}{r_t+\delta}\beta p_t\right)^{\beta}\left(\frac{1}{w_t}\gamma p_t\right)^{\gamma}\left(\frac{1}{\theta_t}\vartheta p_t\right)^{\vartheta}\right]^{\frac{1}{\alpha+\beta+\gamma+\vartheta-1}} \quad (2-63)$$

通过式（2-63）可知，农业生产者的供给水平受到多重因素影响，当假定其他变量保持不变时，只需考察$\left(\frac{1}{\theta_t}\right)^{\frac{1}{\alpha+\beta+\gamma+\vartheta-1}}$与$y_t$的关系，由于$0<\theta_t<1$，$\frac{1}{\theta_t}>1$即$\left(\frac{1}{\theta_t}\right)^{\frac{1}{\alpha+\beta+\gamma+\vartheta-1}}$是单调递增的，因此，$y_t$会随着补贴率$\theta_t$的增加而增加。由于分析的是代表性农业生产者，农业生产者的产出具有可加性，此时农业生产者的社会总供给$Y_t = \sum_{i=0}^{n} y_{it}$，显然通过式（2-63）可知，农业补贴的增加必然会使得社会总供给增加。

2.3.2.3 农业补贴对削减贫困的影响

贫困问题是中国经济社会的重点问题，中国的贫困问题多集中在农户身上。贫困问题的根源是贫困人口创造收入与机会的能力不足，农业补贴的实施有助于提高农户创造收入与机会的能力。第一，农业补贴有助于农业劳动力素质的提高，加快农村人力资本积累。农业补贴特别是针对农民的技能培训补贴以及涉农专业学生免费教育政策的实施为农业发展培养了大量人才，为农户创造收入能力的提升奠定了基础。第二，农业补贴有助于农户购买农业机械，拓展农户增收渠道。农机购置补贴使得农户购买农业机械时能够获得一定补贴支持，减轻了农户的资金压力。农户购买农业机械后，在自用的同时，还可以通过帮助未购买农业机械的农户进行农业生产的方式获得一定收入，增加了购机农户收入，提高了购机农户创造收入的能力。第三，农业补贴有助于农户农资投入的增加，进而促进农户农业收入的提高。农资是农业生产的基础，化肥、良种的采用对农户增产增收发挥着重要作用，通过农业补贴的引导，促使农户采用优质农资，为农户增产奠定了基础，同时也为农户增收创造了可能。

2.4　本章小结

　　本章以农业补贴的经济效应理论分析为主线，层层递进地阐释了农业补贴的一般分析、农业补贴机制分析以及农业补贴经济效应分析。首先，在农业补贴一般分析层面，阐述了农业的定义、特点及分类；农业补贴的定义、依据以及分类等内容，为后续理论分析奠定了基础。其次，在农业补贴机制分析层面，剖析了农业补贴机制作用流程，构建了农业补贴数理模型。农业补贴机制分析流程刻画了农业补贴的运动轨迹与作用机理，直观地揭示了农业补贴与各个经济变量之间的勾稽关系；农业补贴数理模型为包含农业生产者、居户以及政府的三部门内生经济增长模型，以数学形式揭示了补贴与各经济变量之间的关系，从而奠定了本书分析的数理基础。最后，分析了农业补贴的经济效应。在微观经济效应层面，以农业生产的风险性特征为基础，探讨了农业补贴在农业风险存在情况下所产生的经济影响，以此为基础分别探讨了农业补贴对农业生产者进入退出决策、融资决策以及投入产出决策的影响，并进一步探讨了农业补贴对农业生产者发展的影响。在宏观经济效应层面，以微观经济行为为基础，农业补贴会对产业结构、区域结构等宏观经济结构产生影响，同时农业补贴会对社会总供给、社会总需求产生影响并进而推动经济增长，此外农业补贴既能直接提高收入，也能通过影响投入产出创造收入增加的机会，进而有助于削减贫困。

第3章　我国农业补贴政策的
　　　　实践分析

农业是国民经济的基础，农业问题一直是党和政府关心的重要问题，新中国成立至今，我国经历了翻天覆地的变化，社会制度、经济体制发生了根本性转变，农业补贴政策实践也发生了沧桑巨变，农业补贴政策的变迁正是我国社会经济体制变革的缩影。本章在对我国农业实践分析的基础上，运用统计分析、质性分析以及政策文献量化分析对我国农业补贴政策实践进行探讨。据此本章分为四个部分：3.1 节为农业发展的实践分析，对新中国成立以来以农业综合生产能力提升为核心的农业实践进行研究。3.2 节为农业补贴政策的运行分析，通过对经验数据描述性分析，客观展示了我国农业补贴运行状况。在此基础上，引入民族志研究方法，对我国农业补贴政策感知状况进行了探讨。3.3 节为我国农业补贴政策的文献计量分析，我们使用政策文献量化分析方法，在对新中国成立以来我国农业补贴政策进行搜集整理的基础上，采用政策文献计量方法对我国农业补贴政策演进特征进行了分析。3.4 节为我国农业补贴政策的文本量化分析，在对我国现行农业补贴政策文本进行搜集的基础上，构建了二维分析框架，对文本内容进行了编码，进而对我国现行农业补贴政策进行了量化分析。

3.1　我国农业发展的实践分析

新中国成立以来，我国社会经济发生了翻天覆地的变化，农业实践也在探索中砥砺前行。尽管我国农业实践几经挫折，但是始终是以提高农业综合生产能力为核心展开的，从这个角度讲，我国的农业实践史就是一部农业综合生产能力发展变化史。由于时间跨度较大，社会制度几经变迁，农业实践也在摸索中不断变化，基于农业政策实践的历史阶段划分方法，结合我国农业实践社会历史现实，综合数据可得性，我们将农业实践分为两个阶段：探索阶段（1949～1978 年）和改革成熟阶段（1979～2018 年）。

3.1.1　探索阶段

自新中国成立至 1978 年是我国农业实践的探索阶段，由于特殊的历史政治原因及不完善的统计制度，造成统计数据严重缺失，因此，很难使用主成分分析方法对该阶段我国农业综合生产能力进行评估。鉴于此，我们选用可得的、具体的、连续的农业数据对该阶段的农业实践进行描述性分析。

由表 3.1 及图 3.1 可知，我国农业实践探索阶段在农业投入、农业产出以及农业经济层面取得了较大发展。

表 3.1　　　　　　　　1949～1978 年我国农业实践基本情况

年份	耕地面积 （千公顷）	农作物播种面积 （千公顷）	农村总人口 （万人）	粮食产量 （万吨）	农业总产值 （亿元）
1949	97881.3	124286	48402	11318	326
1950	100356	128826	49027	13212.5	384
1951	103671.3	132860	49668	14368.5	420
1952	107918.7	141256	50319	16391.5	461
1953	108528.7	144035.3	50970	16683	510
1954	109354.7	147925.3	52017	16951.5	535
1955	110156.7	151081.3	53180	18393.5	575
1956	111824.7	159172.7	53643	19274.5	610

续表

年份	耕地面积 （千公顷）	农作物播种面积 （千公顷）	农村总人口 （万人）	粮食产量 （万吨）	农业总产值 （亿元）
1957	111830	157244	54704	19504.5	537
1958	106900.7	151994.7	55273	19765	566
1959	104579.3	142404.7	54836	16968	497
1960	104861.3	150642	53134	14384.5	457
1961	103310.7	143214	53152	13650	559
1962	102903.3	140228.7	55636	15441	584
1963	102726.7	140218	57526	17000	642
1964	103312	143531.3	57549	18750	720
1965	103594	143290.7	59493	19452.5	833
1966	102958	146828.7	61229	21400	910
1967	102564	144942.7	62820	21782	924
1968	101553.3	139827.3	64696	20905.5	928
1969	101460	140944	66554	21097	948
1970	101134.7	143487.3	68568	23995.5	1021
1971	100699.3	145684	70518	25014	1068
1972	100614.7	147918.7	72242	24048	1075
1973	100212.7	148547.3	73866	26493.5	1173
1974	99912	148635.3	75264	27527	1215
1975	99708	149545.3	76390	28451.5	1260
1976	99388	149722.7	77376	28630.5	1258
1977	99247.3	149333.3	78305	28272.5	1253
1978	99389.3	150104.1	79014	30476.5	1397

资料来源：国家统计局国民经济综合统计司编：《新中国 55 年统计资料汇编（1949～2004）》，中国统计出版社 2005 年版。

第一，在农业投入层面，土地与劳动力是农业生产的基本要素，探索阶段我国农业土地投入与劳动力投入呈现波动上升趋势。首先，耕地面积在经历了一段时间增长后，呈现下降趋势。由表 3.1 及图 3.1（a）可知，1949 年至 1978 年我国耕地面积呈现波动下降趋势，可能的原因有两个方面：一方面，随着国家经济的发展，基础设施建设、工业发展、城市化的推进占用了一定的耕地；另一方面，特殊的历史政治原因导致部分耕地弃耕，进而造成耕地面积下降。其次，农作物播种面积在波动中呈现上升趋势。由 1949 年的 124286 千公顷上升至 1978 年的 150104.1 千公顷，农作物播种面积与耕地面积呈现相反方向变动，可能的原因是农作物复种指数的提高引发农作物播种面积的增加。再次，农村人口呈现快速增长态势。由表 3.1 及图 3.1（b）可知，1949 年至 1978 年我国农村人口快速增长，由 1949 年的 48402 万人上升至 79014 万人，可能的原因有：一方面，新中国成立后社会稳定，为人口快速回升创造了安定的社会环境；另一方面，农业的发展特别是粮食产量的快速提高使得农业能够养活更多的人口。此外，由于该阶段并未实施计划生育政策，甚至笃信"人多力量大"的信条，使得农村人口快速增长。

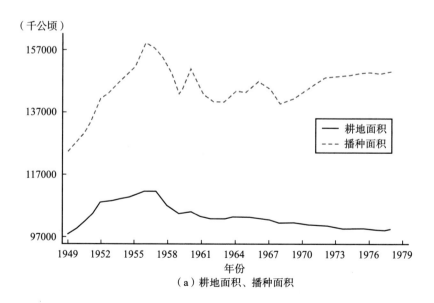

（a）耕地面积、播种面积

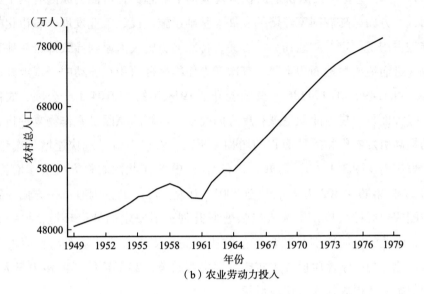

（b）农业劳动力投入

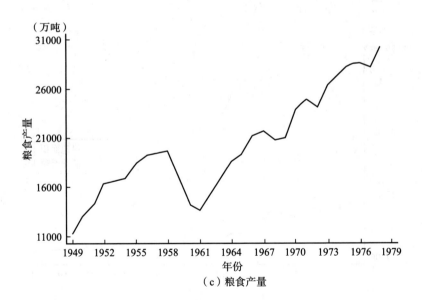

（c）粮食产量

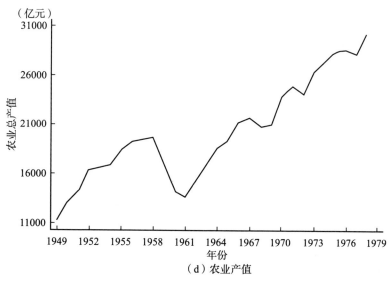

图 3.1　1949～1978 年我国农业实践基本情况

第二，在农业产出层面，粮食产量呈现快速上升趋势。由表 3.1 及图 3.1（c）可知，1949 年至 1978 年我国粮食产量呈现快速上升趋势，尽管在三年困难时期（1959～1961 年）我国粮食产量出现下降，但是从更长周期视角审视发现，粮食产量快速上升，由 1949 年的 11318 万吨上升至 1978 年的 30476.5 万吨，30 年间粮食产量增长了近 2 倍，这为养活更多人口，推动国家工业化建设奠定了基础。

第三，农业经济层面，农业经济快速发展。由表 3.1 及图 3.1（d）可知，1949 年至 1978 年我国农业经济快速增长，由 1949 年的 326 亿元，增加至 1978 年的 1397 亿元，30 年间农业经济总产值增长了 3 倍多，快速增长的农业经济为国家经济的发展提供了原材料、劳动力及外汇收入，为我国工业经济的发展积累了大量资金，为推动社会经济的发展贡献了巨大力量。

3.1.2　改革成熟阶段

自 1979 至 2018 年为农业实践的改革成熟阶段，我们构建相应的评价指标体系，结合经验数据，使用主成分分析法对该阶段我国农业综合生产能力进行了测算，并给出了测算结果。[①]

3.1.2.1 我国农业实践指标选取

改革开放以来，随着统计制度的不断完善，统计数据日益丰富，在此情况下我们采用主成分分析方法，对我国农业综合生产能力进行统计分析，进而揭示我国农业实践状况。关于农业综合生产能力的内涵，不同学者给出了不同的定义（杜青林，2005；梁荣，2005；吕向东等，2005）。综合学者的定义可得出如下共同点：首先，农业综合生产能力有一定的时空限制；其次，农业综合生产能力综合反映了农业的要素投入及产出情况。由于农业的投入与产出是相对的，稳定的综合投入一般对应稳定的综合产出，因此，在农业综合生产能力指标体系构建时，一般以农业投入要素为变量构建指标体系。以农业经济学基本理论为依据，借鉴已有研究成果（梁荣，2005；吕向东等，2005），综合考虑数据的可得性，我们构建了农业综合生产能力指标体系，使用主成分分析法对我国改革开放至2018年的农业实践历程进行分析。

由表3.2可知，我国农业综合生产能力指标体系由两层指标组成，一级指标由农业生产要素组成即农业自然资源、农业劳动力、农业资金及农业技术[②]。二级指标在考虑数据可得性的基础上对一级指标进行具体化，其中农业自然资源包含耕地面积、农作物播种面积及水库数等6个指标；农业劳动力包含农村人口、农村人口中男性人口2个二级指标；农业资金包含财政支农支出、农药使用量及农膜使用量等7个二级指标；农业技术包含农业科研经费、农学本专科毕业生人数及农业院校数3个二级指标。

---

① 限于篇幅原因，详细测算分析过程参见附录3.1。
② 尽管制度因素是影响农业综合生产能力的重要变量，在部分学者的指标体系中也有设计，但是制度变量无法量化，因此，无法引入该指标体系。

表 3.2　　　　　　　　　农业综合生产能力评价指标体系

基本指标	一级指标	二级指标
农业综合生产能力	农业自然资源	耕地面积（X1）
		农作物播种面积（X2）
		农作物未受灾面积（X3）
		有效灌溉面积（X4）
		水库数（X5）
		水库总容量（X6）
	农业劳动力	农村人口（X7）
		农村人口中男性人口（X8）
	农业资金	支农支出（X9）
		农药使用量（X10）
		化肥使用量（X11）
		农膜使用量（X12）
		农业机械拥有量（X13）
		农用柴油量（X14）
		农村用电量（X15）
	农业技术	农业科研经费（X16）
		农学本专科毕业生人数（X17）
		农业院校数（X18）

3.1.2.2　结果分析

基于上述指标，通过测算，我们得到了改革成熟阶段主成分以及农业综合生产能力的数值，具体结果见表 3.3。

表 3.3　　　　　　　　　主成分得分与综合主成分值

年份	主成分 F1	主成分 F2	农业综合生产能力
1979	− 0.9841	− 1.2223	− 0.9271
1980	− 1.0240	− 1.2110	− 0.9585

年份	主成分 F1	主成分 F2	农业综合生产能力
1981	− 1. 0238	− 1. 1433	− 0. 9515
1982	− 0. 9704	− 0. 9383	− 0. 8872
1983	− 0. 9959	− 0. 8046	− 0. 8945
1984	− 0. 9443	− 0. 7664	− 0. 8485
1985	− 1. 0133	− 0. 8572	− 0. 9140
1986	− 0. 9828	− 0. 8939	− 0. 8928
1987	− 0. 9427	− 0. 9519	− 0. 8660
1988	− 0. 9630	− 0. 8694	− 0. 8742
1989	− 0. 9015	− 0. 6057	− 0. 7973
1990	− 0. 8551	− 0. 4501	− 0. 7437
1991	− 0. 8153	0. 1499	− 0. 6505
1992	− 0. 8024	0. 1188	− 0. 6431
1993	− 0. 7424	− 0. 3455	− 0. 6411
1994	− 0. 7321	0. 1347	− 0. 5842
1995	− 0. 5782	0. 1127	− 0. 4607
1996	− 0. 4604	0. 7675	− 0. 2983
1997	− 0. 3866	1. 2738	− 0. 1869
1998	− 0. 2842	1. 2318	− 0. 1075
1999	− 0. 2254	1. 2489	− 0. 0578
2000	− 0. 2063	1. 3004	− 0. 0370
2001	− 0. 1222	1. 7272	0. 0749
2002	− 0. 0346	1. 5520	0. 1286
2003	0. 0003	1. 4385	0. 1457
2004	0. 2017	1. 7849	0. 3452
2005	0. 3493	1. 6712	0. 4542
2006	0. 3963	1. 2688	0. 4518
2007	0. 4929	0. 8389	0. 4873
2008	0. 6618	0. 3740	0. 5782
2009	0. 8029	0. 1869	0. 6744

年份	主成分 F1	主成分 F2	农业综合生产能力
2010	1.0021	−0.0184	0.8163
2011	1.1836	−0.0844	0.9579
2012	1.4085	−0.5879	1.0906
2013	1.5364	−0.7695	1.1767
2014	1.6499	−0.6157	1.2849
2015	1.7656	−0.6242	1.3785
2016	1.8215	−0.7012	1.4164
2017	1.8672	−1.1189	1.4114
2018	1.8508	−1.6008	1.3493

　　由表 3.3 及图 3.2 可知，改革成熟阶段我国农业实践即主成分 F1、主成分 F2 及农业综合生产能力均发生了较大变化。

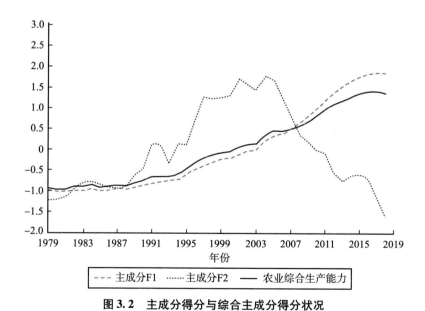

图 3.2　主成分得分与综合主成分得分状况

　　第一，主成分 F1 呈现逐渐增长态势。由 1979 年的 −0.9841 增加至

2018 年的 1.8508，39 年间提高了 2.8807 倍。主成分 F1 与耕地面积、农作物播种面积、农作物未受灾面积、有效灌溉面积、水库数、水库总容量、农药使用量、化肥使用量、农膜使用量、农业机械拥有量、农用柴油量、农村用电量、农业科研经费、农学本专科毕业生人数及农业院校数显著正相关即主成分 F1 受到农业自然资源、农业资金及农业技术的影响。首先，农业自然资源层面，尽管随着社会经济的发展，耕地面积呈现下降趋势，但是随着复种指数的提高，农田水利的发展，农业自然资源不断增加，农业自然资源的增加推动了主成分 F1 的增加。其次，农业资金层面，改革开放以来，我国对农业生产的资金投入逐渐增加，农药使用量、化肥使用量、农膜使用量、农业机械拥有量、农用柴油量、农村用电量日益增长，农业资金投入的增加推动了主成分 F1 的增加。最后，农业技术层面，改革开放以来，我国农业技术投入不断增加，农业科研经费、农学本专科毕业生人数及农业院校数逐渐增长，农业技术投入的增加推动了主成分 F1 的增加。

第二，主成分 F2 呈现波动变化状态。由表 3.3 及图 3.2 可知，主成分 F2 并未呈现持续上升或下降趋势，而是呈现出较为明显的波动状态。首先，1979~1993 年主成分 F2 基本为负值，表明该阶段主成分 F2 对综合主成分得分为负向影响，由于支农支出是主成分 F2 的主要变量，可能的原因是该时间段内支农支出总额不足。其次，1994~2009 年主成分 F2 为正值，表明该阶段主成分 F2 对综合主成分得分为正向影响，可能的原因是 1993 年颁布实施的《中华人民共和国农业法》第三十八条："国家逐步提高农业投入的总体水平，中央和县级以上地方财政每年对农业总投入的增长幅度应当高于其财政经常性收入的增长幅度"，使得每年财政支农支出规模得以法律形式确定，这对稳定扩大支农支出规模起到了积极的促进作用。最后，2010~2018 年主成分 F2 为负值且呈现逐年下降趋势，可能的原因有两个：一是支农支出虽有增长但是增长速度较慢；二是支农支出资金使用效率不高，进而导致了主成分 F2 逐年下降。

第三，综合主成分得分即农业综合生产能力呈现持续增长态势，由表 3.3 及图 3.2 可知，农业综合生产能力由 1979 年的 -0.9271 增加至 2018 年的 1.3493，39 年间提高了 2.4554 倍。我国农业综合生产能力持续上升的主要原因是主成分 F1 的不断提高，由主成分分析可知主成分 F1 是影响我国农业综合生产能力的核心变量。主成分 F1 中，1979～2018 年农业自然资源、农业资金及农业技术投入持续增加是主成分 F1 大幅度提高的主要原因，主成分 F1 的逐年增加，促使改革成熟阶段我国农业综合生产能力逐年提高。

3.2　我国农业补贴政策的运行分析

3.2.1　我国农业补贴政策发展历程分析

新中国成立以来，我国社会经济经历了沧桑巨变，农业补贴政策实践也经历了萌芽期、成长期与成熟期三个阶段：萌芽期（1949～1978 年）、成长期（1979～2005 年）、成熟期（2006～2017 年）。本部分将对每个时期农业补贴政策的运行状况进行分析。

3.2.1.1　萌芽时期我国农业补贴政策的运行

（1）萌芽时期农业补贴政策的总体性分析。

萌芽时期我国农业补贴实践较为单一，农业补贴政策稀少、农业补贴体系羸弱、农业补贴规模小。1949～1978 年是我国农业补贴政策的萌芽时期，受制于经济体制、社会现实以及国家发展战略，我国农业补贴政策萌芽的出现经历了漫长的过程。首先，萌芽时期我国处于计划经济时期，此时国家经济生活由国家计划统一调配，在计划经济状态下，市场的作用相对弱小，农业生产基本不会受到市场风险的冲击。政府的主要任务是积极抵御农业生产的自然风险，因此，萌芽时期农业补贴政策是以促进农业生产发展的农田水利以及水土保持补贴为主。其次，新中国成立初期我国社会经济千疮百孔，国家财政更是"一穷二白"，财政没有足够的钱对农业进行补贴，现实的困境是农业补贴政策萌芽缓慢的重要因素。最后，萌芽时期，集中全力推动工业发展是国家发展战略的核心，在此战略定位下，作为传统产业的农业必然需要为工业发展让路。

（2）萌芽时期农业补贴政策的规模分析。

1949～1978 年是我国计划经济时期，该阶段社会经济活动完全由国家计划统一安排，国家发展战略以优先发展工业为主，农业补贴规模相对较小。

表 3.4 和图 3.3 直观展示了我国 1950～1978 年财政支出、支农支出以及分项农业补贴情况，通过表 3.4 以及图 3.3 我们可以发现萌芽时期我国农业补贴呈现如下变化轨迹。

表 3.4   1950～1978 年财政支出、支农支出以及农业补贴情况

年份	财政支出（亿元）	支农支出（亿元）	小型农田水利和水土保持补助费（亿元）	支援农村合作生产组织资金（亿元）	农村农技和植保补助费（亿元）	支农支出占财政支出的比重（%）	小型农田水利和水土保持补贴占支农支出的比重（%）	支援农村合作生产组织资金占支农支出的比重（%）	农技和植保补助占支农支出的比重（%）
1950	68.05	1.99				2.92			
1951	122.07	3.67				3.01			
1952	172.07	2.69				1.56			
1953	219.21	2.99	0.11			1.36	3.68		
1954	244.11	3.98	0.21			1.63	5.28		
1955	262.73	5.82	0.37			2.22	6.36		
1956	298.52	7.70	0.58			2.58	7.53		
1957	295.95	7.99	0.72			2.70	9.01		
1958	400.36	9.34	0.37			2.33	3.96		
1959	543.17	22.05	0.69	10.07		4.06	3.13	45.67	
1960	643.68	33.73	4.14	15.92		5.24	12.27	47.20	
1961	356.09	31.01	5.00	16.03		8.71	16.12	51.69	
1962	294.88	19.29	3.77	4.40		6.54	19.54	22.81	
1963	332.05	22.19	5.42	2.48		6.68	24.43	11.18	
1964	393.79	20.92	4.76	2.73		5.31	22.75	13.05	
1965	459.97	17.29	5.39	0.55		3.76	31.17	3.18	

续表

年份	财政支出（亿元）	支农支出（亿元）	小型农田水利和水土保持补助费（亿元）	支援农村合作生产组织资金（亿元）	农村农技和植保补助费（亿元）	支农支出占财政支出的比重（%）	小型农田水利和水土保持补贴占支农支出的比重（%）	支援农村合作生产组织资金占支农支出的比重（%）	农技和植保补助占支农支出的比重（%）
1966	537.65	19.11	7.59	0.61		3.55	39.72	3.19	
1967	439.84	16.12	5.26	1.41		3.66	32.63	8.75	
1968	357.84	12.89	3.27	1.31		3.60	25.37	10.16	
1969	525.86	14.87	4.50	1.87		2.83	30.26	12.58	
1970	649.41	15.91	4.73	2.03		2.45	29.73	12.76	
1971	732.17	19.65	6.36	2.77		2.68	32.37	14.10	
1972	765.86	25.10	7.02	4.58		3.28	27.97	18.25	
1973	808.78	35.49	12.54	6.43		4.39	35.33	18.12	
1974	790.25	38.23	13.73	6.88		4.84	35.91	18.00	
1975	820.88	42.53	13.99	9.16		5.18	32.89	21.54	
1976	806.20	46.01	13.92	11.19	0.20	5.71	30.25	24.32	0.43
1977	843.53	50.68	15.99	12.35	0.23	6.01	31.55	24.37	0.45
1978	1122.09	76.95	27.18	16.20	0.30	6.86	35.32	21.05	0.39

资料来源：国家统计局国民经济综合统计司编：《新中国六十年统计资料汇编（1949－2008）》，中国统计出版社2010年版；中华人民共和国财政部农业司：《国家财政用于农业支出统计资料（1950－1995）》，经济科学出版社1999年版。

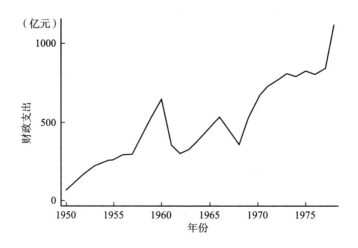

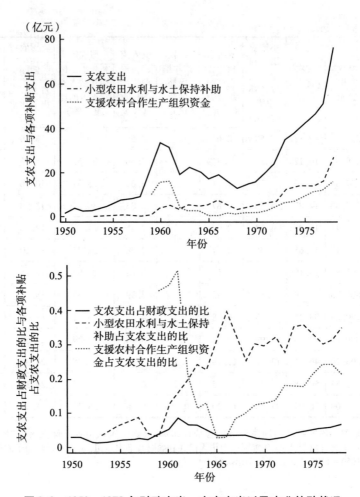

图3.3 1950～1978年财政支出、支农支出以及农业补贴状况

①总量上波动中稳步上升。总量上虽有波动，但是财政支出、财政支农支出以及农业各项补贴（除特殊阶段外）基本呈现上升趋势。国家财政支出1950年为68.05亿元，1978年为1122.09亿元，28年间，财政支出总量增加了1054.04亿元，财政支出规模扩大了15.49倍。伴随着国家财政支出规模的扩大，财政支农支出总量也有了显著提高，由1950年的1.99亿元，增加到1978年的76.95亿元，28年间增长了37.67倍。随着国家财政支农规模的扩大，我国农业补贴逐渐兴起，补贴规模逐渐扩大。

例如，1953 年开始实施的小型农田水利和水土保持补助费，1953 年仅为 0.11 亿元，1978 年已达到了 27.18 亿元，25 年间增长了 246.09 倍。不仅如此，1976 年开始实施的农村农技和植保补助费总量也呈现稳步上升趋势。然而，值得一提的是，1963~1969 年，具有财政补贴性质的支援农村合作生产组织资金出现了明显的"低谷期"，这与当时的社会环境直接相关，在经历了特殊时期后呈现了明显的上升趋势。

②增量上平均增速较快。1950~1978 年，我国财政支出、小型农田水利和水土保持补助费保持了较快的增长速度，支援农村合作生产组织资金支出在经历了初创阶段的高支出后，1965 年达到最低，之后保持了平稳的增长状态。1950~1978 年，国家财政支出以年均 622.22% 的速度增长，财政支农支出则以年均 134.52% 的速度增长，小型农田水利和水土保持补助费则以年均 984.36% 的速度增长，财政支援农村合作生产组织资金则在经历了特殊阶段后（1958 年开始的人民公社化运动使得财政支援农村合作生产组织资金在 1958~1961 年显著增加）恢复平稳，并逐年增加。

③农业补贴结构缓慢发展。1949~1978 年是我国农业补贴的萌芽时期，社会经济制度不断完善。通过图 3.3 可以发现，我国农业补贴结构也随着国家社会经济制度的发展而缓慢推进。1953 年设立了小型农田水利和水土保持补助费，1959 年设立了支援农村合作生产组织资金，1976 年设立了农村农技和植保补助费。该时期由于国家政策重心是发展工业，导致农业发展未得到足够的重视，在此背景下，我国农业发展较为缓慢，农业补贴的范围缓慢扩大，农业补贴结构缓慢发展。

3.2.1.2　成长时期我国农业补贴政策的运行

（1）成长时期农业补贴政策的总体分析。

成长时期我国农业补贴政策实践日益丰富，农业补贴政策日益增多、农业补贴政策体系日益完备、农业补贴规模不断扩大。党的十一届三中全会以后，我国开启了改革开放的新篇章，农业补贴政策实践也开始进入成长期。首先，成长期我国经济体制开始由计划经济逐渐向市场经济转变，农产品也由计划经济体制下的统购统销向统购统销与市场化经营的双轨制推进，在此情况下农业开始受到市场化风险的冲击，计划经济体制下的农业补贴政策已经很难满足现实的需要，为了稳定农产品价格，保持农产品市场的稳定，实施了粮食风险金制度，并对粮食经营企业的亏损进行了补贴。其次，科学技术对农业发展的作用越来越重要，科技是改造传统农业、实现农业现代化的根本，农业现代化的实现对推动国家经济的整体发展、实现国家现代化具有举足轻重的作用。为了顺应现代农业发展的需要，国家财政开始对农业科技以及农业技术推广实施补贴，以推动我国现代农业的发展。最后，改革开放以后，我国经济发展取得了举世瞩目的成就，国家财政收入迅猛增长，我国有一定的财力支持建设现代农业，具备了对农业进行多层次补贴的条件。

（2）成长期农业补贴政策的规模分析。

1979～2005 年是我国农业补贴政策的成长时期，该时期我国社会经济体制发生了深刻变革，完成了传统的计划经济体制向市场经济体制的转变，与此同时我国农业补贴也发生了深刻变革，农业补贴政策经过不断调整日臻成熟，本部分将结合经验数据，对 1979～2005 年我国农业补贴具体实践情况进行分析①。

表 3.5 和图 3.4 直观展示了我国 1979～2005 年财政支出、支农支出以及支农支出占财政支出的比的情况，通过表 3.5 以及图 3.4 我们可以发现成长时期我国农业补贴呈现如下变化轨迹。

表 3.5   1979～2005 年财政支出及支农支出情况

年份	财政支出 （亿元）	支农支出 （亿元）	支农支出占财政支出比重 （%）
1979	1281.79	89.97	7.02
1980	1228.83	82.12	6.68

---

①   由于资料的限制，本书无法获得该阶段各项农业补贴的具体数据，因此，本书以财政支农支出数据反映农业补贴情况。

年份	财政支出 （亿元）	支农支出 （亿元）	支农支出占财政支出比重 （％）
1981	1138.41	73.68	6.47
1982	1229.98	79.88	6.49
1983	1409.52	86.66	6.15
1984	1701.02	95.93	5.64
1985	2004.25	101.04	5.04
1986	2204.91	124.30	5.64
1987	2262.18	134.16	5.93
1988	2491.21	158.74	6.37
1989	2823.78	197.12	6.98
1990	3083.59	221.76	7.19
1991	3386.62	243.55	7.19
1992	3742.20	269.04	7.19
1993	4642.30	323.42	6.97
1994	5792.62	399.70	6.90
1995	6823.72	430.22	6.30
1996	7937.55	510.07	6.43
1997	9233.56	560.77	6.07
1998	10798.18	626.02	5.80
1999	13187.67	677.46	5.14
2000	15886.50	766.89	4.83
2001	18902.58	917.96	4.86
2002	22053.15	1102.70	5.00
2003	24649.95	1134.86	4.60
2004	28486.89	1693.79	5.95
2005	33930.28	1792.40	5.28

资料来源：中华人民共和国财政部农业司：《国家财政用于农业支出统计资料（1950－1995）》，经济科学出版社 1999 年版。

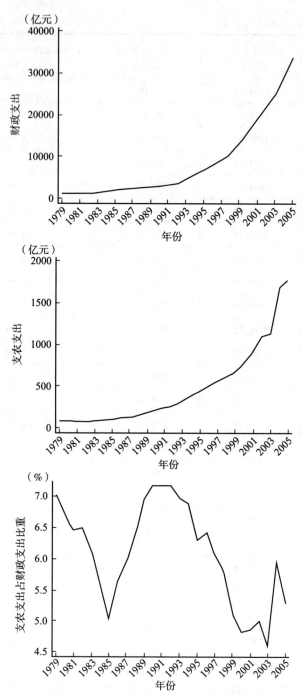

图 3.4　1979～2005 年财政支出及支农支出状况

①总量上稳步上升。总量上财政支出以及支农支出均呈现明显的上升趋势，1979 年国家财政支出 1281. 79 亿元，2005 年为 33930. 28 亿元，26 年间增加了 32648. 49 亿元。伴随着财政支出规模的扩大，财政支农支出规模也在不断扩大，1979 年财政支农支出为 89. 97 亿元，2005 年为 1792. 40 亿元，26 年间财政支农支出增加了 1702. 43 亿元。

②增量上稳步提高。增量上财政支出以及支农支出均有增长，但是增长幅度差距明显。1979 ~ 2005 年我国财政支出以年均 97. 97% 的速度增长，支农支出则以年均 72. 78% 的速度增长，尽管在增量上二者均有明显的增长，但是财政支农支出年均增长速度明显落后于财政支出增长速度，长此以往，会使得二者之间的差距逐渐扩大。

③相对规模波动较大。相对规模上，财政支农支出占财政支出的比重呈现明显的波动。1979 ~ 2005 年，支农支出占财政支出的比重平均为 6. 31%，但是在不同的年份却呈现明显的不同，例如 2003 年财政支农支出占财政支出的比重仅为 4. 60%，而 1990 年、1991 年以及 1992 年财政支农支出占财政支出的比重则均达到了 7. 19%。

3.2.1.3　成熟时期我国农业补贴政策的运行

（1）成熟时期农业补贴政策的总体分析。

成熟时期我国农业补贴实践丰富多样，农业补贴政策形成了较为完备的体系，农业生产者特别是农民成为农业补贴的主要受益者，农业补贴规模逐年扩大。2006 年全面废除农业税，使得我国农业发展进入崭新阶段。首先，我国农业补贴已形成以补贴农业生产者为基础，以推动农业科技发展与推广为支撑，以农业生态保护为重点，全方位多层次的农业补贴政策体系。其次，农民成为农业补贴的主要受益者，由于农业的基础地位、农业生产风险大收入低以及城乡收入差距的广泛存在，增加农民收入，提高农民从事农业生产的积极性成为推动农业发展的关键环节。

（2）成熟时期农业补贴政策的规模分析。

2006 ~ 2017 年是我国农业补贴成熟时期，该时期我国农业政策发生了沧桑巨变，全面取消农业税开启了我国农业发展的新纪元。本部分将结合经验数据对 2006～2017 年我国农业补贴实践情况进行分析。

表 3.6 以及图 3.5 直观展示了 2006～2017 年我国支农支出以及农业各项补贴情况，通过表 3.6 以及图 3.5 我们能够发现该时期我国农业补贴呈现如下运动轨迹。

表 3.6 2006～2017 年我国财政支出、支农支出以及农业各项补贴情况

单位：亿元

年份	财政支出	支农支出	农业生产支持补贴	粮食直补	良种补贴	农资综合	农机购置
2006	40422.73	2161.35	303.50	142.00	41.50	120.00	6.00
2007	49781.35	1801.70	503.00	151.00	76.00	276.00	33.00
2008	62592.66	2260.10	991.00	151.00	124.00	716.00	56.50
2009	68518.30	2679.20	1105.50	151.00	198.50	756.00	130.00
2010	83101.51	3427.30	1076.28	151.00	204.00	721.28	154.93
2011	103874.40	4089.70	1206.00	151.00	220.00	835.00	175.00
2012	117253.50	4785.10	1364.59	151.00	224.00	989.59	215.00
2013	129209.60	5561.57	1483.05	151.00	317.91	1014.10	217.50
2014	140370.00	5816.53	1498.51	272.10	207.23	1019.20	237.54
2015	152269.20	6436.18	1445.90				237.55
2016	159605.00	6458.59	1442.00				237.50
2017	172592.80	6194.61	1427.44				186.00

注：2015 年我国农业补贴政策进行了调整，将原有的粮食直补、良种补贴以及农资综合补贴合并为农业生产支持补贴，为了分析的方便，本书将 2006～2014 年三项补贴进行了合并。

资料来源：WIND、历年《中国农业统计年鉴》、财政部决算报告。

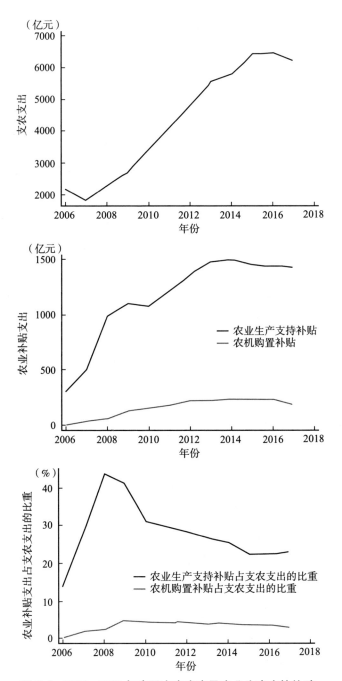

图 3.5　2006～2017 年我国支农支出及农业生产支持补贴、
农机购置补贴与占比状况

①总量上稳步增加。支农支出、农业生产支持补贴（粮食直补、良种补贴以及农资综合补贴）以及农机购置补贴均呈现稳定增长趋势。2006 年财政支农支出 2161.35 亿元，2017 年财政支农支出 6194.61 亿元，11 年间增加了 4033.26 亿元。伴随着支农支出的增长，农业生产支持补贴（粮食直补、良种补贴以及农资综合补贴）以及农机购置补贴均呈现稳定增长趋势。农业生产支持补贴由 303.5 亿元增加到 1427.44 亿元，11 年间增加了 1123.94 亿元，农机购置补贴由 6 亿元增加到 186 亿元，11 年间增加了 180 亿元。

②增量上有所增长。增量上，支农支出、农业生产支持补贴以及农机购置补贴均有所增长，但是增长幅度有所差异。2006～2017 年我国支农支出以年均 16.96% 的速度增长，农业生产支持补贴以年均 33.66% 的速度增长，农机购置补贴以年均 272.73% 的速度增长。显然三者都有所增长，但是农机购置补贴的增长速度远远超过农业生产支持补贴以及支农支出增长速度，农机购置补贴的快速增长，揭示了我国农业机械化水平不断提高的原因。

③结构日益简化。现行农业补贴政策直接补贴农民的指向性在加强，并且补贴结构日益简化。四项补贴（粮食直补、农资综合补贴、良种补贴以及农机购置补贴）是我国财政支农惠农的主要形式，四项补贴占支农支出的比重也在不断加强，2006 年四项补贴占财政支农支出的比重仅为 14.32%，2017 年四项补贴支出占财政支农支出的比已经达到 26.05%。不仅如此，2015 年起，我国对农业补贴结构进行了一定的调整与优化，将原来的良种补贴、粮食直补以及农资综合补贴合并为农业生产支持补贴，简化了补贴结构，提高了补贴效率。

新中国成立以来，我国农业补贴规模不断扩大，三个时期支农支出以及农业补贴支出均呈现稳步增加趋势，农业补贴规模的扩大为推动我国农业发展奠定了坚实基础。

3.2.2 我国农业补贴政策感知认识分析

研究我国农业补贴政策的运行状况，不仅需要对其发展历程进行客观分析，而且需要了解农业补贴受益人及利益相关人的主观感知状况。基于此，我们借鉴人类学、社会学、教育学等学科使用较多的民族志研究方法，对农业补贴政策的主观感知状况进行研究，以得到有应用价值的结论。

3.2.2.1　研究设计

本部分在农业补贴政策感知认识分析中，主要对两类农业生产者：农户（普通农户与种粮大户）、农业企业（农业生产合作社）进行了分析，在研究设计中结合两类生产者的特点及案例可得性构建了不同的分析模型。

（1）农户对农业补贴政策感知认识的研究设计。基于伍威·弗里克（2011）质性研究过程的环形模型，我们对农户对农业补贴的感知认识构建如下分析模型（如图 3.6 所示）。

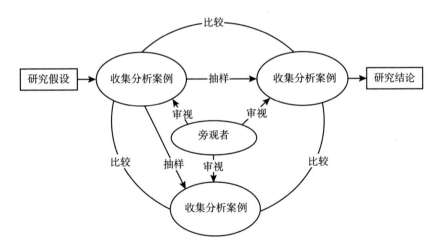

图 3.6　农户对农业补贴政策感知认识分析模型

由图 3.6 可知，农户对农业补贴政策的感知认识的研究设计由如下步骤构成。

①提出研究假设。我们通过实地观察与政策研判两种路径提出研究假设，一方面，作为研究者深入研究地区，对农户的农业生产行为进行观察，通过实地观察初步判断农业补贴对农户产生何种影响，初步形成研究

假设。例如，实地观察中发现即使在山区，农业机械也已经广泛应用于农业生产，农药、化肥使用量较大，不仅如此，实地观察还发现部分农户虽然享有土地承包经营权获得农业补贴，但是却不从事农业生产，呈现"隐形退出"状态。另一方面，对农业补贴政策意图进行研判，进而由政策层面进一步提取研究假设。例如，对粮食直补政策、农资综合补贴政策、农机购置补贴政策等补贴政策的研判，深化研究假设。最终结合实地观察与政策研判提出研究假设。

②收集资料。基于民族志研究方法的基本操作要求，我们通过两种路径收集资料：一是实地观察；二是有针对性的主观访谈。实地观察层面，研究者长期生活于研究区域，对被研究区域农业补贴对农户农业生产的影响形成个人主观认知，初步形成研究者个人主观认识资料。主观访谈层面，研究者基于实地观察与研究假设，对特定群体按照纵向逻辑对农业补贴对农户农业生产的影响设计访谈问卷，进行主观访谈，通过主观访谈进一步获得研究资料。

③分析资料。分析资料是得出农户对农业补贴政策的主观感知认识的关键，为此我们采用案例分析与对比分析两种方法对农户对农业补贴的主观感知认识进行分析。案例分析层面，我们在对研究区域进行实地观察的基础上，对普通农户与种粮大户进行了有针对性的主观访谈，形成了农户对农业补贴政策感知认识的多个案例，通过剖析案例发现农户对农业补贴政策的多种感知认识。对比分析层面：一是将研究者与被访谈人对农业补贴政策的主观感知认识相对比；二是将普通农户与种粮大户对农业补贴政策的主观感知认识进行对比分析；三是将农户与旁观者对农业补贴政策的主观感知认识相对比。

④归纳总结研究结论。基于实地观察与政策研判提出研究假设，采用实地观察与主观访谈收集研究资料，使用案例分析与对比分析方法对研究资料进行分析，在此基础上，归纳总结农户对农业补贴政策感知认识的研究结论。

（2）农业企业对农业补贴政策感知认识的研究设计。基于伍威·弗里克（2011）质性研究过程的线性模型，我们对农业企业对农业补贴政策的感知认识构建如下分析模型（如图 3.7 所示）。

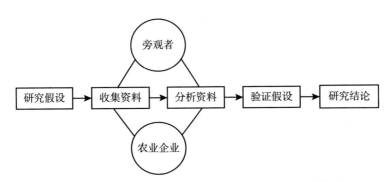

图 3.7　农业企业对农业补贴政策的感知认识分析模型

　　由图 3.7 可知，农业企业对农业补贴政策的感知认识的研究设计由如下步骤构成。

　　①提出研究假设。我们通过实地观察与政策研判两种路径提出研究假设，实地观察层面，研究者深入研究区域，对农业合作社的生产经营状况进行观察，初步形成研究假设。政策研判层面，基于国家对农业合作社的财政补贴政策，特别是结合《中华人民共和国农民专业合作社法》，对政策意图进行研判，进而深化研究假设。最终结合实地观察与政策研判提出研究假设。

　　②收集资料。基于民族志研究方法的基本操作要求，我们通过两种路径收集资料：一是实地观察；二是有针对性的主观访谈。实地观察层面，研究者深入研究区域，多次造访农业合作社，对农业合作社的生产经营状况进行初步感知，得到研究者个人主观感知资料。主观访谈层面，基于研究者实地观察与研究假设，对农业合作社社员及"旁观者"按照纵向逻辑设计访谈问卷，进行主观访谈，得到主观访谈资料。

　　③分析资料。我们使用案例分析与对比分析两种分析方法对农业合作社社员对农业补贴政策的主观感知状况进行研究。案例分析层面，我们在实地观察的基础上，对农业合作社对农业补贴政策的感知认识进行了主观访谈，形成了研究案例，通过案例分析初步得到农业合作社对农业补贴政

策的主观感知认识。对比分析层面，一是将研究者对农业合作社对农业补贴政策的主观感知认识与农业合作社社员对农业补贴政策的主观感知认识相对比；二是将农业合作社社员对农业补贴政策的主观感知认识与"旁观者"对农业补贴政策的主观感知认识相对比。

④归纳总结研究结论。基于实地观察与政策研判提出研究假设，通过实地观察与主观访谈收集研究资料，使用案例分析与对比分析方法对研究资料进行分析，在此基础上，归纳总结农业合作社对农业补贴政策感知认识的研究结论。

3.2.2.2 研究过程

基于研究设计，我们的研究过程分为两步：一是研究者实地观察并结合农业补贴政策实施意图提出研究假设；二是为了直观深入地了解农户与农业企业对农业补贴政策的感知状况，设计访谈问卷（提纲）对农户、农业企业及旁观者进行访谈以获得全方位的农业补贴政策感知认识①。

（1）研究村落与研究方法说明。

①村落虽小，但基本涵盖了所要研究的目标群体与农业经济行为。第一，被研究村落曾经是贫困村，并且所在的县曾经是国家级贫困县。村落中以小农户为主，同时也存在种粮大户与农业合作社等农业生产经营主体，因此，就目标群体而言，基本实现了全覆盖。第二，被研究村落在农业生产中存在土地流转、撂荒以及领取农业补贴但是不从事农业生产等农业经济行为，因此，就农业经济行为而言，也基本实现了覆盖。基于此，本部分质性研究选取的村落具有较强的代表性，能够透过对该村落的质性研究揭示农业补贴政策的主观感知状况。

②民族志研究方法的顺利实施。民族志研究需要深入研究区域并进行长期观察，使得研究者能够较好地融入研究区域，进而有助于从更深层次发掘研究问题。本书选取的村落是研究者所在及附近村落，便于长期观察，有利于民族志研究的顺利实施。

---

① 实地观察、访谈提纲及受访者基本情况介绍参见附录3.2～附录3.21。

（2）农户对农业补贴政策的感知认识。

①研究者的实地观察。2019 年底至 2020 年，受新冠疫情影响，研究者一直生活于农村家中，这也使得研究者能够观察农户农业生产全过程：犁地→播种→除草→收获①，并深切感知农户对农业补贴政策的评价。第一，村落的自然状况及社会经济状况。自然状况方面，实地观察村落位于北京东北部，属于京津涵养水源地，村落属山地地貌，耕地以山地为主，人均土地少且地力较薄。社会经济状况方面，实地观察村落共有耕地 175 亩，农户 32 户，其中 9 户长期居住于城镇，14 户拥有土地享受农业补贴但不进行农业生产，将土地赠予他人耕种。第二，农户农业生产基本状态。一是就农业机械应用而言，农业机械基本替代畜力，如犁地、播种基本使用农业机械完成。二是就农业劳动力投入而言，在劳动力投入结构方面，妇女在农业生产中参与度较高；在劳动力年龄方面，中老年人是农业生产的主力，50 周岁及以下属于农业生产的青壮年，年轻人极少参与农业生产，极少有年轻人能够独立完成农业生产全过程。三是就土地投入而言，基本每户都有撂荒的土地，在实地观察中研究者发现，老一辈（60 岁以上）农户内心很珍视土地，甚至出现个别农户愿意花钱请人耕种自己土地的情况。四是就农业补贴而言，直观上农户将农业补贴视为自己的固定收入，潜意识中与农业生产关联不大。

②农业补贴政策意图分析。与农户有关的农业补贴政策主要包含《进一步完善对种粮农民直接补贴政策的意见》《农作物良种推广项目资金管理暂行办法》《农业机械购置补贴专项资金使用管理暂行办法》《财政部关于对种粮农民柴油、化肥等农业生产资料增支实行综合直补的通知》《财政部、农业部关于全面推开农业"三项补贴"改革工作的通知》。② 透

---

① 在原有的耕种模式下，除草与播种之间还有施肥过程，但是近些年随着一次性肥料的广泛使用，大量农户已经不再二次施肥，且随着除草剂的广泛使用，很少有农户进行人力除草，除草基本变为喷洒除草剂。

② 尽管我国在 2016 年将原有的"粮食直补"、良种补贴及农资综合补贴进行了整合，形成了新的农业支持保护补贴，但是在农户心中依旧习惯于将农业补贴称为"粮食直补"，且该政策在我国农业补贴史上具有举足轻重的地位，因此，有必要将其列示出来。

过上述农业补贴政策文件可知：第一，"粮食直补"的政策意图是促进粮食生产、保护粮食综合生产能力、调动农民种粮积极性。第二，良种补贴的政策意图是加快我国良种推广，促进农作物良种区域化种植。第三，农机购置补贴的政策意图是鼓励和支持农民使用先进适用的农业机械，推进农业机械化进程。第四，农资综合补贴的政策意图是平抑化肥、农膜、农药等农业生产物资价格上涨带来的农业生产成本。第五，农业支持保护补贴的政策意图是以绿色生态为导向，支持耕地地力保护及规模化经营。

③研究假设提出。综合研究者观察及农业补贴政策意图，我们提出如下研究假设：农业补贴调动了农户生产积极性，增加了农户农业生产投资，提高了农业机械化水平，促进了良种使用率的提高，推动了耕地地力保护与规模化经营，引导农业生产向绿色生态方向迈进。

④资料收集。研究者在实地观察并对农业补贴政策意图进行分析的基础上，结合研究假设设计了访谈提纲，访谈提纲由三部分组成：农业补贴政策是什么？农业补贴政策为什么？农业补贴政策怎么样？对农户及旁观者采取面对面访谈、电话访谈及微信访谈等访谈形式收集资料。访谈以纵向形式逐级展开即普通农户→种粮大户→村支部书记→驻村干部→县扶贫办干部①。其中，普通农户、种粮大户为农业补贴直接受益人，也是农业补贴政策直接感知人；村支部书记既是农业补贴直接受益人也是村集体管理人，预期能够由个体家庭及村集体视角感知农业补贴政策；驻村干部作为独立的旁观者，通过对农户农业活动的观察能够对农户对农业补贴政策的主观感知形成较为客观的认识；县扶贫办干部作为旁观者，虽然不是农业补贴的直接受益人，但是长期的乡镇工作经验及县扶贫工作经验能够对农户对农业补贴政策的主观感知形成较为全面的认识。

⑤资料分析。基于访谈提纲，我们对农户及旁观者围绕三大类问题进

---

① 访谈由正式访谈与非正式访谈组成，其中，正式访谈（基本有音频资料）共计 11 人，其中普通农户 5 人，种粮大户 1 人，农业合作社社员 1 人，村干部 1 人，驻村干部 2 人，县扶贫办干部 1 人；非正式访谈 50 余人次。

行了访谈。第一，就"农业补贴政策是什么"的问题，普通农户普遍将现有的农业补贴称为"粮食直补"，换言之，农户只认可"粮食直补"，对良种补贴、农资综合补贴及农机购置补贴政策感知度较低，且在访谈中发现普通农户并不能准确说出当年农业补贴标准，更不知道国家已经对农业补贴政策进行了调整与合并，几乎没有农户能够准确说出现在农业补贴政策的名字。这些迹象初步表明，普通农户对农业补贴政策主观感知较弱，农业补贴对普通农户农业生产的影响较小。与此相比较，种粮大户①虽然也将农业补贴称为"粮食直补"，但是能够准确说出上年获得农业补贴金额。种粮大户拥有小型农业机械（犁地机），并知道小型农业机械能够获得农机购置补贴，但是迫于务工成本、时间成本、报销金额等因素未申报农机购置补贴。作为受益者与管理者的统一体，村支部书记对"农业补贴政策是什么"的问题回答基本与普通农户一致。第二，就"农业补贴政策为什么"的问题，普通农户、种粮大户及村支部书记的反应一致，即国家为了提高农户种粮积极性，驻村干部则认为农业补贴政策不仅是为了提高农户种粮积极性，同时还有增加农民收入的效果，在此基础上，县扶贫干部则认为农业补贴除了具备上述功能外，在一定程度上能够发挥减贫的功效。第三，就"农业补贴怎么样"的问题可以进一步细化为两类问题：一是农户及旁观者如何评价农业补贴政策，针对该问题，普通农户、种粮大户及村支部书记都认为农业补贴为农户带来了真正的实惠，但对调动农户农业生产积极性及增加农业投资的影响较弱，驻村干部与县扶贫办干部在对农业补贴政策给予肯定评价的同时也提出一丝隐忧。农业补贴政策的存在对农户而言无疑是一种额外收入，增加了农户退出农业生产的难度，同时农业补贴在调动农户农业生产积极性、增加农业投资方面产生的影响有限。二是农户及旁观者认为应该如何调整农业补贴政策，针对此问题，普通农户认为农业补贴越多越好；种粮大户则认为应该保持现有补贴水平，提高农产品收购价格即以价格补贴形式

---

① 虽是种粮大户，但都是"捡"别人不耕种的土地进行耕种，因此，只获得了自己土地的农业补贴，未获得其他补贴，这与农业生产支持补贴政策意图略有出入。

支持种粮大户；驻村干部及县扶贫办干部则认为应保持现有补贴水平，加快土地流转，推动农业规模化经营。

⑥假设验证。通过实地观察与访谈，我们发现农业补贴政策在一定程度上调动了农户农业生产积极性，增加了农户农业生产投资，一定程度上提高了农业机械化水平及良种使用率，但是在推动耕地地力保护与规模化经营方面作用微弱（农户依旧大量使用农药与化肥，甚至因农药（除草剂）及一次性化肥的使用改变了原有的农业生产方式）。有鉴于此，引导农户农业生产向绿色生态方向迈进的道路漫长而艰辛。

（3）农业企业对农业补贴政策的感知认识。

①研究者实地观察。研究者于 2020 年多次实地观察提盛黄瓜农业合作社，通过实地观察发现，第一，合作社的生产经营较为松散，生产过程中很少有互助合作发生，社员种植的黄瓜基本是自产自销，这与合作社的精神相背离；第二，合作社经营状况堪忧，合作社 2016 年成立时共吸引 10 户农民入股，但是 2020 年仅剩 3 户还在经营，其他农户的蔬菜大棚多已废弃，部分蔬菜大棚已经坍塌。

②农业补贴政策意图分析。依据《农民专业合作社法》第十条的规定即"国家通过财政支持、税收优惠和金融、科技、人才的扶持以及产业政策引导等措施，促进农民专业合作社的发展"可知，财政对农业合作社进行补贴的基本目标是促进农民专业合作社的发展。以此为基础，地方政府为了特定目标又对农业补贴政策意图予以延伸，被观察地区政府为了使贫困户脱贫，采取多种补贴措施（直接出资、农户补助、小额贴息贷款）支持农业合作社建设，在支持农业合作社发展的同时赋予农业合作社产业扶贫的政策意图。

③研究假设提出。基于研究者实地观察与农业补贴政策意图分析，我们提出如下研究假设：农业补贴政策的实施推动了农业合作社的发展，提高了贫困户收入。

④资料收集。研究者在实地观察并对农业补贴政策意图进行分析的基础上，结合研究假设设计了访谈提纲。访谈提纲由四部分组成：农业合作社的基本情况；农业合作社得到农业补贴支持的情况；合作社社员对农业

补贴政策的评价；合作社社员对农业补贴政策的政策（建议）期盼。基于访谈提纲，我们对农业合作社社员及旁观者采取面对面访谈及电话访谈形式收集资料。其中，农业合作社社员为农业补贴政策的直接受益人，也是农业企业对农业补贴政策的感知认识状况最直观的感知人，县扶贫办干部为农业补贴政策的客观旁观者，能够以较为客观、全面的视角审视农业补贴政策。

⑤资料分析。基于访谈提纲，我们对农业合作社社员及旁观者进行了访谈。第一，农业合作社的基本情况。受访农业合作社成立于 2016 年，由 10 户贫困户出资建设，农户投资金额 5 万元（可获得 3 万元财政贴息贷款，但是部分农户因年龄原因无法获得贴息贷款），合作社主要从事冬春季蔬菜生产（以黄瓜为主），农业合作社需要承担租用耕地支出，每亩每年 1000 元。第二，农业合作社得到政府财政补贴支持的情况：一是直接的财政补贴，合作社社员获得亩均 2 万元的财政补贴资金；二是财政贴息贷款，每户 3 万元。不仅如此，通过对县扶贫办干部访谈发现，在农业合作社成立之初，政府按照每户 1.2 万元的补贴标准对合作社进行了补贴。第三，农业合作社社员对农业补贴政策的评价。农业补贴推动了农业合作社的发展，农业合作社单个蔬菜大棚年均能够为贫困户带来 3 万 ~ 4 万元的纯收入，但是合作社社员也反映农业补贴资金存在发放滞后及补贴标准存在异议等问题。此外，社员在对农业补贴政策给予肯定评价的同时，强烈建议提高合作社管理的民主化，迫切需要政府对农业合作社给予人才支持（管理人才与技术人才）。不仅如此，作为旁观者，县扶贫办干部在对农业补贴推动农业合作社发展、增加贫困户收入给予肯定评价的同时提出一些隐忧：一是有相当数量的农业合作社存在经营不善的问题，合作社与最初产业扶贫政策的立意存在出入，甚至存在套取农业补贴资金问题。二是农业补贴在一定程度上加重了地方政府财政负担，加深了地方政府财政窘境。第四，对农业补贴政策的期盼。合作社社员认为政府在继续保持对农业合作社进行补贴的同时，更应加强人才支持，改善合作社管理混乱的局面，加大技术指导，加快销售市场构建。县扶贫办干部认为，单纯的农业补贴支持很难实现农业合作社的健康发展，政府在实

施农业补贴政策的同时，还需要加大人才扶持力度，多方合力共同推进农业合作社功能的发挥。

⑥假设验证。通过实地观察与访谈，我们发现，农业补贴政策的实施在一定程度上推动了农业合作社的发展，能够显著提高贫困户收入。

3.2.2.3　结果分析

基于研究设计，综合研究过程，我们在对农户与农业企业对我国农业补贴政策感知认识进行分析的基础上，得出我国农业补贴政策感知分析结论。

（1）农户的农业补贴政策感知分析结论。基于以上分析，农户的农业补贴政策感知分析结论可由经济、制度、文化以及生态四个方面进行阐述。

第一，经济层面，农业补贴在激励农户农业生产的同时，对农户退出农业生产经营形成抑制。首先，基于实地观察与主观访谈我们能够清晰地发现，农业补贴对小农户农业生产的激励作用较小并有逐渐消退的迹象，但对种粮大户农业生产的激励作用却十分明显。其次，农业补贴在一定程度上抑制了农户退出农业承包经营。对农户而言，农业补贴是不需要承担偿还义务、来源于政府的额外收入，拥有土地承包权即可获得农业补贴，耕地资源的不可再生性决定了耕地的重要性，且土地承包经营权可继承。因此，理性的农户即使不便于经营所承包的土地，但是也不会轻易放弃对土地的承包权，隐形退出农户规模的扩大对农业生产造成冲击。

第二，制度层面，农业补贴政策体系日益成熟健全，但农业补贴资金使用效率有待进一步提升。首先，我国自 2002 年开始进行农业补贴试点至 2006 年全面实施，经 2016 年改革，我国农业补贴政策目标不断调整，农业补贴政策体系不断完善与健全，已经建立了较为完备的农业补贴政策体系。其次，农业补贴资金使用效率有待进一步提升。实地观察与主观访谈发现，现行条件下农村存在一定数量拥有土地承包权（享受农业补贴）但不进行农业生产的农户，这显然与农业补贴政策初衷不符，造成农业补贴资金浪费，降低了农业补贴资金的使用效率。

第三，文化层面，农业补贴的实施在推动农户增加农业投入的同时，改变了原有耕作模式，在一定程度上冲击了原有的农耕文化。通过实地观察与主观访谈发现，在农业补贴的助推下，农户大量使用除草剂、一次性化肥等农资，这些农资的使用减少了耕作流程（锄地与二次施肥已较为少见），改变了原有的耕作模式。

第四，生态层面，农业补贴的实施在推动农户增加农业投入的同时，对生态环境造成了一定冲击。通过实地观察，我们发现，农户大量使用农药与化肥，化肥与农药的大面积使用使得土壤板结、水体富营养化，对生态环境产生了较大冲击。

（2）农业企业的农业补贴政策感知分析结论。基于以上分析，农业企业的农业补贴政策感知分析结论可由经济、制度两个方面进行阐述。

第一，经济层面，农业补贴有力地推动了农业合作社的成立，提高了农业合作社社员收入，削减了贫困。首先，农业补贴有力地推动了农业合作社的成立。通过主观访谈可知，在农业合作社筹建阶段，政府以补贴的形式进行了支持，补贴的支持为推动农业合作社顺利创建创造了条件。其次，农业合作社能够显著提高合作社社员收入，通过主观访谈发现，农业合作社每年能够为每位农户带来 3 万 ~ 4 万元的纯收入，合作社社员收入的增加为削减贫困奠定了坚实的物质基础。

第二，制度层面，农业补贴资金管理有待进一步完善，农业合作社经营管理水平有待进一步提升。首先，农业补贴资金管理有待进一步完善。一方面，农业补贴发放存在滞后，补贴发放的不及时制约了合作社的发展；另一方面，补贴标准不明确，政府补贴仅限于蔬菜大棚内面积，对周围附着物不进行补贴，这引起了合作社社员的异议。上述问题的出现揭示了农业补贴资金管理存在的问题。其次，农业合作社管理水平有待进一步提升。一方面，农业合作社管理的民主性严重缺失，社长"一言堂"问题突出，严重背离了农业合作社的基本宗旨；另一方面，农业合作社管理松散，社员之间各自为战，未能充分发挥农业合作社的效能。

3.3　我国农业补贴政策的文献计量分析

3.3.1　研究设计

3.3.1.1　政策文献计量的基本含义

政策文献计量是李江等（2015）将文献计量方法迁移至政策文献量化分析中得出的研究成果。他们认为政策文献计量是一种量化分析政策文献的结构属性的研究方法，该方法将文献计量学、社会学、数学、统计学等学科方法引入政策分析中，以揭示政策主题、目标与影响，政策主体的合作模式以及政策体系的结构与演进。政策文献计量改变了传统政策研究范式对政策文献内容的关注，更多关注大样本量、结构化或半结构化政策文本的量化研究（黄萃等，2015）。因此，政策文献计量方法能够从宏观上清晰了解政策演进规律、明确政策影响范围、把握政策发展趋势（黄萃等，2015）。有鉴于此，我们使用政策文献计量方法对新中国成立以来我国农业补贴政策演进特征进行分析。具体分析过程为：首先，构建了我国农业补贴政策体系；其次，通过多种途径搜集了新中国成立至 2018 年我国农业补贴政策文本；再次，使用统计方法对不同时期我国农业补贴政策分布状况进行统计；最后，依据我国农业补贴政策文献在不同时期、不同类别上数量分布的变化，从宏观上探知我国农业补贴政策演进特征。

3.3.1.2　我国农业补贴政策体系

农业补贴是指政府为了保证农产品供给充足，充分发挥农业正的外部性，提高农民农业生产积极性，促进农民增收，促进农业提质增效，实现产业、区域协调发展，对农业投入、生产、加工、流通、消费环节进行的转移支付。基于以上定义，我们可以将农业补贴体系分为直接补贴体系及间接补

贴体系两类。直接补贴表现为财政资金不经过任何中间传导机制直接转移至
农产品生产、流通、贸易以及消费环节,如农机购置补贴、良种补贴、粮食
直补等。间接补贴表现为财政资金需要经过一定的中间传导机制作用于农业
生产、流通、贸易以及消费环节,如农产品的低税、零税以及免税等税收优
惠方式,即以税式支出的形式对农产品的生产、消费等进行支持。虽然间接
补贴不及直接补贴作用那样直接,但是不可否认的是间接补贴在农业生产、
流通、消费等环节中发挥着不可磨灭的作用。具体而言,直接补贴政策包含
补贴类政府文件、奖励类政府文件以及财政贴息类政府文件;间接补贴政策
包含扶持农田水利类政府文件、推动农业科技发展与推广类政府文件、农业
生态保护类政府文件以及税式支出类政府文件等,详细分类见表 3.7。

表 3.7　　　　　　　　　　　中国农业补贴政策类型

政策维度	政策文件类型
直接补贴政策	补贴类政府文件
	奖励类政府文件
	财政贴息类政府文件
间接补贴政策	涉农法律类文件
	农田水利类政府文件
	支持农技发展与推广类政府文件
	农业生态保护类政府文件
	农作物病虫害防治类政府文件
	农业/粮食发展基金类政府文件
	农产品价格保护类政府文件
	税收减免、返还类政府文件

注:涉农法律如《中华人民共和国农业法》作为专业法律,对财政支农规模有明确规定,因
此,将涉农法律也作为农业补贴政策文本进行了收集。

3.3.2　数据收集与数量分布

本部分内容的主旨是对我国农业补贴政策的演进特征进行分析,在分

析方法上选择类量化分析，即根据一定时期内某一政策文本的变化情况探知该阶段政府的政策倾向，显然进行政策文本的类定量分析的基础是收集相关政策文本。

3.3.2.1 数据收集

本部分以 1949~2018 年农业补贴政策文本为研究对象，以全国人大、全国人大常委会、国务院以及国务院各部委联合或单独发布的农业补贴政策文件为样本，采用数据库搜集法与网络搜集法搜集政策样本。

（1）数据库搜集法。通过北大法宝数据库，本书分别按照效力级别：法律、行政法规、部门规章以及法规类别中的民政、土地、农业、财政、税务、水利等 11 项内容进行了检索。不仅如此，本部分还对历年《中国农业年鉴》进行了检索，对其中与农业补贴主题相关的政府文件进行了搜集整理。

（2）网络搜集法。农业补贴类政策文件繁杂而多样，特别是将农业补贴政策界定为直接补贴政策与间接补贴政策两类，更加剧了工作量，尽管北大法宝数据库收录了 1949 年以来大量的法律文件，但是依旧存在一些遗漏，在此情况下，政府网站及农业类、法律类专题网站无疑是很好的补充，据此本书对国务院网站、农业农村部网站、科技部网站、水利部网站、海关总署网站、财政部网站、税务总局网站、中国农业信息网、中国农机机械信息化网等网站中相关农业补贴政策文件进行了搜集与整理。

通过数据库搜集法与网站搜集法，初步收集到与农业相关的政策文件 2253 件，鉴于政策文件与本部分的契合性，对文件按照如下原则进行遴选：①政策文件与农业补贴紧密相关；②选取的文件类型包括法律、法规、意见、办法、通知、函件等；③将农业范围限定在与种植业相关的生产、加工、销售、流通、消费领域。基于以上原则，最终选定 558 件农业补贴类政府文件（文件名称见附录 3.22）作为研究样本。

3.3.2.2 数量分布

通过数据收集与整理，共收集到 1949~2018 年农业补贴政策文件 558

件，其中直接补贴政策文件 183 件（含补贴类政府文件 148 件，奖励类政府文件 26 件，财政贴息类政府文件 9 件），间接补贴政策文件 375 件（含涉农法律类文件 17 件，农田水利类政府文件 22 件，支持农技发展与推广类政府文件 46 件，农业生态环保护类政府文件 48 件，农作物病虫害防治类政府文件 10 件，农业/粮食发展基金类政府文件 17 件，农产品价格保护类政府文件 71 件，税收减免、返还类政府文件 144 件），见表 3.8。

表 3.8　　　　中国农业补贴政策数量按类型分布（1949～2018 年）

政策维度	政策文件类型
直接补贴政策（183 件）	补贴类政府文件（148 件）
	奖励类政府文件（26 件）
	财政贴息类政府文件（9 件）
间接补贴政策（375 件）	涉农法律类文件（17 件）
	农田水利类政府文件（22 件）
	支持农技发展与推广类政府文件（46 件）
	农业生态保护类政府文件（48 件）
	农作物病虫害防治类政府文件（10 件）
	农业/粮食发展基金类政府文件（17 件）
	农产品价格保护类政府文件（71 件）
	税收减免、返还类政府文件（144 件）

3.3.3　农业补贴政策的演进特征

依据我国农业补贴政策文本，结合我国农业补贴政策数量变化情况，本部分将农业补贴政策划分为三个时期：一是农业补贴政策萌芽时期（1949～1978 年），该时期我国农业补贴政策处于萌芽状态，表现出较强的间接性、碎片化、薄弱性特征；二是农业补贴政策成长期（1979～2005 年），该时期我国农业补贴政策取得了一定的发展，展现出调整性、过渡性、成长性特征；三是农业补贴政策成熟期（2006～2018 年），该时期我

国农业补贴政策逐步走向成熟，展现出直接性、均衡性、成熟性的特征
（如图 3.8 所示）。

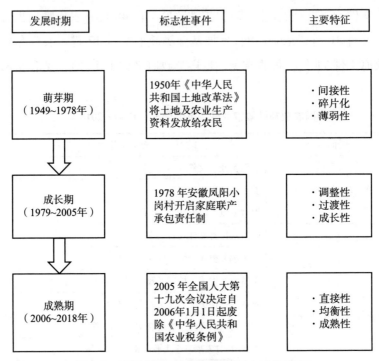

图 3.8   不同发展时期标志性事件与主要特征

3.3.3.1   农业补贴政策萌芽时期（1949～1978 年）：间接性、碎片化、薄弱性[①]

1950 年《中华人民共和国土地改革法》明确要求将地主的土地、农业生产资料、多余的粮食以及房屋进行没收，并对寺庙、祠堂、教堂等团体的土地进行征收，在此基础上将没收、征收的土地以及生产资料分配给贫苦农民。《土地改革法》的实施，一方面废除了封建剥削的土地制度；

---

①   尽管该阶段历时 29 年，但是由于历史的、现实的、制度的制约使得收集到的我国农业补贴的政策并不多，为了更加清晰直观地将农业补贴政策文本数量呈现出来，借鉴《国家财政用于农业支出统计资料（1950～1995）》的时期划分方法，本部分将 1950～1978 年划分为 6 个时期。

另一方面将土地以及农业生产资料分配给农民，具有明显的补贴性特征。《土地改革法》的实施为我国农业补贴政策的实施创造了先决条件，也标志着我国农业补贴政策进入萌芽时期。

　　该时期我国农业补贴政策开始萌芽，但是萌芽过程却异常缓慢。由该时期农业补贴政策的分布可以发现：首先，间接性补贴政策是该时期农业补贴政策的主旋律，税式支出、农产品价格保护、农业生态保护是该时期的政策重点；其次，该时期农业补贴政策碎片化较为严重，不管是直接补贴方式，还是间接补贴方式，农业补贴政策分布都不规律，不具有明显的趋势性，碎片化特征较为突出。最后，该时期农业补贴政策薄弱性问题较为突出，在 1949～1978 年中直接补贴政策数量极为稀少，间接性补贴政策也只是零星出现在不同时期（如图 3.9、表 3.9 所示）。

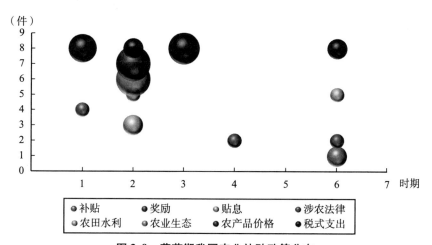

图 3.9　萌芽期我国农业补贴政策分布

表 3.9　　　　　　　　　　萌芽时期我国农业补贴政策分布情况　　　　　　　　单位：部

时期	补贴	奖励	贴息	涉农法律	农田水利	农业生态	农产品价格	税式支出
时期 1 （1949～1952 年）				1				4

时期	补贴	奖励	贴息	涉农法律	农田水利	农业生态	农产品价格	税式支出
时期 2 （1953～1957 年）			2		1		5	2
时期 3 （1958～1962 年）								5
时期 4 （1963～1965 年）		1				1		
时期 5 （1966～1970 年）								
时期 6 （1971～1978 年）	2	1			1			2
合计	2	2	2	1	2	1	5	13

萌芽时期我国农业补贴政策呈现以上特征有其历史的、现实的、制度的原因。首先，新中国是在衰败与废墟中诞生，长期的掠夺与剥削使得中国经济已濒于崩溃，近代中国的经济情况决定了刚刚成立的新中国不太可能对农业进行大规模补贴。其次，新中国成立之初，发展工业、建立完整的工业体系、巩固革命成果成为现实需要，在资源有限的条件下，发展农业成为次要目标。最后，萌芽时期我国处于计划经济时期，国家经济生活强调计划性，在此制度环境下，农业补贴政策只是国家计划中极为微小的一部分。此外，萌芽时期还经历了"文化大革命"，期间国家陷入混乱，农业补贴政策的制定更是无从谈起。

3.3.3.2　农业补贴政策成长时期（1979～2005 年）：调整性、过渡性、成长性

1978 年我国开启了改革开放的新篇章，农业发展也开始进入新时代。1978 年安徽凤阳小岗村开始的分田到户、包产到户的做法，拉开了农业改

革的大幕，也促使农业补贴政策进入新的发展时期。

　　成长期我国农业补贴政策在经历了短暂调整后，开始进入成长阶段。通过对成长期我国农业补贴政策的分布进行分析可以发现：首先，调整性是该时期农业补贴政策的一大特点，萌芽期使用较多的税式支出在成长期初始阶段进入深度调整状态，在成长期初期以税式支出为代表的农业补贴方式使用较少。其次，过渡性成为该时期我国农业补贴政策的一大特点，粮食风险金政策以及农产品价格保护政策的制定与实施都展现出过渡性特点。最后，成长性成为该时期农业补贴政策的另一个重要特征，不管是直接补贴政策，还是间接补贴政策的税式支出、农产品价格保护政策、促进农技发展与推广政策均取得明显发展，农业补贴政策数量由少变多，农业补贴政策体系由简单趋于复杂（如图 3.10、表 3.10所示）。

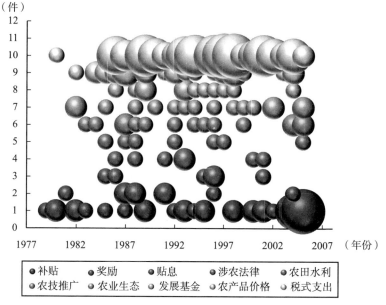

图 3.10　成长期我国农业补贴政策分布

注：为了图片的清晰简洁，图 3.10 中仅列示了该时期农业补贴政策总和大于 5 的政策条目。

表 3.10 成长期我国农业补贴政策分布 单位：部

年份	补贴	奖励	贴息	涉农法律	农田水利	农技推广	农业生态	病虫害	发展基金	农产品价格	税式支出
1979	1										
1980	2										1
1981		1									
1982	2						2			1	
1983	1					1					
1984						1				2	
1985	1		1		1		1			1	
1986			1	1				1	1	2	6
1987	1	2			1	2				3	4
1988		2		1	1	1	1		1		1
1989	2					1			2	2	7
1990							1				5
1991		2		1						1	3
1992	1				1		1			2	3
1993	2			2			1		2	1	6
1994	1					1	1		1	1	7
1995	2		1			1			1		2
1996		1	2		1	1	1		1	1	7
1997					1				1	2	8
1998	2						1		1	3	8
1999						1	1			1	3
2000	2			1			1				4
2001	2		1	1							7
2002	1						2				5
2003	1									1	3
2004	5	1				2			1	2	5
2005	8				1	2	2				2
合计	37	9	6	7	7	15	16	1	12	26	97

128

成长期我国农业补贴政策呈现以上特点有其历史的、现实的、政策的原因。首先，尽管 1978 年我国开始了改革开放的新征程，但是改革过程是循序渐进、稳步推开的，特别是在经历了"文化大革命"破坏之后，政治经济生活需要进行深入调整。其次，该时期我国正处于由计划经济向市场经济转轨阶段，随着市场的放开、商品贸易的增加，农产品价格波动较大，为了防止物价过快增长，保证人民基本生活，国家实施了过渡性的补贴政策以及价格控制政策，并建立了粮食风险金制度。最后，随着我国的发展，经济积累已经达到一定程度，国家政策导向也发生了转变，由集中力量发展工业开始逐步向一二三产业协调发展转变，国家政策导向的转变也深刻影响了我国农业补贴政策，表现为农业补贴政策的不断制定与实施。

3.3.3.3　农业补贴政策成熟期（2006～2018 年）：直接性、均衡性、成熟性

2005 年 12 月 29 日，全国人大常委会第十九次会议决定：自 2006 年 1 月 1 日起，《中华人民共和国农业税条例》废止，这标志着延续上千年的"皇粮国税"制度的终结，肇始于此，我国农业发展进入新时期，农业补贴政策进入新阶段。

通过对成熟期我国农业补贴政策的分布进行分析可以发现：首先，成熟期农业补贴政策的直接性特征明显，该时期我国直接性补贴政策数量增长迅速，仅补贴政策就达到了 109 件，其数量远远超过同时期各类农业补贴政策文件数量。其次，农业补贴政策完整性加强，尽管成熟期直接补贴政策数量增长迅速，但是间接补贴方式中农技发展与推广、农业生态保护、农产品价格支持政策数量也显著增加，农业补贴政策的均衡性、协调性显著增强。最后，成熟时期农业补贴政策已形成以直接补贴政策为主，间接补贴政策均衡发展的农业补贴政策体系，农业补贴政策体系日臻成熟（如表 3.11、图 3.11 所示）。

表 3.11 　　　　　　　　　　　成熟期我国农业补贴政策分布　　　　　　　　　单位：部

年份	补贴	奖励	贴息	涉农法律	农田水利	农技推广	农业生态	病虫害	发展基金	农产品价格	税式支出
2006	7	1		2		2				2	4
2007	5	1				1	2			1	4
2008	5		1			1	1	2		4	4
2009	18	1			2	1	2		2	3	2
2010	13	2		1		1				5	4
2011	13				1	3	3	1	2	5	3
2012	12			2	1	5				4	2
2013	11	1		1	1	9		2		4	1
2014	5				2	4	4	1		4	1
2015	3	2		1			2	1		2	2
2016	9	1			2		5	1		1	3
2017	5				1	1	6		1	4	2
2018	3			2	2	3	6	1		1	2
合计	109	9	1	9	13	31	31	9	5	40	34

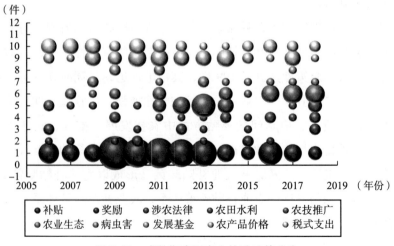

图 3.11　成熟期我国农业补贴政策分布

注：为了图片的清晰简洁，图 3.11 中仅列示了该时期农业补贴政策总和大于 5 的政策条目。

　　成熟期我国农业补贴政策呈现以上特征有着历史的、现实的原因。首先，由于我国属于发展中国家，国家的发展必然会经历由传统的农业经济向现代工业经济过渡的过程，在此历史条件下会产生城市发展与农村发展差距逐渐扩大的问题，形成城乡"二元结构"。城乡"二元结构"的形成是历史的必然，而打破城乡"二元结构"的重要举措便是加大对农业的支持力度，加快农业、农村经济的发展。其次，贫困问题是制约我国经济持续健康发展的障碍之一，农村则是贫困发生的集中地，解决农村的贫困问题，由全体人民共享改革发展成果，是党和政府的夙愿，也是农业补贴政策的着力点。此外，随着社会的进步、生活质量的提高，消费者对有机、无公害、无污染的高质量农产品的需求持续增加，现实需求的变化要求在追求农业与农村发展的同时，构建起注重生态环保、绿色有机的农业补贴政策体系。

　　新中国成立以来，我国农业补贴政策实践丰富而多样，农业补贴政策体系也从无到有，由单一而羸弱日益变得全面而强大。结合文本量化分析，本节对不同时期农业补贴政策实践特征进行了归纳，发现如下特征：萌芽时期，农业补贴政策表现出较强的间接性、碎片化、薄弱性特征；成长期，农业补贴政策展现出调整性、过渡性、成长性特征；成熟期，农业补贴政策展现出直接性、均衡性、成熟性特征。

3.4　我国农业补贴政策的文本量化分析

　　3.3 节以时间维度从宏观视角对新中国成立至 2018 年农业补贴政策实践情况进行了分析，整体呈现了新中国成立以来我国农业补贴政策的演进特征。为了更好地推动农业发展，揭示当前我国农业补贴政策存在的优点与不足，本节将使用政策内容量化分析方法对成熟期农业补贴政策实践情况进行更深入的研究。研究过程为：首先，构建政策内容量化分析的二维分析框架；其次，通过多种途径搜集政策文本（详见附录 3.23）；再次，使用 Nvivo11Plus 软件进行词频统计与可视化分析；最后，通过二维编码对我国农业补贴政策实践进行分析。

3.4.1 研究设计

3.4.1.1 政策内容量化分析基本含义

政策内容量化分析是一种对政策文献内容进行系统性的定量与定性相结合的语义分析方法，是以政策问题为导向，规范地测量政策文献内容的若干重要特征变量，从而发现隐藏于文字背后的关于政策选择与政策变迁规律的研究方法（黄萃等，2015）。政策内容量化分析方法克服了定性研究中的主观性与不确定性，分析结果较为客观。政策内容量化分析目的包括：描述政策特征、推论政策制定原因、推断政策实施效果（黄萃等，2015）。基于此，我们采用政策内容量化分析方法，对我国现行农业补贴政策进行量化分析，推断当前我国农业补贴政策实施效果。

3.4.1.2 分析框架构建

农业补贴政策是政府通过补贴手段推动农业发展的重要政策工具，为了更加清晰地揭示我国农业补贴政策如何作用于农业，本部分结合农业生产要素以及农业价值链构建了二维分析框架（见图3.12）。

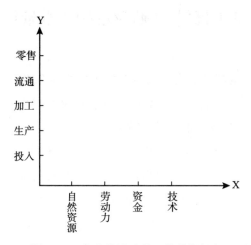

图3.12 农业补贴政策二维分析框架

（1）农业生产要素维度——X 维度。

依据农业经济学对农业生产要素的划分，农业生产要素包括自然资源、劳动力、资金以及技术四类。农业补贴以推动农业发展为目标，这一目标需要通过一定渠道实现，即农业补贴作用于农业生产要素进而推动农业发展，基于此，本部分将以上四类要素作为农业补贴政策分析框架的 X 维度。

①自然资源。农业经济学认为，依据农业生产中的作用以及不同角色，农业自然资源可以分为两类：一是作为农业经营对象的生物资源，如农作物资源；二是为农业生物提供载体或生存环境，但本身没有生命特征的自然资源，如水、土地、气候等（孔祥智，2014）。自然资源作为农业生产的基础是农业补贴发挥作用的重点领域，促进土地资源的可持续开发、提高耕地质量、推进节水农业的发展是我国农业补贴政策的重要目标。

②劳动力。农业生产活动的开展离不开劳动力的参与，现代农业经济的高速发展对农业劳动力的素质要求日益提高，农业生产、经营对掌握一定技能的新型职业化农民的需求越来越大，提高农业劳动力综合素质成为农业补贴的重要目标。

③资金。农业生产离不开资金支持，农业生产发展资金来源于多种渠道：政府、金融机构、合作组织、村民个人等。首先，政府会以直接补贴与间接补贴的形式将资金作用于农业生产；其次，金融机构也是农业资金的重要来源，为了更好地推动金融机构将资金投入农业生产经营活动，政府采取补贴、贴息等方式予以支持；最后，合作组织在农业生产资金供给中也发挥着重要作用。

④技术。传统农业的改造需要现代技术，现代农业的发展更离不开技术进步的推动，改革开放以来，我国政府便一直高度重视补贴在推动农业技术创新与推广方面的重要作用，坚持对农业科技创新与农业科技推广实施补贴。

（2）农业价值链维度——Y 维度。

农业生产活动也是价值创造过程，结合价值链理论，农业价值链可以分为投入、生产、加工、流通、零售几个价值环节。农业补贴作为政府行为，在农业价值链形成过程中发挥着增值与引导作用。在价值增值方面，首先，农业补贴通过提高农业劳动力技能，进而影响农业价值链生产、加工环节，提高农业产出水平；其次，农业补贴通过作用于农业科技创新与技术推广，进而提高农业技术水平，农业技术水平的提高对整个农业价值链的增值均会产生显著影响。在政策引导方面，农业补贴引导农业价值链以绿色可持续化的形式形成，这对农业价值链的持久发展、农业价值的持续增加具有重要意义。现代农业经济条件下，农业补贴在农业价值形成、增值与持续增长方面发挥着不可替代的作用，为了考察现行农业补贴在农业价值链不同环节发挥的作用，需要以农业价值链为 Y 维度构建农业补贴政策分析框架。

3.4.2　资料来源与词频统计

3.4.2.1　资料来源

本部分分析使用的资料来源于两个渠道：一是采取网站搜集法，搜集了国务院、财政部、农业农村部、水利部、科技部等部门的官方网站，对涉及农业的相关法律、法规、部门规章进行了搜集整理。二是采用数据库搜集法，对北大法宝数据库有关涉农的政策文件进行了检索。通过以上渠道，本书共搜集到 2006～2019 年涉农文件 127 件（具体文件名称见附录 3.23）。

3.4.2.2　词频统计、词语云

在政策文本内容量化分析中，节点是政策文本内容量化分析的基石，在政策文本内容量化分析中具有基础性、决定性作用，因此，选择合适的节点就成为政策文本内容量化分析的关键环节。在节点设置方面，通常而言，资料中反复出现的词汇与被研究对象所要表达的核心内容高度相关，也是设置节点的关键线索。本部分运用 Nvivo11Plus 软件对资料进行初步挖掘，对词频进行统计，并刻画词语云，为节点设置提供必要支撑，具体结果见表 3.12、图 3.13。

表 3.12　　　　　　　　　词频统计情况

序号	单词	长度	计数	加权百分比（%）	序号	单词	长度	计数	加权百分比（%）
1	农业	2	5347	1.77	28	推进	2	843	0.28
2	发展	2	2668	0.88	29	提高	2	806	0.27
3	生产	2	2439	0.81	30	规定	2	793	0.26
4	技术	2	2359	0.78	31	实施	2	779	0.26
5	建设	2	1757	0.58	32	资源	2	778	0.26
6	服务	2	1589	0.53	33	机构	2	774	0.26
7	部门	2	1540	0.51	34	政策	2	771	0.25
8	管理	2	1495	0.49	35	农业部	3	758	0.25
9	经营	2	1400	0.46	36	开展	2	758	0.25
10	农产品	3	1370	0.45	37	以上	2	752	0.25
11	企业	2	1275	0.42	38	农机	2	722	0.24
12	种子	2	1256	0.42	39	财政	2	714	0.24
13	农民	2	1254	0.41	40	机械化	3	703	0.23
14	加强	2	1247	0.41	41	主管	2	700	0.23
15	农村	2	1193	0.39	42	建立	2	697	0.23
16	工作	2	1154	0.38	43	标准	2	694	0.23
17	资金	2	1147	0.38	44	体系	2	687	0.23
18	项目	2	1121	0.37	45	进行	2	684	0.23
19	国家	2	1111	0.37	46	品种	2	676	0.22
20	安全	2	1108	0.37	47	创新	2	656	0.22
21	推广	2	1101	0.36	48	条件	2	656	0.22
22	支持	2	1081	0.36	49	市场	2	649	0.21
23	组织	2	998	0.33	50	指导	2	645	0.21
24	产业	2	945	0.31	51	水平	2	644	0.21
25	加工	2	933	0.31	52	单位	2	642	0.21
26	应当	2	907	0.30	53	产品	2	638	0.21
27	质量	2	850	0.28	54	专业	2	636	0.21

续表

序号	单词	长度	计数	加权百分比（%）	序号	单词	长度	计数	加权百分比（%）
55	要求	2	633	0.21	78	机制	2	516	0.17
56	改革	2	631	0.21	79	措施	2	515	0.17
57	保护	2	598	0.20	80	转基因	3	515	0.17
58	生物	2	593	0.20	81	基本	2	514	0.17
59	完善	2	580	0.19	82	制度	2	512	0.17
60	科技	2	574	0.19	83	设施	2	512	0.17
61	重点	2	573	0.19	84	行政	2	511	0.17
62	利用	2	572	0.19	85	土地	2	502	0.17
63	公斤	2	570	0.19	86	国务院	3	499	0.16
64	能力	2	570	0.19	87	人员	2	495	0.16
65	落实	2	570	0.19	88	方式	2	495	0.16
66	主要	2	568	0.19	89	鼓励	2	493	0.16
67	地区	2	565	0.19	90	法律	2	483	0.16
68	促进	2	559	0.18	91	保险	2	475	0.16
69	作业	2	555	0.18	92	积极	2	474	0.16
70	法宝	2	552	0.18	93	食品	2	467	0.15
71	加快	2	544	0.18	94	情况	2	466	0.15
72	提供	2	536	0.18	95	重要	2	465	0.15
73	玉米	2	535	0.18	96	结合	2	462	0.15
74	工程	2	524	0.17	97	意见	2	457	0.15
75	粮食	2	524	0.17	98	生态	2	457	0.15
76	综合	2	524	0.17	99	防治	2	453	0.15
77	信息	2	522	0.17	100	培训	2	448	0.15

表 3.12 展示了单词长度至少为 2，完全匹配条件下，全部资料中出现次数最多的 100 个词汇，图 3.13 则是使用 Nvivo11Plus 软件对表 3.12 的可视化，图 3.13 中汉字字体的大小取决于该词汇在材料中出现的频次。

图 3.13 词语云

通过表 3.12 和图 3.13 可知，第一，通过词频统计与词语云发现，"农业"是所选取分析资料中被统计次数最多的词汇，共被提及 5347 次，占比为 1.77%。可视化条件下，"农业"字体最大，并处于核心位置，表明农业是我们分析研究的核心。第二，通过词频统计与词语云发现，"技术""资金""种子""机械化""农民"等名词在分析资料中居于重要位置，表明农业的发展离不开农业要素投入的增加，且随着现代农业的发展，技术要素投入逐渐占据越来越重要的位置。第三，通过词频统计与词语云发现，"生产""发展""建设""推广""支持"等动词在分析资料中占据重要位置，表明农业技术的推广、农业生产、政府的扶持、农业建设的目标都是为了发展农业。

3.4.3 二维编码分析

3.4.3.1 政策文本内容分析单元编码

根据前文构建的二维分析框架，结合词频统计情况，对政策文本内容进行编码，其中 X 维度依据的是农业经济学农业生产基本要素，即自然资源、资金、劳动力以及技术；Y 维度依据的是农业价值链形成的过程，即投入、生产、加工、流通以及零售。使用"政策文件号＋序列号"的编码方式对 127 份政策文本进行编码，部分分析单元编码情况见表 3.13。

表 3.13   政策文本内容分析编码举例

文件编号	文件名称	政策文本内容分析单元	编码号
1	中华人民共和国农产品质量安全法（2018 修正）	第八条国家引导、推广农产品标准化生产，鼓励和支持生产优质农产品； 第九条国家支持农产品质量安全科学技术研究，推行科学的质量安全管理方法，推广先进安全的生产技术	1－1， 1－2
2	中华人民共和国农村土地承包法（2018 修正）	第十一条国家鼓励增加对土地的投入，培肥地力，提高农业生产能力	2－1

3.4.3.2　编码分布与维度分析

（1）编码分布。基于二维分析框架，本书对政策文本内容进行了编码，不同区域内编码频数情况见表 3.14。

（2）维度分析。①X 维度分析。频数统计结果显示（如图 3.14 所示），农业补贴政策对农业生产要素均产生了一定影响。第一，资金是农业补贴政策的主要作用点，资金频数统计为 236，占农业生产要素的比为64.48%。农业生产资金来源于社会资金、农户资金、政府资金几个渠道，社会资金层面，由于我国资金市场发展相对滞后，加之农业生产不确定性强，社会资金参与农业生产较少；农户资金层面，农户资金主要集中于农业生产过程，但是在这一过程中财政补贴政策也发挥着积极作用，例如对农户的生产支持补贴直接增加了农户资金；政府资金层面，政府资金对农业影响极为深远，政府资金基本参与了农业价值链的全过程。资金是保证现代农业发展的基础，农业自然资源的开发、改造与升级离不开资金的支持；农业劳动力质量的提升也离不开资金的扶持，技术的研发与推广更离不开资金的支持，也正因如此，资金成为农业补贴政策的主要发力点。

表 3.14　政策文本编码分布情况

农业生产基本要素		投入	生产	加工	流通	零售
X轴	自然资源	107−1, 107−2, 108−2, 11−1, 11−16, 11−17, 120−1, 135−1, 135−3, 139−2, 20−2, 27−13, 29−1, 36−2, 63−1	107−1, 107−2, 135−4, 138−1, 16−3, 17−1, 17−2, 17−3, 17−4, 2−1, 23−1			
	劳动力		1−4, 106−3, 108−3, 11−8, 11−22, 112−1, 15−3, 16−8, 16−1, 11−19−2, 21−7, 27−6, 27−18, 26−7, 4−2, 4−15, 48−1, 6−3	132−1, 133−3, 14−12		
	资金	107−4, 108−1, 11−18, 11−19, 119, 120−6, 135−2, 139−3, 18−1, 18−6, 18−7, 22−4, 22−5, 22−7, 22−8, 27−4, 27−7, 27−16, 26−4, 28−1, 36−5, 4−2, 4−4, 4−45−1, 6, 4−16, 42−1, 44−1, 45−1, 46, 47−1, 5−1, 5−2, 5−3, 5−4, 58−1, 62−1, 63−3, 68−1, 7−1, 7−4, 7−5, 8−1, 87−1, 89−2, 9−1	1−3, 1−5, 10−1, 104−1, 105−1, 11−1, 11−2, 11−6, 11−7, 11−8, 11−15, 11−20, 110−1, 111−1, 112−1, 117−1, 118−1, 118−2, 120−2, 120−3, 122−1, 133−1, 135−6, 138−3, 2−144−1, 15−4, 16−2, 16−4, 16−5, 16−10, 16−12, 19−1, 20−1, 20−3, 21−1, 21−2, 21−3, 21−6, 23−3, 27−1, 27−2, 27−10, 27−12, 26−1, 31−1, 36−1, 36−3, 36−4, 36−5, 4−1, 4−3, 4−5, 4−12, 4−14, 42−1, 45−3, 45−4, 46−1, 50−1, 52−1, 52−2, 55−4, 6−4, 65−1, 66−1, 69−1, 70−1, 8−1, 83−1, 85−1, 86−1, 89−2, 9−9	11−4, 11−7, 11−10, 11−11, 11−12, 132−1, 132−4, 133−2, 134−1, 135−6, 14−1, 14−2, 14−4, 14−7, 14−8, 14−9, 14−13, 14−14, 16−12, 20−8, 20−9, 25−1, 25−3, 27−9, 26−5, 28−2, 3−3, 3−4, 36−3, 36−6, 4−7, 4−11, 4−12, 45−5, 62−5, 76−1, 76−2, 76−3, 76−4, 76−5, 76−6, 76−7, 76−9, 9−6, 9−7, 9−9	11−3, 11−4, 11−5, 11−14, 11−22, 12−1, 12−2, 12−3, 12−4, 12−6, 12−7, 12−8, 3−3, 133−4, 134−2, 14−2, 14−3, 14−9, 14−15, 142−3, 142−4, 142−5, 142−7, 142−8, 142−9, 143−1, 143−2, 143−3, 16−8, 16−9, 20−6, 20−7, 20−10, 20−11, 20−12, 22−6, 22−9, 25−1, 27−3, 27−9, 27−10, 27−15, 26−6, 28−3, 28−4, 36−3, 36−7, 4−8, 4−9, 4−10, 4−13, 45−5, 51−2, 53−1, 55−1, 62−5, 62−6, 7−2, 8−1, 9−9, 2, 9−3, 9−4, 9−8, 9−9	12−2, 12−3, 4−9

Y轴

139

续表

农业生产基本要素		Y轴				
		投入	生产	加工	流通	零售
X轴	技术	107-1, 107-2, 107-3, 108-1, 11-14, 18-3, 18-4, 22-1, 22-2, 25-2, 27-4, 27-5, 62-3, 62-4, 63-2, 7-3, 8-2	1-2, 106-2, 107-1, 107-2, 107-3, 11-9, 11-14, 11-21, 120-5, 124-1, 135-6, 136-1, 15-1, 15-2, 15-5, 16-6, 17-5, 17-6, 17-7, 17-8, 17-9, 17-10, 17-11, 17-12, 21-2, 24-2, 27-17, 26-5, 23-2, 21-4, 21-5, 23-2, 24-1, 27-5, 27-8, 4-15, 4-17, 4-19, 6-1, 6-2, 61-1, 62-1, 8-2, 89-1	11-13, 120-8, 132-3, 132-5, 14-10, 14-11, 55-3, 76-8	11-23, 12-5, 142-2, 142-6, 143-4, 155-5, 16-13, 51-1, 51-3, 53-2, 53-3, 53-4, 8-2	9-5

第二，技术是农业补贴政策的重要作用点，技术频数统计为83，占农业生产要素的比为22.68%。现代农业的发展离不开技术的推动，鉴于此，农业补贴政策也对技术的研发与推广进行了支持。第三，劳动力以及自然资源是农业补贴政策的作用点，其中劳动力的频数统计为21，占比为5.74%；自然资源的频数统计为26，占比为7.10%。

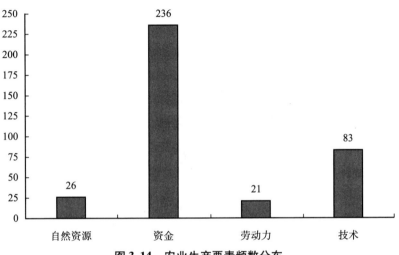

图 3.14　农业生产要素频数分布

②Y 维度分析。频数统计结果显示（如图3.15 所示），农业补贴政策在农业价值链形成过程中发挥着重要作用。第一，农业补贴政策主要作用于农业生产环节，频数统计为152，占农业价值链的比为41.53%。第二，投入以及流通环节也是农业补贴发挥作用的重要着力点，投入环节频数统计为76，占比为20.77%；流通环节频数统计为77，占比为21.04%。第三，加工环节也是农业补贴政策发挥作用的着力点，频数统计为57，占比为15.57%。第四，零售环节成为农业补贴政策扶持的薄弱环节，频数统计为4，占比为1.09%。当前我国农业补贴政策的重心依旧是推动农业生产的发展，这也与词频统计以及词语云展示的内容一致，同时由于农业投入情况与农业产出直接相关，农业补贴对农业投入的关注程度较高。此外，由于农产品具有易腐烂变质的特点，因此，农业流通环节也成为农业

补贴关注的主要环节。不仅如此，为了使农产品价值保值与增值，推动农产品加工的发展也成为农业补贴政策关注的环节。但是也应看到，当前我国农业补贴政策在农业价值链的零售环节扶持力度较为薄弱。

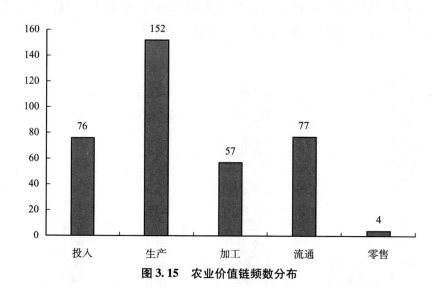

图 3.15 农业价值链频数分布

③X – Y 维度分析。在 X 维度（农业生产要素）的基础上，加入 Y 维度（农业价值链）进行二维分析（如图 3.16 所示），能够更加清晰展示农业补贴政策是如何通过农业生产要素作用于农业价值链。第一，在投入层面，一是农业补贴政策通过资金手段直接影响农业投入，农业投入中化肥、种子、农业机械、农用柴油等物资均有农业补贴支持；二是农业补贴政策通过技术路径影响农业投入，如支持病虫害的生物防治技术；三是农业补贴政策通过自然资源路径影响农业投入，如土地休耕、测土配方施肥等。第二，在生产层面，一是农业补贴政策通过资金路径影响农业生产，农业生产者支持补贴便是其中的代表；二是农业补贴政策通过技术路径影响农业生产，财政支持农业技术创新与推广便是其中的代表；三是农业补贴政策通过劳动力路径推动农业生产，财政对中等职业教育涉农专业的农村学生最早实施免学费政策，通过职业教育的方式培养农业劳动者，不仅如此，财政还扶持农民进行技能培训活动，提高农业劳动者素质，推动农

业生产发展；四是农业补贴政策通过自然资源路径影响农业生产，财政通过引导水资源的合理利用推动农业生产的发展。第三，在加工层面，农业补贴一是通过资金路径影响农产品加工，财政对玉米等农产品初加工进行补贴；二是通过技术路径影响农产品加工；三是财政通过对劳动力教育与培训进行扶持，影响农产品加工。第四，在流通方面，农业补贴政策一是通过资金路径影响农产品流通，降低农产品流通成本；二是通过技术路径对农产品流通进行影响，积极将互联网＋、大数据、5G 技术应用于农产品流通环节。

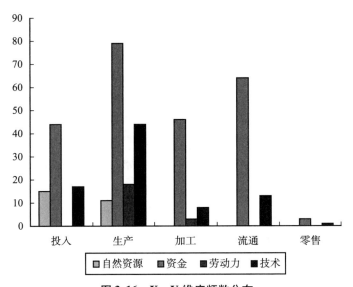

图 3.16　X－Y 维度频数分布

（3）研究结论。基于二维分析框架，本部分对成熟期农业补贴政策实践情况进行了研究，通过研究发现，该时期农业补贴政策存在如下优点与不足。优点主要集中于单维度层面，在单维度视角下现行农业补贴政策体系基本涵盖了农业生产要素以及农业价值链的各个环节，形成了较为全面的农业补贴政策体系。不足主要集中于二维层面，在二维视角下农业补贴政策展现出较强的不均衡性。

优点方面，在农业生产要素以及农业价值链形成过程中，农业补贴均发挥了积极作用，但侧重点各有不同。在农业生产要素中，资金以及技术成为农业补贴政策的主要着力点，其中资金的频数统计值最大达到了236条，这在一定程度上反映了现代农业对资金的依赖性。在农业价值链形成过程中，农业补贴作用于农业价值链形成的各个环节，其中生产环节是农业补贴政策的着力点，频数统计为152，这反映了对于我国这样一个人口大国，稳定农业生产、提高粮食产量、保证农产品供给是农业的首要责任，因此，推动农业生产成为农业补贴政策的基本着力点。

不足方面，二维视角下农业补贴政策展现出较强的不均衡性。通过表3.14以及图3.16均可以发现我国现行农业补贴政策存在分布不均的问题。第一，劳动力在农业补贴政策体系中得到的支持不足。劳动力与Y轴农业价值链中的投入、流通以及零售环节的交互项为空白，即农业补贴未能通过劳动力途径作用于农业价值链的投入、流通以及零售环节，这显然不利于农产品的增值。第二，资金参与了农业价值链形成的各个环节，资金成为农业补贴作用于农业价值链的核心途径，事实上农业的基础性、薄弱性以及外溢性决定了政府必须通过直接与间接的手段干预农业发展，而这些手段的实施均是以国家资财作为保证，尽管如此，资金在整个农业补贴政策体系中所占比重过大，在一定程度上挤占了农业补贴通过其他途径作用于农业价值链形成的通道。第三，技术作为推动现代农业发展的关键要素，在推动农业发展中发挥着重要作用，尽管如此，农业补贴通过技术路径作用于农产品加工以及零售环节较为薄弱，有待进一步加强。此外，自然资源是农业生产的基本要素，尽管农业补贴很难通过自然资源影响农业价值链的加工、流通以及零售环节，但是在农业价值链创造过程中注重自然环境的保护，实现农业价值创造与自然和谐也是农业补贴政策值得关注的话题。

3.5　本章小结

农业是国民经济的基础。新中国成立以来，农业的发展得到了各届政府的高度重视。在推动农业发展的过程中，农业补贴政策发挥了极其重要的作用。本章通过对农业补贴政策实践的多维度分析，得到了一系列具有应用价值的结论。

（1）我国农业发展的实践分析。

结合经验数据对新中国成立以来我国农业实践状况进行了分析，特别是使用主成分分析方法，对改革开放以来我国农业实践状况进行了分析。通过主成分分析发现，改革开放以来我国农业实践不断发展，农业综合生产能力不断得到提高。

（2）我国农业补贴政策的运行分析。

我国农业补贴政策运行分析由依据经验数据进行的客观发展历程分析及结合实地观察与访谈的主观感知分析组成。

①客观发展历程分析。分别对我国农业补贴政策实践的萌芽期、成长期、成熟期进行了分析。依据农业补贴数据，分别从农业补贴规模、结构、增速等层面对各个时期农业补贴政策实践状况进行了描述性分析，以客观数据揭示新中国成立以来我国农业补贴政策的运行状况。

②主观感知分析。借鉴人类学、社会学、教育学广泛使用的民族志研究方法，采取实地观察与访谈的形式对农户及农业企业的农业补贴政策感知状况进行了分析，通过分析我们发现：第一，就农户对农业补贴政策的感知而言，一是农业补贴在一定程度上提高了农户种粮积极性，但是它对普通农户的刺激作用在逐渐消退，对种粮大户的激励作用更加明显。二是农业补贴在激励农户增加农业投资层面的作用不甚明显。三是农业补贴在一定程度上改变了原有的耕作模式，对传统的农耕文化产生一定冲击。四是农业补贴在增加农户农业投入的同时，对生态环境造成一定影响。第二，就农业企业对农业补贴政策的感知而言，农业补贴提高了农业合作社社员收入，推动了农业合作社发展。

（3）我国农业补贴政策实践的政策文献计量分析。

借鉴政策文献计量分析方法，从宏观视角对新中国成立以来我国农业补贴政策实践的演进特征进行了量化研究。我们首先构建了农业补贴政策体系，并通过多种途径搜集整理了新中国成立以来我国农业补贴政策文本，在此基础上，对不同时期农业补贴政策分布状况进行了统计分析。通过政策文献量化分析发现，农业补贴政策实践在各个时期表现出不同特征：萌芽时期，农业补贴政策表现出较强的间接性、碎片化、薄弱性特征；成长时期，农业补贴政策展现出调整性、过渡性、成长性特征；成熟时期农业补贴政策展现出直接性、均衡性、成熟性特征。

（4）我国农业补贴政策实践的政策内容量化分析。

借鉴政策科学新兴的政策内容量化分析方法，对现阶段我国农业补贴政策实践的优点与不足进行了分析。首先以农业生产要素为 X 轴，以农业价值链为 Y 轴构建了二维分析框架，并通过多种途径对现阶段我国农业补贴政策文本进行了搜集，在此基础上，对现阶段我国农业补贴政策文本进行了二维编码，探讨了农业补贴对农业生产要素以及农业价值链形成过程所发挥的作用，并通过 X – Y 维度进行了研究。发掘我国农业补贴政策优点的同时，揭示了我国农业补贴政策存在的不足，为更好完善农业补贴政策、推动农业补贴政策实践有序开展提供了有益指引。

第 4 章　农业补贴的微观经济效应

——基于进入退出决策与融资决策的实证分析

《深化农村改革综合性实施方案》将我国新型农业经营主体确定为家庭农场、专业大户、农民合作社、农业产业化龙头企业四类，再加上旧的农业经营主体——农户，当前我国农业经营主体共有家庭农场、专业大户、农民合作社、农业产业化龙头企业、农户五类。在此基础上，可将我国现有的农业经营主体归为两类：一是以农户家庭经营为特征的农户经营模式，其中包括传统的农户、家庭农场以及专业大户；二是以企业经营为特征的企业经营模式，包括农民合作社[①]及农业企业。基于此，农业补贴的微观经济效应——基于农业生产者决策的实证分析将围绕这两类农业生产经营主体即农户与农业企业展开研究。本章以第 2 章农业补贴对农业生产者进入退出决策的影响及农业补贴对农业生产者融资决策的影响的机理分析为基础，结合经验数据，使用计量经济学相关方法对农业补贴对农业生产者的进入退出决策与融资决策的影响进行实证分析。

[①]　关于农民合作社的定位，不同学者持不同观点，例如王征兵（2016）认为农民合作社只是合作方式而不是经营主体；孔祥智（2014）认为农民合作社以追求利润为目标实施企业化运作；黄宗智（2010）认为合作社的未来发展方向是合作公司。由合作社长远发展来看，孔、黄的观点更加具有应用意义与实用价值，因此，本文将农民合作社归入企业类经营模式。

4.1 文 献 综 述

4.1.1 文献回顾

4.1.1.1 农业补贴对农业生产者进入退出决策的影响

农业补贴是政府对农业生产者进行的转移支付，因不需要受补贴人承担偿还义务，因此，农业补贴的实施会对农业生产者的进入退出决策产生影响，现有文献由规范分析与实证检验两个层面对农业补贴对农业生产者进入退出决策的影响进行了研究。

（1）农业补贴对农业生产者进入退出决策的规范分析。

鉴于本章所研究的农业生产者包含农户与农业企业两类，因此，相关的规范研究将由农户及农业企业视角做进一步回顾。①基于农户视角的规范研究。就农户视角而言，相关的规范研究主要包括两类：第一，对农户进入退出农业生产经营决策的影响因素分析。对理性的农业生产者农户而言，进入退出农业生产经营的核心在于是否能获得更大利润，因此，当城乡之间存在收入差距时，退出农业生产经营能够为农户带来更大利润，在此情形下农户会选择退出农业生产经营（Todaro，1969；Harris & Todaro，1970；李荣耀、叶兴庆，2014；陈飞、翟伟娟，2015）。第二，农业补贴对农户进入退出农业生产经营决策的影响分析。农户退出农业生产经营是以土地流转为核心进行的，然而农业补贴的实施提高了土地租金或交易价格，在一定程度上抑制了土地流转，进而阻碍了农户退出农业生产经营（Lence & Mishra，2003；牟燕等，2007；Kirwan，2009）。但冀县卿等（2015）依据农户生产理论，通过规范分析发现，农业补贴对农户进入退出决策的影响因补贴的实际接受者不同而产生显著差异即当实际经营者为农业补贴接受者时，农业补贴对转入农户形成激励作用；当农业补贴接受者为承包者时，农业补贴降低了农户土地转出的意愿。②基于农业企业视角的规范研究。现有文献鲜有涉及农业企业进入退出决策的研究，尽管如此，国内外关于企业进入退出决策的规范分析为农业补贴对农业企业进入退出决策影响提供了有益借鉴，如奥尔（Orr，1974）构建了企业进入退出决策理论模型，为分析农业补贴对农业企业进入退出决策的影响提供了理论支撑。部分学者对其他产业企业进入退出决策的研究也为分析农业补贴对农业企业进入退出决策提供了重要参考，如杨天宇、张蕾（2009），吴三忙（2009），毛其淋、盛斌（2013）对制造业进入退出决策的研究；陈艳莹等（2008）对服务业进入退出决策的研究。

（2）农业补贴对农业生产者进入退出决策的实证检验。

农业补贴对农业生产者进入退出决策的影响不仅需要规范分析进行机理阐述，而且需要使用经验数据进行实证检验，评估其实施效果。为此不同的学者由农户与农业企业的视角对农业补贴对农业生产者进入退出决策的影响进行了实证检验。①基于农户视角的实证检验。农户是否退出农业生产经营是以土地流转为核心进行的，部分学者通过实证检验发现，当农业补贴的实际接受者为土地承包者时，农业补贴的实施降低了土地经营权退出意愿（高佳等，2017），减缓了土地流转率（冀县卿等，2015）。不仅如此，韩占兵（2019）还对农业补贴对特殊群体（高龄农户）退出农业生产决策进行了实证检验，检验结果发现当特殊群体对农业补贴满意度越高越不愿意退出农业生产经营。②基于农业企业视角的实证检验。受多重因素影响，现有文献基本未对农业补贴对农业企业的进入退出决策的影响进行实证检验，然而农业补贴直接影响农业企业利润，因此，研究利润对企业进入退出决策影响的实证文献为研究农业补贴对农业企业进入退出决策的影响提供了有益指引，如奥斯汀和罗森鲍姆（Austin & Rosenbaum，1990）、罗森鲍姆和拉莫特（Rosenbaum & Lamort，1992）实证分析发现较低的利润率会使美国制造业退出增加；杨天宇、张蕾（2009）和吴三忙（2009）实证分析则发现利润率提高显著增加了企业进入的决策。

4.1.1.2　农业补贴对农业生产者融资决策的影响

农业补贴是政府对农业生产者的转移支付，农业补贴的实施增加了农业生产者的可支配收入，改变了农业生产者的预算约束，进而对农业生产者的融资决策产生影响。现有文献由规范分析与实证检验两个层面对农业补贴对农业生产者融资决策的影响进行了研究。

（1）农业补贴对农业生产者融资决策的规范分析。

由于本章所研究的农业生产者包含农户与农业企业两类，因此，相关的规范研究与实证检验将从农户与农业企业的视角进行归纳与梳理。①基于农户视角的规范分析。农业经济学基本理论指出，资金是农业生产的基本要素，然而我国农户普遍受到信贷约束，有着强烈的融资需求（李锐、李宁辉，2004；童馨乐等，2015）。农业补贴通过改变农户的资本存量（Phimister，1995；王欧、杨进，2014）、提高农户的资金流动性以及降低农户的借款成本（Latruffe et al.，2010）、降低农户偿还能力不足的风险、增强农户的确定性（Vercammen，2007）、提高农户信誉（Bhaskar & Beghin，2009）等路径影响农户的融资决策。尽管大量学者通过规范分析认为农业补贴有助于降低农户信贷约束，进而影响农户融资决策，但是部分学者通过理论分析发现，农业补贴对农户正规信贷需求的影响不确定，进而农业补贴对农户的融资决策产生何种影响并不确定（刘勇、李睿，2018）。②基于农业企业视角的规范分析。由于农业产业具有投资周期长，成本回收慢的特点，农业企业具有较强的融资需求（陆桂琴、张兵，2011）。农业补贴通过改变农业企业融资可得性及成本（陆桂琴、张兵，2011），通过信息传递机制及决策激励机制影响农业企业融资决策（王永华、王泽宇，2017）。不仅如此，农业补贴还能够有效"撬动"银行贷款，进而影响农业企业的融资决策（王吉鹏等，2018）。

（2）农业补贴对农业生产者融资决策的实证检验。

农业补贴会通过多种路径改变农业生产者融资决策，但是实施效果如何需要进行实证检验，为此我们对现有文献由农户及农业企业视角进行了梳理与回顾。①基于农户视角的实证检验。为检验农业补贴对农户融资决

策的影响，不同学者基于不同国家的数据进行了实证分析，古德温和米什
拉（Goodwin & Mishra，2006）使用美国农业部全国农业信息统计 1998 ~
2001 年的数据，实证分析发现，农业补贴降低了美国农户融资约束。拉屈
夫等（Latruffe et al.，2010）使用立陶宛农业统计 2000 ~ 2002 年的数据，
实证分析发现，农业补贴有助于提高农户的融资能力。刘勇、李睿
（2018）使用中国经验数据，实证检验发现，农业补贴提高了中国农户对
正规信贷的需求。②基于农业企业视角的实证检验。对农业生产经营而
言，不仅农户有融资需求，而且作为重要的农业市场主体，农业企业也有
强烈的融资需求，农业补贴的实施从内源性融资、债务融资及股权融资等
多个方面影响了农业企业的融资决策。首先，农业补贴对内源性融资的影
响，葛永波、姜旭朝（2008）使用中国农业上市公司数据，实证检验发
现，农业补贴（"非负债税盾效应"）使得农业企业内源性融资提高了
5.568%。其次，农业补贴对债务融资的影响，王永华、王泽宇（2017）
使用 2009 ~ 2016 年 21 家农业上市公司数据，实证检验发现，农业补贴显
著增加了短期负债；邹和肖（Zou & Xiao，2006）的实证结果表明农业补
贴降低了农业企业长期负债；葛永波、姜旭朝（2008）使用中国农业上市
公司数据，实证检验发现，农业补贴（"非负债税盾效应"）使得农业企
业股权性融资提高了 2.0117%。

4.1.2　简要评述

综上所述，关于农业补贴对农业生产者进入退出决策及融资决策的影
响，众多学者由规范分析与实证检验两个方面做了较多研究，但是对农业补
贴对农户融资决策的实证分析及农业企业进入退出决策的研究相对较少。

通过对比两类农业生产者——农户与农业企业可以发现：现有研究对
农业补贴对农户融资决策影响的实证研究相对较少；现有研究很少对农业
补贴对农业企业进入退出决策进行规范分析与实证研究。第一，农业补贴
对农户融资决策影响的实证研究相对较少的原因主要是受实证数据不足的
限制。第二，对农业补贴对农业企业进入退出决策研究较少的原因主要表

现在两个方面：一是农业的产业特点是投资周期长、成本回收慢、转产难度大，因此，农业企业相对较为固定，进入退出频率低；二是尽管我国有众多的农业企业，但是能够为研究者获得的实证数据较少，仅能搜集到农业类上市公司数据，这在一定程度上制约了实证研究的开展。

　　基于此，本书在数理分析的基础上，借鉴已有研究成果，使用中国家庭金融调查数据及农业类上市公司 2006～2019 年数据，对农业补贴对农业生产者的进入退出决策及融资决策的影响进行实证检验。

4.2　农业补贴对农业生产者进入
退出决策影响的实证分析

4.2.1　农业补贴对农户进入退出决策影响的实证检验

4.2.1.1　模型与数据

（1）基础模型。

　　以第 2 章构建的基本模型为基础，基于前述农业补贴对农业生产者进入退出决策影响的机理分析，以式（2 - 23）：农业生产者进入（退出）= F（进入退出壁垒，预期收益）为基础，结合实证检验需要，我们构建如下计量模型：

$$\mathrm{prob}(\,\mathrm{quit}_{it} = 1 \mid \mathrm{sub}_{it},\ x_{it}\,) = F(\beta_0 + \beta_1 + \kappa \mathrm{sub}_{it}) \qquad (4-1)$$

　　式（4 - 1）中 F（·）为标准正态的累积分布函数，quit 表示农户是否退出农业生产为二值变量（未进行农业生产即退出为 1，否则为 0）。sub_{it} 表示第 i 个家庭 t 期获得的农业补贴，x_{it} 表示由控制变量构成的向量，κ 为系数向量，β_0、β_1 为系数。

　　（2）变量与数据。

　　①变量设定。基于理论分析及数据现实，我们对实证检验变量做如下

设定。

被解释变量：农户是否退出农业生产。农户获得农业补贴但调查当年农户的农业毛收入为 0，此时认定农户为"隐形"退出农业生产，"隐形"退出农业生产农户为 1；获得农业补贴的同时有来自农业的收入为未退出农业生产，此时为 0。

解释变量：农户获得的补贴，以当年农户获得的补贴性收入表示，包括货币收入及实物补贴折现后的收入；农业毛收入，以农户当年的农业毛收入表示。

控制变量：为了充分控制其他变量对回归结果的影响，我们加入省份虚拟变量对省份差异进行控制，不仅如此，还对农业劳动力、农业土地面积、农户风险态度、农户家庭成员人数进行了控制。

②数据说明。本部分实证分析的数据来源于中国家庭金融调查（CHFS）2011 年、2013 年以及 2015 年三轮调查结果。2011 年为基期调查，共对全国 25 个省（区、市），80 个县，320 个村（居）委会，8438 户居民进行了调查；2013 年第二轮调查，共对全国 29 个省（区、市），262 个县，1048 个村（居）委会，28000 户居民进行了调查；2015 年第三轮调查，共对全国 29 个省（区、市），363 个县，1439 个村（居）委会，40000 户居民进行了调查。中国家庭金融调查对农村居民的农业补贴、土地承包面积、家庭成员从事农业劳动人数及时间、农业毛收入等信息进行了详细调查，为研究农业补贴对农户进入退出决策的影响提供了丰富的经验数据。

③数据处理。本部分实证检验数据来源于中国家庭金融调查 2011 年、2013 年、2015 年三轮调查结果，为了消除异常值对回归结果的影响，我们运用 winsor2 对变量进行 5% 分位及 95% 分位的缩尾处理。

④核心变量数据特征分析。实证检验前，为初步感知我国农户退出农业生产经营的变化情况（逐年退出户数及占比）、获得农业补贴及农业收入情况，我们对被解释变量及核心解释变量进行了描述性分析。

第一，农户退出农业生产经营变化情况。农户虽然获得农业补贴，但是否退出农业生产经营犹未可知，仔细甄别调查数据发现，部分获得补贴农户当年农业毛收入为 0，换言之，此类农户并未进行农业生产经营活动，且随着时间推移获得农业补贴但不进行农业生产经营的农户规模呈现逐年增长态势，具体如表4.1所示。

表4.1 农户是否退出农业生产

年份	退出农业生产经营		未退出农业生产经营	
	绝对数（户）	相对数（%）	绝对数（户）	相对数（%）
2011	113	5.2705	2031	94.7295
2013	802	15.1150	4504	84.8850
2015	2662	35.9196	4749	64.0804

通过表4.1可知，首先，在绝对数方面，获得补贴但退出农业生产的农户数量呈现逐年增加趋势，2011年被调查的2144户中仅有113户没有进行农业生产经营活动，2015年被调查的7411户中有2662户未进行农业生产经营活动，4年间获得补贴却不进行农业生产的农户数量迅速增加。其次，在相对数方面，获得补贴但是退出农业生产的农户所占比重逐年增加，2011年获得补贴但是退出农业生产经营的农户仅占调查总户数的5.2705%，2015年这一比重上升至35.9196%，平均每年增长7.6623%。2015年获得农业补贴但是未进行农业生产的农户规模迅速扩大，可能的原因：一是农户对农业补贴政策感知逐渐减弱，农户不能清晰记得当年获得的农业补贴金额（3.2节农业补贴政策感知认识对此进行了实地观察与主观访谈，研究结果佐证了这一点），这在一定程度上缩小了未退出农业生产的农户规模。二是农业增收较慢，甚至出现一定倒退，导致领取农业补贴但不进行农业生产的农户规模日益扩大，表4.2中农业毛收入佐证了这一点。

第二，农业补贴及农业毛收入变化情况。农业补贴及农业毛收入是影响农户是否退出农业生产经营的核心因素，为此我们结合中国家庭金融调查2011年、2013年、2015年数据进行了描述性分析，具体结果如表4.2所示。

通过表4.2可知，首先，在农业补贴层面，获得农业补贴未退出农业生产农户所获得的农业补贴数额一直高于退出农业生产农户，换言之未退出农业生产农户的农业生产规模更大。其次，在农业毛收入层面，2011年获得农业补贴进行农业生产农户在调查期间的农业毛收入在1万元左右，2013年、2015年农业毛收入在1.5万元以上，农业收入较为可观。最后，获得农业补贴进行农业生产农户的农业毛收入出现一定震荡，2011年农业毛收入为9291元，2013年达到16245元，2015年略有下滑为15731元。

表 4.2　　　　　　　　　农业补贴及农业毛收入状况　　　　　　　单位：元

年份	农业补贴		农业毛收入	
	退出农业生产	未退出农业生产	退出农业生产	未退出农业生产
2011	247.4942	473.0075	0	9291
2013	426.5077	1162.1380	0	16245
2015	712.2032	895.0476	0	15731

（3）异质性分析。

不同地区农业生产条件存在显著差异，粮食主产区作为我国农业生产的战略重心，在保障国家粮食安全中发挥着举足轻重的作用。通常而言，粮食主产区户均耕地面积更大、政府对粮食主产区的支持力度更大、农业补贴规模更大，在此情况下，农业成为主产区农户的重要产业，但是由于农业收益较低，农户可能在保留获得农业补贴资格的同时退出农业生产经营。非粮食主产区农业生产条件略差，户均耕地面积略小、政府对非粮食主产区的支持力度略小、农业补贴规模略小，在此情况下，农业成为非粮食主产区农户的一般性产业，但是由于农业补贴的无偿性，农户不会轻易放弃土地承包权、退出农业生产经营。尽管如此，由于粮食主产区与非主产区补贴规模不同，对农户是否退出农业生产经营的影响程度可能存在差异。

（4）机制分析。

土地意识的觉醒是农业补贴作用于农户"隐形"退出农业生产的重要机制。第一，农业补贴的"无偿性"激发了农户土地意识的觉醒。农业补贴是政府对农户的转移支付，农户并不需要承担偿还责任，获得农业补贴资质的必备条件是农户必须拥有一块具有承包经营权的耕地。拥有土地承包经营权，不管农户是否进行农业生产，意味着农户每年都可以从政府手中获得一定收入，在此情形下，理性的农户会竭尽全力保留其无偿获得农业补贴的资格。第二，农业补贴的递增性强化了农户土地意识。随着农业经济的发展以及农业生产资料价格的上升，农业补贴规模呈现逐年上升趋势，在给农户带来收入增加的同时，也使得农户逐渐认识到土地的重要性，在此情况下，农户更加不愿意放弃土地承包经营权。

基于数理分析与实证模型，综合考虑实证数据可得性，依据实证变量设定，我们对实证变量进行了定义并给出了描述性统计结果（如表4.3所示）。

表4.3 变量定义与描述性统计

变量性质	变量符号	变量名称	变量定义	观测值	均值	标准差	最小值	最大值
被解释变量	quit	是否退出农业生产	农户是否真正从事农业生产经营活动	14748	0.2425	0.4286	0.0000	1.0000
解释变量	sub	农业补贴	农户所获得的农业补贴金额	14748	855.2730	17059.1300	0.4000	2000000.0000
	gr	农业毛收入	农户农业收入	14723	11183	5.1883	0.0000	3000000
控制变量	lab	农业劳动力	农户在农业生产中劳动力使用量	14724	12.6583	8.0485	2.0000	30.0000
	lan	农业土地面积	农户农业生产中土地使用量	14738	8.8691	48.3826	0.0000	3333.5000
	risk	风险态度	农户风险态度	14661	0.6099	0.4878	0.0000	1.0000
	fm	家庭成员个数	农户家庭规模	14748	2.9852	1.9714	1.0000	19.0000

4.2.1.2 农业补贴对农户进入退出决策影响的实证结果分析

（1）基本实证结果分析。

以第2章构建的基本模型为基础，基于前述农业补贴对农业生产者进入退出决策影响的机理分析，我们使用 2011 年、2013 年、2015 年中国家庭金融调查数据，对农业补贴对农户进入退出决策影响进行了实证检验，检验结果如表 4.4 所示。

表 4.4　　　　农业补贴对农户进入退出决策影响的边际效应

变量	全样本		粮食主产区		非粮食主产区	
	模型（1）	模型（2）	模型（3）	模型（4）	模型（5）	模型（6）
农业补贴	0.00001 *** （3.9400）	0.00001 ** （2.4700）	0.00002 *** （3.0200）	0.00001 ** （2.0900）	0.00003 ** （2.5300）	0.00002 （1.4700）
农业毛收入	−302.7248 （−0.0400）	−295.9006 （−0.0300）	−200.3944 （−0.0400）	−198.6038 （−0.0400）	−409.2509 （−0.0300）	−380.8884 （−0.0300）
土地面积	—	0.0013 ** （2.5400）	—	0.0007 （1.1100）	—	0.0025 ** （2.4400）
劳动力投入	—	−0.0003 （−1.4200）	—	−0.0004 （−1.4000）	—	−0.0004 （−0.9400）
风险态度	—	0.0097 ** （2.5000）	—	0.0080 * （1.7800）	—	0.0129 * （1.7800）
家庭成员人数	—	0.0113 *** （9.8500）	—	0.0082 *** （6.0000）	—	0.0156 *** （7.9200）
省份虚拟变量	控制	控制	控制	控制	控制	控制
样本量	14748	14627	9471	9389	5277	5238

注：*、**、*** 分别表示在 10%、5%、1% 的水平上显著，括号内为 z 值。

由表 4.4 可知，在解释变量层面，农业补贴每增加 1 元会使得获得补贴但不进行农业生产的农户的概率提高 0.001%；农业毛收入未对农户获得农业补贴但不进行农业生产产生显著影响。在控制变量层面，土地面积每增加 1 亩会使得获得农业补贴但不进行农业生产的农户的概率提高 0.13%，表明随着土地面积的增加，农户获得土地后但不进行农业生产的可能性越大；农户风险态度每增加 1 会使得获得农业补贴但不进行农业生产的农户的概率提高 0.97%，表明农户越是风险规避者，在获得农业补贴后不进行农业生产的可能性越大；家庭成员每增加 1 人，会使得获得农业补贴但不进行农业生产的农户的概率提高 1.13%，尽管家庭成员增加可以提供更多的劳动力，但是家庭成员越多生活压力越大，农业又是收入较低产业，迫于生活压力，农户不得不放弃收入较低的农业，从事收入较高的其他产业。

（2）异质性实证结果分析。

我们在进行基本实证检验之后，探讨了异质性条件下，农业补贴对农户隐形退出的影响，异质性检验由粮食主产区与非粮食主产区视角展开。由表4.4可知，农业补贴对不同农业生产条件下农户的隐形退出行为产生了不同影响，农业补贴显著提高了粮食主产区农户隐形退出的概率（0.001%），但是对非粮食主产区农户的隐形退出行为未产生显著影响。换言之，与非粮食主产区农户相比，粮食主产区农户对土地承包权的珍视程度更高，即使不进行土地生产经营依旧倾向于保留土地承包权，可能的原因是，与非粮食主产区相比，粮食主产区农户土地面积更大，获得的农业补贴更多。

（3）稳健性检验实证结果分析。

为了检验回归结果是否可靠，我们使用增加控制变量的方法进行了稳健性检验，检验结果如表4.4所示，回归结果显示，核心解释变量的边际效应与显著性基本稳定。

4.2.2　农业补贴对农业企业进入退出决策影响的实证检验

4.2.2.1　模型与数据

（1）基础模型。

以第2章构建的基本模型为基础，基于前述农业补贴对农业生产者进入退出决策影响的机理分析，以式（2-23）：农业生产者进入（退出）=F（进入退出壁垒，预期收益）为基础，结合实证检验需要，我们构建如下计量模型：

$$prob(exit = 1 \mid sub_{it},\ x_{it}) = F(\beta_0 + \beta_1 sub_{it} + \gamma x_{it}) \qquad (4-2)$$

其中，式（4-2）中 F（·）为标准正态的累积分布函数，exit 表示农业企业是否退出农业产业的二值变量，1 表示退出，0 表示未退出，x_{it} 表示由控制变量构成的向量，γ 表示系数向量，β_0、β_1 为系数。

（2）变量与数据。

①变量设定。依据理论分析及数据现实，我们对实证检验变量做如下设定。

被解释变量：农业企业是否退出农业生产经营。如何衡量农业企业的进入退出行为显得尤为重要，借鉴企业多元化经营有关理论，我们将同时从事农业及相关产业并进行跨行业经营的农业企业界定为退出农业产业企业，即为 1；将从事农业及农业相关产业的企业界定为未退出农业产业企业，即为 0。①

解释变量：农业企业获得的补贴金额，为支持农业企业发展，财政对农业企业予以财政补贴支持；农业企业收益情况，以农业企业的营业利润率表示（营业利润/营业收入）。

控制变量：为了更好地研究农业补贴对农业企业进入退出决策的影响，我们对农业企业进入退出决策可能产生影响的一些变量进行了控制，它们包括反映经营能力的总资产周转率（营业收入/资产总额期末余额）、反映农业企业风险水平的综合杠杆率〔（净利润＋所得税费用＋财务费用＋固定资产折旧、油气资产折耗、生产性生物资产折旧＋无形资产摊销＋长期待摊费用摊销）/（净利润＋所得税费用）〕、反映农业企业发展能力的总资产增长率〔（资产总计本期期末值－资产总计本期期初值）/（资产总计本期期初值）〕、农业企业上市年龄以及年份虚拟变量。

②数据说明。本部分实证分析数据来源于国泰安数据库（CSMAR）以及巨潮网上市公司年报，样本选择 2012 年证监会发布的行业分类农业

---

① 研究企业的进入退出决策，通常的做法是测算某一年度、某一行业的进入退出的企业的绝对值或相对值（吴三忙，2009；毛淇林、盛斌，2013），但是由于数据限制，我们仅仅能够获得农业上市公司数据，数据体量过小，因此很难进行实证检验，为此我们借鉴了多元化经营有关理论，由多元化视角衡量农业企业的进入退出行为。

类上市公司，样本区间为 2006～2019 年，去除已退市、经营资料报告不齐全的企业后，最终筛选得出 42 家农业上市企业作为研究对象。

③数据处理。本部分实证检验数据来源于 2006～2019 年农业类 42 家上市公司，为了消除异常值对回归结果的影响，我们运用 winsor2 对变量进行 1% 分位及 99% 分位的缩尾处理。

基于数理分析与实证模型，综合考虑实证数据可得性，依据实证变量设定，我们对实证变量进行了定义并给出了描述性统计结果（如表 4.5 所示）。

表 4.5　　　　　　　　　　　变量定义与描述性统计

变量性质	变量符号	变量名称	变量定义	观测值	均值	标准差	最小值	最大值
被解释变量	exit	是否退出农业产业	农业企业专业化生产经营状况	481	0.5281	0.4997	0.0000	1.0000
解释变量	sub	农业补贴	农业企业获得财政补贴金额	481	20.2608	31.9201	0.0000	188.3817
	opr	营业利润率	农业企业收益状况	481	0.0143	0.2132	-1.0119	0.4269
控制变量	tat	总资产周转率	农业企业经营状况	481	0.5245	0.2855	0.0750	1.4324
	cl	综合杠杆率	农业企业风险状况	481	2.9402	3.2488	0.9853	22.2251
	tag	总资产增长率	农业企业发展状况	481	0.1423	0.2916	-0.3989	1.4889
	age	上市年龄	农业公司上市时间	482	9.3568	5.4389	0.0000	22.0000

4.2.2.2　农业补贴对农业企业进入退出影响的实证结果分析

（1）基本实证结果分析。

以第 2 章构建的基本模型为基础，基于前述农业补贴对农业生产者进入退出决策影响的机理分析，结合农业上市公司 2006～2019 年数据，我们对农业补贴对农业企业进入退出决策的影响进行了实证检验，检验结果如表 4.6 所示。

表 4.6　　　　农业补贴对农业企业进入退出决策影响的边际效应

变量名称	模型（1）	模型（2）	模型（3）
农业补贴	−0.0101 ** (2.4500)	−0.0104 ** (2.5200)	−0.0097 ** (−2.4100)
营业利润率	—	−0.4949 (−0.9900)	−0.3421 (−0.6600)
总资产周转率	—	—	−0.2347 (−0.4000)
综合杠杆率	—	—	−0.0719 ** (−2.0700)
总资产增长率	—	—	−0.4962 (−1.4200)
上市年龄	—	—	0.1245 * (1.8300)
年份虚拟变量	控制	控制	控制
样本量	481	481	481

注：*、**、***分别表示在10%、5%、1%的水平上显著，括号内为 z 值。

由表 4.6 可知，农业补贴在多重回归模型下显著为负，对变量最全的模型（3）进行分析可得如下结论。

①解释变量。在对年份虚拟变量进行控制的条件下，首先，农业补贴每增加 100 万元会使得农业企业退出农业产业的概率降低 0.97%；其次，表示农业企业盈利状况的营业利润率未通过显著性检验，表明在样本期间内农业企业营业利润率未对农业企业退出农业产业产生显著影响。

②控制变量。在对年份虚拟变量进行控制的条件下，首先，农业企业综合杠杆率提高 1 会使得农业企业退出农业产业的概率降低 7.19%，综合杠杆率的提高有助于农业企业进行农业专业化生产，进而影响农业企业的进入退出决策；其次，农业企业上市年龄每增加 1 年会使得农业企业退出农业产业的概率提高 12.45%；最后，表示企业经营能力的总

资产周转率及表示企业发展能力的总资产增长率未通过显著性检验，表明在样本期间内总资产周转率及总资产增长率未对农业企业的退出决策产生显著影响。

（2）稳健性检验实证结果分析。

为了检验回归结果是否稳健，我们使用逐渐增加控制变量的方法进行了稳健性检验，由表4.6模型（1）至模型（3）的回归结果可知，核心解释变量农业补贴的边际效应一直在1%左右波动且均通过5%水平下显著性检验，表明回归结果稳健。

4.3 农业补贴对农业生产者融资决策影响的实证分析

4.3.1 农业补贴对农户融资决策影响的实证检验

基于理论分析，实证检验由农业补贴对农户内源性融资决策影响的实证检验及农业补贴对农户外源性融资决策影响的实证检验两部分组成。

4.3.1.1 农业补贴对农户内源性融资决策影响的实证检验

（1）模型与数据。

①基础模型。以第2章构建的基本模型为基础，基于前述农业补贴对农业生产者融资决策影响的机理分析，以式（2-32）：$K_r = K_n + \underbrace{(K_z + K_g)}_{K_w}$、式（2-33）：$K_{rs} = (K_n + K_{ns}) + (K_z + K_g)$ 为基础，结合实证检验需要，我们构建如下计量模型：

$$\ln k_n = \alpha_0 + \alpha_1 \ln sub_{it} + \varsigma x_{it} + \lambda_j + \mu_t + \varepsilon_{ijt} \tag{4-3}$$

式（4-3）中 $\ln k_n$ 表示内源性融资，$\ln sub$ 表示 t 期 i 农户获得的补贴，x_{it} 表示由控制变量构成的向量，ς 表示系数向量。λ_j、μ_t、ε_{ijt} 分别表示

个体效应、时间效应以及残差项，α_0、α_1 为系数。

②变量与数据。

第一，变量设定。

被解释变量：农户内源性融资。内源性融资一般是指经营活动产生的资金，即通过内部发展壮大实现融资。对农户而言，农业毛收入是农户农业生产经营活动的主要资金来源，为此我们将农户的毛收入界定为农户的内源性融资。

解释变量：农户获得的补贴金额。农户获得的补贴金额反映了国家对农业生产经营的支持强度，为此我们以当年农户获得的补贴性收入表示。

控制变量：农户风险态度，农业受到双重风险的影响，因此，农户的风险态度会对农户的农业生产经营产生直接影响，进而影响农户的内源性融资，为此将绝对风险规避者定义为1，非绝对风险规避者界定为0；农户家庭成员人数，农户家庭成员一方面在一定程度上反映了农户的劳动供给状况，另一方面反映了农户的家庭供养状况，而这两个方面都会影响农户的内源性融资；农业劳动时间，直接反映农户的农业劳动供给状况，直接影响农户的内源性融资；有无贷款，农户为了农业生产经营有时会通过银行及其他途径进行借款，贷款会形成利息支出，在一定程度上影响农户的生产经营收入；土地面积，土地面积直接影响农户的农业生产经营，进而影响农户的内源性融资。此外，为了控制年份变化对农户生产经营造成的影响，我们对年份进行了控制。

第二，数据说明。

本部分实证分析的数据来源于中国家庭金融调查（CHFS）2011 年、2013 年以及 2015 年三轮调查结果。中国家庭金融调查对农村居民的农业补贴、土地承包面积、家庭成员人数、农业劳动时间、农业收入等信息进行了详细调查，为研究农业补贴对农户内源性融资决策的影响提供了丰富的经验数据。

③异质性分析。农业生产具有明显的区域性，不同区域之间农业生产条件存在很大差异，相同的农业补贴政策在不同农业生产区域会产生不同

的政策效果。为了实证检验农业补贴对不同区域农户内源性融资的影响，我们以农业生产条件为基本分类标准，实证检验农业补贴对粮食主产区农户以及非粮食主产区农户内源性融资的影响，进而为完善我国农业补贴政策提供实证支撑。

基于数理分析与实证模型，综合考虑实证数据可得性，依据实证变量设定，我们对实证变量进行了定义并给出了描述性统计结果（如表4.7所示）。

表4.7　　　　　　　　　　　变量定义与描述性统计

变量性质	变量符号	变量名称	变量定义	观测值	均值	标准差	最小值	最大值
被解释变量	lnk_n	内源性融资	农户的农业生产经营收益	7466	8.8948	1.2431	0.6931	14.9141
解释变量	lnsub	农业补贴	农户获得的政府补贴金额	9772	6.0495	1.0330	− 3.8167	14.5087
控制变量	risk	风险态度	农户的风险态度	9718	0.5559	0.4969	0.0000	1.0000
	meb	家庭成员	农户的家庭成员人数	5929	4.1493	1.7168	1.0000	17.0000
	mon	劳动时间	农户农业劳动力投入	9733	6.5023	3.5610	0.0000	12.0000
	loans	有无贷款	农户农业生产经营是否存在借贷行为	9785	0.2231	0.4163	0.0000	1.0000
	acre	土地面积	农户农业生产所使用的土地	8935	11.7599	192.1937	0.0000	15000.0000

（2）实证结果分析。

①实证模型选择。表4.8最后一行列示了 Hausman 检验结果，结果表明强烈拒绝原假设，故而应该使用固定效应模型而非随机效应模型。

②基本实证结果分析。以第2章构建的基本模型为基础，基于前述农业补贴对农业生产者融资决策影响的机理分析，结合中国家庭金融调

查（CHFS）2011 年、2013 年以及 2015 年数据，使用面板数据模型，实证检验了农业补贴对农户内源性融资决策的影响，实证结果如表 4.8 所示。

表 4.8　　　　　　　　　农业补贴对农户内源性融资决策的影响

变量	模型（1）	模型（2）	模型（3）
农业补贴	0.1864 *** (5.4200)	0.2134 *** (5.6800)	0.0746 (0.8600)
风险态度	− 0.0726 (− 1.5400)	− 0.0591 (− 1.1500)	− 0.1812 (− 1.4900)
家庭成员	0.0304 * (1.7500)	0.0190 (1.0200)	0.0834 * (1.8200)
劳动时间	0.0069 (0.9000)	0.0060 (0.7200)	0.0082 (0.4000)
有无贷款	− 0.1410 ** (− 2.4500)	− 0.1438 ** (− 2.2700)	− 0.0887 (− 0.6200)
土地面积	0.0029 *** (2.9900)	0.0028 *** (2.9800)	0.0042 (0.3300)
常数	7.5353 *** (34.5900)	7.4233 *** (31.3800)	7.8485 *** (14.0500)
年份虚拟变量	控制	控制	控制
样本量	4588	3363	887
Hausman 检验	0.0000	0.0000	0.0000

注：* 、** 、*** 分别表示在 10%、5%、1% 的水平上显著，括号内为 t 值。

表 4.8 中模型（1）为全样本数据回归结果，回归结果表明：第一，解释变量农业补贴的回归系数为 0.1864，且通过 1% 水平下显著性检验，表明样本期间内，农业补贴每增加 1% 会使农户内源性融资增加 0.1864。第二，控制变量中家庭成员人数的回归系数为 0.0304，且通过 10% 水平上的显著性检验，表明样本期间内，家庭成员人数每增加 1 人

会使农户内源性融资提高 0.0304；有无贷款的回归系数为 -0.1410，且通过 5% 水平上的显著性检验，表明样本期间内，农户贷款每增加 1 会使农户内源性融资降低 0.1410；土地面积的回归系数为 0.0029，且通过 1% 水平上的显著性检验，表明样本期间内，土地面积每增加 1 亩会使农户内源性融资提高 0.0029；农户风险态度与农户劳动时间未通过显著性检验，表明样本期间内，农户风险态度与农户劳动时间并未对农户内源性融资产生显著影响。

③异质性实证结果分析。我们在进行基本实证检验之后，探讨了异质性条件下，农业补贴对农户内源性融资决策的影响，异质性检验由粮食主产区与非粮食主产区视角展开。由表 4.8 可知，农业补贴对不同农业生产条件下农户内源性融资产生了不同影响。农业补贴显著提高了粮食主产区农户内源性融资规模（回归系数为 0.2134），但是对非粮食主产区农户的内源性融资未产生显著影响。这在一定程度上说明，农业补贴增加了粮食主产区农户的收入，推动了粮食主产区农业的发展，但是对非粮食主产区农户内源性融资的影响有待进一步加强与完善。

4.3.1.2 农业补贴对农户外源性融资决策影响的实证检验

（1）模型与数据。

①基础模型。以第 2 章构建的基本模型为基础，基于前述农业补贴对农业生产者融资决策影响的机理分析，以式（2-32）：$K_r = K_n + \underbrace{(K_z + K_g)}_{K_w}$ 为基础，结合实证检验需要，我们构建如下计量模型：

$$prob(loans_{it} = 1 \mid lnsub_{it}, \ x_{it}) = F(\beta_0 + \beta_1 lnsub_{it} + \varphi x_{it}) \quad (4-4)$$

$$prob(bloans_{it} = 1 \mid lnsub_{it}, \ x_{it}) = F(\alpha_0 + \alpha_1 lnsub_{it} + \gamma x_{it}) \quad (4-5)$$

$$prob(nbloans_{it} = 1 \mid lnsub_{it}, \ x_{it}) = F(\delta_0 + \delta_1 lnsub_{it} + \kappa x_{it}) \quad (4-6)$$

结合实证需要，本部分实证检验由两步构成，第一，实证检验农业补贴对农户整体的外源性融资决策的影响；第二，实证检验农业补贴对不同路径（银行贷款及非银行贷款）外源性融资决策的影响。为此，第一，构建了 probit 模型分析农业补贴对农户总体外源性融资决策的影响；第二，通过 probit 模型分析农业补贴对是否进行银行贷款及是否进行非银行贷款决策的影响。具体实证模型如式（4-4）~式（4-6）所示。式（4-4）~（4-6）中 $loans_{it}$、$bloans_{it}$、$nbloans_{it}$ 分别表示第 t 年农户 i 有无贷款、有无银行贷款及有无其他贷款（有则为 1，否则为 0）。F(·) 表示标准正态的累积分布函数，$lnsub_{it}$ 表示第 t 年农户 i 获得的农业补贴金额，x_{it} 表示由控制变量构成的向量，φ、γ、κ 为系数向量，β_0、β_1、α_0、α_1、δ_0、δ_1 为系数。

②变量与数据。

第一，变量设定。

被解释变量：农户外源性融资。农户外源性融资以债务融资为主要形式，具体举债模式则可以分为银行贷款及非银行贷款两类。首先，我们将农户借贷行为（包含仅有银行贷款、非银行贷款以及既有银行贷款又有非银行贷款）定义为 1，不存在借贷行为定义为 0。其次，我们将有银行贷款定义为 1，没有银行贷款定义为 0。最后，我们将有非银行贷款界定为 1，没有非银行贷款定义为 0。

解释变量：农户获得的补贴金额。农户获得的补贴金额反映了国家对农业生产经营的支持力度，为此我们以当年农户获得的补贴性收入表示。

控制变量：农户风险态度，农业生产受到市场风险及自然风险的双重影响，农业贷款的存在会加剧农户的风险，因此，越是绝对风险规避者越倾向于减少贷款，我们将绝对风险规避者定义为 1，非绝对风险规避者定义为 0；家庭成员人数，家庭成员人数越多一方面表明农户的农业劳动力供给越多，另一方面家庭人口越多，农户所经营的土地面积越大，农户农业生产经营的资金需求越大；农户劳动时间，反映农业劳动供给状况；土地面积，农户农业生产经营所使用的土地情况，土地面积越大农户进行农业生产经营的成本越高，资金需求越大；农业机械拥有量，农业机械拥有量既反映了农户农业生产的机械化状况，也在一定程度反映了农户农业生产规模状况；户主性别，性别的不同会对是否借债产生一定影响，因此，我们对户主性别进行了控制。

第二，数据说明。

本部分实证分析的数据来源于中国家庭金融调查（CHFS）2015 年调查结果。中国家庭金融调查对农村居民是否有银行贷款、是否有非银行贷款、农业补贴、土地承包面积、家庭成员人数、农业劳动时间、户主学历等信息进行了详细调查，为研究农业补贴对农户外源性融资决策的影响提供了丰富的经验数据。

③异质性分析。资金不足是小农户普遍存在的问题，当农户农业生产资金不足时便需要进行外源性融资。与此同时，农业生产因自然条件的不同呈现出不同的农业生产状态，此时农户的外源性融资需求也会存在一定差异。显然，农业补贴会对不同农业生产条件的农户产生不同影响。为此，我们以农业生产条件为基本分类标准，实证检验了农业补贴对粮食主产区农户与非粮食主产区农户外源性融资决策的影响，以求发现农业补贴政策实施的差异性。

④内生性问题讨论。由于遗漏变量问题可能会对实证结果产生影响，为此我们使用农户学历、政治面貌作为工具变量进行内生性处理。第一，就学历而言，首先，农户的学历越高越有助于对农业及农业补贴政策的理解，有助于农户获得更多的农业补贴（如财政对农业合作社、家庭农场的支持），显然学历与农业补贴规模相关。其次，农户学历不直接影响农户外源性融资决策，学历高不是农户外源性融资的担保，因此，满足工具变量的外生性。第二，就政治面貌而言，首先，作为党员，经常性的学习是党员必须履行的义务，学习过程中很可能会涉及党和国家最新的农业以及农业补贴政策，有助于农户利用信息优势获得更多农业补贴，显然农户政治面貌与农业补贴规模相关。其次，农户的党员身份不会对农户外源性融资决策产生直接影响，党员身份不是农户外源性融资的担保，因此，满足工具变量的外生性。基于此，使用相应的工具变量，采用"两步法"进行内生性处理。

基于数理分析与实证模型，综合考虑实证数据可得性，依据实证变量设定，我们对实证变量进行了定义并给出了描述性统计结果（如表4.9所示）。

表 4.9　　　　　　　　　　　变量定义与描述性统计

变量性质	变量符号	变量名称	变量定义	观测值	均值	标准差	最小值	最大值
被解释变量	loans	是否有贷款	总体反映农户外源性融资状况	4725	0.1198	0.3247	0.0000	1.0000
	bloans	是否有银行贷款	农户是否通过银行进行融资	4714	0.0441	0.2054	0.0000	1.0000
	nbloans	是否有非银行贷款	农户是否通过非银行途径进行融资	4720	0.0887	0.2844	0.0000	1.0000
解释变量	lnsub	农业补贴	农户获得的政府补贴金额	4725	5.9766	1.0885	0.0000	13.1224
控制变量	risk	风险态度	农户的风险态度	4725	0.5446	0.4981	0.0000	1.0000
	meb	家庭成员	农户的家庭成员人数	4725	3.8552	1.7432	1.0000	15.0000
	mon	劳动时间	农户农业劳动力投入	4672	6.7725	3.7463	0.1000	12.0000
	acre	土地面积	农户农业生产所使用的土地	4725	10.3294	68.2479	0.1000	3333.5000
	mach	农业机械	农户农业机械拥有量	4725	5.0609	37.7769	0.0000	1300.0000
	gen	户主性别	户主性别	4725	0.8971	0.3038	0.0000	1.0000
工具变量	par	政治面貌	户主政治面貌	4725	0.1401	0.3471	0.0000	1.0000
	edu	学历	户主的学历	4725	2.6130	0.9989	1.0000	7.0000

（2）农业补贴对农户外源性融资决策影响的实证结果分析。

①基本实证结果分析。以第 2 章构建的基本模型为基础，基于前述农业补贴对农业生产者融资决策影响的机理分析，结合中国家庭金融调查（CHFS）2015 年数据，采用 Probit 模型，对农业补贴对农户外源性融资决策的影响进行了实证检验，表 4.10 报告了回归系数与边际效应。

表4.10　　农业补贴对农户外源性融资决策影响的 Probit 估计系数与边际效应

变量	模型（1）		模型（2）		模型（3）	
	系数	边际效应	系数	边际效应	系数	边际效应
农业补贴	0.1210 *** (4.6600)	0.0235 *** (4.6900)	0.2271 *** (6.1400)	0.0197 *** (5.9900)	0.0770 *** (2.8200)	0.0122 *** (2.8200)
风险态度	−0.1784 *** (−3.6800)	−0.0346 *** (−3.6800)	−0.2141 *** (−3.1900)	−0.0186 *** (−3.1600)	−0.1501 (−2.8600)	−0.0238 *** (−2.8500)
家庭成员	0.0378 *** (2.9600)	0.0073 *** (2.9600)	0.0678 *** (4.3500)	0.0059 *** (4.2400)	0.0185 (1.3200)	0.0029 (1.3200)
劳动时间	0.0051 (0.8100)	0.0010 (0.8100)	0.0141 * (1.6600)	0.0012 * (1.6500)	−0.0043 (−0.6400)	−0.0006 (−0.6400)
土地面积	0.0004 (1.1800)	0.0001 (1.1800)	0.0000 (0.0600)	0.0000 (0.0600)	0.0002 (0.7400)	0.0000 (0.7400)
农业机械	0.0029 *** (3.3200)	0.0006 *** (3.3200)	0.0019 ** (2.1300)	0.0002 ** (2.1400)	0.0016 *** (2.7200)	0.0003 *** (2.7200)
户主性别	0.0476 (0.5700)	0.0092 (0.5700)	0.1252 *** (−13.1700)	0.0109 (0.9800)	0.0221 (0.2500)	0.0035 (0.2500)
常数	−2.0692 *** (−11.2300)	—	−3.5183 *** (−13.1700)	—	−1.8112 *** (−9.3500)	—
样本量	4672	4672	4661	4661	4667	4667

注：*、**、*** 分别表示在10%、5%、1%的水平上显著，括号内为 z 值。

表4.10中，模型（1）、模型（2）、模型（3）分别是对式（4-4）、式（4-5）、式（4-6）的实证检验，通过边际效应结果可知：农业补贴显著地提高了农户外源性融资的概率，其中，就是否进行外源性融资而言，农业补贴每增加1会使农户外源性融资的概率提高2.35%；就通过银行途径进行外源性融资而言，农业补贴每增加1会使农户通过银行途径进行外源性融资的概率提高1.97%；就通过非银行途径进行外源性融资而言，农业补贴每增加1会使得农户通过非银行途径进行外源性融资的概率提高1.22%。

②异质性实证结果分析。第一，基于粮食主产区视角的异质性实证结论。在使用全样本数据对农业补贴对农户外源性融资影响进行实证检验后，我们对数据进行了细分，分别对农业补贴对粮食主产区农户外源性融资决策的影响及非粮食主产区农户外源性融资决策的影响进行了实证检验。

我们采用 Probit 模型，对农业补贴对粮食主产区农户外源性融资决策的影响进行了实证检验，表 4.11 报告了回归系数与边际效应。

表 4.11　粮食主产区农业补贴对农户外源性融资决策影响的 Probit 估计系数与边际效应

变量	模型（1）		模型（2）		模型（3）	
	系数	边际效应	系数	边际效应	系数	边际效应
农业补贴	0.1297 *** (3.2000)	0.0241 *** (3.2000)	0.2401 *** (3.8700)	0.0176 *** (3.7300)	0.1004 ** (2.3600)	0.0159 ** (2.3600)
风险态度	−0.1705 *** (−2.6700)	−0.0317 *** (−2.6700)	−0.1458 (−1.5400)	−0.0107 (−1.5400)	−0.1706 ** (−2.5100)	−0.0271 ** (−2.5100)
家庭成员	0.0020 (0.1100)	0.0003 (0.1100)	0.0210 (0.8300)	0.0015 (0.8300)	−0.0034 (−0.1700)	−0.0005 (−0.1700)
劳动时间	−0.0034 (−0.3900)	−0.0006 (−0.3900)	0.0107 (0.8200)	0.0008 (0.8200)	−0.0126 (−1.3900)	−0.0020 (−1.3900)
农业机械	0.3561 *** (6.6200)	0.0662 *** (6.6800)	0.5430 *** (7.9700)	0.0400 *** (7.3600)	0.2170 *** (3.7500)	0.0345 *** (3.7500)
户主性别	−0.1511 (−1.4900)	−0.0281 (−1.4900)	0.0310 (0.1800)	0.0023 (0.1800)	−0.1639 (−1.5300)	−0.0260 (−1.5300)
常数	−1.8880 *** (−6.9500)	—	−3.6546 *** (−8.8200)	—	−1.7069 *** (−5.9500)	—
样本量	2846	2846	2840	2840	2844	2844

注：*、**、*** 分别表示在10%、5%、1%的水平上显著，括号内为 z 值。

表 4.11 中，模型（1）、模型（2）、模型（3）分别是对式（4−4）、

式（4-5）、式（4-6）的实证检验，通过边际效应结果可知：农业补贴显著地提高了粮食主产区农户外源性融资的概率，其中，就是否进行外源性融资而言，农业补贴每增加1会使粮食主产区农户外源性融资的概率提高2.41%；就通过银行途径进行外源性融资而言，农业补贴每增加1会使粮食主产区农户通过银行途径进行外源性融资的概率提高1.76%；就通过非银行途径进行外源性融资而言，农业补贴每增加1会使粮食主产区农户通过非银行途径进行外源性融资的概率提高1.59%。

第二，基于非粮食主产区视角的异质性实证结论。我们采用Probit模型，对农业补贴对非粮食主产区农户外源性融资决策的影响进行了实证检验，表4.12报告了回归系数与边际效应。

表4.12　非粮食主产区农业补贴对农户外源性融资决策影响的Probit估计系数与边际效应

变量	模型（1）		模型（2）		模型（3）	
	系数	边际效应	系数	边际效应	系数	边际效应
农业补贴	0.1066 *** (2.7800)	0.0213 *** (2.800)	0.1738 *** (3.1600)	0.0169 *** (3.1600)	0.0591 (1.4400)	0.0092 (1.4400)
风险态度	-0.1721 ** (-2.2300)	-0.0344 ** (-2.2300)	-0.2349 ** (-2.2500)	-0.0229 ** (-2.2300)	-0.1215 (-1.4300)	-0.0189 (-1.4300)
家庭成员	0.0646 (3.5100)	0.0129 *** (3.5100)	0.0955 *** (4.4800)	0.0093 *** (4.2600)	0.0390 * (1.9200)	0.0061 * (1.9100)
劳动时间	0.0185 * (1.8200)	0.0037 * (1.8200)	0.0226 * (1.7000)	0.0022 * (1.6800)	0.0131 (1.1600)	0.0021 (1.1600)
土地面积	-0.00004 (-0.2200)	-9.13e-06 (-0.2200)	0.0000 (0.0100)	0.0000 (0.0100)	-0.0001 (-0.3100)	-9.59e-06 (-0.3100)
农业机械	0.0323 *** (3.1600)	0.0065 *** (3.1600)	0.0459 *** (3.5600)	0.0044 *** (3.4700)	0.0083 (0.7500)	0.0013 (0.7500)
户主性别	0.3342 ** (2.2100)	0.0668 ** (2.2100)	0.1982 (0.9500)	0.0192 (0.9500)	0.3491 ** (2.0500)	0.0546 ** (2.0500)

变量	模型（1）		模型（2）		模型（3）	
	系数	边际效应	系数	边际效应	系数	边际效应
常数	−2.4263*** （−8.5100）	—	−3.3710*** （−8.3200）	—	−2.2361*** （−7.2100）	—
样本量	1826	1826	1821	1821	1823	1823

注：*、**、***分别表示在10%、5%、1%的水平上显著，括号内为 z 值。

表4.12中，模型（1）、模型（2）、模型（3）分别是对式（4−4）、式（4−5）、式（4−6）的实证检验，通过边际效应结果可知：农业补贴提高了非粮食主产区农户外源性融资的概率，其中，就是否进行外源性融资而言，农业补贴每增加1会使非粮食主产区农户外源性融资的概率提高2.13%；就是否通过银行途径进行外源性融资而言，农业补贴每增加1会使非粮食主产区农户通过银行途径进行外源性融资的概率提高1.69%；就是否通过非银行途径进行外源性融资而言，农业补贴未对非粮食主产区农户是否通过非银行途径进行外源性融资产生影响。

通过对比粮食主产区与非粮食主产区农业补贴对农户外源性融资决策影响的实证结果可知，不管是粮食主产区农户还是非粮食主产区农户，农业补贴均提高了外源性融资的概率，但是提升幅度存在一定差异。在是否进行外源性融资以及是否通过银行途径进行外源性融资方面，农业补贴对粮食主产区农户的提升幅度更大，粮食主产区的边际效应均大于非粮食主产区的边际效应；在是否通过非银行途径进行外源性融资方面，粮食主产区的边际效应显著为正，非粮食主产区没有显著影响。综合以上信息可以得知，对粮食主产区而言，由于耕地面积更大，农业投资更多，农户对外源性融资需求更大。

③内生性处理实证结果分析。第一，基础模型内生性处理实证结果分析。尽管表4.10中的实证结果表明农业补贴显著提高了农户外源性融资的概率。但是，由于内生性的存在可能会对实证结果产生不利影响，为此我们使用工具变量模型对全样本情况下农业补贴对农户外源性融资决策的

影响进行了实证检验，检验结果如表4.13所示。

表4.13　　全样本下农业补贴对农户外源性融资决策影响的 IV Probit 估计

变量	模型（1）		模型（2）		模型（3）	
	第一阶段	第二阶段	第一阶段	第二阶段	第一阶段	第二阶段
学历	0.0631 *** (3.9700)	—	0.0622 *** (3.9100)	—	0.0660 *** (4.2500)	—
政治面貌	0.0436 (0.9600)	—	0.0419 (0.9200)	—	—	—
农业补贴	—	−0.7457 * (−1.7700)	—	1.3907 ** (2.500)	—	−1.4991 *** (−2.6500)
风险态度	0.0814 *** (2.6300)	−0.1166 * (−1.8500)	0.0806 *** (2.6100)	−0.2932 *** (−3.4200)	0.0789 ** (2.5500)	−0.0385 (−0.4700)
家庭成员	0.0274 *** (3.1000)	0.0632 *** (3.1400)	0.0273 *** (3.0900)	0.0350 (1.3100)	0.0272 *** (3.0800)	0.0643 ** (2.4400)
劳动时间	−0.0341 *** (−8.3500)	−0.0251 (−1.5200)	−0.0340 *** (−8.3200)	0.0545 ** (2.4800)	−0.0341 *** (−8.3400)	−0.0595 *** (−2.7100)
土地面积	0.0015 *** (6.2900)	0.0017 ** (2.3000)	0.0015 *** (6.2900)	−0.0017 * (−1.7600)	0.0015 *** (6.2800)	0.0026 *** (2.5500)
农业机械	0.0043 *** (9.7600)	0.0068 *** (3.3200)	0.0043 *** (9.7700)	−0.0031 (−1.2300)	0.0043 *** (9.8200)	0.0085 *** (3.2100)
户主性别	0.2606 *** (5.1100)	0.2976 * (1.9300)	0.2666 *** (5.2200)	−0.2087 (−0.9800)	0.2620 *** (5.1400)	0.4781 ** (2.3600)
常数	5.6194 *** (74.0300)	2.9277 (1.2000)	5.6159 *** (73.8100)	−10.2411 *** (−3.1700)	5.6182 *** (74.0100)	7.2745 ** (2.2300)
样本量	4671	4671	4660	4660	4666	4666
Wald 检验	0.0189		0.0164		0.0002	
过度识别检验	0.2590		0.7710			
弱工具变量检验	0.0604		0.0164		0.0004	

注：*、**、*** 分别表示在10%、5%、1%的水平上显著，表格中第一阶段括号内为 t 值，第二阶段括号内为 z 值。

表 4.13 中模型（1）、模型（2）、模型（3）分别是对表 4.10 中模型（1）、模型（2）、模型（3）的内生性处理结果。借鉴袁微（2018）对二值模型内生性检验的基本研究，我们的内生性检验过程如下：一是初始变量检验。表 4.13 列示了对外生性原假设"$\rho = 0$"的 Wald 的检验结果，p 值分别为 0.0189、0.0164 与 0.0002，因此，可以在 5% 的水平上认为农业补贴为内生变量。不仅如此，第一阶段回归结果显示，工具变量户主学历的回归系数均通过 1% 水平上显著性检验，表明工具变量户主学历对农业补贴具有较强的解释力。此外，由表 4.13 的估计结果可知，使用 IV Probit 估计方法时，农业补贴的系数分别为 −0.7457、1.3907、−1.4991 且至少在 10% 水平上显著，这表明，如果使用一般的 Probit 模型进行估计，由于忽略了农业补贴的内生性，将会高估农业补贴对农户外源性融资以及通过非银行途径进行融资的正向作用，同时低估了农业补贴通过银行途径进行融资的正向作用。二是过度识别检验。由表 4.13 可知，由于模型（1）、模型（2）使用的工具变量大于内生解释变量个数，因此，需要进行过度识别检验，过度识别检验的 p 值分别为 0.259、0.771，据此可知，我们所使用的工具变量均是外生的。三是弱工具变量检验。表 4.13 最后一行报告了弱工具变量检验结果，弱工具变量检验的 p 值分别为 0.0604、0.0164 及 0.0004，据此可知，我们使用的工具变量不是弱工具变量。

第二，粮食主产区视角下内生性处理实证结果分析。尽管表 4.11 中的实证结果表明农业补贴显著提高了粮食主产区农户外源性融资的概率，但是由于内生性的存在可能会对实证结果产生不利影响，为此我们使用工具变量模型对粮食主产区样本农业补贴对农户外源性融资决策的影响进行了实证检验，检验结果如表 4.14 所示。

表 4.14 中模型（1）、模型（2）、模型（3）分别是对表 4.11 中模型（1）、模型（2）、模型（3）的内生性处理结果。借鉴袁微（2018）对二值模型内生性检验的基本研究，我们的内生性检验过程如下：一是初始变量检验。表 4.14 列示了对外生性原假设"$\rho = 0$"的 Wald 的检验结果，p 值分别为 0.0455、0.0967 与 0.0011，因此，可以在 10% 的水平上认为农业补贴为内生变量。不仅如此，第一阶段回归结果显示，工具变量户主学

历的回归系数均通过1%水平上的显著性检验，表明工具变量户主学历对农业补贴具有较强的解释力。此外，由表4.14的估计结果可知，使用ⅣProbit估计方法时，农业补贴对粮食主产区农户是否进行外源性融资及是否通过非银行途径进行外源性融资的系数分别为 -1.6013 及 -2.8871 且至少在10%水平上显著，这表明，如果使用一般的Probit模型进行估计，由于忽略了农业补贴的内生性，将会高估农业补贴对粮食主产区农户外源性融资以及是否通过非银行途径进行融资的正向作用。二是弱工具变量检验。表4.14最后一行报告了弱工具变量检验结果，弱工具变量检验的p值分别为0.0472、0.0789及0.0011，据此可知，我们使用的工具变量不是弱工具变量。

表4.14　粮食主产区农业补贴对农户外源性融资决策影响的Ⅳ Probit 估计

变量	模型（1）		模型（2）		模型（3）	
	第一阶段	第二阶段	第一阶段	第二阶段	第一阶段	第二阶段
学历	0.0422 *** (3.1700)	—	0.0411 *** (3.0900)	—	0.0420 *** (3.1600)	—
农业补贴	—	-1.6013 * (-1.6800)	—	2.0163 (1.5500)	—	-2.8871 ** (-2.2600)
风险态度	0.0592 ** (2.2400)	-0.0826 (-0.8900)	0.0598 ** (2.2600)	-0.2476 * (1.9400)	0.0589 ** (2.2300)	-0.0099 (-0.0800)
家庭成员	0.0306 *** (3.8600)	0.0585 (1.5400)	0.0308 *** (3.8700)	-.03004 (-0.5800)	0.0307 *** (3.8700)	0.0931 * (1.8200)
劳动时间	-0.0079 *** (-2.2100)	-0.0120 (-0.8900)	-0.0077 ** (-2.1600)	0.0330 * (1.7500)	-0.0080 ** (-2.2400)	-0.0336 * (-1.8800)
土地面积	0.0658 *** (31.1400)	0.1347 ** (2.1300)	0.0657 *** (31.1200)	-0.0995 (-1.1600)	0.0657 *** (31.1200)	0.2148 ** (2.5400)
农业机械	0.0940 *** (3.3600)	0.3983 *** (3.2800)	0.0948 *** (3.3900)	0.2521 (1.600)	0.0944 *** (3.3700)	0.4019 ** (2.4300)
户主性别	0.1347 *** (3.1300)	0.0746 (0.4000)	0.1405 *** (3.2600)	-0.2697 (-0.9800)	0.1344 *** (3.1200)	0.2566 (1.0200)

续表

变量	模型（1）		模型（2）		模型（3）	
	第一阶段	第二阶段	第一阶段	第二阶段	第一阶段	第二阶段
常数	5. 2904 *** （79. 9300）	7. 2820 （1. 4200）	5. 2858 *** （79. 7400）	− 13. 3763 * （1. 9000）	5. 2912 *** （79. 7900）	14. 2430 ** （2. 0700）
样本量	2845	2845	2839	2839	2843	2843
Wald 检验	0. 0455		0. 0967		0. 0011	
弱工具变量检验	0. 0472		0. 0789		0. 0011	

注：*、**、*** 分别表示在10%、5%、1%的水平上显著，表格中第一阶段括号内为 t 值，第二阶段括号内为 z 值。

第三，非粮食主产区视角下内生性处理实证结果分析。尽管表 4.12 中的实证结果表明农业补贴提高了非粮食主产区农户外源性融资的概率，但是由于内生性的存在可能会对实证结果产生不利影响，为此我们使用工具变量模型对非粮食主产区样本农业补贴对农户外源性融资决策的影响进行了实证检验，检验结果如表 4.15 所示。

表 4.15　非粮食主产区农业补贴对农户外源性融资决策影响的 IV Probit 估计

变量	模型（1）		模型（2）		模型（3）	
	第一阶段	第二阶段	第一阶段	第二阶段	第一阶段	第二阶段
学历	0. 0471 * （1. 7700）	—	0. 0473 * （1. 7800）	—	0. 0473 * （1. 7800）	—
政治面貌	0. 1684 ** （2. 2900）	—	0. 1612 ** （2. 1900）	—	0. 1604 ** （2. 1800）	—
农业补贴	—	− 0. 3744 （− 0. 7700）	—	1. 3298 * （1. 9500）	—	− 1. 8394 ** （− 2. 1900）
风险态度	0. 0201 （0. 3900）	− 0. 1684 ** （− 2. 0700）	0. 0151 （0. 2900）	− 0. 2364 * （− 1. 9300）	0. 0165 （0. 3200）	− 0. 1123 （− 0. 8600）
家庭成员	0. 0428 *** （3. 0800）	0. 0861 *** （2. 8300）	0. 0422 *** （3. 0300）	0. 0447 （1. 0500）	0. 0422 *** （3. 0400）	0. 1219 ** （2. 4100）

变量	模型（1）		模型（2）		模型（3）	
	第一阶段	第二阶段	第一阶段	第二阶段	第一阶段	第二阶段
劳动时间	-0.0081 （1.1500）	0.0145 （1.2100）	-0.0081 （-1.1400）	0.0327 * （1.8100）	-0.0079 （-1.1100）	-0.0022 （-0.1100）
土地面积	0.0007 ** （2.1300）	0.0003 （0.3900）	0.0007 ** （2.1200）	-0.0008 （-0.8400）	0.0007 ** （2.1200）	0.0012 （1.0800）
农业机械	0.0552 *** （6.7900）	0.0601 * （1.92）	0.0554 *** （6.8000）	-0.0205 （-0.4800）	0.0554 *** （6.8000）	0.1173 ** （2.2700）
户主性别	0.1741 ** （2.0200）	0.4349 ** （2.3300）	0.1719 ** （1.9900）	-0.0352 （0.1300）	0.1727 ** （2.0000）	0.7486 ** （2.5400）
常数	5.2378 *** （40.9300）	0.1499 （0.0600）	5.2438 *** （40.8100）	-9.5867 *** （-2.6100）	5.2414 *** （40.8200）	7.9198 * （1.7600）
样本量	1826	1826	1821	1821	1823	1823
Wald 检验	0.2931		0.0409		0.0012	
过度识别检验	—		0.4246		0.8576	
弱工具变量检验	—		0.0407		0.0074	

注：*、**、*** 分别表示在10%、5%、1%的水平上显著，表格中第一阶段括号内为 t值，第二阶段括号内为 z 值。

表 4.15 中模型（1）、模型（2）、模型（3）分别是对表 4.12 中模型（1）、模型（2）、模型（3）的内生性处理结果。借鉴袁微（2018）对二值模型内生性检验的基本研究，我们的内生性检验过程如下：一是初始变量检验。表 4.15 列示了对外生性原假设"$\rho = 0$"的 Wald 的检验结果，p值分别为 0.2931、0.0409 与 0.0012，因此，在非粮食主产区，农业补贴是农户是否进行外源性融资的外生变量；是否通过银行及非银行路径进行外源性融资可以在5%的水平上认为农业补贴为内生变量。不仅如此，第一阶段回归结果显示，工具变量户主学历的回归系数均通过10%水平上的显著性检验，工具变量户主政治面貌的回归系数均通过5%水平上的显著性检验，表明工具变量户主学历与政治面貌对农业补贴具有较强的解释

力。此外，由表 4.15 的估计结果可知，使用 IV Probit 估计方法时，农业补贴的系数分别为 1.3298 与 -1.8394 且至少在 10% 水平上显著，这表明，如果使用一般的 Probit 模型进行估计，由于忽略了农业补贴的内生性，将会低估农业补贴对非粮食主产区农户是否通过银行途径进行融资的正向作用，同时高估了农业补贴是否通过非银行途径进行融资的正向作用。二是过度识别检验。表 4.15 可知，由于模型（2）、模型（3）使用的工具变量大于内生解释变量个数，因此，需要进行过度识别检验，过度识别检验的 p 值分别为 0.4246、0.8576，据此可知，我们所使用的工具变量均是外生的。三是弱工具变量检验。表 4.15 最后一行报告了弱工具变量检验结果，弱工具变量检验的 p 值分别为 0.0407 与 0.0074，据此可知，我们使用的工具变量不是弱工具变量。

4.3.2　农业补贴对农业企业融资决策影响的实证检验

基于理论分析，实证检验由农业补贴对农业企业内源性融资决策影响的实证检验及农业补贴对农业企业外源性融资决策影响的实证检验两部分组成。

4.3.2.1　农业补贴对农业企业内源性融资决策影响的实证检验

（1）模型数据。

①基础模型。以第 2 章构建的基本模型为基础，基于前述农业补贴对农业生产者融资决策影响的机理分析，以式（2-32）：$K_r = K_n + \underbrace{(K_z + K_g)}_{K_w}$、式（2-33）：$K_{rs} = (K_n + K_{ns}) + (K_z + K_g)$ 为基础，结合实证检验需要，我们构建如下计量模型：

$$\ln dep_{it} = \alpha_0 + \alpha_1 \ln sub_{it} + \gamma x_{it} + \lambda_j + \mu_t + \varepsilon_i \tag{4-7}$$

$$\ln re_{it} = \alpha_0 + \alpha_1 \ln re_{it-n} + \alpha_2 \ln sub_{it} + \eta x_{it} + \mu_i + \varepsilon_i \tag{4-8}$$

$$\ln sr_{it} = \alpha_0 + \alpha_1 \ln sr_{it-n} + \alpha_2 \ln sub_{it} + \tau x_{it} + \mu_i + \varepsilon_i \tag{4-9}$$

$$\ln unp_{it} = \alpha_0 + \alpha_1 \ln unp_{it-n} + \alpha_2 \ln sub_{it} + \xi x_{it} + \mu_i + \varepsilon_i \tag{4-10}$$

基于农业补贴对农业企业内源性融资决策的理论分析，内源性融资由折旧与留存收益组成，为检验农业补贴对折旧的影响构建面板数据模型[①]；留存收益由盈余公积及未分配利润组成，当期的盈余公积及未分配利润均会对后期的盈余公积及未分配利润产生影响，因此，构建动态差分 GMM 模型，具体模型设置如式（4-7）~式（4-10）所示。其中，$\ln dep$、$\ln sr_{it}$、$\ln unp_{it}$、$\ln re_{it}$ 分别表示折旧、盈余公积、未分配利润、留存收益；$\ln sr_{it-n}$、$\ln unp_{it-n}$、$\ln re_{it-n}$ 分别表示盈余公积、未分配利润及留存收益的滞后期；$\ln sub_{it}$ 表示农业补贴；x_{it} 表示由控制变量构成的向量，γ、η、τ、ξ 表示系数向量，α_0、α_1、α_2 为系数；λ_j、μ_t 分别表示个体效应、时间效应；ε_i 为随机扰动项。

②变量与数据。

第一，变量设定。

被解释变量：内源性融资包含了折旧与留存收益（一级指标），留存收益包括盈余公积与未分配利润（二级指标）。折旧反映了农业企业当期的折旧状况；留存收益，反映农业企业留存收益状况。盈余公积，反映农业企业盈余公积积累状况；未分配利润，反映农业企业未分配利润状况。

解释变量：农业企业获得的补贴金额，为支持农业企业发展，财政对农业企业予以财政补贴支持。

控制变量：为了获得稳健的回归结果并借鉴已有研究（Zou & Xiao, 2006；汪珊珊、唐俐，2011；王永华、王泽宇，2017），我们对如下变量进行了控制：公司年龄，上市时间长短在一定程度上反映了农业企业生产经营状况及稳健状态进而会对农业企业内源性融资产生影响；在职人员人数，在职人员人数反映了农业企业规模状况，企业规模越大内源性融资能力越强；农业企业利润，农业企业利润直接影响企业的未分配利润状况；农业企业营业利润率、财务杠杆率及总资产增长率会直接影响农业企业内源性融资；由于不同年份农业企业获得的农业补贴份额不同，因此，我们

[①] 由于农业企业资产折旧有较为固定的折旧年限，上期折旧对当期折旧不存在明显的影响关系，因此采用面板数据模型更为稳妥。

对年份虚拟变量进行了控制。

第二，数据说明。

本部分实证分析数据来源于国泰安数据库（CSMAR）以及巨潮网上市公司年报，样本选择 2012 年证监会发布的行业分类农业类上市公司，样本区间为 2006～2019 年，去除已退市、主营业务已经不是农业、经营资料报告不齐全的企业后，最终筛选得出 42 家农业上市企业作为研究对象。

基于数理分析与实证模型，综合考虑实证数据可得性，依据实证变量设定，我们对实证变量进行了定义并给出了描述性统计结果（如表 4.16 所示）。

表 4.16　　　　　　　　　变量定义与描述性统计

变量性质	变量符号	变量名称	变量定义	观测值	均值	标准差	最小值	最大值
被解释变量	lndep	折旧	农业企业折旧	483	-0.9382	1.2440	-4.2475	3.0604
	lnre	留存收益	农业企业留存收益	366	1.1294	1.3379	-4.9908	5.8328
	lnsr	盈余公积	农业企业盈余公积	483	-0.5925	1.1472	-3.6119	3.4626
	lnunp	未分配利润	农业企业未分配利润	343	0.9722	1.3081	-3.3354	5.7347
解释变量	lnsub	农业补贴	农业企业获得的补贴	468	2.0320	1.6779	-4.7217	5.3670
控制变量	age	公司年龄	农业企业上市时间	482	9.3568	5.4640	0.0000	23.0000
	lab	在职人员人数	农业企业在职员工数	481	49.9924	113.0893	0.4700	761.6600
	lntp	利润总额	农业企业利润总额	398	-0.3120	1.4555	-5.3824	4.9959
	opr	营业利润率	农业企业收益状况	481	-0.0310	0.8723	-17.5112	1.0349
	cl	财务杠杆率	农业企业风险状况	481	1.4961	1.2704	-4.0691	10.8989
	tg	总资产增长率	农业企业发展状况	481	0.1510	0.3613	-0.5305	4.4509

（2）农业补贴对农业企业内源性融资决策影响的实证结果分析。

①模型适用性检验。根据实证检验需要，农业补贴对折旧的影响使用

面板数据模型，在实证分析前我们进行了 Hausman 检验，检验结果如表
4.17 所示，模型（1）Hausman 检验的 p 值为 0.0008，强烈拒绝原假设，
使用固定效应模型；农业补贴对盈余公积、未分配利润及留存收益的影响
由于具有动态特征，使用动态差分模型，在使用动态差分模型之前需要对
扰动项差分是否存在一阶及二阶自相关进行检验，通过表 4.17 可知一阶
自相关的 p 值分别为 0.0849、0.0631、0.0582 即通过 10% 显著水平检验，
存在一阶自相关；二阶自相关的 p 值则未通过显著性检验，表明不存在二
阶自相关，因此，可以使用动态差分 GMM 模型进行估计，不仅如此，
Sargan 检验的 p 值分别为 0.9996、1、1，无法拒绝"所有工具变量都有
效"的原假设，因此，实证分析使用的工具变量有效。

②实证结果分析。以第 2 章构建的基本模型为基础，基于前述农业补
贴对农业生产者融资决策影响的机理分析，结合 2006～2019 年农业上市
公司面板数据，使用面板数据模型及动态差分 GMM 估计，实证检验了农
业补贴对农业企业内源性融资决策的影响，实证结果如表 4.17 所示。

表 4.17 农业补贴对农业企业内源性融资决策影响的实证结果

变量	模型（1）	模型（2）	模型（3）	模型（4）
被解释变量滞后一期	—	0.4048 *** （80.6600）	0.5288 *** （28.2300）	0.2927 *** （25.7700）
被解释变量滞后二期	—	—	—	0.1656 *** （16.9400）
农业补贴	0.0633 *** （2.9800）	0.0394 *** （26.9300）	0.0022 ** （1.9600）	0.0302 *** （8.9100）
公司年龄	0.0845 *** （7.0600）	0.0566 *** （34.4400）	0.0398 *** （17.0500）	0.0606 *** （12.5500）
在职人员人数	0.0023 *** （3.7700）	0.0027 *** （59.2900）	0.0006 *** （23.9200）	0.0006 *** （4.6800）
利润总额	—	—	—	0.2210 *** （13.0700）

续表

变量	模型（1）	模型（2）	模型（3）	模型（4）
营业利润率	—	2.7399 *** (115.9600)	0.0110 *** (8.0300)	0.2899 *** (3.8600)
财务杠杆率	—	0.0659 *** (20.7400)	-0.0070 *** (-6.1700)	0.0415 *** (4.8200)
总资产增长率	—	0.1045 *** (12.9900)	0.1192 *** (19.9300)	0.1598 *** (10.9300)
常数	-1.9647 *** (-13.1300)	-0.2926 *** (-10.5200)	-0.6520 *** (-17.9600)	0.0383 (0.8400)
年份虚拟变量	控制	—	—	—
样本量	468	269	386	180
Hausman 检验	P = 0.0008	—	—	—
AR（1）	—	0.0582	0.0849	0.0631
AR（2）	—	0.2269	0.1930	0.2834
Sargan	—	1.0000	0.9996	1.0000

注：*、**、*** 分别表示在 10%、5%、1% 的水平上显著，模型（1）括号内为 t 值，模型（2）~模型（4）括号内为 z 值。

模型（1）、模型（2）、模型（3）、模型（4）是对式（4-7）、式（4-8）、式（4-9）、式（4-10）的检验，回归结果如下。

第一，农业补贴对一级指标折旧与留存收益影响的实证检验。首先，农业补贴对农业企业折旧的影响。解释变量农业补贴的回归系数为 0.0633 且通过 1% 显著水平检验，表明在样本期间内农业补贴每增加 1% 会使得农业企业折旧增加 0.0633，具体回归结果如表 4.17 模型（1）所示。其次，农业补贴对农业企业留存收益的影响。滞后一期的留存收益的系数为 0.4048 且通过 1% 显著水平检验，表明上一期留存收益每增加 1% 会使本期留存收益增加 0.4048；核心解释变量农业补贴的回归系数为 0.0394 且通过 1% 显著性检验，表明农业补贴每增加 1% 会使留存收益增加 0.0394，具体回归结果如表 4.17 模型（2）所示。

第二，农业补贴对二级指标盈余公积与未分配利润影响的实证分析。首先，农业补贴对农业企业盈余公积的影响。滞后一期的盈余公积的系数为 0.5288 且通过 1% 显著水平检验，表明上一期盈余公积每增加 1% 会使本期盈余公积增加 0.5288；核心解释变量农业补贴的回归系数为 0.0022 且通过 5% 显著性检验，表明农业补贴每增加 1% 会使盈余公积增加 0.0022，具体回归结果如表 4.17 模型（3）所示。其次，农业补贴对农业企业未分配利润的影响。滞后一期的未分配利润的系数为 0.2927 且通过 1% 显著水平检验，表明上一期未分配利润每增加 1% 会使本期未分配利润增加 0.2927；滞后二期的未分配利润的系数为 0.1656 且通过 1% 显著水平检验，表明滞后两期的未分配利润每增加 1% 会使本期未分配利润增加 0.1656；核心解释变量农业补贴的回归系数为 0.0302 且通过 1% 显著性检验，表明农业补贴每增加 1% 会使未分配利润增加 0.0302，具体回归结果如表 4.17 模型（4）所示。

4.3.2.2 农业补贴对农业企业外源性融资决策影响的实证检验

（1）模型与数据。

①基础模型。以第 2 章构建的基本模型为基础，基于前述农业补贴对农业生产者融资决策影响的机理分析，以式（2-32）：$K_r = K_n + \underbrace{(K_z + K_g)}_{K_w}$ 为基础，结合实证检验需要，我们构建如下计量模型：

$$\text{lndebt}_{it} = \alpha_0 + \alpha_1 \text{lndebt}_{it-n} + \alpha_2 \text{lnsub}_{it} + \varphi x_{it} + \mu_i + \varepsilon_i \quad (4-11)$$

$$\text{lnequ}_{it} = \alpha_0 + \alpha_1 \text{lnequ}_{it-n} + \alpha_2 \text{lnsub}_{it} + \gamma x_{it} + \mu_i + \varepsilon_i \quad (4-12)$$

$$\text{lnfd}_{it} = \alpha_0 + \alpha_1 \text{lnfd}_{it-n} + \alpha_2 \text{lnsub}_{it} + \eta x_{it} + \mu_i + \varepsilon_i \quad (4-13)$$

$$\text{lnltd}_{it} = \alpha_0 + \alpha_1 \text{lnltd}_{it-n} + \alpha_2 \text{lnsub}_{it} + \kappa x_{it} + \mu_i + \varepsilon_i \quad (4-14)$$

$$\text{lnpuc}_{it} = \alpha_0 + \alpha_1 \text{lnpuc}_{it-n} + \alpha_2 \text{lnsub}_{it} + \varsigma x_{it} + \mu_i + \varepsilon_i \quad (4-15)$$

$$\text{lncr}_{it} = \alpha_0 + \alpha_1 \text{lncr}_{it-n} + \alpha_2 \text{lnsub}_{it} + \tau x_{it} + \mu_i + \varepsilon_i \quad (4-16)$$

基于农业补贴对农业企业外源性融资决策的理论分析，外源性融资由债务融资与股权融资构成（一级指标）。债务融资由短期借款与长期借款组成，股权融资由实收资本与资本公积构成，因此，短期借款、长期借款、股本及资本公积为二级指标。上期的债务融资及股权融资均会对当期产生影响，因此构建动态差分 GMM 模型，具体模型设置如式（4 – 11）~ 式（4 – 16）所示。其中，$lndebt_{it}$、$lnfd_{it}$、$lnltd_{it}$、$lnequ_{it}$、$lnpuc_{it}$、$lncr_{it}$ 分别表示债务融资、短期借款、长期借款、股权融资、实收资本及资本公积；$lndebt_{it-n}$、$lnfd_{it-n}$、$lnltd_{it-n}$、$lnequ_{it-n}$、$lnpuc_{it-n}$、$lncr_{it-n}$ 分别表示债务融资、短期借款、长期借款、股权融资、实收资本及资本公积的滞后期；$lnsub_{it}$ 表示农业补贴；x_{it} 表示由控制变量构成的向量，φ、γ、η、κ、τ、ξ 表示系数向量，α_0、α_1、α_2 为系数；μ_i 表示时间效应；ε_i 为随机扰动项。

②变量与数据。

第一，变量设定。

被解释变量：外源性融资由债务融资与股权融资构成，债务融资包含短期借款及长期借款；股权融资由实收资本与资本公积构成，因此，被解释变量包括债务融资、短期借款、长期借款以及股权融资、实收资本、资本公积。

解释变量：农业企业获得的补贴金额，为支持农业企业发展，财政对农业企业予以财政补贴支持。

控制变量：为了获得稳健的回归结果并借鉴已有研究（Zou & Xiao，2006；汪珊珊、唐俐，2011；王永华、王泽宇，2017），我们对如下变量进行了控制。公司年龄，上市时间长短在一定程度上反映了农业企业生产经营状况及稳健状态进而会对农业企业外源性融资产生影响；在职人员人数，在职人员人数反映了农业企业规模状况，企业规模越大外源性融资能力越强；农业企业营业利润率、财务杠杆率及总资产增长率会直接影响农业企业外源性融资。

第二，数据说明。

本部分实证分析数据来源于国泰安数据库（CSMAR）以及巨潮网上市公司年报，样本选择 2012 年证监会发布的行业分类农业类上市公司，样本区间为 2006 ~ 2019 年，去除已退市、主营业务已经不是农业、经营资料报告不齐全的企业后，最终筛选得出 42 家农业上市企业作为研究对象。

　　基于数理分析与实证模型，综合考虑实证数据可得性，依据实证变量设定，我们对实证变量进行了定义并给出了描述性统计结果（如表4.18所示）。

表4.18　　　　　　　　　　变量定义与描述性统计

变量性质	变量符号	变量名称	变量定义	观测值	均值	标准差	最小值	最大值
被解释变量	lndebt	债务融资	反映农业企业债务融资状况	439	1.2636	1.5818	-3.9120	4.6322
	lnequ	股权融资	反映农业企业股权融资状况	483	2.2559	0.8330	0.4940	4.7918
	lnfd	短期借款	反映农业企业短期借款状况	420	1.0808	1.4753	-3.9120	4.2665
	lnltd	长期借款	反映农业企业长期借款状况	304	-0.3127	1.8532	-5.9522	3.5119
	lnpuc	实收资本	反映农业企业实收资本状况	483	1.3908	0.9036	-0.6387	3.9728
	lncr	资本公积	反映农业企业资本公积状况	481	1.4431	1.2436	-5.4491	4.5897
解释变量	lnsub	农业补贴	农业企业获得财政补贴金额	468	2.0320	1.6779	-4.7217	5.3670
控制变量	age	公司年龄	农业企业上市时间长短	482	9.3568	5.4640	0.0000	23.0000
	lab	在职人员人数	农业企业在职员工人数	481	49.9924	113.0893	0.4700	761.6600
	opr	营业利润率	反映农业企业收益状况	481	-0.0310	0.8723	-17.5112	1.0349
	cl	财务杠杆率	反映农业企业风险状况	481	1.4961	1.2704	-4.0691	10.8989
	tg	总资产增长率	反映农业企业发展状况	481	0.1510	0.3613	-0.5305	4.4509

（2）农业补贴对农业企业外源性融资决策影响的实证结果分析。

①模型适用性检验。农业补贴对债务融资及股权融资的影响具有动态特征，使用动态差分模型更为合意。在使用动态差分模型之前需要对扰动项差分是否存在一阶及二阶自相关进行检验，通过表 4.19 可知一阶自相关的 p 值分别为 0.0058、0.0629、0.0079、0.0001、0 及 0.0005 即至少都通过 10% 显著水平检验，存在一阶自相关；二阶自相关的 p 值未通过显著性检验，表明不存在二阶自相关，因此，可以使用动态差分 GMM 模型进行估计，不仅如此，Sargan 检验的 p 值分别为 1、0.9992、1、1、1 及 1，无法拒绝"所有工具变量都有效"的原假设，因此，实证分析使用的工具变量有效。

②实证结果分析。以第 2 章构建的基本模型为基础，基于前述农业补贴对农业生产者融资决策影响的机理分析，结合 2006 ~ 2019 年农业上市公司面板数据，使用动态差分 GMM 模型进行估计，实证检验农业补贴对农业企业外源性融资决策的影响，实证结果如表 4.19 所示。

表 4.19　　农业补贴对农业企业外源性融资决策影响的实证结果

变量	模型（1）	模型（2）	模型（3）	模型（4）	模型（5）	模型（6）
滞后一期	0.5467 *** (56.9900)	0.5333 *** (14.5400)	0.7064 *** (287.5500)	0.3959 *** (23.4700)	0.7130 *** (37.2200)	0.4563 *** (24.6600)
滞后二期	—	—	—	− 0.1374 *** (− 6.94000)	—	—
农业补贴	− 0.0135 *** (− 5.4200)	0.0026 (0.9600)	− 0.1821 *** (9.3400)	− 0.1184 *** (− 14.9700)	0.0080 *** (8.8800)	0.0201 *** (4.5400)
公司年龄	0.0052 * (1.8400)	0.0403 *** (34.4400)	0.0704 *** (15.5900)	0.0248 *** (2.7000)	0.0237 *** (15.3700)	0.0509 *** (9.2300)
在职人员人数	0.0015 *** (17.3900)	0.0013 *** (7.5700)	0.0209 *** (22.8200)	0.00002 (0.1600)	0.0004 *** (11.3300)	0.0030 *** (8.2100)
营业利润率	− 0.0091 (− 1.3400)	− 0.0389 *** (− 27.0500)	− 0.1886 (− 1.1700)	− 1.1356 *** (− 6.4000)	− 0.0112 *** (− 8.3400)	− 0.0298 *** (− 8.8800)

续表

变量	模型 (1)	模型 (2)	模型 (3)	模型 (4)	模型 (5)	模型 (6)
财务杠杆率	0.1493 *** (15.8400)	− 0.0053 ** (− 2.2300)	0.1458 *** (6.0100)	− 0.0556 *** (− 3.0100)	− 0.0185 *** (− 7.2100)	− 0.0090 (− 1.4100)
总资产增长率	0.8421 *** (35.5700)	0.4342 *** (16.9900)	2.6302 *** (19.3100)	1.3888 *** (18.4700)	0.1362 *** (5.9500)	0.7273 *** (15.1800)
常数	0.1964 *** (4.5600)	0.5989 *** (11.7200)	0.2874 *** (3.0300)	0.1726 (− 1.1600)	0.1979 *** (8.0900)	0.0922 ** (2.1000)
样本量	334	386	386	162	386	384
AR (1)	0.0058	0.0001	0.0629	0.0079	0.0000	0.0005
AR (2)	0.6808	0.4243	0.3350	0.8610	0.1100	0.2871
Sargan	1.0000	1.0000	0.9992	1.0000	1.0000	1.0000

注: * 、 ** 、 *** 分别表示在 10% 、5% 、1% 的水平上显著, 括号内为 z 值。

模型 (1)、模型 (2)、模型 (3)、模型 (4)、模型 (5) 及模型 (6) 是对式 (4 - 11)、式 (4 - 12)、式 (4 - 13)、式 (4 - 14)、式 (4 - 15)、式 (4 - 16) 的检验, 回归结果如下。

第一, 农业补贴对一级指标债务融资与股权融资影响的实证检验。首先, 农业补贴对农业企业债务融资影响的实证检验。一是债务融资滞后一期的系数为 0.5467 且通过 1% 显著水平检验, 表明上一期债务融资每增加 1% 会使本期债务融资增加 0.5467, 换言之, 债务融资具有 "滚雪球" 效应。二是农业补贴的系数为 − 0.0135 且通过 1% 显著水平检验, 表明农业补贴每增加 1% 会使农业企业债务融资降低 0.0135, 农业补贴降低了农业企业的债务融资需求, 具体回归结果如表 4.19 模型 (1) 所示。其次, 农业补贴对农业企业股权融资影响的实证检验。一是股权融资滞后一期的系数为 0.5333 且通过 1% 显著水平检验, 表明上一期股权融资增加 1% 会使本期股权融资增加 0.5333; 二是农业补贴的系数为正但未通过显著性检验, 表明在样本期间内农业补贴并未对农业企业股权融资产生显著影响, 具体回归结果如表 4.19 模型 (2) 所示。

第二，农业补贴对二级指标短期借款、长期借款、实收资本及资本公积影响的实证检验。首先，农业补贴对短期借款影响的实证检验。一是短期借款滞后一期的系数为 0.7064 且通过 1% 显著水平检验，表明上一期短期借款每增加 1% 会使本期短期借款增加 0.7064。二是农业补贴的回归系数为 −0.1821 且通过 1% 显著水平检验，表明农业补贴每增加 1% 会使短期借款降低 0.1821，具体回归结果如表 4.19 模型（3）所示。其次，农业补贴对长期借款影响的实证检验。一是滞后一期的长期借款的系数为 0.3959 且通过 1% 显著水平检验，表明上一期长期借款每增加 1% 会使本期农业企业长期借款增加 0.3959，滞后两期的长期借款的系数为 −0.1374 且通过 1% 显著水平检验，表明滞后两期的长期借款每增加 1% 会使本期长期借款降低 0.1374。二是农业补贴的回归系数为 −0.1184 且通过 1% 显著水平检验，表明农业补贴每增加 1% 会使长期借款降低 0.1184，具体回归结果如表 4.19 模型（4）所示。再次，农业补贴对实收资本影响的实证检验。一是滞后一期实收资本的回归系数为 0.713 且通过 1% 显著性检验，表明上一期的实收资本每增加 1% 会使当期的实收资本增加 0.713。二是农业补贴的回归系数为 0.008 且通过 1% 显著性检验，表明农业补贴每增加 1% 会使农业企业实收资本增加 0.008，具体回归结果如表 4.19 模型（5）所示。最后，农业补贴对资本公积影响的实证检验。一是滞后一期资本公积的回归系数为 0.4563 且通过 1% 显著水平检验，表明上一期资本公积每增加 1% 当期的资本公积会增加 0.4563。二是农业补贴的回归系数为 0.0201 且通过 1% 显著水平检验，表明农业补贴每增加 1% 会使农业企业资本公积增加 0.0201，具体回归结果如表 4.19 模型（6）所示。

4.4 本章小结

本章依据经验数据，使用计量经济学相关方法对农业补贴对农业生产者进入退出决策及融资决策的影响进行了实证检验。实证检验以第 2 章基本模型为基础，以 2.3 节的数理分析为指引，由农户与农业企业两个视角进行实证分析，通过实证分析得到如下结论。

4.4.1 农业补贴阻碍了农业生产者退出农业生产经营

由实证检验结果可知，不管是基于农户视角还是基于农业企业视角，农业补贴均显著阻碍了农业生产者退出农业生产，但是二者存在如下差异：（1）阻碍程度存在差异。农业补贴对农户退出农业生产的边际效应为 - 0.00001，对农业企业退出农业专业化生产的边际效应为 - 0.0097，显然农业补贴对农业企业退出的阻碍作用更大。（2）产生的效果迥异。农户的退出无益于农户及农业健康发展，农业企业的退出则有助于农业企业核心竞争力的提升。首先，由于农户的退出是以"隐形"退出展现的，"隐形"退出情况下，农户虽有土地承包经营权但是却不进行农业生产，实证结果表明农业补贴不但无助于该类问题的解决，反而有加剧该类问题蔓延的风险，长此以往不仅会挫伤真正种地农户的农业生产积极性，而且会大量浪费国家财政资金，甚至会威胁国家粮食安全。其次，农业企业的退出是以农业企业的非农业专业化经营展现的，农业补贴阻碍了农业企业非专业化生产经营，促使农业企业将全部资源应用于农业专业化生产，有助于农业企业核心竞争力的培育与提升，进而带动农业产业发展。

4.4.2 农业补贴显著提高了农业生产者内源性融资，对股权融资未产生显著影响，降低了债务融资

由实证检验结果可知，不管是农户还是农业企业，农业补贴均提高了农业生产者内源性融资，降低了农业生产者债务融资，提高了农业企业股权融资，但二者存在如下差异：（1）提高程度存在差异。农业补贴对农户内源性融资的回归系数为 0.1864，远高于表示农业企业内源性融资的折旧及留存收益的回归系数 0.0633 与 0.0394，单纯由回归系数上审视显然农业补贴对农户内源性融资影响更大，对农户内源性融资即自身实力提升作用更为明显。但是需要考虑的是，一方面，由上文可知，现有部分享受农

业补贴的农户并不从事农业生产，农业补贴投向这类农户并无太大应用意义；另一方面，中国农户总量较大，即使农业补贴能够提高农户内源性融资，但是需要耗费的财政补贴总量巨大，且补贴资金使用效率难以准确评价，在此情况下将补贴资金投向农业企业不仅会降低财政负担，而且能够对财政补贴资金予以有效监控，进行准确的绩效评估。（2）降低债务融资的路径存在差异。尽管农业补贴降低了农业生产者债务融资，但是农业补贴降低农户债务融资是通过降低农户债务融资意愿实现的，农业补贴降低农业企业债务融资是通过缩小债务融资规模实现的。

第 5 章　农业补贴的微观经济效应
——基于投入产出决策的实证分析

农业补贴不仅会对农业生产者的进入退出决策、融资决策产生影响，而且会对农业生产者的投入产出决策产生影响。依据农业补贴的政策立意可知，农业补贴政策的重要目标是引导农业生产者增加对农业的投入，进而达到增加产出的目的。本章以第 2 章构建的基本模型为基础，基于前述农业补贴对农业生产者投入产出决策影响的机理分析，结合经验数据，使用计量经济学相关方法对农业补贴对投入产出的影响进行了实证分析。

5.1　文　献　综　述

5.1.1　文献回顾

5.1.1.1　农业补贴对农业生产者投入决策的影响

农业补贴是政府对农业生产者的转移支付，农业补贴的重要目标是促使农业生产者增加或改变农业生产要素投入，进而推动农业发展。现有研究由规范分析与实证检验两个视角对农业补贴对农业生产者投入决策的影响进行了探讨。

（1）农业补贴对农业生产者投入决策的规范分析。

由于本章所研究的农业生产者包含农户与农业企业两类，因此，相关的规范研究将由农户及农业企业两个层面做进一步回顾。由于农户及农业企业均是农业生产者，因此，结合农业特征，对农业补贴如何影响农业生产者投入的研究对两类农业生产者均有借鉴意义。比较有代表性的研究如轩尼诗（Hennessy，1998）构建了期望利润最大化效用函数，研究了在农业风险存在的情况下，不同形式的农业补贴对农业生产者最优投入的影响，通过数理分析发现，不管采取何种形式的补贴都会使最优农业投入提高。①基于农户层面的规范分析。由农户层面出发，农业补贴对农户投入决策的规范分析主要表现为农业补贴对农户要素投入影响的规范分析。农业经济学认为，农业生产要素由资本、劳动力及技术组成，大量学者通过规范分析发现，农业补贴有助于农户增加资本投入（Anderson et al.，2010；江喜林、陈驰波，2013），提高农业劳动供给（El-osta，2004），增加农户对农业的技术投入（周静等，2019）。②基于农业企业层面的规范分析。由农业企业层面出发，农业补贴对农业企业投入决策的规范分析主要包括两个方面：首先，农业补贴对农业企业资本投入特别是研发投入的影响，农业补贴的实施改变了农业企业的预算约束，增加了农业企业资本，提高了农业企业资本投入（郭瑞玮等，2018；包月红、赵芝俊，2019）。其次，农业补贴以资本投入（研发投入）为媒介提高了农业企业的技术投入（仇晓雪、张颖，2020）。

（2）农业补贴对农业生产者投入决策的实证检验。

农业补贴对农业生产者投入决策的影响不仅需要规范分析，而且需要使用经验数据进行实证检验。由于本章所研究的农业生产者包含农户与农业企业两类，因此，相关的实证检验将由农户及农业企业两个层面做进一步回顾。①基于农户层面的实证检验。农业补贴对农户投入决策的影响主要集中在农业补贴对农户资本、劳动力及技术等农业生产要素的投入上。首先，农业补贴对农户资本投入的影响，刘克春（2010）、吴海涛等（2015）使用调查数据实证检验发现，农业补贴显著增加了农户资本投入（土地资本），但黄季焜等（2011）使用调查数据实证分析发现，粮食直补显著降低了农户资本投入（播种面积）。其次，农业补贴对农户劳动力投入的影响，埃尔·奥斯塔（El－Osta，2004）、吴海涛等（2015）使用经验数据实证发现，农业补贴显著增加了农户劳动力投入。高鸣等（2016）通过实证分析发现粮食直补能够推动土地规模为 0~6 亩农户的人力资本投入。最后，农业补贴对农户技术投入的影响，高鸣等（2017）通过实证检验发现，脱钩收入补贴有助于种植小麦的农户改进生产技术。曹光乔等（2010）实证检验发现农业补贴显著增加了农户技术投入。②基于农业企业层面的实证检验。现有文献对农业补贴对农业企业投入影响的实证检验较少，集中于农业补贴对农业企业资本要素投入影响层面。如黄洁莉等（2014）使用农业上市公司 2007~2012 年数据，采用面板数据模型实证检验发现，税收优惠并未对农业企业资本投入产生显著影响。展进涛等（2019）使用 2012~2014 年农业类上市公司数据，使用 OLS、2SLS、3SLS 实证检验发现，政府补贴显著提高了农业企业资本投入。

5.1.1.2 农业补贴对农业生产者产出决策的影响

作为支农惠农的重要手段，农业补贴的重要目标是提高农业生产者的产出水平，不仅如此，随着供需矛盾的深化，以农业补贴为引导，优化农业产出结构，推动农业供给侧结构性改革也成为农业补贴的重要职责。现有研究基本由规范分析与实证检验两个视角对农业补贴对农业生产者产出决策的影响进行了探讨。

（1）农业补贴对农业生产者产出决策的规范分析。

由于本章所研究的农业生产者包含农户与农业企业两类，因此，相关的规范研究将由农户及农业企业两个层面做进一步回顾。①基于农户视角的规范分析。农业补贴对农户产出决策影响的规范分析主要集中于农业补贴对产量、产出效率及产出结构的影响三个方面。首先，农业补贴对农户产量的影响。周静等（2019）基于新古典经济学模型，通过数理分析发现，农业补贴有助于农业产量增加。其次，农业补贴对农户产出效率的影响。里佐夫等（Rizov et al.，2013）以收益最大化为假设，结合贝尔曼方程对农业补贴对生产效率的影响进行了分析，经过数理分析发现，农户生产效率高低与政府补贴相关。昆巴卡尔（Kumbhakar，2000）通过数理模型分析发现，脱钩补贴通过为农业生产创造专业化条件路径影响农户产出效率。最后，农业补贴对产出结构的影响，余和萨姆纳（Yu & Sumner，2018）分别讨论了常数绝对风险规避模型（CARA）以及递减的风险规避模型（DARA）下，农作物保险补贴对作物选择的影响，通过数理分析发现，在满足一定条件下，农作物风险补贴能够促使农民更多地选择风险农作物。②基于农业企业视角的规范分析。农业补贴对农业企业产出的影响主要表现在农业补贴对农业企业产出影响作用路径的规范研究及农业补贴对农业企业产出结构影响两个方面。首先，农业补贴对农业企业产出影响作用路径的规范研究。轩尼诗（Hennessy，1998）通过构建期望利润最大化效用模型分析了风险状态下农业补贴主要通过保险效应、收入效应以及生产决策效应三种路径影响农业企业产出。麦克劳德和昆巴卡尔（Mc-Cloud & Kumbhakar，2009）认为农业补贴与传统的生产要素不同，他们将农业补贴界定为"触媒"，在此基础上研究了欧盟农业补贴对农场生产率的影响。其次，农业补贴对农业企业产出结构的影响。郭捷（2019）对政府资金（财政补贴与税收优惠）与企业多元化之间的关系进行了规范性分析，通过规范分析发现，政府资金是支持企业多元化的重要手段。

（2）农业补贴对农业生产者产出决策的实证检验。

农业补贴对农业生产者产出决策的影响不仅需要规范分析，而且需要使用经验数据进行实证检验。由于本章所研究的农业生产者包含农户与农业企业两类，因此，相关的实证检验将由农户及农业企业两个层面做进一步回顾。①基于农户视角的实证检验。农业补贴对农户产出的实证检验由农业补贴对农户产量与产出结构的实证检验组成。首先，农业补贴对农户产量影响的实证检验。李江一（2016）、许庆等（2020）使用微观数据，实证检验发现农业补贴显著提高了农户产出，农业产出的提高通过农户种植面积的扩大实现的。其次，农业补贴对农户产出结构影响的实证检验。实证检验发现，农业补贴改变了农户的产出结构（Freudenreich & Mußhoff，2018；易小兰等，2020），具体而言，农业补贴改变农户产出结构是通过影响作物品种的选择（Freudenreich & Mußhoff，2018）与作物播种面积的调整（易小兰等，2020）实现的。②基于农业企业视角的实证检验。农业补贴对农业企业产出的影响主要集中于农业补贴对农业企业产出总量及产出效率的影响。首先，农业补贴对农业企业产出总量的影响，林万龙、张莉琴（2004）使用2000～2002年农业上市公司数据，使用多元线性回归实证检验发现农业补贴并没有带来农业龙头企业产出的增加。其次，农业补贴对农业企业产出效率的影响，范黎波等（2012）使用中国农业上市公司2006～2010年数据，实证检验发现，农业补贴显著提高了农业企业的产出效率。杨雪等（2020）使用中国农业上市公司2010～2018年数据，实证检验发现，农业补贴与农业企业产出效率呈现倒"U"型关系。

5.1.2 简要评述

综上所述，关于农业补贴对农业生产者投入产出决策的影响，众多学者由规范分析与实证检验两个方面做了研究，然而现有的规范分析与实证检验多由农户视角展开，对农业企业研究相对较少。

通过对比两类农业生产者，农户视角下现有的研究不管是规范分析层面还是实证检验层面，农业补贴对农户投入产出影响的研究已经较为完备，但仍存在如下三个方面的不足：第一，研究假设需要更加契合农业产业特点，并在实证检验中予以反映；第二，农业补贴对农户要素投入的影响属于系统性估计问题，因此，在实证方法层面仍有可探索空间；第三，当前我国农业领域存在供需矛盾问题，农户作为农业生产的起点，如何通过农业补贴引导农户生产适销对路的农产品，进而推动农业供给侧结构性改革也是值得探讨的课题。农业企业视角下，现有文献探讨了农业补贴对农业企业资本投入（研发投入居多）的影响，在此基础上考察农业补贴通过科技创新对企业产出的影响，形成了一定的研究成果，但仍存在如下问题：一是农业属于劳动密集型产业，农业补贴的实施必然会对劳动力要素投入产生影响；二是在研究方法层面，农业补贴对农业企业要素投入的影响属于系统性估计问题，因此，在实证方法上仍存在拓展空间。

基于此，首先，本章使用中国家庭金融调查2011年、2013年、2015年数据及中国农业上市公司2006～2019年数据，采用似不相关回归方法对农业补贴对农业生产者要素投入影响进行了系统性估计。其次，我们在实证过程中考虑了农业产业特征（风险性），并以农户风险态度形式引入实证分析过程。最后，我们对农业补贴对农业生产者产出结构的影响进行了实证检验，从而为农业供给侧结构性改革提供实证支撑。

5.2　农业补贴对农业生产者投入决策影响的实证分析

5.2.1　农业补贴对农户投入决策影响的实证检验

5.2.1.1　模型与数据

（1）基础模型。

以第 2 章构建的基本模型为基础，基于前述农业补贴对农业生产者投入决策影响的机理分析，以式（2-43）：$\dfrac{\partial a}{\partial s} = \dfrac{1}{\varsigma_t s_t}\alpha\vartheta p_t y_t$、式（2-44）：$\dfrac{\partial k}{\partial s} = \dfrac{1}{(r_t + \delta_t)s_t}\beta\vartheta p_t y_t$、式（2-45）：$\dfrac{\partial l}{\partial s} = \dfrac{1}{w_t s_t}\gamma\vartheta p_t y_t$ 为依据，结合实证检验需要，借鉴陈强（2013）的做法，我们构建如下计量模型：

$$y \equiv \begin{pmatrix} y_1 \\ y_2 \\ y_3 \end{pmatrix} = \begin{pmatrix} x_1, & 0, & 0 \\ 0, & x_2, & 0 \\ 0, & 0, & x_3 \end{pmatrix} \begin{pmatrix} \beta_1 \\ \beta_2 \\ \beta_3 \end{pmatrix} + \begin{pmatrix} \varepsilon_1 \\ \varepsilon_2 \\ \varepsilon_3 \end{pmatrix} \tag{5-1}$$

数理分析的结果即式（2-43）、式（2-44）、式（2-45）是由农业生产者利润最大化函数推导得出，因此，在理论上存在跨方程的参数约束，此时多方程联合估计为检验跨方程参数约束提供了可能。多方程系统主要分为两类：一是似不相关回归，解决的是各个方程扰动项之间存在相关性的问题；二是联立方程组模型，解决的是不同方程之间存在内在联系，一个方程的解释变量是另一个方程的被解释变量。据此，似不相关回归更加符合需求。式（5-1）中，y_1、y_2、y_3 分别代表农户农业生产中的土地资本投入、劳动力投入及技术投入，β_1、β_2、β_3 为系数向量组，x_1、x_2、x_3 为以向量组表示的解释变量，包括农户获得的农业补贴、农户家庭成员人数以及农户风险态度。

（2）变量与数据。

①变量设定。依据数理分析及计量模型，我们对变量做如下设定。

被解释变量：农户农业生产中的劳动力投入以农户参加农业劳动人数表示；农户农业生产中的土地资本投入以农户拥有的土地面积表示；农户农业生产中的技术投入，以农户拥有或雇佣的农业机械价值表示。

解释变量：农业补贴，以农户获得的农业补贴金额表示；家庭规模，以农户家庭成员人数表示；农户风险态度，以农户投资风险倾向表示，1表示绝对风险规避，0表示非绝对风险规避；不仅如此，为了控制省份差异对回归结果产生的影响，对省份虚拟变量进行控制。

②数据说明。本部分实证分析的数据来源于中国家庭金融调查（CHFS）2011年、2013年以及2015年三轮调查结果。中国家庭金融调查对农村居民的农业补贴、土地承包面积、拥有农业机械价值、家庭成员从事农业劳动人数及时间等信息进行了详细调查，为研究农业补贴对农户投入决策的影响提供了丰富的经验数据。

③数据处理。本部分实证检验数据来源于中国家庭金融调查2011年、2013年、2015年的调查数据，为了消除异常值对回归结果的影响，我们运用 winsor2 对变量进行了5%分位及95%分位的缩尾处理。

（3）异质性分析。

我国幅员辽阔，各个地区农业生产条件存在较大差异，农业补贴对不同农业生产条件的区域农业投入的影响会存在一定差异。在此情况下，基于不同的农业生产条件，对农业补贴对不同区域农业生产投入产生的影响进行实证检验，有助于加深对农业补贴对农业生产投入影响的认知。

基于数理分析与实证模型，综合考虑实证数据可得性，依据实证变量设定，我们对实证变量进行了定义并给出了描述性统计结果（如表 5.1 所示）。

表 5.1　　　　　　　　　　　变量定义与描述性统计

变量性质	变量符号	变量名称	变量定义	观测值	均值	标准差	最小值	最大值
被解释变量	lan	土地面积	农业生产中土地使用量	11573	0.5090	3.1868	0.0000	130.0150
	lab	农业劳动力	农业生产中劳动力使用量	14738	8.8691	48.3826	0.0000	3333.5000
	mac	农业机械	农业生产中农业科技投入量	14746	1.9769	0.8680	0.0000	12.0000
解释变量	sub	农业补贴	获得的农业补贴	14748	855.2730	17059.1300	0.4000	2000000.0000
	risk	风险态度	农户风险态度	14661	0.6099	0.4878	0.0000	1.0000
	fm	家庭成员个数	农户家庭规模	14748	2.9852	1.9714	1.0000	19.0000

5.2.1.2　农业补贴对农户投入决策影响的实证结果分析

（1）基本实证结果分析。

①模型有效性检验。与单方程回归相比，似不相关回归的优势是提高估计效率，表 5.2 最后一行报告了扰动项之间无同期相关检验的 p 值，检验结果 p 值为 0，因此，可以在 1% 显著水平下拒绝各方程的扰动项相互独立的原假设。因此，我们使用似不相关回归进行系统性估计是有效率的。

②基本实证结果分析。以第 2 章构建的基本模型为基础，基于前述农业补贴对农业生产者投入决策影响的机理分析，我们使用 2011 年、2013 年、2015 年中国家庭金融调查数据，对农业补贴对农户投入决策影响进行了实证检验，检验结果如表 5.2 所示。

表5.2　　　　　　农业补贴对农户投入决策影响的实证结果

变量	全样本		粮食主产区		非粮食主产区	
	模型（1）	模型（2）	模型（3）	模型（4）	模型（5）	模型（6）
土地资本投入						
农业补贴	0.0059 *** (72.0600)	0.0059 *** (56.2300)	0.0063 *** (61.2200)	0.0062 *** (47.7600)	0.0065 *** (38.8500)	0.0064 *** (32.6000)
风险态度	− 0.1543 ** (− 2.0100)	− 0.1364 ** (− 2.0000)	− 0.0898 (− 0.9100)	− 0.0546 (− 0.6300)	− 0.3120 ** (− 2.4500)	− 0.3181 *** (− 2.7900)
家庭成员个数	0.0903 *** (4.2700)	0.03011 (1.6400)	0.0510 * (1.8600)	− 0.0094 (− 0.4100)	0.1364 *** (4.1200)	0.0776 *** (2.6300)
常数	3.0780 *** (15.4100)	3.1837 *** (18.8600)	2.9547 *** (13.6800)	3.0720 *** (16.3400)	2.3121 *** (3.6300)	2.3275 *** (5.2900)
省份虚拟变量	控制	控制	控制	控制	控制	控制
样本量	11538	14651	7522	9407	4016	5244
劳动力投入						
农业补贴	0.0002 *** (10.5900)	0.0002 *** (11.4000)	0.0002 *** (9.1800)	0.0002 *** (10.2000)	0.0002 *** (5.6400)	0.0002 *** (5.4600)
风险态度	− 0.0013 (− 0.0800)	− 0.0177 (− 1.2000)	0.0146 (0.7500)	− 0.00134 (− 0.0800)	− 0.0272 (− 0.9500)	− 0.0453 * (− 1.7600)
家庭成员个数	0.0940 *** (21.0800)	0.0908 *** (19.5300)	0.0926 *** (17.1600)	0.0872 *** (15.4000)	0.0982 *** (13.1700)	0.0982 *** (12.4100)
常数	1.5523 *** (36.9100)	1.5413 *** (39.4400)	1.5422 *** (36.2100)	1.5293 *** (37.3000)	1.4987 *** (10.4500)	1.4715 *** (14.0300)
省份虚拟变量	控制	控制	控制	控制	控制	控制
样本量	11538	14659	7522	9411	4016	5248
技术投入						
农业补贴	0.0002 *** (29.2000)	0.0002 *** (21.9500)	0.0003 *** (23.7800)	0.0003 *** (18.0900)	0.0002 *** (15.5700)	0.0002 *** (12.5400)
风险态度	− 0.0665 *** (− 8.8300)	− 0.0662 *** (− 8.3900)	− 0.0846 *** (− 7.7700)	− 0.0843 *** (− 7.2200)	− 0.0503 *** (− 5.4300)	− 0.0500 *** (− 5.3100)

续表

变量	全样本		粮食主产区		非粮食主产区	
	模型（1）	模型（2）	模型（3）	模型（4）	模型（5）	模型（6）
家庭成员个数	−0.0020 （−0.9500）	−0.0019 （−0.9100）	−0.0076 ** （−2.5100）	−0.0074 *** （−2.4400）	0.0050 ** （2.0700）	0.0050 ** （2.0400）
常数	0.2796 *** （14.2800）	0.2792 *** （12.0700）	0.3066 *** （12.8200）	0.3061 *** （11.0500）	0.0958 ** （2.0800）	0.0958 ** （2.1400）
省份虚拟变量	控制	控制	控制	控制	控制	控制
样本量	11538	11546	7522	7527	4016	4019
同期相关检验	p = 0.0000	—	p = 0.0000	—	p = 0.0000	—

注：*、**、*** 分别表示在 10%、5%、1% 的水平上显著，模型（1）、模型（3）、模型（5）括号内为 z 值，模型（2）、模型（4）、模型（6）括号内为 t 值。

表5.2 中模型（1）为全样本条件下，使用似不相关回归方法得到的实证结果，回归结果显示，农业补贴对农业土地资本投入、农业劳动力投入、农业技术投入均有显著的正向影响。具体而言：第一，当被解释变量为土地资本投入时，首先，农业补贴的回归系数为正且通过显著水平检验，表明随着农业补贴增加，农户的土地资本投入增加；其次，农户风险态度的回归系数显著为负，表明农户越是风险规避者越不愿意增加土地的投入。第二，当被解释变量为农业劳动力投入时，首先，农业补贴的回归系数显著为正，表明随着农业补贴的增加，农户愿意增加劳动供给；其次，农户风险态度的回归系数为负但未通过显著性检验，表明在样本区间内农户风险态度并未对农户的劳动力投入产生显著影响。第三，当被解释变量为农业技术投入时，首先，农业补贴的回归系数显著为正，表明随着农业补贴的增加，农户愿意增加农业科技投入；其次，农户风险态度的系数显著为负，表明农户越是风险规避者越不愿意增加对农业的科技投入。

（2）异质性实证结果分析。

我们在进行基本实证检验之后，探讨了异质性条件下，农业补贴对农户农业投入的影响，异质性检验由粮食主产区与非粮食主产区视角展开。

由表5.2可知，不管是粮食主产区还是非粮食主产区，农业补贴均显著提高了农户的农业生产投入，尽管如此，在提升程度方面存在一定差异。就土地资本投入而言，农业补贴对非粮食主产区农户土地资本投入的影响更高；就劳动力投入而言，农业补贴对粮食主产区与非粮食主产区的影响相同，均是0.0002；就技术投入而言，农业补贴对粮食主产区的技术投入影响更大，换言之，农业补贴对粮食主产区农业机械化的推进发挥了更大的作用。

（3）稳健性检验实证结果分析。

为检验实证结果是否稳健，我们运用OLS方法使用相同的数据进行了回归，回归结果如表5.2模型（2）、模型（4）、模型（6）所示，通过对比回归结果可以发现，使用似不相关回归及OLS回归所得到的结果接近，据此可知，我们所获得的实证结果稳健，实证结论真实可信，但是由于似不相关回归为多方程联合估计，因此，使用似不相关回归所得到的估计结果更加有效。

5.2.2 农业补贴对农业企业投入决策影响的实证检验

5.2.2.1 模型与数据

（1）基础模型。

以第2章构建的基本模型为基础，基于前述农业补贴对农业生产者投入决策影响的机理分析，以式（2-43）：$\frac{\partial a}{\partial s} = \frac{1}{\varsigma_t s_t}\alpha\vartheta p_t y_t$、式（2-44）：$\frac{\partial k}{\partial s} = \frac{1}{(r_t + \delta_t)s_t}\beta\vartheta p_t y_t$、式（2-45）：$\frac{\partial l}{\partial s} = \frac{1}{w_t s_t}\gamma\vartheta p_t y_t$ 为依据，结合实证检验需要，借鉴陈强（2013）的做法，我们构建如下计量模型：

$$y \equiv \begin{pmatrix} y_1 \\ y_2 \\ y_3 \end{pmatrix} = \begin{pmatrix} x_1, & 0, & 0 \\ 0, & x_2, & 0 \\ 0, & 0, & x_3 \end{pmatrix}\begin{pmatrix} \beta_1 \\ \beta_2 \\ \beta_3 \end{pmatrix} + \begin{pmatrix} \varepsilon_1 \\ \varepsilon_2 \\ \varepsilon_3 \end{pmatrix} \quad (5-2)$$

式（5-2）中，y_1、y_2、y_3 分别代表农业企业在农业生产中的资本投入、劳动力投入、技术投入，β_1、β_2、β_3 为系数向量组，x_1、x_2、x_3 为以向量组表示的解释变量，包括农业企业获得的农业补贴、农业企业的盈利能力、经营能力、发展能力以及农业企业年龄等指标。

（2）变量与数据。

①变量设定。依据数理分析及计量模型，我们分别对被解释变量与解释变量做如下设定。

被解释变量：依据计量模型，被解释变量共有三个，它们分别是农业企业资本投入，以农业企业资产总值的对数表示；农业企业劳动力投入，以农业企业在职员工人数的对数表示；农业企业技术投入，以农业企业技术人员占员工总数的比表示。

解释变量：农业补贴以农业企业获得的补贴额的对数表示；农业企业盈利能力以农业企业营业利润率表示；农业企业发展能力以农业企业可持续增长率及总资产增长率表示；农业企业经营能力以农业企业总资产周转率表示；农业企业年龄以上市时间表示；此外，我们还对公司虚拟变量及年份虚拟变量进行了控制。

②数据说明。本部分实证分析数据来源于国泰安数据库（CSMAR）以及巨潮网上市公司年报，其中补贴数据、企业员工数据、技术人员数据、企业年龄数据来源于年报或通过年报信息推算得出，其他数据来源于国泰安数据库（CSMAR）。样本选择 2012 年证监会发布的行业分类农业类上市公司，样本区间为 2006~2019 年，去除已退市、主营业务已经不是农业、经营资料报告不齐全的企业后，最终筛选得出 42 家农业上市企业作为研究对象。

基于数理分析与实证模型，综合考虑实证数据可得性，依据实证变量设定，我们对实证变量进行了定义并给出了描述性统计结果（如表 5.3 所示）。

表 5.3   变量定义与描述性统计

变量性质	变量符号	变量名称	变量定义	观测值	均值	标准差	最小值	最大值
被解释变量	lnac	资本投入	农业企业资本投入	481	38.2980	64.5535	2.8800	655.790
	lnlab	劳动力投入	农业企业劳动力投入	481	7.3978	1.3795	3.8501	11.2407
	at	技术投入	农业企业技术投入	465	13.2933	9.9036	0.9259	65.0794
解释变量	lnsub	农业补贴	农业企业获得的补贴	468	15.8476	1.6778	9.0989	19.1825
	opr	营业利润率	农业企业盈利状况	481	-0.0310	0.8723	-17.5112	1.0349
	tat	总资产周转率	农业企业经营状况	481	0.5257	0.2903	0.0534	1.6629
	tag	总资产增长率	农业企业发展状况	481	0.1510	0.3613	-0.5305	4.4509
	ssg	可持续增长率	农业企业发展状况	481	-0.0049	0.7669	-15.4471	4.9576
	age	企业年龄	农业企业上市时间长短	481	9.3568	5.4640	0.0000	23.0000

5.2.2.2 农业补贴对农业企业投入决策影响的实证结果分析

（1）模型有效性检验。

与单方程回归相比，似不相关回归的优势是提高估计效率，表 5.4 最后一行报告了扰动项之间无同期相关检验的 p 值，检验结果 p 值为 0，因此，在 1% 的显著水平拒绝各方程的扰动项相互独立的原假设。因此，我们使用似不相关回归进行系统性估计是有效率的。

（2）基本实证结果分析。

以第 2 章构建的基本模型为基础，基于前述农业补贴对农业生产者投入决策影响的机理分析，结合农业上市公司 2006～2019 年数据，我们对农业补贴对农业企业投入决策的影响进行了实证检验，检验结果如表 5.4 所示。

表 5.4　　　农业补贴对农业企业投入决策影响的实证结果

变量名称	模型（1）	模型（2）
资本投入		
农业补贴	0.0733 *** （5.5600）	0.0734 *** （5.2100）
年龄	0.0690 *** （8.9900）	0.0689 *** （8.4100）
可持续增长率	0.0492 ** （2.2200）	0.0468 ** （1.9700）
常数	1.3154 *** （6.1700）	1.3144 *** （5.7800）
公司虚拟变量	控制	控制
年份虚拟变量	控制	控制
样本量	454	454
劳动力投入		
农业补贴	0.0618 *** （3.8800）	0.05925 *** （3.4600）
营业利润率	0.0398 ** （2.1900）	0.0252 （0.9900）
总资产周转率	0.5331 *** （5.0800）	0.3242 ** （2.1300）
可持续增长率	0.0278 （1.0600）	0.0248 （0.8500）
常数	5.0051 *** （19.1700）	5.1024 *** （17.9700）
公司虚拟变量	控制	控制
年份虚拟变量	控制	控制
样本量	454	454
技术投入		
农业补贴	0.2143 （1.1400）	0.2165 （1.0700）

续表

变量名称	模型 (1)	模型 (2)
营业利润率	0.2984 (1.0700)	0.3345 (1.1100)
总资产增长率	1.0101 (1.5100)	1.2814 * (1.7200)
常数	40.3451 *** (13.2000)	40.2411 *** (12.2900)
公司虚拟变量	控制	控制
年份虚拟变量	控制	控制
样本量	454	454
同期相关检验	p = 0.0000	

注：*、**、*** 分别表示在10%、5%、1%的水平上显著，模型（1）括号内为 z 值，模型（2）括号内为 t 值。

表5.4中模型（1）为使用似不相关回归方法得到的实证结果，回归结果显示，农业补贴对农业企业资本投入、劳动力投入、技术投入均有正向影响，但是农业补贴对农业技术投入影响未通过显著性检验。具体而言，包括以下几点。

第一，当被解释变量为资本投入时，一是农业补贴的回归系数为0.0733且通过1%显著水平检验，表明农业补贴每增加1%会使得农业企业资本投入增加0.0733；二是农业企业年龄的回归系数为0.069且通过1%显著水平检验，表明农业企业年龄每增加1年会使得农业企业资本投入增加0.069；三是可持续增长率的回归系数为0.0492且通过5%显著水平检验，表明可持续增长率每增加1会使得农业企业资本投入增加0.0492。

第二，当被解释变量为劳动力投入时，一是农业补贴的回归系数为0.0618且通过1%显著水平检验，表明农业补贴每增加1%会使得农业企业劳动力投入增加0.0618；二是营业利润率的回归系数为0.0398且通过5%显著水平检验，表明营业利润率每增加1会使得农业企业劳动力投入增加0.0398；三是总资产周转率的回归系数为0.5331且通过1%显著水平检验，表明总资产周转率每增加 1 会使得农业企业劳动力投入增加 0.5331；四是可持续增长率未通过显著性检验，表明在样本期间内，可持续增长率未对农业企业劳动力投入产生显著性影响。

第三，当被解释变量为技术投入时，一是农业补贴的系数为正但未通过显著性检验，表明在样本期间内，农业补贴未对农业企业技术投入产生显著影响，可能的原因是实证分析中技术投入的表示变量为技术人员占员工总数的比，农业补贴对该表示变量未产生直接影响；二是营业利润率及总资产增长率未通过显著性检验，表明在样本期间内，营业利润率及总资产增长率未对农业企业技术投入产生显著影响。

（3）稳健性检验实证结果分析。

为检验实证结果是否稳健，我们运用 OLS 方法使用相同的数据进行了回归，回归结果如表 5.4 模型（2）所示，通过对比回归结果可以发现，使用似不相关回归与 OLS 回归所得到的结果存在一定差别，但核心变量的系数符号及显著性未发生变化。据此可知，我们所获得的实证结果稳健，实证结论真实可信，但是由于似不相关回归为多方程联合估计，因此，使用似不相关回归所得到的估计结果更加有效。

5.3　农业补贴对农业生产者产出决策影响的实证分析

5.3.1　农业补贴对农户产出决策影响的实证检验

5.3.1.1　农业补贴对农户产量影响的实证检验

（1）模型与数据。

①基础模型。以第 2 章构建的基本模型为基础，基于前述农业补贴对

农业生产者产出决策影响的机理分析，以式（2-47）：$\frac{\partial y}{\partial s} = \frac{\theta_t}{\vartheta p_t}$ 为依据，我们构建面板数据模型：

$$\text{lnoutp} = \alpha_0 + \alpha_1 \text{lnsub}_{it} + \kappa x_{it} + \lambda_j + \mu_t + \varepsilon_{ijt} \qquad (5-3)$$

其中，lnoutp 表示农户产出，lnsub_{it} 表示 t 期 i 农户获得的补贴，x_{it} 表示由控制变量构成的向量，κ 表示系数向量，λ_j、μ_t、ε_{ijt} 分别表示个体效应、时间效应以及残差项，α_0、α_1 为系数。

②变量与数据。

第一，变量设定。

被解释变量：农户农业产出。产出是农户进行农业生产经营的最终目的，从政策立意可知，农业补贴的重要目标便是保证农产品供给。农户的产出可以分为价值形式与数量形式，由于数据的限制并借鉴已有研究成果（李江一，2016），我们选择价值形式衡量农户产出。

解释变量：农户获得的补贴金额。农户获得的补贴金额反映了国家对农业生产经营的支持强度，为此我们以当年农户获得的补贴性收入表示。

控制变量：农户风险态度，农业受到双重风险的影响，农户的风险态度会对农户的农业生产经营产生直接影响，进而影响农户产出水平，我们将绝对风险规避者定义为1，非绝对风险规避者界定为0；农业劳动时间，直接反映农户农业劳动供给状况，农业作为劳动密集型产业，劳动供给量的多寡直接关系到农户产出水平，我们以农户每年农业劳动月数表示；土地面积，农业生产离不开土地，土地是农户进行农业生产经营的基础，土地面积的大小直接关系到农户的产出水平；此外，为了控制年份变化给农户生产经营造成的影响，我们对年份进行了控制。

第二，数据说明。

本部分实证分析的数据来源于中国家庭金融调查（CHFS）2011 年、2013 年以及 2015 年三轮调查结果。中国家庭金融调查对农村居民的农业补贴、土地承包面积、农业劳动时间、农户农业产值等信息进行了详细调查，为研究农业补贴对农户产出的影响提供了丰富的经验数据。

第三，数据处理。

为了消除异常值的影响，我们使用 winsor2 对数据进行了 5% 及 95% 分位缩尾处理。

③异质性分析。我国幅员辽阔，各个地区农业生产条件存在较大差异，农业补贴对不同农业生产条件的区域农业产出的影响会存在一定差异。在此情况下，基于不同农业生产条件，对农业补贴对不同区域农业产出产生的影响进行实证检验，有助于加深对农业补贴对农业产出影响的认知。

基于数理分析与实证模型，综合考虑实证数据可得性，依据实证变量设定，我们对实证变量进行了定义并给出了描述性统计结果（如表 5.5 所示）。

表 5.5　　　　　　　　　　变量定义与描述性统计

变量性质	变量符号	变量名称	变量定义	观测值	均值	标准差	最小值	最大值
被解释变量	lnoutp	农业产出	农户农业生产经营产出	8846	10.1784	2.9424	-0.2877	20.2124
解释变量	lnsub	农业补贴	农户获得的政府补贴	9442	5.9345	1.0698	-3.8167	12.8992
控制变量	risk	风险态度	农户的风险态度	12313	0.5212	0.4996	2.0000	12.0000
	mon	劳动时间	农户农业劳动力投入	12432	6.9478	3.6389	0.0000	1.0000
	acre	土地面积	农户农业生产所使用的土地	11229	6.3498	5.3793	1.0000	21.0000

（2）农业补贴对农户产量影响的实证结果分析。

①实证模型选择。表 5.6 最后一行列示了 Hausman 检验结果，结果表明模型（1）、模型（2）强烈拒绝原假设，故而应该使用固定效应模型，而非随机效应模型；模型（3）的 p 值为 0.1294，接受原假设，使用随机效应模型。

②基本实证结果分析。以第 2 章构建的基本模型为基础，基于前述农业补贴对农业生产者产出决策影响的机理分析，结合中国家庭金融调查

（CHFS）2011 年、2013 年以及 2015 年数据，使用面板数据模型，实证检验了农业补贴对农户产出决策的影响，实证结果如表 5.6 所示。

表 5.6 农业补贴对农户产出决策影响的实证结果

变量	模型（1）	模型（2）	模型（3）
农业补贴	0.4692 *** (15.7400)	0.5158 *** (15.9200)	0.4559 *** (19.1800)
风险态度	− 0.0008 （− 0.0200）	− 0.0181 （− 0.4500）	− 0.0624 （− 1.2900）
劳动时间	0.0093 (1.5300)	0.0068 (1.0700)	0.0376 *** (5.4200)
土地面积	0.0181 *** (2.8700)	0.0174 *** (2.8800)	0.0104 *** (6.5900)
常数	5.7157 *** (31.7500)	5.4873 *** (28.1200)	5.5290 *** (36.9200)
年份虚拟变量	控制	控制	控制
样本量	6771	4671	2100
Hausman 检验	p = 0.0000	p = 0.0000	p = 0.1294

注：*、**、*** 分别表示在 10%、5%、1% 的水平上显著，括号内为 t 值。

表 5.6 中模型（1）为全样本数据回归结果，回归结果表明：第一，解释变量农业补贴的回归系数为 0.4692 且通过 1% 显著水平检验，表明在样本期间内，农业补贴每增加 1% 会使农户产出增加 0.4692。第二，控制变量层面，土地面积的回归系数为 0.0181 且通过 1% 显著水平检验，表明样本期间内土地面积每增加 1 亩会使农户的产出增加 0.0181；农户的风险态度与农户劳动时间未通过显著性检验，表明样本期间内农户的风险态度与农户劳动时间未对农户产出产生显著影响。

③异质性实证结果分析。我们在进行基本实证检验之后，探讨了异质性条件下，农业补贴对农户农业产出的影响，模型（2）是对粮食主产区

农业补贴对农户产出决策的影响，模型（3）是对非粮食主产区农业补贴对农户产出决策的影响。由表 5.6 可知，不管是粮食主产区还是非粮食主产区，农业补贴均显著提高了农户的农业产量，但是提升幅度存在一定差异，农业补贴对粮食主产区农户粮食产量提高的影响更大（系数为 0.5158 大于非粮食主产区的 0.4559），这在一定程度上说明农业补贴有助于稳定粮食生产，保证国家粮食安全。

5.3.1.2　农业补贴对农户产出结构影响的实证检验

（1）模型与数据。

①基础模型。以第 2 章构建的基本模型为基础，基于前述农业补贴对农业生产者产出结构的数理分析，并考虑实证检验现实：农户产出结构即作物决策是无序的，我们构建 Mlogit 模型：

$$P(crop_{it} = j \mid \cdot) = G(\alpha + \gamma lnsub_{it} + \beta x_{it}) \qquad (5-4)$$

其中，$crop_{it}$ 表示 t 期农户 i 种植的作物，根据中国家庭金融调查（CHFS）2015 年数据，粮食作物共分 3 类 6 种（水稻、小麦、玉米、大豆、马铃薯及甘薯）[①]，$lnsub_{it}$ 表示 t 期 i 农户获得的补贴，x_{it} 表示由控制变量构成的向量，β 表示系数向量，α、γ 为系数。

②变量与数据。

第一，变量设定。

被解释变量：农户的产出结构，即农户在多种可供选择生产的作物中如何做出决策，进而最终决定农户的产出结构，我们着重对农业补贴对农户粮食作物的产出结构进行了实证检验。[②]

解释变量：农户获得的补贴金额。国家通过补贴政策的调整会对农户的作物选择产生影响，最终决定农户的产出结构（如国家在东北地区实施的大豆生产者补贴），为此我们以当年农户获得的补贴性收入表示。

---

① 其中，水稻、小麦、玉米为谷物，马铃薯、甘薯为薯类，大豆为豆类。

② 农作物由粮食作物与经济作物构成，农业补贴的初衷是稳定粮食生产、保证粮食安全，因此，粮食作物受到农业补贴的影响更为显著，且由于数据的限制，经济作物数据较少，难以满足实证的需要，有鉴于此，本书仅对农业补贴对农户粮食作物生产结构的影响进行实证检验。

控制变量：农户风险态度，农业受到双重风险的影响，因此，农户的风险态度会对农户的农业生产经营产生直接影响，面对风险农户会选择保障性更高的作物即在同等状况下，理性农户会倾向于补贴更多的作物，为此将绝对风险规避者定义为1，非绝对风险规避者界定为0；农业劳动时间，直接反映农户从事农业劳动供给状况，农业作为劳动密集型产业，劳动供给量的多寡直接关系到农户产出结构，我们以农户每年农业劳动月数表示；雇佣工人农业劳动具有很强的季节性，农忙季节对劳动需求较大，当农户自有劳动资源无法满足自身需求时将会雇佣工人从事农业生产，若不能雇佣到足够的工人，农户可能会从事劳动需求量小或能够错开农忙时节作物的生产，从而对农户的产出结构产生影响；土地面积，农业生产离不开土地，土地是农户进行农业生产经营的基础，土地面积的大小直接关系到农户的产出结构；农业机械，农业机械的使用不仅能够降低农户的劳动需求，解放农村劳动力，同时若作物能够使用机械将会提高农户的工作效率，改变农户产出结构；水是农业生产的重要资源，是否有充足的灌溉设施是影响农户作物决策的重要因素；供电设施，作物的灌溉需要使用电力资源，良好的供电设施在一定程度上影响着农户作物选择与产出结构。

第二，数据说明。

本部分实证分析的数据来源于中国家庭金融调查（CHFS）2015年调查结果。中国家庭金融调查对农村居民的农业补贴、土地承包面积、农业劳动时间、农户作物种植及产出状况、农业生产条件状况等内容进行了详细调查，为研究农业补贴对农户产出结构的影响提供了丰富的经验数据。

③异质性分析。我国各个地区农业生产条件存在较大差异，不同地区适宜生产的农作物也存在一定差异，在此情况下，农业补贴对不同农业生产条件的区域农业产出结构必然会产生不同影响。不仅如此，我国农业生产还面临供给侧结构性改革的压力，由农业补贴入手，探讨农业补贴对不同区域农业产出结构的影响也是我国农业补贴政策的重要着力点。

基于数理分析与实证模型，综合考虑实证数据可得性，依据实证变量设定，我们对实证变量进行了定义并给出了描述性统计结果（如表5.7所示）。

表 5.7　　　　　　　　　　　　变量定义与描述性统计

变量性质	变量符号	变量名称	变量定义	观测值	均值	标准差	最小值	最大值
被解释变量	crop	作物品种	农户的产出结构	10641	4.7223	1.4053	1.0000	6.0000
解释变量	lnsub	农业补贴	农户获得的补贴	7872	6.0163	1.0384	0.0000	12.5426
控制变量	risk	风险态度	农户的风险态度	10641	0.5265	0.4993	0.0000	1.0000
	mon	劳动时间	农户农业劳动力投入	10486	13.1362	8.1909	2.0000	30.0000
	empl	雇佣工人	农户是否雇佣工人	10635	0.1015	0.3019	0.0000	1.0000
	acre	土地面积	农业生产使用的土地	10313	6.8957	6.1164	1.0000	24.3000
	agrmc	农业机械	是否使用农业机械	10641	0.7150	0.4514	0.0000	1.0000
	irrfa	灌溉设施	是否有灌溉设施	10301	0.3987	0.4896	0.0000	1.0000
	suele	供电设施	是否有供电设施	10295	0.2545	0.4356	0.0000	1.0000

（2）农业补贴对农户产出结构影响的实证结果分析。

①模型适用性检验。Mlogit 模型使用的前提条件是满足无关方案独立性（IIA）假设，为此本书进行了 Hausman 检验，检验结果表明无法拒绝 IIA 的原假设，因此，可以使用 Mlogit 模型进行回归检验。

②基本实证结果分析。以第 2 章构建的基本模型为基础，基于前述农业补贴对农业生产者产出结构的数理分析，结合中国家庭金融调查（CHFS）2015 年数据，使用 Mlogit 模型，实证检验了全样本条件下农业补贴对农户产出结构的影响，实证结果如表 5.8 所示。

表 5.8　　　　　　　农业补贴对农户产出结构影响的实证结果

变量	模型（1）	模型（2）	模型（3）	模型（4）	模型（5）
农业补贴	0.1812 *** (3.1900)	0.2187 *** (3.5300)	0.1986 *** (3.2800)	0.0910 (1.0200)	0.0427 (0.5800)
风险态度	0.3577 *** (3.5200)	0.3505 *** (3.2200)	0.1433 (1.3300)	0.3606 ** (2.2500)	0.3505 *** (2.6300)

变量	模型（1）	模型（2）	模型（3）	模型（4）	模型（5）
劳动时间	−0.0340 *** (−5.5500)	−0.0337 *** (−5.0900)	−0.0027 (−0.4200)	−0.0340 *** (−3.4000)	0.0087 (1.1000)
雇佣工人	0.0380 (0.2100)	−0.2446 (−1.2600)	0.4462 ** (2.4200)	0.2917 (1.1300)	−0.1185 (−0.4800)
土地面积	0.0029 (0.3100)	−0.0255 ** (−2.4800)	−0.0617 *** (−5.8200)	0.0301 ** (2.1900)	−0.0765 *** (−5.0700)
农业机械	0.4017 *** (3.5600)	0.9266 *** (7.2200)	0.1533 (1.2900)	0.0853 (0.4700)	−0.0613 (−0.4300)
灌溉设施	0.5523 *** (4.0900)	0.9648 *** (6.8100)	1.0788 *** (7.7300)	0.4056 ** (1.9900)	0.1320 (0.7500)
供电设施	0.4245 *** (2.6000)	0.7074 *** (4.2100)	0.0458 (0.2700)	0.0687 (0.2800)	0.3804 * (1.8400)
常数项	0.5900 * (1.8400)	−0.8250 ** (−2.3400)	−0.0497 (−0.1500)	−1.3420 *** (−2.6200)	−0.1211 (−0.2900)
Hausman 检验	P = 1.0000				
样本量	7641	7641	7641	7641	7641

注：*、**、*** 分别表示在10%、5%、1%的水平上显著，括号内为 z 值，模型（1）至模型（5）分别是从事玉米、小麦、水稻、甘薯及大豆生产的农户的实证结果，参照组为从事马铃薯生产的农户。

　　表5.8报告了农业补贴对农户产出结构的影响，模型（1）~模型（3）中农业补贴对农户的玉米、小麦及水稻的生产都具有正向作用即农业补贴促使农户增加玉米、小麦及水稻的供给。由实证结果可知，农业补贴对农户小麦供给的激励作用最大，为0.2187；水稻次之，为0.1986；玉米最小，为0.1812。具体实证结果如表5.8所示。

　　③异质性实证结果分析。第一，基于主产区视角的异质性分析。以第2章构建的基本模型为基础，基于前述农业补贴对农业生产者产出结构的数理分析，结合中国家庭金融调查（CHFS）2015年数据，使用 Mlogit 模型，实证检验了粮食主产区样本条件下农业补贴对农户产出结构的影响，

实证结果如表5.9所示。

表 5.9　　　　　农业补贴对主产区农户产出结构影响的实证结果

变量	模型（1）	模型（2）	模型（3）	模型（4）	模型（5）
农业补贴	0.2303 * (1.6800)	0.5513 *** (3.5200)	0.2651 * (1.7700)	0.1513 (0.6600)	0.1697 (0.8000)
风险态度	0.0954 (0.8500)	0.0382 (0.3200)	−0.0062 (−0.0500)	−0.2922 (−1.5900)	0.1989 (1.1800)
劳动时间	−0.0485 *** (−6.6800)	−0.0428 *** (−5.4500)	−0.0213 *** (−2.7400)	−0.0042 (−0.3500)	−0.0479 *** (−4.2400)
雇佣工人	−0.2340 (−1.2100)	−0.5430 ** (−2.4900)	0.1004 (0.5000)	−0.1951 (−0.6100)	0.2365 (0.9000)
土地面积	0.0425 *** (4.6800)	0.0091 (0.9200)	0.0421 *** (4.6400)	0.0392 *** (3.7900)	0.0428 *** (4.6800)
农业机械	0.4446 *** (3.6700)	0.9927 *** (7.1100)	0.2365 * (1.8100)	−0.1512 (−0.7700)	0.2792 (1.5000)
灌溉设施	0.5516 *** (3.8100)	1.0001 *** (6.5400)	1.0340 *** (6.8000)	0.0469 (0.1900)	0.3305 (1.5600)
供电设施	0.1889 (1.200)	0.5562 *** (3.4000)	−0.0829 (−0.5000)	−0.1433 (−0.5300)	−0.5127 ** (−2.0600)
常数项	1.4589 *** (7.7100)	−0.1081 (−0.5000)	0.3520 * (1.7100)	−0.8345 *** (−2.7200)	−0.6538 ** (−2.2800)
Hausman 检验	P = 1.0000				
样本量	5906	5906	5906	5906	5906

注：*、**、*** 分别表示在10%、5%、1%的水平上显著，括号内为 z 值，模型（1）至模型（5）分别是从事玉米、小麦、水稻、甘薯及大豆生产的农户的实证结果，参照组为从事马铃薯生产的农户。

　　表 5.9 报告了农业补贴对主产区农户产出结构的影响，模型（1）~模型（3）中农业补贴对农户的玉米、小麦及水稻生产均有显著的促进作用，即农业补贴的实施会促使农户增加玉米、小麦及水稻的供给，由实证结果

可知，农业补贴对小麦的促进作用最大，为 0.5513；对水稻的促进作用次之，为 0.2651；对玉米的促进作用最小，为 0.2303。具体回归结果如表 5.9 所示。

第二，基于非主产区视角的异质性分析。以第 2 章构建的基本模型为基础，基于前述农业补贴对农业生产者产出结构的数理分析，结合中国家庭金融调查（CHFS）2015 年数据，使用 Mlogit 模型，实证检验了非主产区样本条件下农业补贴对农户产出结构的影响，实证结果如表 5.10 所示。

表 5.10　　　农业补贴对非主产区农户产出结构影响的实证结果

变量	模型（1）	模型（2）	模型（3）	模型（4）	模型（5）
农业补贴	0.3512 *** (2.5600)	0.5215 *** (3.2900)	0.1245 (0.8900)	0.1336 (0.8400)	0.3591 (1.3300)
风险态度	− 0.0202 (− 0.1600)	− 0.0223 (0.1600)	− 0.2085 (− 1.5700)	− 0.1483 (− 0.9900)	− 0.1917 (− 0.7800)
劳动时间	− 0.0228 *** (− 4.5100)	− 0.0407 *** (− 6.4200)	0.0005 (0.1100)	− 0.0158 *** (− 2.6300)	− 0.0114 (− 1.1000)
雇佣工人	0.2470 (1.0300)	0.0080 (0.0300)	0.3549 (1.4500)	0.2145 (0.7900)	0.0250 (0.0500)
土地面积	0.0987 *** (6.0000)	0.0990 *** (6.0200)	0.0346 ** (1.9900)	0.0981 *** (5.9300)	0.0773 *** (3.3300)
农业机械	0.4803 *** (3.5800)	1.1093 *** (7.0100)	0.2191 (1.5900)	0.3097 ** (2.0000)	− 0.1503 (− 0.6000)
灌溉设施	0.0340 (0.2300)	0.4483 *** (2.8600)	0.4236 *** (2.8800)	− 0.4374 ** (− 2.5000)	0.0664 (0.2400)
常数项	0.9642 *** (5.3600)	− 0.3700 * (− 1.7400)	0.8199 *** (4.4800)	0.1365 (0.6600)	− 1.5031 *** (− 4.3500)
Hausman 检验	P = 1.0000				
样本量	4155	4155	4155	4155	4155

注：*、**、***分别表示在10%、5%、1%的水平上显著，括号内为 z 值，模型（1）至模型（5）分别是从事玉米、小麦、水稻、马铃薯及大豆生产的农户的实证结果，参照组为从事甘薯生产的农户。

表 5.10 报告了农业补贴对非主产区农户产出结构的影响。农业补贴在模型（1）、模型（2）中显著为正，表明农业补贴会使农户增加玉米、小麦的供给，由实证结果可知，农业补贴对小麦的促进作用最大，为 0.5215；对玉米的促进作用略小，为 0.3512。具体回归结果如表 5.10 所示。

通过对比农业补贴对粮食主产区与非粮食主产区农户产出结构的实证结果可知，首先，农业补贴对不同区域农产品供给产生不同影响，对粮食主产区而言，农业补贴会使农户增加玉米、小麦及水稻的供给；对非粮食主产区而言，农业补贴会使农户增加玉米与小麦的供给。其次，农业补贴对不同区域同一种农产品供给的影响存在一定差异，农业补贴对粮食主产区小麦的供给影响更大（系数为 0.5513 大于非粮食主产区的 0.5215），农业补贴对非粮食主产区农户玉米的供给影响更大（系数为 0.3512 大于粮食主产区的 0.2303）。由此可知，通过农业补贴的调整能够对农户农产品供给结构产生影响，进而促进供给侧结构性改革的实现。

5.3.2　农业补贴对农业企业产出决策影响的实证检验

5.3.2.1　农业补贴对农业企业产量影响的实证检验

（1）模型与数据。

①基础模型。以第 2 章构建的基本模型为基础，基于前述农业补贴对农业生产者产出决策影响的机理分析，以式（2－47）：$\dfrac{\partial y}{\partial s} = \dfrac{\theta_t}{\vartheta p_t}$ 为依据，结合实证检验需要，我们构建如下计量模型：

$$\text{lnout}_{it} = \alpha_0 + \alpha_1 \text{lnsub}_{it} + \kappa x_{it} + \lambda_j + \mu_t + \varepsilon_{ijt} \qquad (5-5)$$

其中，lnout_{it} 表示 t 期农业企业 i 的产出，lnsub_{it} 表示第 t 期农业企业 i 获得的补贴，x_{it} 表示由控制变量构成的向量，κ 表示系数向量，λ_j、μ_t、ε_{ijt} 分别表示个体效应、时间效应以及残差项，α_0、α_1 为系数。

②变量与数据。

第一，变量设定。

被解释变量：农业企业的产出，我们以当期农业企业销售商品、提供劳务收到的现金与存货净额的和表示。

解释变量：农业企业获得的补贴金额，为支持农业企业发展，财政对农业企业予以财政补贴支持。

控制变量：为了获得稳健的回归结果，我们对如下变量进行了控制。农业公司年龄，上市时间长短在一定程度上反映了农业企业生产经营状况及稳健状态，也体现了企业的积累状况，在一定程度上影响农业企业产出；在职人员人数，反映了农业企业规模状况，农业企业规模越大产出越多；技术人员，科技是第一生产力，科技人员作为重要的科技投入直接关系到农业企业的科研创新能力进而影响农业企业的产出；农业企业资产收益率、总资产周转率、财务杠杆率及可持续增长率等指标也会对农业企业产出产生影响；此外，由于农业企业不同年份之间获得的农业补贴并不相同，我们对年份虚拟变量进行了控制。

第二，数据说明。

本部分实证分析数据来源于国泰安数据库（CSMAR）以及巨潮网上市公司年报，样本选择2012年证监会发布的行业分类农业类上市公司，样本区间为2006～2019年，去除已退市、主营业务已经不是农业、经营资料报告不齐全的企业后，最终筛选得出42家农业上市企业作为研究对象。

基于数理分析与实证模型，综合考虑实证数据可得性，依据实证变量设定，我们对实证变量进行了定义并给出了描述性统计结果（如表5.11所示）。

表5.11　　　　　　　　　　　　变量定义与描述性统计

变量性质	变量符号	变量名称	变量定义	观测值	均值	标准差	最小值	最大值
被解释变量	lnout	农业企业产出	农业企业的产值	485	21.1219	1.1053	17.0903	25.1446
解释变量	lnsub	农业补贴	农业企业获得的补贴额	469	15.8516	1.6783	9.0989	19.1825

变量性质	变量符号	变量名称	变量定义	观测值	均值	标准差	最小值	最大值
控制变量	age	公司年龄	农业企业上市时间	482	9.3568	5.4640	0.0000	23.0000
	lab	在职员工	农业企业的规模	481	49.9924	113.0893	0.4700	761.6600
	tec	技术人员	农业企业技术投入	465	365.6516	558.7824	5.000	3730.0000
	roa	资产收益率	农业企业的资产收益状况	481	0.0213	0.1069	-1.3873	0.5262
	tat	总资产周转率	农业企业总资产周转状况	481	0.5257	0.2902	0.0534	1.6629
	cl	财务杠杆率	农业企业的财务杠杆状况	481	1.4961	1.2704	-4.0691	10.8989
	sgr	可持续增长率	农业企业可持续增长状况	481	-0.0049	0.7669	-15.4471	4.9576

（2）农业补贴对农业企业产量影响的实证结果分析。

①模型适用性检验。本节实证检验使用的是面板数据模型，为了确定使用固定效应模型还是随机效应模型，我们进行了 Hausman 检验，Hausman 检验结果表明在 10% 显著水平下，所有回归模型均强烈拒绝原假设，故而应该使用固定效应模型，而非随机效应模型。

②基本实证结果分析。以第 2 章构建的基本模型为基础，基于前述农业补贴对农业生产者产出决策影响的机理分析，使用 2006 ~ 2019 年农业上市公司数据，使用面板数据模型实证检验了农业补贴对农业企业产出的影响，回归结果如表 5.12 所示。

表 5.12　　　　农业补贴对农业企业产出影响的实证结果

变量	模型（1）	模型（2）	模型（3）	模型（4）	模型（5）
农业补贴	0.0554 *** (3.5100)	0.0542 *** (3.4200)	0.0385 ** (2.5300)	0.0297 ** (1.9900)	0.0387 *** (2.7100)

续表

变量	模型（1）	模型（2）	模型（3）	模型（4）	模型（5）
公司年龄	—	0.0671 *** （7.4000）	0.0683 *** （7.9300）	0.0676 *** （7.8400）	0.0642 *** （7.8400）
在职员工	—	—	0.0030 *** （6.7000）	0.0024 *** （4.5300）	0.0021 *** （4.1300）
技术人员	—	—	—	0.0005 *** （4.9100）	0.0005 *** （5.2700）
资产收益率	—	—	—	—	0.1748 （0.9500）
总资产周转率	—	—	—	—	0.8204 *** （6.4200）
财务杠杆率	—	—	—	—	0.0125 （0.8900）
可持续增长率	—	—	—	—	0.0248 （1.0200）
常数	19.8131 *** （81.0800）	19.6960 *** （78.9400）	19.7635 *** （83.2500）	19.7948 *** （85.3800）	19.2248 *** （81.0900）
年份虚拟变量	控制	控制	控制	控制	控制
样本量	468	467	467	453	453
Hausman 检验	P = 0.0556	P = 0.0891	P = 0.0002	P = 0.0003	P = 0.0002

注：*、**、*** 分别表示在 10%、5%、1% 的水平上显著，括号内为 t 值。模型（5）中，资产收益率、总资产周转率、财务杠杆率及可持续增长率均属于财务指标，因此，一次性加入模型（5）。

第一，核心解释变量，农业补贴在模型（1）~模型（5）中均显著为正，表明农业补贴的增加会使农业企业产出增加。

第二，控制变量层面，农业企业上市时间对农业企业产出产生了显著影响，由模型（5）可知农业企业上市时间每增加 1 年会使农业企业产出增加 0.0642，可能的原因是上市时间越久，农业企业信誉越高、社会认可度越高，从而激励农业企业更高的产出；在职员工人数对农业企业产出产生了显著影响，由模型（5）可知在职员工每增加 100 人会使农业企业产出增加 0.0021；技术人员人数对农业企业产出产生了显著影响，由模型（5）可知技术人员每增加 1 人会使农业企业产出增加 0.0005；总资产周转率显著增加农业企业产出，由模型（5）可知，总资产周转率增加 1 会使农业企业产出增加 0.8204；其他控制变量，资产收益率、财务杠杆率、可持续增长率虽然回归系数为正，但是并未通过显著性检验，表明在样本期间内上述变量并未对农业企业产出变化产生显著影响。

③稳健性检验实证结果分析。为了检验回归结果是否稳健可信，我们使用逐渐增加控制变量的方法进行了稳健性检验，由模型（1）~模型（5）可知，核心解释变量农业补贴的回归系数一直显著为正，其他控制变量的回归系数及显著性虽有变化，但是变化幅度较小，由此可知回归结果稳健可信。

5.3.2.2　农业补贴对农业企业产出结构影响的实证检验

（1）模型与数据。

①基础模型。以第 2 章构建的基本模型为基础，基于前述农业补贴对农业生产者产出结构的数理分析，我们构建如下计量模型：

$$str_{it} = \alpha_0 + \alpha_1 \ln sub_{it} + \kappa x_{it} + \lambda_j + \mu_t + \varepsilon_{ijt} \qquad (5-6)$$

其中，str 表示农业企业产出结构，$\ln sub_{it}$ 表示 t 期农业企业 i 获得的补贴，x_{it} 表示由控制变量构成的向量，κ 表示系数向量，λ_j、μ_t、ε_{ijt} 分别表示个体效应、时间效应以及残差项，α_0、α_1 为系数。

②变量与数据。

第一，变量设定。

被解释变量：农业企业的产出结构，我们此处研究的产出结构实际上是农业企业的产品多样性问题即农业企业多元化经营问题。收入熵指数是衡量农业企业多元化经营使用最为广泛的指标，为此我们选择收入的熵指数作为衡量农业企业产出结构的代理变量，熵指数的计算方法为：

$$str_{it} = \sum_{j=1}^{n} p_j \ln(1/p_j) \qquad (5-7)$$

其中，p_j 表示农业企业在 j 行业获得的收入占主营业务收入的比重，n 为根据证监会 2012 年发布的《上市公司行业分类指引》中行业代码整理得到的农业企业经营的行业数，熵指数越高，农业企业的多元化程度越高。

解释变量：农业企业获得的补贴金额，为支持农业企业发展，财政对农业企业予以财政补贴支持，如前文理论分析所示，农业补贴会对农业企业产出结构产生影响。

控制变量：为了获得稳健的回归结果并借鉴已有文献（范黎波等，2012；刘云芬、陈砺，2015），我们对如下变量进行了控制。公司年龄，上市时间长短在一定程度上反映了农业企业生产经营状况及稳健状态，在一定程度上会对农业企业产出结构产生影响；在职人员人数，在职人员人数反映了农业企业规模状况，企业规模状况在一定程度上也会对农业企业产出结构产生影响；技术人员，技术人员是农业企业创新的基础，技术人员的多寡会直接影响农业企业的产出结构；农业企业营业利润率、总资产周转率、财务杠杆率及可持续增长率也会对农业企业产出结构产生影响，此外，由于农业企业不同年份之间获得的农业补贴并不相同，我们对年份虚拟变量进行了控制。

第二，数据说明。

本部分实证分析数据来源于国泰安数据库（CSMAR）以及巨潮网上市公司年报，样本选择 2012 年证监会发布的行业分类农业类上市公司，样本区间为 2006～2019 年，去除已退市、主营业务已经不是农业、经营资料报告不齐全的企业后，最终筛选得出 42 家农业上市企业作为研究对象。

第三，数据处理。

为了消除异常值对实证结果的影响，我们使用 winsor2 对变量进行 5% 及 95% 分位进行缩尾处理。

第四，核心变量数据特征分析。

为了直观展示 2006～2019 年我国农业企业产出结构变化状况及获得

补贴状况，我们对农业企业产出结构表示变量熵指数、农业企业获得的补贴金额、补贴覆盖面进行了统计。

如表 5.13 及图 5.1 所示，反映农业企业产出结构特征的熵指数呈现下降趋势，换言之农业企业产出结构有向专业化产出运动的趋势。尽管如此，实施多元化产出的企业在 2010 年以后基本保持稳定，2010 年后实施多元化产出的企业占农业企业的比重一直维持在 70% 左右。就农业补贴而言，2006～2019 年农业企业平均每年获得 19096896.7803 元，并且自 2007 年开始，每年获得农业补贴的企业个数均维持在 90% 以上，表明农业企业大多获得了农业补贴，并且在 2010 年、2012 年及 2018 年全部农业上市公司均获得了来自政府的补贴。

表 5.13　　　　　　　2006～2019 年农业企业产出结构及补贴状况

年份	熵指数	多元化企业个数	专业化企业个数	受补贴企业个数	补贴（元）	多元化经营企业占比	受补贴企业占比
2006	0.6075	18	4	18	3694177.3990	0.8182	0.8182
2007	0.6701	19	3	20	4821763.5964	0.8636	0.9091
2008	0.6277	19	6	24	8962305.4880	0.7600	0.9600
2009	0.5865	22	5	26	11091652.5870	0.8148	0.9630
2010	0.5106	24	9	33	17399983.5291	0.7273	1.0000
2011	0.4315	25	10	34	21659388.5476	0.7143	0.9714
2012	0.4320	27	10	37	25237237.9495	0.7297	1.0000
2013	0.4879	26	11	38	29021361.9342	0.7027	0.9714
2014	0.4763	26	12	37	35135158.8237	0.6842	0.9737
2015	0.5003	29	12	40	36757903.3912	0.7073	0.9756
2016	0.4942	31	11	41	36757903.3912	0.7381	0.9762
2017	0.5255	31	11	41	10871117.0283	0.7381	0.9762
2018	0.4823	31	11	42	16019138.0062	0.7381	1.0000
2019	0.4423	30	10	38	9927463.2525	0.7500	0.9500

资料来源：2006～2019 年农业上市公司年报整理计算获得。

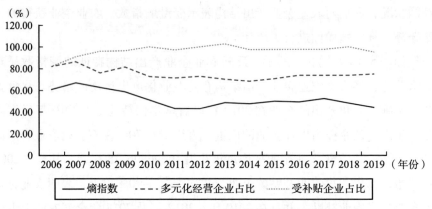

图 5.1　2006～2019 年农业企业产出结构及补贴状况

　　基于数理分析与实证模型，综合考虑实证数据可得性，依据实证变量设定，我们对实证变量进行了定义并给出了描述性统计结果（如表 5.14 所示）。

表 5.14　　　　　　　　　　变量定义与描述性统计

变量性质	变量符号	变量名称	变量定义	观测值	均值	标准差	最小值	最大值
被解释变量	str	农业企业产出结构	农业企业的产出结构	483	0.5061	0.4319	0.0000	1.5109
解释变量	lnsub	农业补贴	农业企业获得的补贴	469	15.8516	1.6783	9.0989	19.1825
控制变量	lnlab	在职员工	农业企业的规模	481	7.3978	1.3795	3.8501	11.2407
	tec	技术人员	农业企业技术投入	465	365.6516	558.7824	5.000	3730.0000
	age	公司年龄	农业企业上市时间	482	9.2739	5.2706	1.0000	19.0000
	opr	营业利润率	农业企业资产收益状况	481	0.0258	0.1574	-0.4002	0.3011
	tat	总资产周转率	农业企业总资产周转状况	481	0.5174	0.2568	0.1753	1.0495

变量性质	变量符号	变量名称	变量定义	观测值	均值	标准差	最小值	最大值
控制变量	cl	财务杠杆率	农业企业财务杠杆状况	481	1.4514	0.6905	0.6757	3.3498
	sgr	可持续增长率	农业企业可持续增长状况	481	0.0220	0.1087	−0.2820	0.2129

（2）农业补贴对农业企业产出结构影响的实证结果分析。

①模型适用性检验。本部分实证检验使用的是面板数据模型，为了确定使用固定效应模型还是随机效应模型，我们进行了 Hausman 检验，Hausman 检验结果表明在 5% 显著水平下，模型（1）、模型（2）、模型（3）均强烈拒绝原假设，故而应该使用固定效应模型，而非随机效应模型；模型（4）、模型（5）的 p 值不显著，接受原假设，使用随机效应模型。

②回归结果分析。以第 2 章构建的基本模型为基础，基于前述农业补贴对农业生产者产出结构的数理分析，使用 2006～2019 年农业上市公司数据，运用面板数据模型实证检验了农业补贴对农业企业产出结构的影响，回归结果如表 5.15 所示。

表 5.15　　　　农业补贴对农业企业产出结构的实证结果

变量	模型（1）	模型（2）	模型（3）	模型（4）	模型（5）
农业补贴	0.0282 *** (3.1100)	0.0225 ** (2.4800)	0.0213 ** (2.3500)	0.0267 *** (3.0100)	0.0262 *** (2.9300)
在职员工	—	0.0963 *** (3.8100)	0.0747 ** (2.5500)	0.0601 ** (2.3000)	0.0595 ** (2.2200)
技术人员	—	—	0.0001 ** (2.2400)	0.0001 (1.3600)	0.0001 * (1.7100)

续表

变量	模型（1）	模型（2）	模型（3）	模型（4）	模型（5）
上市年限	—	—	—	0.0507 *** (5.4100)	0.0512 *** (5.2600)
营业利润率	—	—	—	—	0.1212 (0.7800)
总资产周转率	—	—	—	—	0.0312 (0.3700)
财务杠杆率	—	—	—	—	0.0236 (1.3300)
可持续增长率	—	—	—	—	-0.4026 * (-1.8900)
常数	0.0769 (0.5500)	-0.5518 ** (-2.5500)	-0.3803 (-1.5800)	-0.4367 * (-1.9400)	-0.4752 ** (-2.0900)
年份虚拟变量	控制	控制	控制	控制	控制
样本量	469	468	454	454	454
Hausman 检验	P=0.0217	P=0.0076	P=0.0045	P=0.4609	P=0.6400

注：*、**、*** 分别表示在10%、5%、1%的水平上显著，模型（1）~模型（4）括号内为t值，模型（5）括号内为z值。

农业补贴在模型（1）~模型（5）中的回归系数显著为正，表明农业补贴的增加会提高农业企业产出多样性，进而改变农业企业的产出结构。具体而言，由控制了全部变量的模型（5）的回归结果可知，农业补贴每增加1%会使农业企业收入熵指数提高0.0262，即农业补贴会使农业企业的产品多元化程度显著提高0.0262。

③稳健性检验实证结果分析。为了检验回归结果是否稳健可信，我们使用逐渐增加控制变量的方法进行了稳健性检验，由模型（1）~模型（5）可知，核心解释变量农业补贴的回归系数一直显著为正，其他控制变量的回归系数及显著性虽有变化，但是变化幅度较小，由此可知回归结果

稳健可信，具体结果如表 5.15 所示。

5.4　本 章 小 结

本章依据经验数据，使用计量经济学相关方法，对农业补贴对农业生产者投入产出决策的影响进行了实证检验。实证检验以第 2 章基本模型为基础，以前述的数理分析为指引，由农户与农业企业两个视角展开分析，通过实证分析得到如下结论。

5.4.1　农业补贴提高了农业生产者的要素投入水平

通过实证检验可知，不管是农户还是农业企业，农业补贴均有助于农业生产者要素投入的提高，但是二者存在如下差异：（1）影响的范围不同。由实证结果可知，不管是全样本还是分样本条件下，农业补贴均会显著提高农户的要素投入。与此同时，我们对农业补贴对农业企业要素投入的影响进行了实证检验，检验结果表明农业补贴显著提高了农业企业资本及劳动力要素投入，对技术要素投入没有显著影响。（2）影响程度存在差异。尽管实证过程中农户与农业企业的农业要素的表示变量不同，但是透过回归系数可探知农业补贴影响程度的差异。就通过显著性检验的变量而言，农业补贴对农业企业要素投入的影响程度更高，农业补贴对农业企业资本及劳动力投入产生的影响更大（资本的回归系数为 0.0733，劳动力的回归系数为 0.0618），相比之下对农户的影响相对较小（资本的回归系数为 0.0059，劳动力的回归系数为 0.0002）。据此可知，就农业补贴使用效率而言，农业企业的农业补贴资金使用效率更高。不仅如此，由于农业企业经营规范，企业数量相对较少，有利于政府对农业补贴资金使用的监管。

5.4.2　农业补贴显著提高了农业生产者产出水平，优化了产出结构

（1）农业补贴显著提高了农业生产者的产出水平。通过实证检验可知，不管是农户还是农业企业，农业补贴均有助于农业生产者产量的提高，但是二者的影响程度存在差异。尽管农户与农业企业属于不同的农业生产者，并且产出的表示变量不同，但是依旧可以透过回归系数探知农业补贴影响程度的差异。由实证结果可知，农业补贴对农户产出的影响更高（系数为0.4692），对农业企业的影响相对较小（系数为0.0387）。

（2）农业补贴优化了农业生产者的产出结构。第一，农户视角下的实证结果表明，农业补贴对不同作物的影响程度存在差异，这种差异会对农户产出结构产生影响，优化农产品供给结构，最终推动农业供给侧结构性改革向前发展。第二，农业企业视角下的实证结果表明，农业补贴显著提高了农业企业产品多样化水平，综合考量农业补贴对农业企业从事农业专业化经营的积极作用，农业补贴无疑有助于农业企业形成以农业产业为核心、多样化产品供给为特点的生产经营体系，产品供给的多样化有助于推动农业供给侧结构性改革的实现。

第6章　农业补贴对农业企业
发展影响的实证分析[*]

农业企业作为重要的市场主体，在畅通"小农户"与"大市场"之间关系的过程中发挥着重要作用，农业企业的发展有助于农业产业化的推进。尽管如此，创新难度大、盈利水平低、成长缓慢却成为制约农业企业发展的瓶颈，在此情况下，政府对农业企业进行支持成为推动农业企业发展的应有之意。农业补贴作为支持农业企业发展的重要手段，以推动农业企业发展为主要政策目标。实践中农业补贴对农业企业发展影响如何，需要采用计量经济学方法进行实证检验。为此，本章在第2章农业补贴对农业企业发展影响的机制分析的基础上，使用经验数据，采用计量经济学方法对农业补贴对农业企业创新、盈利能力以及成长能力的影响进行实证分析。

6.1　文　献　综　述

6.1.1　文献回顾

6.1.1.1　农业补贴对农业企业创新的影响

农业的发展与强大必须依靠科技，农业企业作为农业科技创新的主力

---

[*] 尽管农户是重要的农业生产经营主体，但是由于无法有效衡量农户的发展能力，因此，本章关注的焦点是农业补贴对农业企业发展的影响。

军在农业科技创新中发挥着关键作用。农业补贴作为财政支持农业企业发展的重要手段，在推动农业企业科技创新、促进农业企业发展中发挥着激励与引导作用。现有文献由规范分析与实证检验两个视角探讨了农业补贴对农业企业创新的影响。

（1）农业补贴对农业企业创新影响的规范分析。

农业补贴对农业企业创新的影响，主要通过优化创新环境、降低研发成本、降低信息不对称程度、优化政策资源分配及提高资源使用效率等路径实现。首先，农业企业创新活动需要良好的外部环境，农业补贴作为政府支持农业企业创新的重要推手，会降低农业企业的资金约束，为农业企业创新提供宽松的创新环境（吴静、张东平，2018）。其次，企业的创新活动属于高投资、高风险活动，补贴有助于激励企业研发，降低企业的研发成本（Hall & Reenen，2000；王麦宁，2020）。再次，当企业创新活动资金不足时，企业一方面可以向政府申请创新补贴，另一方面可以向投资者寻求资金。当企业向投资者筹集资金时，外部投资者很难完全掌握企业的真实信息，此时补贴作为政府支持企业创新的重要方式便成为一种"隐形担保"，补贴额度与企业创新能力正相关（郭玥，2018）。最后，农业补贴作为重要的政策资源，合理有效的分配策略及良好的政策资源使用效率是推动农业企业科技创新的重要手段（于健南等，2015）。

（2）农业补贴对农业企业创新影响的实证检验。

农业补贴对农业企业创新的影响不仅需要规范分析，而且需要使用经验数据对政策实施效果进行实证检验。就实证检验而言，补贴对企业创新的影响主要集中于农业补贴提高了科研人员的努力程度、增加了研发支出（研发强度）、优化了创新环境、提高了创新能力几个方面：首先，创新是一个艰难的求索过程，需要科研人员不断的努力，布索姆（Busom，1999）使用西班牙企业调查数据，实证分析发现补贴显著增加了企业创新的努力程度。其次，在研发人员努力攻关的同时，研发支出是推动企业技术创新必不可少的原料，补贴的实施显著地提高了企业的研发支出（Hall & Reenen，2000；Boeing，2016；郭玥，2018）。然而，部分学者对此提出了异议，他们通过实证检验发现，政府资金并未对农业企业科技创新产生显著影响（谢玲红、毛世平，2016）。最后，农业企业创新需要良好的外部环境，不断提高创新能力。吴静、张东平（2018）使用调研数据，运用结构方程模型（SEM）对财税优惠对农业创新型企业的影响进行了实证检验，检验结果表明，财税优惠政策会对农业创新型企业外部环境、创新能力产生显著的正向影响。

6.1.1.2　农业补贴对农业企业盈利能力的影响

（1）农业补贴对农业企业盈利能力影响的规范分析。

追逐利润是农业企业进行生产经营的原动力，农业补贴作为支持农业企业发展的重要手段会对农业企业利润产生影响，进而影响企业的盈利能力。规范分析视角下，农业企业盈利能力来源于企业价值创造理论。作为综合反映企业盈利能力的重要指标，价值创造是企业生产经营活动的基本目标。拉帕波特（Rappaport，2002）基于贴现现金流量模型，对企业价值创造的动因进行了分析并认为，企业价值创造的动因包括：所得税税率、销售利润率、销售增长率等七个因素。以价值创造理论为源泉，大量学者基于已有文献对农业补贴对农业企业盈利能力的影响进行了机理分析，并在此基础上提出研究假设，如冷建飞（2007）基于中国农业上市公司的税收补贴与收入补贴状况，对税收补贴与收入补贴对农业企业盈利能力的影响进行了机理分析，并提出相应研究假说；吕珊淑、易加斌（2012）通过对中国农业上市公司税收补贴与农业补贴的现状分析，并结合已有文献对农业补贴与税收补贴对农业上市公司盈利的机理进行了分析，并在此基础上提出了相应的研究假设。

（2）农业补贴对农业企业盈利能力影响的实证检验。

农业补贴对农业企业盈利能力的影响不仅需要规范分析，而且需要使用经验数据进行实证检验。相关的实证研究主要从两个角度进行实证检验：一是农业补贴作为农业企业利润的重要组成部分直接计入农业企业利润，金赛美、汤新华（2003）使用 1999～2002 年农业上市公司数据，采用统计分析方法对优惠政策（税收优惠与补贴）对农业上市公司利润的影响进行了分析，分析结果表明，补贴收入对农业上市公司利润贡献逐渐增

大，农业上市公司利润对补贴收入的依赖性逐渐增强；李红星、李洪军
（2012）使用农业上市公司 2006~2011 年数据，采用统计分析方法对农业
补贴对农业企业盈利能力的影响进行实证分析，分析结果表明，补贴收入
对农业企业盈利能力具有重要影响，补贴收入占农业企业利润的比重达到
31.35%。二是农业补贴引发农业企业盈利能力变化，冷建飞、王凯（2007）
使用农业上市公司 2002~2005 年数据，运用面板数据模型实证检验了农
业补贴对农业上市公司盈利能力的影响，实证结果表明税收补贴对上市公
司盈利产生显著影响，但是对提高盈利水平作用有限，收入补贴对农业上
市公司盈利以及盈利水平提高均未产生显著影响；杨涵、陈和平（2014）
使用中国农业上市公司 2010~2012 年数据，使用因子分析法、回归分析
法对农业上市公司盈利能力影响因素进行了实证检验，实证结果表明财税
补贴与农业企业盈利能力呈现显著正向影响（所得税优惠率系数为 0.015，
收入补贴系数为 0.046）。

6.1.1.3　农业补贴对农业企业成长能力的影响

（1）农业补贴对农业企业成长能力影响的规范分析。

农业企业的长远发展，需要不断提升企业的成长能力，农业补贴作为
支持农业企业发展的重要手段，在推动农业企业成长过程中发挥了重要作
用，相关的规范研究围绕如下几个方面进行了阐述：首先，企业的成长需
要有健全的法律体系、良好的法治环境、较为完善的金融体系，进而保障
与推动企业投资行为，最终推动企业成长（Demirgüç – Kunt & Maksimovic，
1998；Miroshnychenko et al.，2019）。其次，企业的成长会经历多个阶段，
针对企业成长的不同阶段，应该采取不同的财政扶持政策，刘易斯（Lew-
is，1983）构建了企业成长分析框架，在此基础上将企业的成长划分为五
个阶段：初创期、存活期、成功期、快速增长期及资源成熟期，鉴于农业
企业不同成长阶段，农业补贴应适时予以调整。最后，依据企业成长性基
本理论，对现实农业企业成长问题进行分析与研判。梁毕明（2010）对中
国农业上市公司的成长性进行了多角度分析，对农业上市公司的现状、行
业特征、成长性理论以及成长性的判定进行了深入探讨，并对政府宏观调

控政策（如税收优惠、农业补贴等）对农业上市公司的影响进行了分析与说明。

（2）农业补贴对农业企业成长能力影响的实证检验。

农业补贴对农业企业成长能力的影响不仅需要规范分析，而且需要实证检验，以发现现有补贴政策的缺点与不足，进而推动农业企业更好成长，相关的实证研究主要包括以下几个方面：首先，公司年龄、规模以及杠杆率均可能会对企业的成长能力产生影响，埃文斯（Evans，1987），安田（Yasuda，2005），黄和佩特鲁尼亚（Huynh & Petrunia，2010）通过实证检验发现，企业成长能力会随着公司年龄的增加而降低。不仅如此，埃文斯（1987）通过实证检验还发现，公司规模也与企业成长呈现显著的负向关系，黄和佩特鲁尼亚（2010）实证检验发现，杠杆率对企业成长有显著正向影响。其次，农业合作社作为中国新型农业经营主体之一，农业补贴的实施显著提高了农业合作社的成长能力，例如黄金秋、史顺超（2018）使用调研数据，采用主成分分析法，对地方政府对农业合作社成长性的影响进行了实证检验，实证结果表明，政府扶持会推动农业合作社成长，政府扶持每增加 1 会使农业合作社成长性增加 0.119。最后，农业补贴对农业企业的成长发挥了积极作用，陈瑜、马彦图（2017）与许芳、余国新（2018）通过实证检验均发现，农业补贴显著提高了农业企业的成长性。但是若将农业补贴分为税收优惠与收入补贴时，许芳、余国新（2018）通过实证检验却发现，税收优惠显著提高了农业企业的成长能力，但是收入补贴却阻碍了农业企业成长能力的提高。

6.1.2　简要评述

综上所述，农业补贴对农业企业发展的影响，众多学者已经从规范分析与实证检验两个视角进行了大量研究，并取得了丰富的研究成果，众多的研究成果为本章研究农业补贴对农业企业发展的影响提供了理论依据与经验借鉴。

尽管如此，农业补贴对农业企业发展的影响仍可从如下几个方面做进一步完善：第一，作用机理有待进一步探讨。尽管大量实证文献表明，农业补贴对农业企业创新、盈利能力及成长能力均有显著影响，但是农业补贴通过何种路径作用于农业企业创新、盈利能力及成长能力尚且少有论及，为此前述对农业补贴如何作用于农业企业创新、盈利能力及成长能力进行了机理分析。第二，实证分析数据有待进一步细化，以获得更为精确的回归结果。尽管现有文献对农业补贴对农业企业创新影响的实证分析较多，但是纵观现有文献，大量的实证文章均是以农业补贴总量作为解释变量，进而探讨农业补贴对农业企业创新的影响，但是需要明确的是农业创新补贴仅是政府对农业企业补贴的一部分，以农业补贴代替农业企业创新补贴会严重影响回归结果，进而会影响政策实施效果评价，不利于准确研判农业创新补贴对农业企业创新的影响。有鉴于此，我们仔细查阅了2006～2019年农业上市公司年报，并采用关键词搜索方法对农业企业获得的创新补贴进行筛查，将农业补贴数据划分为创新补贴与一般补贴两类，为准确评估农业创新补贴对农业企业创新的影响提供了坚实的研究资料。

6.2 农业补贴对农业企业创新影响的实证分析

6.2.1 模型与数据

6.2.1.1 基础模型

以第2章构建的基本模型为基础，基于前述农业补贴对农业企业创新影响的规范分析，根据实证检验的需要并借鉴郭玥（2018）的研究，我们构建如下基本回归模型：

$$inv_{it} = \alpha_0 + \alpha_1 rdsub_{it} + \alpha_2 nrdsub_{it} + \kappa x_{it} + \lambda_j + \mu_t + \varepsilon_{it} \qquad (6-1)$$

$$y_{it} = \alpha_0 + \alpha_1 rdsub_{it} + \alpha_2 nrdsub_{it} + \eta x_{it} + \lambda_j + \mu_t + \varepsilon_{ijt} \qquad (6-2)$$

式（6-1）、式（6-2）中 inv_{it} 表示 t 期 i 农业企业科技创新投入，y_{it}

表示 t 期 i 农业企业科技创新产出（专利申请数量、发明专利申请数量及非发明专利申请数量），$rdsub_{it}$ 表示 t 期 i 农业企业科技创新获得的科技创新补贴，$nrdsub_{it}$ 表示 t 期 i 农业企业获得的一般补贴，x_{it} 表示由控制变量构成的向量，κ、η 表示系数向量，λ_j、μ_t、ε_{ijt} 分别表示个体效应、时间效应以及残差项，α_0、α_1、α_2 为系数。

6.2.1.2　变量与数据

（1）变量设定。

依据前述的机理分析与数据现实，同时借鉴郭玥（2018）的研究，我们对实证检验变量做如下设定。

被解释变量：①农业企业科技创新投入，我们使用研发支出除以农业企业的资产总额表示农业企业科技创新投入。②农业企业科技创新产出，我们分别以专利申请总数、发明专利申请数及非发明专利申请数表示农业企业科技创新产出。农业企业专利申请总数反映了农业企业科技创新水平，在此基础上借鉴周煊等（2012）、黎文靖和郑曼妮（2016）、郭玥（2018）的研究，我们以发明专利申请数表示农业企业纯粹性科技创新，以非发明专利申请数体现农业企业策略性创新。在样本期间内，由于专利申请数 0 值较多，借鉴郭玥（2018）的做法，我们将专利申请数量加 1 后取对数。

解释变量：与已有大多数研究不同，我们对农业企业获得的补贴进行了区分，通过仔细查阅上市公司年报对创新补贴进行了加总，在此基础上得到创新补贴总额，我们以创新补贴总额除以资产总额作为创新补贴的表示变量。

控制变量：为了使得回归结果更加稳健，我们对如下变量进行了控制：农业企业一般补贴、农业公司年龄、农业企业规模、固定资产占比、盈利能力、发展能力及年份虚拟变量。

（2）数据说明与处理。

①数据说明。本部分实证数据来源于国泰安数据库（CSMAR）、中国研究数据平台（CNRDS）、上市公司年报（2006～2019 年）、国家知识产

权局网站。

其中，研发支出数据通过上市公司年报中的"管理费用—研发费用"及"研发投入—研发投入金额"确定。① 农业企业创新补贴来源于上市公司年报财务报表附录中的"营业外收入—政府补助—政府补助明细"。由于农业企业获得的创新补贴未单独列报，为此我们对上市公司"政府补助明细"进行了仔细查阅，并对每一家上市公司每年的创新补贴进行加总，在此基础上获得了创新补贴总额。农业创新补贴总额的获得需要对农业创新补贴项目范畴进行明确，通过对农业上市公司年报的"政府补助明细"进行阅读与归纳，我们将农业创新补贴项目的范畴标准做如下界定：第一，创新投入类补贴，总体而言创新投入类补贴可分为"软投入"补贴与"硬投入"补贴两类。首先，人才是农业企业创新"软投入"的核心，深刻影响着农业企业创新的成败，为此政府以多种形式对农业企业创新人才的投入进行了补贴，如"农业行业首席专家工作室补助资金""辽宁省农业领域青年科技创新人才培养计划项目""海外赤子为国服务行动计划"补贴等。其次，硬件设施是农业创新的必备要件，为此政府设立多项补贴予以扶持，如"科学仪器补助""研发设备补助""研发仪器设备补助款"等。第二，创新内容类补贴，如"丰两优系列种子补贴""星火计划补助""黄瓜基因 PANEL 开发及优质专用新品种选育项目"等。第三，创新产出类补贴，如"自主创新奖励""专利补贴""高新认定补贴"等。

②数据处理。为了消除异常值的影响，我们对变量的样本观测值使用winsor2 进行了 5% 及 95% 分位的缩尾处理。

（3）农业企业创新特征分析。

基于 2006～2019 年农业上市公司数据，我们对农业上市公司的创新产出状况（专利申请总数、发明专利申请数、非发明专利申请数）、农业上市公司获得的补贴特别是创新补贴状况及农业企业研发支出状况进行了

---

① 由于我国上市公司数据披露政策的调整，2015 年以前不单独列报研发投入（一般可追溯至 2013 年），研发投入作为管理费用，在管理费用科目中列示，为增加样本容量我们将 2006～2013 年研发支出以"管理费用—研发费用"进行补充。

统计，具体结果参见表 6.1 及图 6.1。

表 6.1　　2006～2019 年农业企业创新产出、补贴及研发支出状况

年份	专利申请（件）	发明专利（件）	非发明专利（件）	创新补贴（元）	一般补贴（元）	补贴总额（元）	研发支出（元）
2006	1.00	0.00	1.00	43192.29	1967023	3694177	10758773
2007	2.10	0.00	2.14	1628000	2941559	6768582	7826375
2008	5.08	0.00	5.08	2043827	4515850	9368068	7719067
2009	3.85	0.00	3.85	1071882	6624529	11091653	4722305
2010	5.76	0.12	5.76	2666319	11990736	17399984	9583163
2011	5.06	0.00	5.06	2907824	15249072	21659389	11724498
2012	4.78	0.00	4.78	3050062	19618466	25237238	13351413
2013	3.30	0.03	3.30	3162023	21336128	26660848	24209977
2014	10.16	0.00	10.16	5066079	27536672	35368031	21035263
2015	13.32	0.00	13.32	4052350	33753300	38530063	25544494
2016	14.24	0.00	14.24	4104684	30314876	34321829	31411983
2017	14.64	0.02	14.64	2757123	13671819	16363297	39324672
2018	4.33	0.07	4.29	4627626	21932107	26449552	49347763
2019	5.00	1.80	3.43	3731685	16859855	21341241	52418678

注：理论上存在"专利申请 = 发明专利 + 非发明专利"，但由于对数据进行了缩尾处理，进而导致数据求和不能完全一致。

（a）2006~2019年农业企业研发产出状况

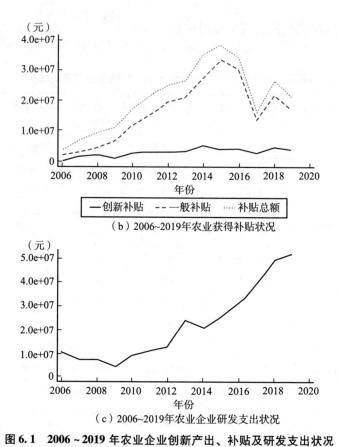

（b）2006~2019年农业获得补贴状况

（c）2006~2019年农业企业研发支出状况

图6.1　2006～2019年农业企业创新产出、补贴及研发支出状况

注：图6.1（a）中专利申请总数与非发明专利在2018年前高度一致，2019年出现差异。

通过表6.1及图6.1可以发现，2006～2019年农业上市公司的创新产出、农业上市公司获得的补贴特别是创新补贴及农业企业研发支出呈现如下特点。

①农业企业创新产出总量波动上升，结构以非发明专利为主。由表6.1及图6.1（a）可知，在农业企业创新产出总量方面，2006～2019年农业企业专利申请数呈现波动上升趋势，2017年达到最大，2017年平均每家农业上市公司申请专利数为14.64件。在农业企业创新产出结构方面，专利申请总数与非发明专利申请数高度一致，表明农业企业创新以非发明专利为主，可喜的是自2017年起发明专利申请数有明显增长趋势，

表明农业企业科技创新能力不断提高。

②创新补贴基本稳定，一般补贴与补贴总额波动较大。由表 6.1 及图 6.1（b）可知，2006～2019 年我国农业企业获得的创新补贴总额基本稳定，一般补贴及补贴总额呈现一定波动，一般补贴及补贴总额在 2015 年达到最高，此时一般补贴金额平均每家企业达到 33753300 元，补贴总额平均每家企业达到 38530063 元。不仅如此，由图 6.1（b）可以清晰地发现，一般补贴与补贴总额的波动呈现高度一致性，这从侧面表明创新补贴所占的比重较小，农业企业获得更多的补贴为一般补贴，换言之，政府对农业企业的创新支持有待进一步加强。

③农业企业研发支出持续攀升。由表 6.1 及图 6.1（c）可知，2006～2019 年农业企业的研发支出持续增加，农业企业对农业科技创新投入不断增加，农业企业研发支出由平均每年 10758773 元增加至平均每年 52418678 元，研发支出的提高为农业企业创新产出的增加提供了坚实基础。

6.2.1.3　异质性分析

为了进一步分析创新补贴对不同分位农业企业创新投入的影响①，我们构建了面板分位回归模型：

$$\text{inv}_q(x_i) = x_i \beta_q \tag{6-3}$$

$$\min_{\beta_q} \sum_{i:\text{inv}_i \geq x_i \beta_q}^{n} q \mid \text{inv}_i - x_i \beta_q \mid + \sum_{i:\text{inv}_i \leq x_i \beta_q}^{n} (1-q) \mid \text{inv}_i - x\beta_q \mid \tag{6-4}$$

其中，β_q 被称为"q 分位回归系数"，我们以 0.2、0.4、0.6、0.8 进行分位回归。

6.2.1.4　内生性问题讨论

内生性问题是以实证视角探讨农业企业创新补贴对农业企业创新的影响不可回避的重要问题，这一问题的出现可能源于遗漏变量。尽管在实证分析

---

① 由于农业企业创新产出 0 值较多，使用分位回归意义不大，因此，我们仅对农业企业创新投入进行了实证检验。

过程中，我们对一般补贴、公司年龄、公司规模等变量进行了控制，但是实证分析的数据主要来源于上市公司年报，我们无法将全部变量纳入实证分析，此时便存在遗漏变量问题。有鉴于此，我们使用动态差分 GMM 估计方法对内生性问题进行处理。基于以上分析，我们构建如下回归模型：

$$\mathrm{inv}_{it} = \alpha_0 + \rho \mathrm{inv}_{i,t-1} + \alpha_1 \mathrm{rdsub}_{it} + \kappa x_{it} + \lambda_j + \mu_t + \varepsilon_i \qquad (6-5)$$

其中，inv_{it} 表示 t 期农业企业 i 的研发投入，$\mathrm{inv}_{i,t-1}$ 表示 t-1 期农业企业 i 的研发投入，x_{it} 表示由控制变量构成的向量，κ 表示系数向量，α_0、ρ、α_1 为系数，λ_j、μ_t 分别表示个体效应、时间效应，ε_i 为随机扰动项。

基于机理分析与实证模型，综合考虑实证数据可得性，依据实证变量设定，我们对实证变量进行了定义并给出了描述性统计（如表 6.2 所示）。

表 6.2　　　　　　　　　变量定义与描述性统计

变量性质	变量符号		变量名称	变量定义	观测值	均值	标准差	最小值	最大值
创新投入	inv		研发强度	研发支出/资产总额	483	0.4785	0.7281	0.0000	2.4596
被解释变量	创新产出	pt	专利申请数	专利申请数（包含发明专利、实用新型和外观设计）	484	0.9908	1.1630	0.0000	3.4657
		pti	发明专利申请数	发明专利申请数	484	0.0576	0.2983	0.0000	2.9444
		nipt	非发明专利申请数	实用新型和外观设计申请数	484	0.9521	1.1647	0.0000	3.4657
解释变量	rdsub		创新补贴	创新补贴/资产总额	483	0.1107	0.1606	0.0000	0.5798
控制变量	nrdsub		一般补贴	一般补贴/资产总额	483	0.7090	1.1091	0.0000	4.4953
	age		公司年龄	农业公司上市时间	482	9.3568	5.4640	0.0000	23.0000
	size		公司规模	资产总额取对数	483	21.4916	0.8847	20.0196	23.2864
	ep		盈利能力	总资产净利润率	481	0.0213	0.1069	-1.3873	0.5262
	da		发展能力	可持续增长率	481	-0.0049	0.7669	-15.4471	4.9576
	gd		固定资产占比	固定资产总额/资产总额	483	0.2687	0.1456	0.0593	0.5574

表 6.2 是主要变量的描述性统计,通过表 6.2 可知,首先,创新补贴、一般补贴占资产总额的比重的均值分别为 0.1107 及 0.7090,据此可知农业企业获得的补贴仅有 1/7 左右用于支持农业企业创新,大量的补贴用于其他用途,在此情况下将创新补贴单独提取出来,聚焦创新补贴对农业企业创新的影响显得更为重要。与此同时,我们在实证中还将一般补贴作为重要控制变量予以控制。其次,创新投入方面,研发支出占资产总额的比重的均值为 0.4785,可以看出,研发支出占资产总额的比重较低,农业企业研发投入较为薄弱。最后,创新产出方面,专利申请、发明专利申请以及非发明专利申请的均值分别为 0.9908、0.0576 及 0.9521,表明农业企业创新集中于非发明专利层面,更能体现农业企业创新质量的发明专利申请数较少,不利于农业企业形成核心竞争力。

6.2.2 农业补贴对农业企业创新影响的实证结果分析

6.2.2.1 基本实证结果分析

(1) 实证模型选择。

表 6.3 最后一行列示了 Hausman 检验结果,结果表明模型 (1)、模型 (2) 强烈拒绝原假设,故而应该使用固定效应模型,而非随机效应模型。模型 (3) ~模型 (8) 接受原假设,因此,使用随机效应模型。

(2) 回归结果分析。

基于第 2 章构建的基本模型,基于前述农业补贴对农业企业创新影响的机理分析,结合我国农业上市公司 2006~2019 年经验数据,对农业补贴对农业企业创新的影响进行了实证检验,检验结果如表 6.3 所示。模型 (1) 和模型 (2) 是对创新投入的实证分析,模型 (3) 和模型 (4) 是对专利申请数的实证检验,模型 (5) 和模型 (6) 是对发明专利申请数的实证检验,模型 (7) 和模型 (8) 是对非发明专利申请数的实证检验。其中,模型 (1)、模型 (3)、模型 (5)、模型 (7) 只含被解释变量与解释变量,模型 (2)、模型 (4)、模型 (6)、模型 (8) 加入了控制变量。

表6.3 农业补贴对农业企业创新影响的实证结果

变量	模型 (1)	模型 (2)	模型 (3)	模型 (4)	模型 (5)	模型 (6)	模型 (7)	模型 (8)
创新补贴	0.5773* (1.8700)	0.5060* (1.7400)	0.4170* (1.8600)	0.4245* (1.6800)	0.0392 (0.6800)	0.0576 (1.0400)	0.3579 (1.6400)	0.3969* (1.6600)
一般补贴	—	-0.0429* (-2.0100)	—	0.0392 (1.0500)	—	0.0004 (0.0700)	—	0.0249 (0.6600)
公司年龄	—	0.0697 (1.1600)	—	-0.0242 (-0.9700)	—	-0.0031 (-1.3500)	—	-0.0289 (-1.1300)
公司规模	—	—	—	0.6405*** (5.7600)	—	0.0315* (1.7800)	—	0.5950*** (5.6100)
固定资产占比	—	0.9932* (1.7700)	—	—	—	—	—	—
盈利能力	—	0.0360* (1.6800)	—	0.4743* (1.6700)	—	0.1483 (0.9900)	—	0.4017 (1.4200)
发展能力	—	0.1580* (1.8600)	—	0.0272* (1.8500)	—	-0.0060 (-1.3400)	—	0.0340** (2.5200)
常数	0.2488 (1.6800)	-0.2353 (-0.7800)	0.4827*** (3.1500)	-12.9588*** (-5.4400)	-0.0001 (-0.6900)	-0.6453* (-1.7300)	0.4775*** (3.0800)	-11.9913*** (-5.2700)
年份虚拟变量	控制	控制	控制	控制	控制	控制	控制	控制
样本量	483	481	480	478	480	478	480	478
Hausman	0.0016	0.0003	0.6270	0.7650	0.3617	0.2423	0.5311	0.8000

注：*、**、***分别表示在10%、5%、1%的水平上显著，模型 (1)、模型 (2) 括号内为 t 值，模型 (3) ~ 模型 (8) 括号内为 z 值。

242

第一，农业补贴对农业企业创新投入的影响。创新补贴对农业企业创新投入的回归系数显著为正，表明农业企业创新补贴很好地增加了农业企业创新投入，有助于农业企业创新活动的开展。第二，农业补贴对农业企业创新产出（专利申请数）的影响。创新补贴对农业企业专利申请数的回归系数显著为正，表明农业创新补贴显著提高了农业企业创新产出。第三，农业补贴对农业企业创新产出（发明专利申请数）的影响。创新补贴对农业企业发明专利申请数没有产生显著影响。由此可知，农业企业创新补贴未对具有实际创新与应用价值的发明专利产生显著影响，即农业创新补贴对农业企业核心创新能力的提升有待进一步加强。第四，农业补贴对农业企业创新产出（非发明专利申请数）的影响。创新补贴的回归系数显著为正，表明农业创新补贴对非发明专利产生显著影响，揭示出当前农业创新较为追求形式创新的尴尬境地。

6.2.2.2 异质性实证结果分析

为了进一步分析创新补贴对农业企业创新的影响，我们结合 2006 ～ 2019 年农业上市公司数据，使用分位回归方法对创新补贴对不同分位农业企业科技创新投入的影响进行了实证检验。

表 6.4 为分别基于 0.2、0.4、0.6、0.8 分位进行分位数回归的估计结果，结果表明：首先，创新补贴不管是在 0.2、0.4、0.6 分位还是 0.8 分位上，其回归系数均显著为正，且有明显的递增趋势，其中 0.2 分位时回归系数为 0.62 且通过 1% 显著性检验，0.4 分位时回归系数为 0.8042 且通过 1% 显著性检验，0.6 分位时回归系数为 1.1548 且通过 1% 显著性检验，0.8 分位时回归系数为 1.9121 且通过 10% 显著性检验。由于 0.6 及 0.8 分位回归系数均大于 1，表明具有明显的扩张趋势，这在一定程度上验证了图 2.5 的作用机制，即以创新补贴作为政府信任与担保信号，激励社会资本流入农业企业，参与农业企业的科技创新活动。其次，一般补贴在 0.2、0.4、0.6 分位回归系数显著为负，且有明显递减趋势，这也在一定程度上表明创新补贴与一般补贴存在此消彼长关系。最后，其他控制变量如公司年龄、公司规模、发展能力在各个分位数下均不显著，盈利能

力在0.2、0.4、0.6分位显著为正，即盈利能力越强研发支出增加越多。

表6.4　　创新补贴对农业企业研发投入影响的分位数回归结果

变量	QR_20	QR_40	QR_60	QR_80
创新补贴	0.6200 *** (2.5900)	0.8042 *** (3.8400)	1.1548 *** (2.7400)	1.9121 * (1.7700)
一般补贴	−0.0791 *** (−3.4300)	−0.0921 *** (−4.6300)	−0.1166 *** (−2.9000)	−0.1699 (−1.6300)
公司年龄	−0.0056 (−0.8800)	−0.0058 (−1.0700)	−0.0062 (−0.5600)	−0.0071 (−0.2400)
公司规模	0.0074 (0.2100)	−0.0238 (−0.7600)	−0.0832 (−1.3200)	−0.2116 (−1.3100)
盈利能力	0.0209 * (1.6700)	0.0273 ** (2.5400)	0.0395 * (1.8200)	0.0659 (1.1700)
发展能力	0.0007 (0.0400)	0.0097 (0.6800)	0.0270 (0.9300)	0.0643 (0.8500)
年份虚拟变量	控制	控制	控制	控制
样本量	478	478	478	478

注：*、**、*** 分别表示在10%、5%、1%的水平上显著，括号内为 z 值。

6.2.2.3　内生性处理实证结果分析

（1）模型适用性检验。

使用动态差分 GMM 模型进行估计，必须要满足一定的适用条件，即对扰动项差分是否存在一阶与二阶自相关进行检验。由表6.5可知，扰动项差分存在一阶自相关的 P 值为0.0661，通过10%显著水平检验，存在一阶自相关；扰动项差分存在二阶自相关的 P 值为0.9958，不存在二阶自相关，因此，可以使用动态差分 GMM 模型进行参数估计。此外，Sargan 检验的 P 值为0.9272，无法拒绝"所有工具变量均有效"的原假设，Sargan 检验结果表明我们所使用的工具变量有效。

（2）回归结果分析。

基于 2006～2019 年农业上市公司经验数据，使用动态差分 GMM 估计方法，对农业创新补贴对农业企业创新的影响进行了实证检验，检验结果如表 6.5 所示。

表 6.5　　　　创新补贴对农业企业创新影响的 GMM 回归结果

变量	系数	标准误	Z 值	P 值
研发支出滞后 1 期	0.5647	0.1912	2.9500	0.0030
创新补贴	0.2386	0.1419	1.6800	0.0930
一般补贴	− 0.0188	0.0077	− 2.4400	0.0150
公司年龄	0.0182	0.0164	1.1100	0.2660
公司规模	0.0223	0.1711	0.1300	0.8960
盈利能力	− 0.0026	0.0014	− 1.9000	0.0570
发展能力	0.0039	0.0057	0.6900	0.4890
常数	− 0.4721	3.4958	− 0.1400	0.8930
样本量	397			
AR（1）	0.0661			
AR（2）	0.9958			
Sargan	0.9272			

由表 6.5 可知，使用动态差分 GMM 进行估计时，农业企业创新补贴的系数为正，并通过 10% 显著水平检验，说明农业企业创新补贴会对农业企业创新产生显著影响，表明实证结论是可靠的。

6.2.2.4　稳健性检验实证结果分析

为了检验回归结果是否稳健，我们采用增加控制变量的方法对回归结果的稳健性进行了验证（如表 6.3 所示），回归结果表明随着对更多变量的控制，核心解释变量创新补贴的回归系数与显著性基本保持稳定，回归结果稳健可信。

6.3 农业补贴对农业企业盈利
能力影响的实证分析

基于前述农业补贴对农业企业盈利能力影响的机理分析，本节将对农业补贴对农业企业盈利能力的影响进行实证分析。

6.3.1 模型与数据

6.3.1.1 基础模型

以第 2 章构建的基本模型为基础，基于前述农业补贴对农业企业盈利能力影响的规范分析，根据实证检验的需要，我们构建如下基本回归模型：

$$\text{profit}_{it} = \alpha_0 + \alpha_1 \text{lnsub}_{it} + \kappa x_{it} + \lambda_j + \mu_t + \varepsilon_{it} \qquad (6-6)$$

其中，profit_{it} 表示 t 期 i 农业企业盈利能力，lnsub_{it} 表示 t 期 i 农业企业获得的补贴，x_{it} 表示由控制变量构成的向量，κ 表示系数向量，λ_j、μ_t、ε_{it} 分别表示个体效应、时间效应以及残差项，α_0、α_1 为系数。

6.3.1.2 变量与数据

（1）变量设定。

被解释变量：借鉴国泰安数据库对盈利能力的分析，我们采用营业净利率作为反映农业企业盈利能力的指标，同时将总资产利润率作为替代指标进行稳健性检验。

解释变量：以农业企业当年获得的农业补贴的对数表示农业企业获得政府财政支持的状况。

控制变量：为了使得回归结果更加稳健，我们对如下变量进行了控制：农业公司上市年限、技术人员占比、员工总数、固定资产规模、内源性融资及年份虚拟变量。

（2）数据说明。

本节实证数据来源于国泰安数据库（CSMAR）、中国研究数据平台（CNRDS）、上市公司年报（2006～2019 年）、国家知识产权局网站。

6.3.1.3　异质性分析

为了进一步分析农业补贴对不同分位农业企业盈利能力的影响，我们构建了面板分位回归模型：

$$\text{profit}_q(x_i) = x_i \beta_q \tag{6-7}$$

$$\min_{\beta_q} \sum_{i:\text{profit}_i \geqslant x_i\beta_q}^{n} q \mid \text{profit}_i - x_i\beta_q \mid + \sum_{i:\text{profit}_i \leqslant x\beta_q}^{n} (1-q) \mid \text{profit}_i - x\beta_q \mid$$

$$\tag{6-8}$$

其中，β_q 被称为"q 分位回归系数"，我们以 0.2、0.4、0.6、0.8 进行分位回归。

6.3.1.4　内生性问题讨论

虽然农业补贴对农业企业而言是外生变量，不会因农业企业的意志发生改变。但是我国农业企业众多，国家层面就先后公布八批次农业产业化龙头企业，遗憾的是我们实证检验的样本是农业上市公司，显然样本选择是非随机的，样本选择的非随机性会使得回归结果有偏。为了解决因样本选择的非随机性导致的回归结果可能不稳健的问题，我们使用 Heckman 两步法进行进一步检验。为此，我们构建如下回归模型：

$$\text{prob}(\text{sub}_{it} = 1) = \varphi(\gamma Z_{it}) = \alpha_0 + \alpha_1 \text{pt}_{it} + \alpha_2 \text{profit}_{it} + \mu_{year} + \varepsilon_{it}$$

$$\tag{6-9}$$

$$\text{profit}_{it} = \beta_0 + \beta_1 \text{sub}_{it} + \beta_2 x_{it} + \mu_{year} + \varepsilon_{it} \tag{6-10}$$

其中，α_0、β_0 为常数，α_1、α_2、β_1 为系数，β_2 为系数向量；μ_{year} 为年度效应，选择方程有补贴为 1，否则为 0。

6.3.1.5　机制检验

农业企业要长足发展，必须培养自身的核心竞争力，核心竞争力的培养关键在于农业企业创新水平的提高，农业企业创新水平的提高无疑会使农业企业在市场竞争中处于优势地位，获得竞争优势，进而获得超额利润，最终会使农业企业盈利能力提高，即农业创新补贴↑→农业企业创新水平↑→农业企业利润水平↑→农业企业盈利能力↑，具体作用路径如图6.2所示。

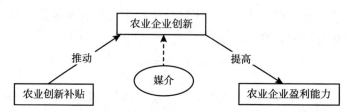

图6.2　农业创新补贴对农业企业盈利能力的作用机制

由图6.2可知，农业创新补贴以农业企业创新为媒介促使农业企业盈利能力提高。具体而言，首先，农业创新补贴能够有效推动农业企业创新；其次，农业企业创新能力的提高会使农业企业形成自身的核心竞争力，使得农业企业在市场竞争中处于优势地位，获得更多的利润，最终会使得农业企业盈利能力提高。

机制分析表明，农业补贴会以农业企业创新为媒介对农业企业盈利能力产生影响，为了实证检验该机制，我们构建如下中介效应模型：

$$\text{profit}_{it} = \alpha_0 + \alpha_1 \text{rdsub}_{it} + \varphi x_{it} + \lambda_j + \mu_t + \varepsilon_{it} \qquad (6-11)$$

$$\text{inv}_{it} = \beta_0 + \beta_1 \text{rdsub}_{it} + \kappa x_{it} + \lambda_j + \mu_t + \varepsilon_{it} \qquad (6-12)$$

$$\text{profit}_{it} = \gamma_0 + \gamma_1 \text{rdsub}_{it} + \gamma_2 \text{inv}_{it} + \eta x_{it} + \lambda_j + \mu_t + \varepsilon_{it} \qquad (6-13)$$

其中，profit_{it}表示t期i农业企业盈利能力，inv_{it}表示t期i农业企业科技创新投入，rdsub_{it}表示t期i农业企业科技创新获得的科技创新补贴。x_{it}表示由控制变量构成的向量，φ、κ、η表示系数向量，α_0、β_0、γ_0、α_1、β_1、γ_1、γ_2为系数，λ_j、μ_t、ε_{it}分别表示个体效应、时间效应以及残差项。

基于机理分析与实证模型，综合考虑实证数据可得性，依据实证变量设定，我们对实证变量进行了定义并给出了描述性统计结果（如表6.6所示）。

表6.6   变量定义与描述性统计

变量性质	变量符号	变量名称	变量定义	观测值	均值	标准差	最小值	最大值
被解释变量	nor	营业净利率	净利润/营业收入	481	-0.0135	0.9152	-18.4981	1.3746
	roa	总资产净利润率	净利润/总资产余额	481	0.0213	0.1069	-1.3873	0.5262
解释变量	lnsub	农业补贴	农业补贴额的对数	468	16.0516	1.5828	9.0989	19.4890
控制变量	age	公司年龄	公司上市时间	482	9.3568	5.4640	0.0000	23.0000
	tec	技术人员占比	技术人员/员工总数	465	0.1299	0.1012	0.0019	0.6508
	emp	员工总数	员工总人数的对数	481	7.3978	1.3795	3.8501	11.2407
	fa	固定资产规模	固定资产净额的对数	481	19.9879	1.2493	16.7331	23.8471
	inf	内源性融资	内源性融资规模	483	6.7311	26.8807	-24.0390	362.6610

6.3.2 农业补贴对农业企业盈利能力影响的实证结果分析

6.3.2.1 基本实证结果分析

（1）模型适用性检验。

表6.7最后一行列示了 Hausman 检验结果，结果表明模型（2）强烈拒绝原假设，故而应该使用固定效应模型，而非随机效应模型。模型（1）、模型（3）、模型（4）接受原假设，因此，使用随机效应模型。

（2）实证结果分析。

基于前述农业补贴对农业企业盈利能力影响的机理分析，结合我国农业上市公司 2006～2019 年经验数据，对农业补贴对农业企业盈利能力的影响进行了实证检验，检验结果如表6.7所示。模型（1）和模型（2）是农业补贴对营业净利率的实证检验，模型（3）和模型（4）是农业补贴对总资产净利润率的实证检验。其中，模型（1）和模型（3）只含被解释变量与解释变量；模型（2）和模型（4）加入了控制变量。

表 6.7　　　　　　农业补贴对农业企业盈利能力影响的实证结果

变量	模型（1）	模型（2）	模型（3）	模型（4）
农业补贴	0.0064* (1.6500)	0.0080* (1.7400)	0.0425** (2.2600)	0.0381** (2.2400)
公司年龄	—	0.0017 (0.7100)	—	0.0115 (0.8500)
技术人员占比	—	0.0702 (0.7200)	—	—
员工总数	—	0.0415*** (2.9000)	—	0.1616 (1.4000)
固定资产规模	—	-0.0643*** (-4.3200)	—	-0.1557 (-1.4300)
内源性融资	—	0.0018*** (3.9200)	—	0.0034 (1.0800)
常数	-0.0606 (-1.0700)	0.8515*** (3.4900)	-0.5717** (-1.9800)	1.3157 (1.1800)
年份虚拟变量	控制	控制	控制	控制
样本量	466	452	466	466
Hausman	0.1334	0.0363	0.7260	0.4089

　　注：*、**、***分别表示在10%、5%、1%的水平上显著，模型（1）、模型（3）、模型（4）括号内为 z 值，模型（2）括号内为 t 值。

　　第一，核心解释变量农业补贴的系数为 0.0080 且通过 10% 显著水平检验，表明农业补贴每增加 1% 会使农业企业的营业净利润率增加 0.0080。第二，员工总数的系数为 0.0415 且通过 1% 显著水平检验，表明员工总数每增加 1% 会使农业企业营业净利润率增加 0.0415。第三，固定资产的回归系数为 -0.0643 且通过 1% 水平的显著性检验，表明固定资产每增加 1 会使营业净利润率降低 0.0643，可能的原因是农业产业生产周期较长，当期固定资产增加很难在当期形成利润，最终会使得当期利润减少。第四，内

源性融资的系数为 0.0018 且通过 1% 显著水平检验，表明内源性融资每增
加 1 会使农业企业营业净利润率增加 0.0018。第五，其他控制变量公司年
龄及技术人员占比未对农业企业盈利能力产生显著影响。

6.3.2.2　异质性实证结果分析

为了进一步分析农业补贴对农业企业盈利能力的影响，我们结合
2006～2019 年农业上市公司数据，使用分位回归方法对农业补贴对不同
分位农业企业盈利能力的影响进行实证检验，回归结果如表 6.8 所示。

表 6.8　　　　农业补贴对农业企业盈利能力影响的分位数回归结果

变量	营业净利润率			
	QR_20	QR_40	QR_60	QR_80
农业补贴	0.0096 (0.9800)	0.0102 (1.5100)	0.0115 *** (3.3200)	0.0120 ** (2.4300)
公司年龄	−0.0022 (−0.7000)	−0.0018 (−0.8500)	−0.0012 (−1.0400)	−0.0009 (−0.5400)
员工总数	−0.0192 (−1.3600)	−0.0165 * (−1.6700)	−0.0108 ** (−2.1100)	−0.0084 (−1.1600)
固定资产	−0.0104 (−0.4100)	−0.0101 (−0.5700)	−0.0095 (−1.0500)	−0.0092 (−0.7100)
内源性融资	0.0087 ** (2.0300)	0.0082 *** (2.7100)	0.0070 *** (4.4800)	0.0064 *** (2.9200)
年份虚拟变量	控制	控制	控制	控制
样本量	452	452	452	452

注：*、**、*** 分别表示在 10%、5%、1% 的水平上显著，括号内为 z 值。

核心解释变量农业补贴对不同分位农业企业营业净利润率的影响不
同，仅从系数的角度考察，农业补贴的回归系数随着营业净利润率分位的
提高而逐渐增大，但是不同分位的显著水平存在差异，农业补贴对 0.2 分

251

位、0.4 分位农业企业营业净利润率未产生显著影响，而对 0.6 分位及 0.8 分位农业企业营业净利润率的影响显著为正，其中 0.8 分位的系数最大为 0.0120 且通过 5% 的显著水平检验，表明农业补贴每增加 1 会使处于 0.8 分位的农业企业营业净利润率增加 0.0120。

6.3.2.3　内生性处理实证结果分析

我们结合 2006～2019 年农业上市公司数据，采用 Heckman 方法对内生性问题进行了实证处理，实证结果如表 6.9 所示。

表 6.9　　　　　　　　　　　　　Heckman 回归结果

变量	系数	标准误	Z 值	P 值
营业净利润率				
农业补贴	0.0195	0.0100	1.9500	0.0510
公司年龄	0.0084	0.0060	1.4100	0.1600
员工总数	0.0953	0.0115	8.3100	0.0000
固定资产	−0.0946	0.0414	−2.2900	0.0220
内源性融资	0.0031	0.0016	1.9000	0.0570
年份虚拟变量	控制			
常数	1.0068	0.6572	1.5300	0.1260
选择方程				
专利	0.0127	0.0061	2.0900	0.0370
净利润	0.0151	0.0015	10.1400	0.0000
年份虚拟变量	控制			
常数	0.0087	0.2242	0.0400	0.9690
LR	86.2500			0.0000
样本量	477			

由表 6.9 可知，使用 Heckman 两步法进行回归时，农业补贴依旧对农业企业营业净利润率产生显著影响，据此可知回归结果可靠。

6.3.2.4 机制检验实证结果分析

（1）模型适用性检验。

农业补贴对农业企业盈利能力影响的机制分析表明，农业创新补贴会以农业企业创新为媒介对农业企业的盈利能力产生影响，然而是否存在中介效应需要按照相应程序进行检验，借鉴温忠麟等（2004）的做法我们构建如下检验流程。

由图 6.3 可知，要检验农业创新补贴是否通过影响农业企业创新进而影响农业企业的盈利能力需要做如下检验：第一，检验式（6-11）中创新补贴的系数是否显著，若显著则进行下一步检验，若不显著表明农业企业盈利能力与创新补贴不具备中介效应，检验过程终止。第二，当式（6-11）中创新补贴系数显著时，我们进一步对式（6-12）中创新补贴系数显著性及式（6-13）中农业企业创新系数显著性进行检验。第三，当式（6-12）中创新补贴系数及式（6-13）中农业企业创新系数均显著时，我们进一步对式（6-13）中农业企业创新补贴系数进行检验，当系数显著时表明存在中介效应，当系数不显著时表明存在完全中介效应。第四，当式（6-12）中创新补贴系数及式（6-13）中农业企业创新系数至少有一个不显著时，我们需要进行 Sobel 检验，若 Sobel 检验显著则存在中介效应，若 Sobel 检验不显著则不存在中介效应。

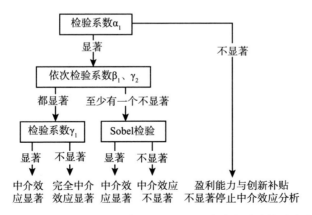

图 6.3 农业创新补贴与农业企业盈利能力中介效应检验流程

（2）实证结果分析。

基于 2006～2019 年农业上市公司数据，我们对农业企业创新补贴是否通过农业企业创新路径影响农业企业盈利能力进行了实证检验，检验结果如表 6.10 所示。

表 6.10　　　农业创新补贴与农业企业盈利能力中介效应回归结果

变量	模型（1）	模型（2）	模型（3）
创新补贴	0.3328 * (1.6800)	0.3347 * (1.7900)	0.2987 (1.2800)
非创新补贴	0.0091 (0.3700)	－0.0317 (－1.5900)	0.0124 ** (2.0100)
创新投入	—	—	0.0392 * (1.7300)
公司年龄	0.0114 (1.0000)	0.0058 (0.2100)	0.0118 (0.8500)
固定资产规模	－0.1572 ** (－2.1500)	0.1493 (0.9100)	－0.1534 (－1.3300)
员工人数	0.1846 *** (2.7900)	0.0927 (0.5400)	0.1857 (1.4100)
内源性融资	0.0035 * (1.7400)	0.0026 (0.8600)	0.0034 (1.1000)
年份虚拟变量	控制	控制	控制
常数	1.7529 (1.5500)	－3.1195 (－1.1000)	1.2831 (1.1500)
Hausman 检验	0.1411	0.0021	0.5052
样本量	481	481	481

注：*、**、*** 分别表示在 10%、5%、1% 的水平上显著，模型（1）、模型（3）括号内为 z 值，模型（2）括号内为 t 值。

根据中介效应检验流程，第一，检验式（6-11）中的创新补贴系数是否显著，表 6.10 模型（1）是对式（6-11）的实证检验，检验结果显示创新补贴系数在 10% 水平下显著。第二，检验式（6-12）中创新补贴系数是否显著，表 6.10 模型（2）是对式（6-12）的实证检验，检验结果表明创新补贴系数在 10% 水平下显著，同时表 6.10 模型（3）是对式（6-13）的实证检验，检验结果表明农业企业创新的系数在 10% 水平下显著，系数均显著表明农业创新补贴通过农业企业创新影响农业企业盈利能力。第三，检验式（6-13）中的创新补贴系数是否显著，表 6.10 模型（3）是对式（6-13）的实证检验，检验结果表明创新补贴并未通过显著性检验。综合以上检验可知，农业企业创新在农业企业盈利能力与农业创新补贴中发挥完全中介效应，即农业创新补贴会通过影响农业企业创新的途径进而影响农业企业盈利能力。

6.3.2.5　稳健性检验实证结果分析

我们采取了替换被解释变量的方法对回归结果的稳健性进行了检验，检验结果如表 6.11 所示。

表 6.11　　　农业补贴对农业企业盈利能力影响的分位数回归结果

变量	总资产净利润率			
	QR_20	QR_40	QR_60	QR_80
补贴	0.0417 （0.6700）	0.0412 （1.0000）	0.0402 *** （3.2000）	0.0398 ** （1.9900）
公司年龄	-0.0061 （-0.3900）	-0.0047 （-0.4500）	-0.0023 （-0.7100）	-0.0012 （-0.2300）
员工总数	-0.0135 （-0.1500）	-0.0100 （-0.1700）	-0.0039 （-0.2100）	-0.0011 （-0.0400）
固定资产	-0.0488 （-0.3200）	-0.0529 （-0.5300）	-0.0608 ** （-2.0100）	-0.0644 （-1.3400）
内源性融资	0.0206 （1.1200）	0.0186 （1.5200）	0.0152 *** （4.0300）	0.0136 *** （2.2900）
年份虚拟变量	控制	控制	控制	控制
样本量	452	452	452	452

注：*、**、*** 分别表示在 10%、5%、1% 的水平上显著，括号内为 z 值。

我们以营业净利润率为基本被解释变量用来反映农业企业的盈利能力，但是为了验证回归结果的稳健性，我们用总资产净利润率替代营业净利润率进行回归，回归结果显示农业补贴同样对总资产净利润率有显著影响，回归结果较为稳健。

6.4 农业补贴对农业企业成长能力影响的实证分析

基于前述农业补贴对农业企业成长能力影响的规范分析，本节将对农业补贴对农业企业成长能力的影响进行实证分析。

6.4.1 模型与数据

6.4.1.1 基础模型

以第2章构建的基本模型为基础，基于前述农业补贴对农业企业成长能力影响的规范分析，根据实证检验的需要，我们构建如下基本回归模型：

$$grow_{it} = \alpha_0 + \alpha_1 lnsub_{it} + \varphi x_{it} + \lambda_j + \mu_t + \varepsilon_{it} \qquad (6-14)$$

其中，$grow_{it}$表示t期i农业企业成长能力，$lnsub_{it}$表示t期i农业企业获得的补贴，x_{it}表示由控制变量构成的向量，φ表示系数向量，λ_j、μ_t、ε_{it}分别表示个体效应、时间效应以及残差项，α_0、α_1为系数。

6.4.1.2 变量与数据

（1）变量设定。

被解释变量：借鉴国泰安数据库对成长能力的分析，我们采用可持续增长率作为反映农业企业成长能力的指标。

解释变量：以农业企业当年获得的农业补贴的对数表示农业企业获得

政府财政支持状况。

控制变量：为了使得回归结果更加稳健，我们对如下变量进行了控制：固定资产规模、员工总数、农业公司上市年限、技术人员占比、风险水平及年份虚拟变量。

（2）数据说明。

本节实证数据来源于国泰安数据库（CSMAR）、中国研究数据平台（CNRDS）、上市公司年报（2006～2019 年）、国家知识产权局网站。

6.4.1.3 内生性问题讨论

内生性问题是以实证视角探讨农业补贴对农业企业成长能力影响不可回避的重要问题，这一问题的出现可能源于遗漏变量。尽管我们在实证分析过程中对固定资产、员工总数、公司年龄等变量进行了控制，但是由于实证数据基本来源于上市公司年报，遗漏变量成为无法回避的客观现实，变量遗漏会引发内生性问题。有鉴于此，我们采用动态差分 GMM 估计方法对内生性问题进行处理。为此，构建如下回归模型：

$$\text{grow}_{it} = \alpha_0 + \rho\,\text{grow}_{i,t-n} + \alpha_1 \ln\text{sub}_{it} + \varphi x_{it} + \lambda_j + \mu_t + \varepsilon_i \qquad (6-15)$$

其中，grow_{it} 表示 t 期农业企业 i 的可持续增长率，$\text{grow}_{i,t-n}$ 表示 t−n 期农业企业 i 的可持续增长率，x_{it} 表示由控制变量构成的向量，φ 表示系数向量，α_0、ρ、α_1 为系数；λ_j、μ_t 分别表示个体效应、时间效应；ε_i 为随机扰动项。

6.4.1.4 机制检验

农业补贴能够推动农业企业成长，促使农业企业成长能力提高，但是农业补贴通过何种机制影响农业企业成长需要我们做进一步分析。为此，我们借鉴中介效应模型，对农业补贴影响农业企业成长的路径进行探讨：一是农业补贴通过影响农业企业的内源性融资进而影响农业企业的成长能力；二是农业补贴通过影响农业企业创新进而影响农业企业成长能力。具体作用路径如图 6.4 所示。

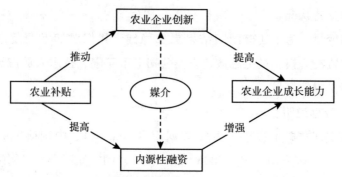

图6.4 农业补贴对农业企业成长能力的作用机制

由图6.4可知，首先，农业补贴以内源性融资为媒介，增强了农业企业成长能力。农业补贴提高了农业企业内源性融资规模，内源性融资规模的提高使得农业企业自身实力得到提升，在此基础上增强了农业企业的成长能力。其次，农业补贴以农业企业创新为媒介，提高了农业企业成长能力。农业补贴的实施推动了农业企业创新，农业企业创新能力的提高增强了农业企业成长能力。

为了检验农业补贴以内源性融资及农业企业创新为媒介对农业企业成长能力的影响，我们构建如下中介效应模型：

$$\mathrm{grow_{it}} = \alpha_0 + \alpha_1 \mathrm{lnsub_{it}} + \varphi x_{it} + \lambda_j + \mu_t + \varepsilon_{it} \tag{6-16}$$

$$\mathrm{lnny_{it}} = \beta_0 + \beta_1 \mathrm{lnsub_{it}} + \gamma x_{it} + \lambda_j + \mu_t + \varepsilon_{it} \tag{6-17}$$

$$\mathrm{grow_{it}} = \gamma_0 + \gamma_1 \mathrm{lnsub_{it}} + \gamma_2 \mathrm{lnny_{it}} + \eta x_{it} + \lambda_j + \mu_t + \varepsilon_{it} \tag{6-18}$$

$$\mathrm{grow_{it}} = \alpha_0 + \alpha_1 \mathrm{lnsub_{it}} + \kappa x_{it} + \lambda_j + \mu_t + \varepsilon_{it} \tag{6-19}$$

$$\mathrm{lnzl_{it}} = \beta_0 + \beta_1 \mathrm{lnsub_{it}} + \varsigma x_{it} + \lambda_j + \mu_t + \varepsilon_{it} \tag{6-20}$$

$$\mathrm{grow_{it}} = \gamma_0 + \gamma_1 \mathrm{lnsub_{it}} + \gamma_2 \mathrm{lnzl_{it}} + \psi x_{it} + \lambda_j + \mu_t + \varepsilon_{it} \tag{6-21}$$

其中，$\mathrm{grow_{it}}$表示t期i农业企业成长能力，$\mathrm{lnny_{it}}$表示t期i农业企业内源性融资，$\mathrm{lnzl_{it}}$表示t期i农业企业专利申请数，$\mathrm{lnsub_{it}}$表示t期i农业企业获得的补贴。x_{it}表示由控制变量构成的向量，φ、γ、η、κ、ς、ψ表示系数向量，α_0、β_0、γ_0、α_1、β_1、γ_1、γ_2为系数，λ_j、μ_t、ε_{it}分别表示个体效应、时间效应以及残差项。

基于机理分析与实证模型，综合考虑实证数据可得性，依据实证变量设定，我们对实证变量进行了定义并给出了描述性统计（如表 6.12 所示）。

表 6.12　　　　　　　　　　变量定义与描述性统计

变量性质	变量符号	变量名称	变量定义	观测值	均值	标准差	最小值	最大值
被解释变量	grow	成长能力	可持续增长率	481	−0.0049	0.7669	−15.4471	4.9576
解释变量	sub	农业补贴	农业补贴额的对数	468	16.0516	1.5828	9.0989	19.4890
控制变量	fa	固定资产	固定资产净额的对数	481	19.9879	1.2493	16.7331	23.8471
	emp	员工总数	员工总人数的对数	481	7.3978	1.3795	3.8501	11.2407
	age	公司年龄	公司上市时间	482	9.3568	5.4640	0.0000	23.0000
	tec	技术人员占比	技术人员/员工总数	465	0.1299	0.1012	0.0019	0.6508
	ol	风险水平	经营杠杆	481	1.9211	1.6082	−10.4741	23.8337

6.4.2　农业补贴对农业企业成长能力影响的实证结果分析

6.4.2.1　基本实证结果分析

（1）实证模型选择。

表 6.13 最后一行列示了 Hausman 检验结果，结果表明模型（1）~模型（6）接受原假设，因此，使用随机效应模型。

（2）实证结果分析。

基于前述农业补贴对农业企业成长能力影响的规范分析，结合我国农业上市公司 2006 ~ 2019 年经验数据，对农业补贴对农业企业成长能力的影响进行了实证检验，检验结果如表 6.13 所示。

259

表6.13　　　　　　　农业补贴对农业企业成长能力影响的回归结果

变量	模型（1）	模型（2）	模型（3）	模型（4）	模型（5）	模型（6）
农业补贴	0.0339** (2.0700)	0.0234* (1.81)	0.0244* (1.8000)	0.0221* (1.6500)	0.0265* (1.8100)	0.0259* (1.7900)
农业补贴滞后1期	0.0712 (0.9500)	0.0645 (0.9200)	0.0642 (0.9200)	0.0654 (0.9400)	0.0689 (0.9600)	0.0687 (0.9600)
固定资产	—	0.0507 (1.2200)	0.0933 (0.9500)	0.0889 (0.9600)	0.0839 (0.9400)	0.0879 (1.0200)
员工总数	—	—	−0.0485 (−0.7100)	−0.0490 (−0.7100)	−0.0136 (−0.3100)	−0.0182 (−0.4600)
公司年龄	—	—	—	−0.0114 (−1.2100)	−0.0076 (−1.1800)	−0.0078 (−1.2400)
技术人员占比	—	—	—	—	0.9207 (1.1000)	0.9028 (1.0300)
风险水平	—	—	—	—	—	−0.0133 (−1.0700)
年份虚拟变量	控制	控制	控制	控制	控制	控制
常数	−1.4097 (1.1500)	−2.1537 (−1.2100)	−2.6444 (−1.1000)	−2.4792 (−1.1000)	−2.9015 (−1.1200)	−2.9070 (−1.1200)
Hausman检验	0.8563	0.8402	0.8424	0.9157	0.7965	0.8718
样本量	421	421	421	421	421	421

注：*、**、***分别表示在10%、5%、1%的水平上显著，括号内为z值。

被解释变量农业补贴的系数为0.0259且通过10%显著水平检验，表明农业补贴每增加1%会使农业企业可持续增长率增加0.0259。回归结果表明，农业补贴为推动农业企业健康成长创造了有利条件。

6.4.2.2　内生性处理实证结果分析

（1）模型适用性检验。

使用动态差分GMM模型进行估计，必须要满足一定适用条件，即对扰动项差分是否存在一阶与二阶自相关进行检验。由表 6.14 可知，扰动项差分存在一阶自相关的 P 值为 0.0021，通过 1% 水平下检验，存在一阶自相关；扰动项差分存在二阶自相关的 P 值为 0.4383，不存在二阶自相关，因此，可以使用动态差分 GMM 模型进行参数估计。此外，Sargan 检验的 P 值为 0.9783，无法拒绝"所有工具变量均有效"的原假设，Sargan检验结果表明我们所使用的工具变量有效。

（2）回归结果分析。

基于 2006~2019 年农业上市公司经验数据，使用动态差分 GMM 估计方法，对农业补贴对农业企业成长能力的影响进行了实证检验，检验结果如表 6.14 所示。

表 6.14　　农业补贴对农业企业成长能力影响的 GMM 回归结果

变量	系数	标准误	Z 值	P 值
滞后 1 期	−0.0015	0.0289	−0.0500	0.9590
滞后 2 期	0.0676	0.0210	3.2200	0.0010
农业补贴	0.0064	0.0017	3.7400	0.0000
利润总额	0.0019	0.0001	34.6500	0.0000
固定资产	−0.0970	0.0085	−11.4800	0.0000
员工总数	0.0383	0.0054	7.0700	0.0000
技术人员占比	0.0501	0.0443	1.1300	0.258
公司年龄	0.0067	0.0008	8.8200	0.0000
经营杠杆	−0.0117	0.0020	−5.9600	0.0000
常数	1.5290	0.1521	10.0500	0.0000
样本量	332			
AR（1）	0.0021			
AR（2）	0.4383			
Sargan	0.9783			

由表 6.14 可知，首先，核心解释变量农业补贴的系数为 0.0064 且通

过 1% 显著水平检验，表明农业补贴每增加 1% 会使农业企业可持续增长率增加 0.0064。说明农业补贴会对农业企业成长能力产生显著影响，表明实证结论是可靠的。

6.4.2.3 机制检验实证结果分析

（1）模型适用性检验。

农业补贴对农业企业成长能力影响的机制分析表明，农业补贴会以内源性融资及农业企业创新为媒介对农业企业的成长能力产生影响，然而是否存在中介效应需要按照相应程序进行检验，借鉴温忠麟等（2004）的做法，我们构建如下检验流程。

由图 6.5 可知，要检验农业补贴是否通过影响内源性融资及农业企业创新进而影响农业企业的成长能力需要做如下检验：首先，检验式（6-16）、式（6-19）中农业补贴的系数是否显著，若显著则进行下一步检验，若不显著表明农业企业成长能力与农业补贴不具备中介效应，检验过程终止。其次，当式（6-16）、式（6-19）中农业补贴系数显著时，我们进一步对式（6-17）、式（6-20）中农业补贴系数显著性及式（6-18）、式（6-21）中内源性融资及农业企业专利申请数系数显著性进行检验。再次，当式（6-17）、式（6-20）中农业补贴系数及式（6-18）、式（6-21）中内源性融资及农业企业专利申请数系数均显著时，我们进一步对式（6-18）、式（6-21）中农业补贴系数进行检验，当系数显著时存在中介效应，当系数不显著时存在完全中介效应。最后，当式（6-17）、式（6-20）中农业补贴系数及式（6-18）、式（6-21）中内源性融资及农业企业专利申请数系数均至少有一个不显著时，我们需要进行 Sobel 检验，若 Sobel 检验显著则存在中介效应，若 Sobel 检验不显著则不存在中介效应。

（2）实证结果分析。

基于 2006~2019 年农业上市公司数据，我们对农业补贴是否通过农业企业内源性融资及农业企业创新路径影响农业企业盈利能力进行了实证检验，检验结果如表 6.15 所示。

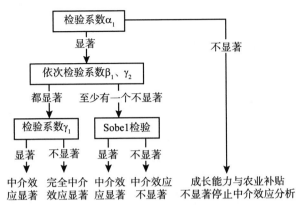

图 6.5　农业补贴与农业企业成长能力中介效应检验流程

表 6.15　　　　　农业补贴与农业企业成长能力中介效应回归结果

变量	内源性融资路径			农业企业创新路径		
	模型（1）	模型（2）	模型（3）	模型（4）	模型（5）	模型（6）
内源性融资	—	—	0.0603 *** (4.7900)	—	—	—
专利	—	—	—	—	—	0.0158 (1.4800)
农业补贴	0.0259 * (1.7900)	0.0993 ** (2.0100)	0.0038 (0.4100)	0.0259 * (1.7900)	0.0264 (0.7600)	0.0251 * (1.7500)
农业补贴 滞后一期	0.0687 (0.9600)	—	0.0008 (0.1300)	0.0687 (0.9600)	—	0.0689 (0.9600)
固定资产	0.0879 (1.0200)	—	−0.0352 * (−1.7300)	0.0879 (1.0200)	0.3788 *** (2.73)	0.0800 (0.9200)
员工总数	−0.0182 (−0.4600)	—	0.0278 (0.7300)	−0.0182 (−0.4600)	−0.0292 (−0.2100)	−0.0158 (−0.4000)
年龄	−0.0078 (−1.2400)	—	0.0021 (0.4400)	−0.0078 (−1.2400)	−0.0315 (−1.1800)	−0.0074 (−1.1900)
技术人员	0.9028 (1.0300)	—	−0.0799 (−0.4100)	0.9028 (1.0300)	1.6054 (1.4800)	0.8788 (1.0000)

续表

变量	内源性融资路径			农业企业创新路径		
	模型（1）	模型（2）	模型（3）	模型（4）	模型（5）	模型（6）
经营杠杆	−0.0133 （−1.0700）	−0.0674 （−1.1600）	−0.0467 *** （−4.0100）	−0.0133 （−1.0700）	−0.0494 ** （−2.0400）	−0.0122 （−0.9800）
年份虚拟变量	控制	—	控制	控制	控制	控制
常数	−2.9070 （−1.1200）	−0.3693 （−0.4500）	0.5521 ** （2.6500）	−2.9070 （−1.1200）	−7.3204 *** （−4.1600）	−2.7708 （−1.0700）
Hausman 检验	0.8718	0.1781	0.0013	0.8718	0.5056	0.8837
Sobel 检验		0.0639			0.4977	
样本量	421	374	327	421	450	410

注：＊、＊＊、＊＊＊分别表示在 10%、5%、1% 的水平上显著，模型（3）括号内为 t 值，其他模型括号内为 z 值。

根据 Sobel 检验结果可知，内源性融资通过 10% 显著水平检验，农业企业创新未通过显著性检验，说明内源性融资是农业补贴影响农业企业成长的媒介即农业补贴以内源性融资为中介对农业企业的成长能力产生影响；农业企业创新不是农业补贴影响农业企业成长的媒介即农业补贴未通过农业企业创新路径影响农业企业成长。基于此，我们对农业补贴通过内源性融资路径影响农业企业成长能力的检验流程做如下分析：首先，检验式（6－16）中的农业补贴系数是否显著，表 6.15 模型（1）是对式（6－16）的实证检验，检验结果显示，农业补贴系数在 10% 水平下显著。其次，检验式（6－17）中农业补贴系数是否显著，表 6.15 模型（2）是对式（6－17）的实证检验，检验结果表明，农业补贴系数在 5% 水平下显著，同时表 6.15 模型（3）为对式（6－18）的实证检验，检验结果表明，农业内源性融资的系数在 1% 水平下显著，此时农业补贴与内源性融资的系数均显著表明农业补贴通过农业企业内源性融资影响农业企业成长能力。最后，检验式（6－18）中的创新补贴系数是否显著，表 6.15 模型（3）是对式（6－18）的实证检验，检验结果表明，农业补贴并未通过显著性检验。综合以上检验可知，农业企业内源性融资在农业补贴与农业企业成长能力中发挥完全中介效应，即农业补贴会通过影响农业企业内源性融资的途径进而影响农业企业成长能力。

6.4.2.4　稳健性检验实证结果分析

为了检验回归结果的稳健性，我们采取了逐渐增加控制变量的方法进行了稳健性检验。如表 6.13 所示，我们首先对核心解释变量对被解释变量进行了回归，在此基础上我们增加控制变量对相应的影响因素予以控制，回归结果显示核心解释变量的系数及显著性均未发生明显改变，回归结果稳健。

6.5　本　章　小　结

本章以第 2 章构建的基本模型为基础，基于前述的规范分析，从农业企业创新、盈利能力及成长能力三个方面实证检验了农业补贴对农业企业发展的影响。

6.5.1　农业补贴显著提高了农业企业创新能力

我们使用经验数据，实证分析发现农业创新补贴显著提高了农业企业创新能力，这与吴静、张东平（2018）的研究结论一致。尽管如此，进一步分析却发现存在如下问题：农业创新补贴未对反映农业企业真实创新能力的发明专利申请数产生显著影响，换言之，在农业企业创新领域存在"策略性"创新问题，这与黎文靖、郑曼妮（2016）的研究结论一致，即农业企业受农业创新补贴政策激励，注重创新数量的增加，但不注重创新质量的提高。对农业企业而言，代表农业企业真实创新能力的发明专利不仅有助于农业企业核心竞争力的培养，使得农业企业获得竞争优势，同时有助于推动农业企业健康发展，这也是设置农业创新补贴的初衷，但是样本期间内的实证结论表明，农业创新补贴的现实效果与初衷存在较大背离。

6.5.2　农业补贴显著提高了农业企业盈利能力

我们使用经验数据，对农业补贴对农业企业盈利能力的影响进行了实证检验，通过实证检验得到如下结论：第一，农业补贴显著提高了农业企业的盈利能力，这与杨涵、陈和平（2014）研究结论一致。尽管如此，进一步分析却发现存在如下问题：农业补贴对盈利能力处于不同分位的农业企业产生了不同影响，农业补贴对盈利能力处于 0.2、0.4 分位的农业企业未产生显著影响，对盈利能力处于 0.6、0.8 分位的农业企业产生了显著影响。在此情况下，农业补贴政策的调整与实施应该在稳定对高分位盈利能力农业企业影响的同时，增强对低分位农业企业的影响。第二，农业补贴对农业企业盈利能力影响机制的实证检验层面，我们使用中介效应模型对农业补贴影响农业企业盈利能力的影响路径进行了实证检验，检验结果表明，农业创新补贴会通过农业企业创新路径推动农业企业盈利能力的提高。

6.5.3　农业补贴显著提高了农业企业成长能力

我们使用经验数据，对农业补贴对农业企业成长能力的影响进行了实证检验，通过实证检验得到如下实证结论：第一，农业补贴显著提高了农业企业的成长能力，这与陈瑜、马彦图（2017）与许芳、余国新（2018）的研究结论一致。第二，农业补贴对农业企业成长能力影响机制的实证检验层面，我们使用中介效应模型，对农业补贴影响农业企业成长能力的作用路径进行了实证检验。实证检验结果表明，首先，农业补贴通过内源性融资路径推动农业企业成长能力的提高；其次，农业补贴并未通过农业企业创新路径对农业企业的成长能力产生显著影响，可能的原因是，农业企业创新多是"策略性"创新，无益于农业企业核心竞争力的培养，进而导致农业补贴未通过农业企业创新路径影响农业企业成长。

第7章 农业补贴的宏观经济效应
——基于区域结构与经济增长的实证分析

农业补贴不仅会对微观经济主体产生影响，而且会影响宏观经济变量。区域间差别化的补贴政策会使得不同区域农业发展呈现不同水平，形成农业补贴宏观区域结构效应。不仅如此，农业补贴整体上提高了全社会的要素需求与农产品供给水平，进而推动宏观经济增长。基于此，本章将在第2章构建的基本模型的基础上，基于前述农业补贴的区域结构效应及农业补贴的经济增长效应的规范分析，结合县级层面数据，采用计量经济学相关方法对农业补贴的区域结构效应与经济增长效应进行实证分析。

7.1 文献综述

7.1.1 文献回顾

7.1.1.1 农业补贴的区域结构效应

农业生产受到自然条件的限制，自然条件的差异为差异化地发展地区农业提供了先天条件。农业补贴作为支农惠农的重要手段，目标是推动农业发展、保证粮食安全。尽管如此，农业补贴资金总量有限，如何将有限的补贴资金的效率发挥至最大，是农业补贴政策的基本追求。将农业补贴资金向农业生产优势区域倾斜，突出地区农业生产优势，加快粮食主产区及特色农产品保护区建设成为农业补贴政策的应有之意，由此也形成了农业补贴的区域结构效应。基于此，现有文献由规范分析与实证检验两个视角对农业补贴的区域结构效应进行了探讨。

（1）农业补贴的区域结构效应的规范分析。

农业补贴的区域结构效应揭示了农业补贴在农业生产区域变化中发挥了怎样的作用，因此，对农业补贴区域结构效应规范分析的文献回顾由两个视角展开：农业生产区域的变化及农业补贴对农业生产区域转变的影响。第一，关于农业生产区域变化的规范分析。金涛（2014）、姚成胜等（2016）基于数理方法对粮食总产量空间转移进行了分析，通过数理模型可知，粮食产量空间转移受到粮食产量及所占份额影响，这为粮食生产区域划分奠定了基础。第二，农业补贴对农业生产区域转变的影响的规范分析。龚维进等（2018）基于柯布—道格拉斯生产函数，构建了数理模型，分析了支农支出对地区产出的影响，数理分析发现，支农支出会对本区域产出产生正向影响，同时会对邻近区域产生影响。

（2）农业补贴的区域结构效应的实证检验。

农业补贴的区域结构效应不仅需要规范分析，而且需要实证检验，为此不同学者采取多种方法，由农业生产区域变化及农业补贴对农业区域变化的影响两个视角进行了实证检验。第一，农业生产区域变化的实证分析层面，不同的学者由整体与局部视角分别进行了实证检验。整体视角下，伍山林（2000）采用统计分析方法，将中国粮食生产区分为四种类型，并分析了不同区域的产量特征。卢新海等（2020）使用2000～2018年省级面板数据，采用核密度估计方法对我国不同区域粮食生产能力进行了实证分析，实证结果表明，粮食主产区的粮食生产能力呈现上升趋势，粮食主销区的粮食生产能力呈现下降趋势。局部视角下，潘佩佩等（2013）对太湖流域粮食生产的空间区位变化进行了实证分析。柴等（Chai et al.，2019）基于空间分析模型，对湖北省粮食生产区域变化进行了实证分析。第二，农业补贴对农业区域变化影响的实证检验，农业补贴是财政资金的重要形式，因此，各类支农支出对农业区域变化影响的实证分析均可借鉴。陈秧分、李先德（2013）使用1990～2013年省级面板数据，采用空间计量模型实证检验农资投入、农业机械总动力等因素对不同区域粮食生产的影响，实证检验发现，农资投入在不同地区对粮食产量的影响存在显著差异，对粮食主产区显著为正（系数为 0.108），对主销区及产销平衡区显著为负（分别为 −0.098 及 −0.008）。李兆亮等（2020）采用空间计量方法，使用 1999～2015 年经验数据，实证检验了农业研发投入区域结构效应与空间溢出性，实证结论表明，农业研发投入在不同区域之间存在较大差异，中部地区总效应最大，不仅如此，农业研发投入在各个区域内存在显著的外溢性特征。

7.1.1.2　农业补贴对农业经济增长的影响

作为支农惠农的重要手段，农业补贴的实施会对社会总供给与总需求产生积极影响，推动社会总供给与社会总需求的发展，进而推动农业经济增长。现有文献由规范分析与实证检验两个视角对农业补贴对农业经济增长的影响进行了探讨。

（1）农业补贴对农业经济增长的规范分析。

农业补贴是财政支农惠农的重要手段，农业补贴的实施推动了农业经济的增长。梳理现有文献发现，由于农业补贴仅是财政支农支出的一小部分，因此，鲜有文献对农业补贴对农业经济增长的促进作用进行论述，但支农支出、政府支农支出中研发支出对农业经济增长方面的论述对我们的研究有重大的借鉴意义与参考价值，为此，我们对上述文献进行了梳理。第一，支农支出对农业经济增长影响的规范分析。奥诺弗里和富尔金蒂（Onofri & Fulginiti, 1999）基于巴罗经济增长模型，将公共资本（支农支出）作为资本要素引入生产函数，通过数理分析发现，支农支出通过影响私人资本及影子价格影响经济增长。德瓦拉詹等（Devarajan et al., 1996）将政府财政支出划分为生产性支出与非生产性支出两类并构建了数理模型，通过数理分析发现，生产性支出在一定条件下能够推动经济稳定增长。第二，政府支农支出中研发支出对农业经济增长影响的规范分析。布谢等（Bouchet et al., 1989）、容格内尔和葛（Jongeneel & Ge, 2014）将政府支农支出中的研发支出作为准不变成本引入利润函数，分析了政府支农支出中的研发支出通过改变农业要素投入最终引发农业经济增长。邓翔、王仕忠（2020）拓展了农业经济增长总量生产函数、Romor 的知识生产函数、AK 模型与 Lucas 人力资本模型，分析了国家农业科技创新投入对农业经济增长的影响，通过数理分析发现，农业科技创新投入的增加推动了农业经济增长。

（2）农业补贴对农业经济增长的实证检验。

农业补贴对经济增长的影响不仅需要规范分析，而且需要结合经验数据，使用计量经济学分析方法进行实证检验。目前单纯由农业补贴视角出发，对农业补贴对农业经济增长影响进行实证检验的文章较少，但支农支出、政府支农支出中的研发支出却是实证检验的重点，且对本书有较强的借鉴意义，为此，我们对上述文献进行了梳理。第一，支农支出对农业经济增长影响的实证检验。不同学者基于全国性及区域性数据，采用多种实证方法对支农支出对农业经济增长的影响进行了实证检验，一是使用全国性数据进行的实证检验。埃勒等（Ele et al., 2014）使用尼日利亚数据采用 ECM 模型；奥诺弗里和富尔金蒂（Onofri & Fulginiti, 1999）使用美国数据采用 I3SLS 方法；李焕彰、钱忠好（2004），吕诚伦、江海潮（2016），辛冲冲、陈志勇（2017），苏永伟（2015），李兆亮等（2020）使用中国数据，分别采用格兰杰因果检验、VAR 模型、LMDI 分解法、ECM 模型、空间计量经济模型，实证检验了支农支出对农业经济增长的影响，实证结果表明，支农支出显著促进了农业经济增长。二是使用区域性数据进行的实证检验。张海燕、邓刚（2012）使用四川数据，林艳丽等（2014）使用辽宁数据，郑斌斌（2017）使用省级面板数据，分别采用误差修正模型、VAR 模型及脉冲响应函数、面板数据模型，实证检验了支农支出对农业经济增长的影响，实证结果表明，支农支出显著推动了地区农业经济增长。第二，政府支农支出中的研发支出对农业经济增长的实证检验。德希比等（Dhehibi et al., 2013）使用突尼斯数据，容格内尔和葛（Jongeneel & Ge, 2014）使用荷兰数据，巴尔多斯（Baldos et al., 2019）使用美国数据，邓翔、王仕忠（2020）使用中国数据，分别采用 OLS 回归方法、一阶差分模型、贝叶斯层次模型、面板数据模型，实证检验了财政支农支出中研发支出对农业经济增长的影响，实证结果表明，财政支农支出中研发支出显著推动了农业经济增长。

7.1.2　简要评述

综上所述，关于农业补贴对区域结构与农业经济增长的影响，众多学者已经由规范分析与实证检验两个视角进行了较为深入的探讨，形成了较为丰富的研究成果，为本章研究农业补贴对区域结构及农业经济增长的影响提供了理论依据与经验借鉴。

尽管如此，农业补贴对区域结构与农业经济增长的影响，仍可由如下几个方面做进一步完善：第一，农业补贴的区域结构效应研究有待进一步深化，一方面，由于区域化、差别化的农业补贴政策导致了地区间农业补贴水平的不同，进而加剧了以粮食主产区为代表的农业产业优势产区的形成；另一方面，农业优势产区的形成会对邻近区域形成明显的正的外溢性，带动邻近区域协同发展，因此分析农业补贴的区域结构效应既要分析农业补贴的区域差异性，同时还需要分析农业补贴的空间外溢性。第二，实证检验数据有待进一步拓展。当前我国研究农业补贴对宏观经济的影响多以省级面板数据为主，但是不可否认的是省级数据过于笼统，省域内农业生产条件存在显著差异（如内蒙古东部与西部），此时用省级数据所得到的实证结论过粗，为了摆脱此窘境，我们将实证检验数据延伸至县级层面，通过查阅县级政府决算报告的方式获得了 2016～2018 年 1400 多个县级（含产粮大县）农业生产支持补贴支出及其他支农支出数据，为获得更加精细的实证结论提供了坚实的数据基础。

7.2　农业补贴区域结构效应的实证分析

以第 2 章构建的基本模型为基础，基于前述农业补贴的区域结构效应的规范分析可知，农业补贴存在区域差异，差异化的补贴政策使得不同区域农业产出水平不同，因此，农业补贴区域结构效应由两个视角展开实证分析：静态视角下农业补贴区域产出差异的实证分析；动态视角下农业补贴空间（区域）外溢性的实证分析。

7.2.1 农业补贴区域产出差异的实证检验[*]

7.2.1.1 模型与数据

（1）模型设定。

以第 2 章构建的基本模型为基础，基于前述农业补贴的区域结构效应的机理分析，并结合实证检验需要，根据数据的可得性，我们构建如下计量模型：

$$\text{lngr} = \beta_0 + \beta_1 \text{lnsub}_{it} + \varphi x_{it} + \lambda_j + \mu_i + \varepsilon_{ijt} \qquad (7-1)$$

其中，lngr 表示 i 县 t 年粮食产量，lnsub_{it} 表示 i 县 t 年农业生产者支持补贴状况，x_{it} 表示由控制变量构成的向量，φ 表示系数向量。λ_j、μ_i、ε_{ijt} 分别表示个体效应、时间效应及残差项，β_0、β_1 为系数。

（2）变量设定。

被解释变量：农业产出。我们以各县的粮食产量为表示变量。由农业生产支持补贴政策制定初衷可知，农业生产支持补贴的主要目标为稳定粮食生产，增加粮食产量。

解释变量：县级层面农业生产支持补贴。以当年各县农业支出中农业生产支持补贴金额表示。

控制变量：为了获得更加稳健的回归结果，我们对如下变量进行了控制：样本县农作物播种面积、农业机械拥有量、农业科技转化与推广支出、农业病虫害防治支出、农田水利支出。

---

[*] 我们在 7.3 节异质性分析过程中，以产粮大县及非产粮大县为子样本，探讨了农业补贴对不同产区农业产出的影响，实证结论表明农业补贴对产出的影响存在明显的区域差别，加剧了粮食主产区的区位优势。为了避免重复，本节在探讨差别化农业补贴对不同区域产出影响的实证检验中，使用经济地带划分方法，即检验农业补贴在东北、东、中、西部之间对产出的不同影响。

（3）数据说明。

本部分实证数据来源于如下几个渠道：一是数据库（平台），包括
EPSDATA 数据库、国泰安（CSMAR）数据库、湖南统计信息网。二是统
计年鉴与年鉴，包括《中国县域统计年鉴》《河北农村统计年鉴》《黑龙
江省统计年鉴》《湖北农村统计年鉴》《广东农村统计年鉴》《永川年鉴》
《铜梁年鉴》等上百部统计年鉴、年鉴。三是政府决算报告，产粮大县及
非产粮大县 2016～2018 年政府决算报告。四是政府报告及国民经济和社
会发展统计公报。部分数据来源于产粮大县及非产粮大县 2016～2018 年
政府报告及国民经济和社会发展统计公报，如《罗田国民经济和社会发展
统计公报》《通城县国民经济和社会发展统计公报》《巴东县 2018 国民经
济和社会发展统计公报》《大冶市 2018 国民经济和社会发展统计公报》
《阳新 2018 国民经济和社会发展统计公报》《郧西县 2018 国民经济和社
会发展统计公报》等上百份统计公报。

基于数理分析与实证模型，综合考虑实证数据的可得性，依据实证变
量设定，我们对实证变量进行了定义，并给出了变量的描述性统计结果
（如表 7.1 所示）。

表 7.1　　　　　　　　　　变量定义与描述性统计

变量性质	变量符号	变量名称	变量定义	样本量	均值	标准差	最小值	最大值
被解释变量	lngr	粮食产量	粮食产量的对数	4387	12.3082	1.0881	2.7081	15.1077
解释变量	lnsub	农业生产支持补贴	农业生产支持补贴的对数	3953	7.1487	1.8021	-1.7720	11.2832
控制变量	lnbzmj	农作物播种面积	农作物播种面积的对数	4348	10.9984	0.9236	1.3863	16.8697
	lnjx	农业机械拥有量	农业机械拥有量的对数	4311	12.8045	0.9256	6.3421	22.9918
	lnkj	农业科技转化与推广支出	农业科技转化与推广支出的对数	3927	6.3426	1.5501	0.0000	11.8122

变量性质	变量符号	变量名称	变量定义	样本量	均值	标准差	最小值	最大值
控制变量	lnbchh	农业病虫害防治支出	农业病虫害防治支出的对数	4000	5.4097	1.1359	0.0000	8.7501
	lnntsl	农田水利支出	农田水利支出的对数	3626	6.9054	1.5652	0.0000	11.8714

7.2.1.2 农业补贴区域产出差异的实证结果分析

（1）实证模型选择。

表7.2最后一行列示了 Hausman 检验结果，检验结果表明，强烈拒绝原假设，故而应该使用固定效应模型。

（2）回归结果分析。

以第2章构建的基本模型为基础，基于前述农业补贴的区域结构效应的规范分析，使用2016～2018年县级政府数据，运用面板数据固定效应模型，实证检验了农业补贴对不同区域农业产出的影响，回归结果如表7.2所示。

我们基于经济地带划分方法，使用2016～2018年县级政府数据，运用面板数据固定效应模型，实证检验了农业补贴对不同区域农业产出的影响，得到如下回归结果。

第一，就全样本而言，农业补贴显著提高了粮食产量。解释变量农业生产支持补贴的回归系数为0.0068且通过5%显著水平检验，表明农业生产支持补贴每增加1%会使粮食产量增加0.0068，农业生产支持补贴很好地发挥了稳产增产的政策效果。其次，就控制变量而言，农作物播种面积的回归系数为0.1560且通过5%显著水平检验，表明农作物播种面积每增加1%会使粮食产量增加0.1560；农业机械拥有量的回归系数为0.0720且通过10%显著水平检验，表明农业机械拥有量每增加1%会使粮食产量增加0.0720；农业科技转化与推广服务支出及农田水利支出的回归系数均

表 7.2　农业补贴对不同区域农业产出影响的回归结果

变量	全样本		东北地区		东部地区		中部地区		西部地区	
lnsub	0.0055* (1.8500)	0.0068** (2.2500)	0.0075 (1.0600)	0.0087 (1.3500)	0.0176*** (3.2100)	0.0096* (1.6800)	-0.0008 (-0.1700)	0.0032 (0.6000)	0.0017 (0.3600)	0.0054 (1.1800)
lnbzmj	—	0.1560** (2.0500)	—	0.2567* (1.9100)	—	0.2439 (1.5600)	—	0.0339 (1.3700)	—	0.2645 (1.1100)
lnjx	—	0.0720* (1.9500)	—	-0.0019 (-0.0300)	—	—	—	0.0171 (0.5900)	—	0.0473 (0.5600)
lnkj	—	0.0028 (0.8100)	—	-0.0092 (-1.6400)	—	0.0122* (1.9200)	—	-0.0115*** (-2.9700)	—	0.0178** (2.0300)
lnbchh	—	—	—	—	—	-0.0008 (-0.0900)	—	—	—	—
lnntsl	—	0.0034 (1.3300)	—	0.0084* (1.7100)	—	—	—	0.0007 (0.2700)	—	0.0031 (0.5700)
常数	12.2770*** (582.6300)	9.6080*** (9.0800)	13.1291*** (205.6800)	10.2726*** (6.0800)	12.1208*** (322.4200)	9.4369*** (5.5700)	12.5560*** (336.6600)	12.0083*** (24.2600)	11.9025*** (390.4900)	8.2943*** (2.7000)
样本量	3903	3271	383	302	1139	1080	1109	968	1272	1024
Hausman 检验	0.0000	0.0000	0.0000	0.0000	0.0000	0.0000	0.0000	0.0000	0.0000	0.0000

注：*、**、***分别表示在 10%、5%、1% 的水平上显著，括号内为 t 值。

为正，但未通过显著性检验，表明在样本期间内，农业科技转化与推广服务支出及农田水利支出并未对粮食产量的变化产生显著影响。

第二，就东北地区而言，农业生产支持补贴的回归系数为正，但是未通过显著性检验，表明样本期间内农业生产支持补贴未对东北地区粮食生产产生显著影响。农作物播种面积的回归系数为 0.2567 且通过 10% 显著水平检验，表明农作物播种面积每增加 1% 会使东北地区粮食产出增加 0.2567。农田水利支出的回归系数为 0.0084 且通过 10% 显著水平检验，表明农田水利支出每增加 1% 会使东北地区粮食产出增加 0.0084。农业机械拥有量及农业科技转化与推广支出未通过显著性检验，表明样本期间内农业机械拥有量及农业科技转化与推广支出未对东北地区粮食生产产生显著影响。

第三，就东部地区而言，农业生产支持补贴的回归系数为 0.0096 且通过 10% 显著水平检验，表明农业生产支持补贴每增加 1% 会使东部地区粮食产出增加 0.0096。科技转化与推广支出的回归系数为 0.0122 且通过 10% 显著水平检验，表明科技转化与推广支出每增加 1% 会使东部地区粮食产出增加 0.0122。农作物播种面积及病虫害防治支出未通过显著性检验，表明在样本期间内农作物播种面积及病虫害防治支出未对东部地区粮食产出产生显著影响。

第四，就中部地区而言，农业生产支持补贴的回归系数为正但未通过显著性检验，表明样本期间内农业生产支持补贴未对中部地区粮食生产产生显著影响。农作物播种面积、农业机械拥有量、农田水利支出回归系数为正但未通过显著性检验，表明样本期间内农作物播种面积、农业机械拥有量、农田水利支出未对中部地区粮食产出产生显著影响。

第五，就西部地区而言，农业生产支持补贴的回归系数为正但未通过显著性检验，表明样本期间内农业生产支持补贴未对西部地区粮食生产产生显著影响。科技转化与推广支出的回归系数为 0.0178 且通过 5% 显著水平检验，表明科技转化与推广支出每增加 1%，西部地区粮食产出增加 0.0178。农作物播种面积、农业机械拥有量、农田水利支出回归系数为正但未通过显著性检验，表明样本期间内农作物播种面积、农业机械拥有量、农田水利支出未对西部地区粮食产出产生显著影响。

7.2.2　农业补贴空间外溢效应的实证检验

7.2.2.1　模型与数据

（1）模型设定。

以第 2 章构建的基本模型为基础，基于前述农业补贴的区域结构效应的机理分析，基于式（2 - 54）：$F = \Omega + (\eta + \beta)P - \beta\dfrac{\gamma}{\alpha}WP + \dfrac{\gamma}{\alpha}WF$，并结合实证需要，我们构建如下回归模型：

$$Y_{it} = \rho WY_{i,t-1} + \alpha \ln sub_{it} + \varphi x_{it} + \theta WZ_{it} + \varepsilon \qquad (7-2)$$

其中，Y_{it} 表示 i 地区 t 年产出，$Y_{i,t-1}$ 为被解释变量的空间滞后项，$\ln sub_{it}$ 表示 i 地区 t 年农业补贴，x_{it} 表示由控制变量构成的向量，φ 表示系数向量，WZ_{it} 为解释变量空间滞后项，ε 为随机误差项。

（2）变量设定。

被解释变量：地区农业产出，我们以地区粮食产量为表示变量。依据理论分析，由于农业生产条件的不同及国家粮食安全的需要，我国形成了以产粮大县为核心的粮食主产区，国家对产粮大县给予了较多支持，以农业补贴为核心的财政支持政策，加快了主产区农业资金积累，进而推动了农业技术进步，有力地推动了传统农业的改造。显然由于农业生产条件、社会需要及财政补贴差异共同铸就了农业技术的区域性差异，形成了农业产出的区域性差异。

解释变量：县级政府农业生产支持补贴，以当年各县农业支出中农业生产支持补贴金额表示。

控制变量：为了获得更加稳健的回归结果，我们对如下变量进行了控制：样本县农作物播种面积、农业机械拥有量、农业科技转化与推广支出、农业病虫害防治支出、农田水利支出以及农业保险补贴支出。

（3）数据说明。

本部分实证数据来源于如下几个渠道：一是数据库（平台），包括

EPSDATA 数据库、国泰安（CSMAR）数据库、湖南统计信息网。二是统计年鉴与年鉴，包括《中国县域统计年鉴》《河北农村统计年鉴》《黑龙江省统计年鉴》《湖北农村统计年鉴》《广东农村统计年鉴》《武汉统计年鉴》《南宁统计年鉴》《滁州年鉴》《宿州年鉴》《六安年鉴》《永川年鉴》《铜梁年鉴》等上百部统计年鉴、年鉴。三是政府决算报告，产粮大县及非产粮大县 2016～2018 年政府决算报告。四是政府报告及国民经济和社会发展统计公报。部分数据来源于产粮大县及非产粮大县 2016～2018 年政府报告及国民经济和社会发展统计公报，如《罗田国民经济和社会发展统计公报》《通城县国民经济和社会发展统计公报》《巴东县 2018 国民经济和社会发展统计公报》《来凤县 2018 国民经济和社会发展统计公报》《鹤峰县 2018 国民经济和社会发展统计公报》《大冶市 2018 国民经济和社会发展统计公报》《阳新 2018 国民经济和社会发展统计公报》《郧西县 2018 国民经济和社会发展统计公报》等上百份统计公报。

基于数理分析与实证模型，综合考虑实证数据的可得性，依据实证变量设定，我们对实证变量进行了定义并给出了描述性统计结果（如表 7.3 所示）。

表 7.3 变量定义与描述性统计

变量性质	变量符号	变量名称	变量定义	观测值	均值	标准差	最小值	最大值
被解释变量	lnY	粮食产量	以数量形式反映农业产出	1722	12.5279	0.7936	11.2721	13.6676
解释变量	lnsub	农业生产支持补贴	农业生产支持补贴的对数	1722	7.2409	1.4681	4.6540	9.3652
控制变量	lnbzmj	农作物播种面积	农作物播种面积的对数	1722	11.1466	0.6516	10.0774	12.0643
	lnjx	农业机械拥有量	农业机械拥有量的对数	1722	12.9555	0.7123	11.7369	13.9465
	lnkj	农业科技转化与推广支出	农业科技转化与推广支出的对数	1722	6.6887	1.1651	4.7185	8.3055

变量性质	变量符号	变量名称	变量定义	观测值	均值	标准差	最小值	最大值
控制变量	lnbchh	农业病虫害防治支出	农业病虫害防治支出的对数	1722	5.6304	0.8798	4.2905	7.0022
	lnntsl	农田水利支出	农田水利支出的对数	1722	7.0275	1.3288	4.5000	8.6032
	lnnybx	农业保险补贴	农业保险补贴支出的对数	1722	6.3627	1.2295	4.0431	7.9262

7.2.2.2　农业补贴空间外溢效应的实证结果分析

（1）Moran's 检验。

使用空间计量分析，需要对变量是否存在空间自相关进行检验。为此我们对相关变量进行了 Moran's 检验，检验结果如表 7.4 所示。

表 7.4　　　　　　　变量空间自相关性的 Moran's 检验结果

年份	lnY	lnsub	lnbzmj	lnjx	lnkj	lnbchh	lnntsl	lnnybx
2016	0.1780 *** (51.9730)	0.2070 *** (60.3950)	0.1160 *** (33.9870)	0.1700 *** (49.6160)	0.1070 *** (31.5080)	0.0870 *** (25.6530)	0.0750 *** (22.2390)	0.0740 *** (21.8060)
2017	0.1780 *** (52.0450)	0.2060 *** (60.1890)	0.1120 *** (32.9370)	0.1530 *** (44.6610)	0.0720 *** (21.3200)	0.1060 *** (31.0660)	0.0700 *** (20.8930)	0.0880 *** (26.0420)
2018	0.1920 *** (55.9280)	0.1820 *** (53.3180)	0.1150 *** (33.6560)	0.1530 *** (44.6610)	0.0850 *** (24.9950)	0.1180 *** (34.5140)	0.0700 *** (20.8930)	0.0810 *** (23.8820)

注：* 、** 、*** 分别表示在 10%、5%、1% 的水平上显著，括号内为 z 值。

由表 7.4 可知，2016~2018 年被解释变量粮食产量，核心解释变量农业补贴均存在显著的空间自相关性。从空间自相关大小上看，农业生产支持补贴的空间自相关性最大，达到了 0.2070。且粮食产量 2016~2018 年的空间自相关性均在 1% 水平上显著，据此可知，可以使用空间计量模型进行实证分析。

（2）模型适用性检验。

在进行实证检验之前，我们进行了随机效应与固定效应 Hausman 检验，检验结果表明，拒绝原假设，应采用固定效应模型。在此基础上，我们分别对实证模型进行了空间固定效应、时间固定效应及包含空间与时间双固定效应的 LR 检验，检验结果表明应采用空间固定效应模型（检验结果如表 7.5 所示）。

（3）基本回归结果分析。

基于式（7-2），我们采用地理距离权重矩阵，使用空间杜宾模型（SDM）实证检验了农业生产支持补贴的空间外溢效应。在此基础上，我们进一步将实证结果分解为直接效应、间接效应与总效应，具体回归结果如表 7.5 所示。

表 7.5　　空间杜宾模型估计结果及各变量对农业产出的直接效应、
间接效应与总效应

变量名称	SDM 模型	直接效应	间接效应	总效应
lnsub	0.0228 *** (4.5800)	0.0230 *** (4.5000)	0.0008 *** (2.7100)	0.0238 *** (4.4700)
lnbzmj	0.7026 *** (29.8400)	0.7016 *** (30.8600)	0.0234 *** (3.7300)	0.7251 *** (28.8000)
lnjx	0.0808 *** (6.0100)	0.0824 *** (6.4000)	0.0027 *** (3.2500)	0.0851 *** (6.3900)
lnkj	0.0080 (0.1400)	0.0000 (0.0700)	0.0072 (0.1400)	0.0071 (0.1400)
lnbchh	0.0222 *** (3.1600)	0.0221 *** (3.2200)	0.0007 *** (2.5300)	0.0228 *** (3.2300)
lnntsl	-0.0700 (-1.3200)	-0.00001 (-1.2700)	-0.0628 (-1.3200)	-0.0628 (-1.3200)
lnnybx	0.0183 *** (3.4200)	0.0184 *** (3.5300)	0.0006 ** (2.5100)	0.0190 *** (3.5300)

续表

变量名称	SDM 模型	直接效应	间接效应	总效应
ρ	0.0373 *** (3.8000)	—	—	—
Log – likelihood	228.0392			
LR 检验	13.7700			
LR 检验	4825.4200			
Hausman 检验	0.0000			
样本量	1722			

注：*、**、*** 分别表示在 10%、5%、1% 的水平上显著，括号内为 z 值。

　　如表 7.5 所示，空间杜宾模型（SDM）下，回归模型的 ρ 值为 0.0373，且在 1% 水平上显著，表明样本期间内，农业生产支持补贴存在显著的空间集聚特征，即存在显著的区域性特征，这与我们的理论分析一致。农业生产支持补贴的回归系数为 0.0228 且通过 1% 水平检验，表明农业补贴每增加 1% 粮食产量增加 0.0228；农作物播种面积的回归系数为 0.7026，且通过 1% 水平检验，表明农作物播种面积每增加 1% 粮食产量增加 0.7026；农业机械的回归系数为 0.0808 且通过 1% 水平检验，表明农业机械拥有量每增加 1% 会使粮食产量增加 0.7026；病虫害防治支出的系数为 0.0222 且通过 1% 水平检验，表明病虫害防治支出每增加 1% 会使地区粮食产出增加 0.0222；农业保险补贴的回归系数为 0.0183 且通过 1% 水平显著性检验，表明农业保险补贴每增加 1% 会使地区粮食产量增加 0.0183；农业科技转化与推广支出及农田水利支出的系数未通过显著性检验，表明在样本期间内农业科技转化与推广支出及农田水利支出对地区粮食产量的增加未产生显著影响。

　　在 SDM 模型基础上，我们进一步将实证结果分解为直接效应、间接效应及总效应。

　　第一，农业补贴的经济效应分析。由表 7.5 可知，农业补贴的直接效应、间接效应及总效应均显著为正，其中直接效应的回归系数为 0.0230，间接效应的回归系数为 0.0008，表明农业补贴对本地区粮食产量的影响更大，区域化差别化的农业补贴政策巩固了粮食主产区农业生产优势。间接效应系数显著为正表明农业补贴存在显著的空间溢出效应，换言之，如SDM 模型分析所示，尽管差异化的农业补贴政策形成了粮食生产区域集聚效应，但是由于外溢性的存在，农业补贴形成的区域优势会向周围区域流动，带动周围区域粮食生产的整体提高。

第二，控制变量的经济效应分析。一是农作物播种面积的直接效应、间接效应及总效应的回归系数均显著为正，直接效应系数为 0.7016，间接效应系数为 0.0234，表明农作物播种面积对本地区粮食生产的影响更大，间接效应显著为正可能的原因是本区域农业生产对临近区域具有一定的示范作用且部分农产品生产需要多个县域协作，进而形成优势农产品产区。二是农业机械拥有量的直接效应、间接效应及总效应的回归系数均为正，直接效应的系数为 0.0824，间接效应的系数为 0.0027，表明农业机械拥有量对本区域粮食生产的作用更大，但间接效应系数显著为正，表明农业机械拥有量会对邻近区域粮食生产产生积极影响（如农业机械的跨区服务）。三是农业科技转化与推广支出及农田水利支出均未对样本期间粮食生产产生显著影响。四是病虫害防治支出的直接效应、间接效应及总效应的系数均显著为正，直接效应的系数为 0.0221，间接效应的系数为 0.0007，表明病虫害防治支出对本区域粮食生产的影响更大，但是间接效应系数显著为正，表明本区域的病虫害防治工作会对邻近区域粮食生产产生显著影响。五是农业保险补贴的直接效应、间接效应及总效应的系数均显著为正，直接效应系数为 0.0184，间接效应系数为 0.0006，表明农业保险补贴对本区域粮食生产的影响更大，但是间接效应系数显著为正，表明本区域农业保险补贴会对邻近区域粮食生产产生显著影响。

（4）稳健性检验。

为了检验回归结果是否可靠，我们使用虚拟变量（相邻为 1，不相邻为 0）作为权重矩阵，采用空间杜宾模型（SDM）进行了稳健性检验。

由表 7.6 可知，在采用二值变量定义空间权重矩阵时，SDM 模型回归结果及直接效应回归结果与空间距离矩阵回归结果基本一致，表明回归结果基本稳健。但是需要注意的是采用二值变量定义空间权重矩阵时，间接效应及总效应的显著性及系数发生了较大变化，可能的原因是二值变量作为空间权重矩阵进行回归时，由于数据限制，部分样本县没有相邻县，形成二值变量下的"孤岛"，在一定程度上限制了农业补贴及相关支农支出外溢性效能的发挥。

表7.6　空间杜宾模型估计结果及各变量对农业产出的直接效应、间接效应与总效应

变量名称	SDM 模型	直接效应	间接效应	总效应
lnsub	0.0231 *** (4.6300)	0.0230 *** (4.4800)	0.0555 (0.9000)	0.0785 (1.2700)
lnbzmj	0.7044 *** (30.1100)	0.7027 *** (31.0800)	0.1144 (3.7300)	0.8171 *** (4.2300)
lnjx	0.0809 *** (6.0200)	0.0819 *** (6.4000)	0.0735 (0.5400)	0.1554 (1.1300)
lnkj	0.0025 (0.5500)	0.0045 (0.6800)	− 0.0814 * (− 1.9200)	− 0.0784 * (− 1.8500)
lnbchh	0.0227 *** (3.2000)	0.0224 *** (3.2200)	0.0436 (0.6000)	0.0660 (0.9200)
lnntsl	0.0350 (1.0100)	0.0040 (1.1400)	− 0.05367 ** (− 2.0000)	− 0.0497 * (− 1.9000)
lnnybx	0.0177 *** (3.3100)	0.0181 *** (3.2200)	− 0.0780 (− 1.4100)	− 0.0599 (− 1.0800)
ρ	− 1.2006 ** (2.3200)	—	—	
Log – likelihood	238.2711			
LR 检验	1.0000			
LR 检验	4812.9700			
Hausman 检验	0.0000			
样本量	1722			

注：*、**、***分别表示在10%、5%、1%的水平上显著，括号内为 z 值。

7.3 农业补贴对农业经济增长影响的实证分析

7.3.1 模型与数据

7.3.1.1 基础模型

以第 2 章构建的基本模型为基础，基于前述农业补贴对农业经济增长影响的数理分析，结合实证检验需要，我们构建如下计量模型：

$$\text{lngdp} = \alpha_0 + \alpha_1 \text{lnsub}_{it} + \varphi x_{it} + \lambda_j + \mu_i + \varepsilon_{ijt} \quad\quad (7-3)$$

$$\text{lngr} = \beta_0 + \beta_1 \text{lnsub}_{it} + \gamma x_{it} + \lambda_j + \mu_i + \varepsilon_{ijt} \quad\quad (7-4)$$

式（7-3）、式（7-4）中，lngdp、lngr 分别表示第一产业增加值与粮食产量，lnsub_{it}表示 i 县 t 年农业生产者支持补贴状况，x_{it}表示由控制变量构成的向量，φ、γ 表示系数向量。λ_j、μ_i、ε_{ijt} 分别表示个体效应、时间效应及残差项，α_0、β_0、α_1、β_1 为系数。

7.3.1.2 变量与数据

（1）变量设定。

被解释变量：农业经济增长。我们使用两种形式衡量农业经济增长，一是价值形式即以各县的第一产业增加值为表示变量；二是数量形式即以各县的粮食产量为表示变量。由农业生产支持补贴政策制定初衷可知，农业生产支持补贴的主要目标为稳定粮食生产、增加粮食产量。

解释变量：县级政府农业生产支持补贴。以当年各县农业支出中农业生产支持补贴金额表示。

控制变量：为了获得更加稳健的回归结果，我们对如下变量进行了控制：样本县农作物播种面积、农业机械拥有量、农业科技转化与推广支出、农业病虫害防治支出、农田水利支出、农业保险补贴支出。

（2）数据说明。

本部分实证数据来源于如下几个渠道：一是数据库（平台），包括EPSDATA 数据库、国泰安（CSMAR）数据库、湖南统计信息网。二是统计年鉴与年鉴，包括《中国县域统计年鉴》《河北农村统计年鉴》《黑龙江省统计年鉴》《湖北农村统计年鉴》《广东农村统计年鉴》《武汉统计年鉴》《南宁统计年鉴》《滁州年鉴》《宿州年鉴》《六安年鉴》《永川年鉴》《铜梁年鉴》等上百部统计年鉴、年鉴。三是政府决算报告，产粮大县及非产粮大县 2016～2018 年政府决算报告。四是政府报告及国民经济和社会发展统计公报。部分数据来源于产粮大县及非产粮大县 2016～2018 年政府报告及国民经济和社会发展统计公报，如《罗田国民经济和社会发展统计公报》《通城县国民经济和社会发展统计公报》《巴东县 2018 国民经济和社会发展统计公报》《大冶市 2018 国民经济和社会发展统计公报》《阳新 2018 国民经济和社会发展统计公报》《郧西县 2018 国民经济和社会发展统计公报》等上百份统计公报。

（3）核心变量数据特征分析。

在实证检验之前，为直观感知 2016～2018 年我国农业补贴及农业经济基本状况，我们对核心变量第一产业增加值、粮食产量及农业生产者支持补贴状况进行描述性分析。

通过表 7.7 可知，第一，就第一产业增加值而言，我国 2016～2018 年第一产业增加值呈现稳定增长态势，由 2016 年的 746395.10 亿元增长至 919281.10 亿元。产粮大县第一产业增加值呈现震荡下降态势，由 2016 年的 28803.42 亿元，下降至 28268.13 亿元。不仅如此，产粮大县第一产业增加值占全国第一产业增加值的比重较小在 3% 左右，且呈现逐年下降趋势。第二，就粮食产量而言，我国 2016～2018 年粮食总产量一直维持在 65000 万吨以上，产粮大县粮食总产量一直在 39000 万吨以上，产粮大县粮食总产量占全国粮食总产量的 60% 左右，但占比呈现下降态势，由 2016 年的 60.04% 下降至 2018 年的 59.71%。第三，就农业生产支持补贴而言，全国 2016～2018 年农业生产支持补贴总额呈现明显下降趋势，由 2016 年的 1605.55 亿元下降至 2018 年的 1350.92 亿元。

产粮大县农业生产支持补贴则呈现波动状态，但产粮大县农业生产支持补贴占全国农业生产支持补贴的比重呈现上升态势，由 2016 年的 24.39% 上升至 2018 年的 34.08%。

表 7.7　　　　　　农业经济增长、粮食产量及农业补贴状况

年份	全国			产粮大县					
	第一产业增加值（亿元）	粮食产量（万吨）	农业生产支持补贴（亿元）	第一产业增加值（亿元）	占比（%）	粮食产量（万吨）	占比（%）	农业生产支持补贴（亿元）	占比（%）
2016	746395.10	66043.51	1605.55	28803.42	3.86	39652.12	60.04	391.56	24.39
2017	832035.90	66160.73	1427.44	27778.39	3.34	39528.36	59.75	480.41	33.66
2018	919281.10	65789.22	1350.92	28268.13	3.08	39281.18	59.71	460.37	34.08

注：表中的"占比"是指产粮大县的数值与全国相应数值之比。
资料来源：国家统计局网站、财政部网站。

7.3.1.3　异质性分析

我国幅员辽阔，县域经济发展存在较大差异。农业补贴的实施有助于推动县域经济发展，但是由于县域经济状况的不同，农业补贴很可能会在促进县经济增长过程中产生不同的影响。不仅如此，保证 14 亿人吃饭问题是我国的头等大事，为此我国根据粮食产量划定了 800 个产粮大县，农业补贴的政策初衷便是稳定粮食生产，因此就数量形式而言，农业补贴会对不同县域形态的农业经济增长产生不同影响。

7.3.1.4　内生性问题讨论

内生性是以实证方法检验农业补贴对农业经济增长影响不可回避的重要问题，该问题的产生源于以下几个方面：一是遗漏变量。为了获得可靠的回归结果，我们对农作物播种面积、农业机械拥有量、农业科技与转化服务支出等变量进行了控制，尽管如此，由于县级政府公开的数据相对较少，导致部分变量无法纳入计量模型进行实证检

验，遗失了部分变量，引发内生性问题。二是互为因果。尽管农业补贴能够推动农业经济增长，但是地区农业经济增长的提升也为农业补贴的增加创造了条件，此时便形成互为因果关系，引发内生性问题。为此我们采用倾向得分匹配方法，再次对农业补贴对农业经济增长的影响进行实证检验。

借鉴陈强（2014）关于倾向得分匹配平均处理效应计算步骤，我们实证检验由如下步骤组成；首先，选择协变量。我们将可能影响产粮大县与非产粮大县经济增长（y_{1i}，y_{0i}）及处理变量 D_i 的相关变量包括进来，为此我们选择了农作物播种面积、农业机械拥有量、农业科技转化与推广支出、农业生产支持补贴、农田水利及农业保险补贴变量作为协变量引入估计模型。其次，估计倾向得分。遵循罗森鲍姆和鲁宾（Rosenbaum & Rubin，1985）的建议，我们采用 Logit 模型估计倾向得分。最后，进行倾向得分匹配。若倾向得分匹配估计较为准确，则协变量在匹配后在处理组与控制组之间分布较为均衡，即进行平衡性检验，检验通过即可根据匹配后样本计算平均处理效应，计算公式为：

$$\text{ATT} = \frac{1}{N_1} \sum_{i;D_j=1} (y_i - \widehat{y}_{0i}) \tag{7-5}$$

其中，$N_1 = \sum_i D_i$ 表示处理组个体数，$\sum_{i;D_j=1}$ 表示处理组个体数加总。

基于数理分析与实证模型，综合考虑实证数据的可得性，依据实证变量设定，我们对实证变量进行了定义并给出了描述性统计结果（如表 7.8 所示）。

表 7.8　　　　　　　　　　变量定义与描述性统计

变量性质	变量符号	变量名称	变量定义	观测值	均值	标准差	最小值	最大值
被解释变量	lngdp	第一产业增加值	以价值形式反映农业经济增长状况	4437	12.3625	0.7720	8.0615	14.2274
	lngr	粮食产量	以数量形式反映农业经济增长状况	4387	12.3082	1.0881	2.7081	15.1077

续表

变量性质	变量符号	变量名称	变量定义	观测值	均值	标准差	最小值	最大值
解释变量	lnsub	农业生产支持补贴	农业生产支持补贴状况	3953	7.1487	1.8021	-1.7720	11.2832
控制变量	lnbzmj	农作物播种面积	农作物播种面积的对数	4348	10.9984	0.9236	1.3863	16.8697
	lnjx	农业机械拥有量	农业机械拥有量的对数	4311	12.8045	0.9256	6.3421	22.9918
	lnkj	农业科技转化与推广支出	农业科技转化与推广支出的对数	3927	6.3426	1.5501	0.0000	11.8122
	lnbchh	农业病虫害防治支出	农业病虫害防治支出的对数	4000	5.4097	1.1359	0.0000	8.7501
	lnntsl	农田水利支出	农田水利支出的对数	3626	6.9054	1.5652	0.0000	11.8714
	lnnybx	农业保险补贴	农业保险补贴支出的对数	3211	6.2392	1.4710	0.0000	10.7100

7.3.2 农业补贴对农业经济增长影响的实证结果分析

7.3.2.1 基本实证结果分析

（1）实证模型选择。

表7.9最后一行列示了 Hausman 检验结果，检验结果表明强烈拒绝原假设，因此，应该使用固定效应模型。

（2）回归结果分析。

以第2章构建的基本模型为基础，基于前述农业补贴对农业经济增长影响的数理分析，结合我国县级 2016～2018 年经验数据，使用面板数据模型，实证检验了农业补贴对农业经济增长的影响，具体回归结果如表7.9所示。

表 7.9　　　　全样本下农业补贴对农业经济增长影响的实证结果

变量	模型（1）	模型（2）	模型（3）	模型（4）
lngr	—	—	0.0044 (1.3900)	—
lnsub	−0.0063 * (−1.8300)	0.0054 * (1.8500)	−0.0092 ** (−2.330)	0.0068 ** (2.2500)
lnbzmj	—	—	0.0403 ** (2.1700)	0.1560 ** (2.0500)
lnjx	—	—	—	0.0720 * (1.9500)
lnkj	—	—	—	0.0028 (0.8100)
lnbchh	—	—	0.0013 (0.2600)	—
lnntsl	—	—	0.0049 ** (2.0500)	0.0034 (1.3300)
lnnybx	—	—	0.0044 (1.3900)	—
常数项	12.4061 *** (507.4800)	12.2770 *** (582.6300)	11.2454 *** (30.1300)	9.6080 *** (9.0800)
样本量	3949	3903	2711	3271
Hausman 检验	0.0000	0.0000	0.0000	0.0000

注：*、**、*** 分别表示在 10%、5%、1% 的水平上显著，括号内为 t 值。

模型（1）、模型（3）是对式（7-3）的实证检验，模型（2）、模型（4）是对式（7-4）的实证检验。

通过表 7.9 中模型（1）~模型（4）回归结果可知，在全样本条件下，就农业经济增长的价值形式而言，实证检验得到如下发现：农业生产支持补贴显著降低了第一产业增加值，解释变量农业生产支持补贴的回归系数为 −0.0092 且通过 5% 显著水平检验，表明样本期间内农业生产支持补贴每增加 1% 会使第一产业增加值降低 0.0092。可能的原因是：一方面，农业生产支持补贴越多的地区，种植业规模越大，但是种植业基本为民生性产品，价格受到严格管控，产量提高未必会带来收入的显著上升，"谷贱伤农"即是如此。另一方面，我们使用第一产业增加值作为被解释变量，使得被解释变量数值被放大，最终影响回归结果。就农业经济增长的数量形式而言，实证检验得到如下发现：农业补贴显著提高了粮食产量，解释变量农业生产支持补贴的回归系数为 0.0068 且通过 5% 显著水平检验，表明农业生产支持补贴每增加 1% 会使粮食产量增加 0.0068，农业生产支持补贴很好地发挥了稳产增产的政策效果。

7.3.2.2 异质性实证结果分析

我们在进行基本实证检验之后，探讨了异质性条件下，农业补贴对农业经济增长的影响。异质性检验由产粮大县与非产粮大县视角展开，分别检验了农业补贴对产粮大县农业经济增长的影响与非产粮大县农业经济增长的影响，如表 7.10 所示。模型（1）、模型（3）、模型（5）、模型（7）是对式（7-3）的实证检验，模型（2）、模型（4）、模型（6）、模型（8）是对式（7-4）的实证检验。模型（1）~模型（4）为产粮大县回归结果；模型（5）~模型（8）为非产粮大县回归结果。

（1）价值形式下农业补贴对农业经济增长的影响。

由表 7.10 可知，在分样本异质性条件下，就农业经济增长的价值形式而言，农业生产支持补贴显著地降低了地区第一产业增加值，但降低的幅度存在一定差异。产粮大县农业生产支持补贴的回归系数为 -0.0132；非产粮大县农业生产支持补贴的回归系数为 -0.0076。对比回归系数可知，农业生产支持补贴对产粮大县第一产业增加值的削弱作用更加明显。可能的原因是：一方面，尽管产粮大县的农业基础较好，但是农业属于附加值较低的产业，同时农产品又属于民生性产品，农产品价格受到严格管控，增值空间有限；另一方面，产粮大县在大力发展农业的同时挤占了其他产业的发展，由于土地用途的限制，虽然是产粮大县，但是粮食加工商品化区域未必在该县域范围内，换言之，升值空间更大的生产流程外流，导致农业生产支持补贴对粮食主产区第一产业增加值的削弱作用更大。因此，就产粮大县而言，可能面临更为严峻的"增产不增收"局面。

表 7.10　分样本下农业补贴对农业经济增长影响的实证结果

变量	产粮大县				非产粮大县			
	模型 (1)	模型 (2)	模型 (3)	模型 (4)	模型 (5)	模型 (6)	模型 (7)	模型 (8)
lngr	—	—	0.0701 * (1.7600)	—	—	—	0.0369 (0.9000)	—
lnsub	− 0.0078 * (1.900)	0.0058 ** (1.9000)	− 0.0132 ** (− 2.4600)	0.0071 * (1.8100)	− 0.0053 ** (− 2.0300)	0.0045 (0.8600)	− 0.0076 ** (− 2.2600)	0.0028 (0.5100)
lnbzmj	—	—	0.1242 ** (2.0300)	—	—	—	0.1313 *** (2.6600)	0.4985 *** (6.2200)
lnjx	—	—	—	0.0626 * (1.8100)	—	—	—	0.0510 (1.4000)
lnkj	—	—	—	—	—	—	—	0.0012 (0.3100)
lnbchh	—	—	—	− 0.0024 (− 0.4600)	—	—	0.0087 (1.5100)	− 0.0048 (− 0.8800)
lnmtsl	—	—	0.0055 * (1.8700)	—	—	—	0.0005 (0.1500)	—

续表

变量	产粮大县				非产粮大县			
	模型（1）	模型（2）	模型（3）	模型（4）	模型（5）	模型（6）	模型（7）	模型（8）
lnnybx	—	—	10.4667 *** (14.2900)	0.0075 (1.4000)	—	—	0.0120 ** (2.4100)	—
常数项	12.7967 *** (389.6800)	12.9787 *** (531.8200)		12.0947 *** (25.9500)	12.0362 *** (753.8900)	11.6579 *** (357.7900)	10.1454 *** (16.8600)	5.7864 *** (5.9400)
样本量	1940	1906	1717	1487	2077	2063	1379	1964
Hausman	0.0000	0.0000	0.0000	0.0000	0.0000	0.0000	0.0000	0.0000

注：*、**、*** 分别表示在 10%、5%、1% 的水平上显著，括号内为 t 值。

（2）数量形式下农业补贴对经济增长的影响。

由表 7.10 可知，在分样本异质性条件下，就农业经济增长的数量形式而言，农业生产支持补贴对不同农业生产条件的县的粮食产量产生了不同影响。农业生产支持补贴显著提高了产粮大县的粮食产量（回归系数为 0.0071），但是对非产粮大县的粮食产量未产生显著影响。据此可知，农业生产支持补贴在提高主产区粮食产量、保证国家粮食安全方面发挥了积极作用。

7.3.2.3　内生性处理实证结果分析

（1）倾向得分估计与分析。

倾向得分匹配的第一步是计算得分值，为此我们使用 Logit 模型估计产粮大县经济增长得到农业补贴支持的概率，估计得到的概率值即为倾向得分值，倾向得分值是后续匹配分析的基础，具体回归结果如表 7.11 所示。

表 7.11　　　　　　　　　　　　Logit 模型估计结果

变量	第一产业增加值	粮食产量
lnsub	0.4986 *** (14.5700)	0.4509 *** (12.9800)
lnbzmj	0.6346 *** (7.1500)	0.7764 *** (8.4200)
lnjx	0.4536 *** (5.9200)	0.5588 *** (7.1300)
lnkj	0.4695 *** (11.7000)	0.4445 *** (10.9300)
lnntsl	− 0.1223 *** (− 3.6900)	− 0.1375 *** (− 4.0800)
lnnybx	0.1263 *** (3.8700)	0.1004 *** (2.9900)
常数项	− 19.2947 *** (− 21.1700)	− 21.4768 *** (− 21.5400)
样本量	2992	2961

注：* 、** 、*** 分别表示在 10%、5%、1% 的水平上显著，括号内为 t 值。

由表 7.11 可知，影响产粮大县得到农业补贴支持的因素是多方面的，其中包括农作物播种面积、农业机械拥有量、农业科技转化与推广支出、农业生产支持补贴、农田水利支出及农业保险补贴支出。

（2）平衡性假设检验。

为了保证匹配分析的有效性，在获得了产粮大县经济增长得到农业补贴支持的概率后，需要进行平衡性假设检验。为此我们分别以第一产业增加值与粮食产量为结果变量，进行了近邻匹配平衡性检验，检验结果如表 7.12、表 7.13 所示。

根据表 7.12 与表 7.13，并根据陈强（2014）对平衡性假设检验提出的标准（不超过 10%）可知，不管是以第一产业增加值为结果变量，还是以粮食产量为结果变量，均通过近邻匹配平衡性检验，样本匹配较为成功，在此基础上我们计算平均处理效应。

表 7.12　　　　　　　　　近邻匹配平衡性检验（1）

变量	匹配前	均值		匹配后偏差	T 检验	
	匹配后	处理组	控制组	（%）	t 值	p 值
lnsub	匹配前	7.9649	6.2516	−1.3	30.9000	0.0000
	匹配后	7.8384	7.8580		−0.3900	0.6670
lnbzmj	匹配前	11.4140	10.6360	−3.8	31.6300	0.0000
	匹配后	11.3590	11.3840		−1.0900	0.2770
lnjx	匹配前	13.2020	12.3940	10	28.8000	0.0000
	匹配后	13.1460	13.0700		2.9400	0.0030
lnkj	匹配前	7.0137	5.8842	1.8	24.1600	0.0000
	匹配后	6.9184	6.8954		0.5200	0.600
lnntsl	匹配前	7.0903	6.5701	1.5	9.1400	0.0000
	匹配后	7.0890	7.0652		0.4300	0.6670
lnnybx	匹配前	6.4885	5.6711	−8.9	14.5400	0.0000
	匹配后	6.4327	6.5696		−2.5300	0.0110

表 7.13　　　　　　　　近邻匹配平衡性检验（2）

变量	匹配前	均值		匹配后偏差（%）	T 检验	
	匹配后	处理组	控制组		t 值	p 值
lnsub	匹配前	7.9562	6.2607	−0.9000	30.4000	0.0000
	匹配后	7.8146	7.8279		−0.2600	0.7940
lnbzmj	匹配前	11.4440	10.6450	−4.4000	33.6300	0.0000
	匹配后	11.3840	11.4120		−1.2600	0.2080
lnjx	匹配前	13.2350	12.4010	9.4000	30.6000	0.0000
	匹配后	13.1740	13.1040		2.7400	0.0060
lnkj	匹配前	7.0079	5.8900	−3.3000	23.7900	0.0000
	匹配后	6.9034	6.9547		−0.9400	0.3480
lnntsl	匹配前	7.0842	6.5787	−6.8000	8.8500	0.0000
	匹配后	7.0830	7.1884		−1.9200	0.0550
lnnybx	匹配前	6.4939	5.6846	−4.4000	14.4100	0.0000
	匹配后	6.4437	6.5114		−1.2500	0.2120

（3）平均处理效应检验结果分析。

采用近邻匹配方法进行处理组与控制组匹配后，我们计算得到平均处理效应，得出了农业补贴支持对产粮大县农业经济增长的影响。

由表 7.14 可知，农业补贴对产粮大县第一产业增加值的平均处理效应为 0.1075，且通过 5% 显著水平检验，这表明就产粮大县而言，农业补贴能够带来产粮大县第一产业增加值更大的增长。不仅如此，农业补贴对产粮大县粮食产量的平均处理效应为 0.4325，且通过 1% 显著水平检验，这表明就产粮大县而言，农业补贴能够带来产粮大县粮食产量更大的增长。基于此可知，我们在采用倾向得分匹配方法时，产粮大县在得到政府支持后，在第一产业增加值与粮食产量方面均表现出了显著的敏感性，回归结果可靠。

表7.14   农业补贴对产粮大县农业经济增长影响的平均处理效应

变量	样本	处理组	控制组	ATT	标准误	T统计量
lngdp	匹配前	12.7338	12.0598	0.6739	0.0218	30.9300
	匹配后	12.6984	12.5909	0.1075	0.0534	2.0100
lngr	匹配前	13.0137	11.7819	1.2318	0.0234	52.7100
	匹配后	12.9537	12.5211	0.4325	0.0524	8.2600

7.3.2.4 稳健性检验实证结果分析

为了检验回归结果是否真实可靠，我们采用增加控制变量的方法进行稳健性检验（检验结果如表7.9、表7.10所示），回归结果表明，解释变量的回归系数及显著性基本稳定，回归结果较为可靠。

7.4 本 章 小 结

本章在第2章构建的基本模型的基础上，基于前述农业补贴的区域结构效应及农业补贴的经济增长效应的规范分析，结合县级层面2016~2018年数据，采用计量经济学方法，从区域结构与经济增长两个层面实证检验了农业补贴的宏观经济效应，通过实证分析得到如下结论。

7.4.1 农业补贴加剧了区域差异，形成了空间外溢性

首先，农业补贴扩大了农业生产的区域差异，增强了优势产区的区位优势，形成了农业补贴的区域结构效应。我们使用县级数据，采用固定效应模型实证检验了农业补贴对不同区域农业产出的影响，回归结果表明，农业补贴在不同区域间产生了不同影响。农业补贴显著提高了东部地区农业生产能力，增强了主产区区位优势，形成了农业生产的区域化差异格局。其次，农业补贴的空间外溢性，会带动邻近区域农业生产的发展。由

于农业补贴的区域差异，导致不同地区农业产出水平存在明显不同，在外溢性普遍存在的情况下，农业补贴对产出的影响不仅局限于本区域内，也会对邻近区域产生影响。因此，我们使用空间杜宾模型（SDM）实证检验了农业补贴的空间外溢性，实证结果表明农业补贴会对邻近区域农业产出产生显著的溢出效应。

7.4.2　增产不增收是农业补贴对农业经济增长影响的集中体现

我们使用2016～2018年县级数据，采用固定效应模型及倾向得分匹配模型实证检验发现，农业经济不同表示形式下，农业补贴的作用截然相反。价值形式下，农业补贴显著抑制了第一产业增加值的增长；数量形式下，农业补贴显著提高了地区粮食产出水平。两种表示形式得到截然相反的实证结论，这在一定程度上揭示了当前我国农业发展的窘境即增产不增收，导致这一问题的原因可能是：一方面，农业具有较强的民生性属性，农产品的价格不可能大幅度增长，丰收可能面临的是低价的现实；另一方面，价值形式下被解释变量口径略大也可能对回归结果产生了不利影响。

第8章 农业补贴的宏观经济社会效应

——基于反贫困的实证分析

贫困问题是我国重要的社会经济问题，消除贫困是党和政府的重要任务。农村地区是贫困问题高发地区，农业补贴作为支农惠农的重要手段，在消除贫困中发挥着重要作用。2020年底，我国彻底实现了全部贫困县"脱贫摘帽"，我国反贫困事业取得重大胜利。农业补贴作为支农惠农的重要手段，在削减贫困中作用如何，通过何种路径作用于减贫事业是值得深入研究的问题，基于此，本章以第2章构建的基本模型为基础，基于前述农业补贴对削减贫困影响的规范分析，使用县级2016~2018年数据，采用计量经济学相关方法，对农业补贴对削减贫困的影响进行实证分析。

8.1 文献综述

8.1.1 文献回顾

8.1.1.1 农业补贴对减贫影响的规范分析

农业补贴对减贫影响的规范分析主要由两个视角展开：一是农业补贴的减贫机理与内在逻辑分析；二是农业补贴的减贫路径分析。（1）农业补贴（支农支出）的减贫机理与内在逻辑分析。阎坤、于树一（2008），王海（2013），闫坤、于树一（2013），刘明慧、侯雅楠（2017）基于规范分析对我国财政减贫的机理与内在逻辑进行了分析。（2）农业补贴（支农支出）的减贫路径分析。总体而言，农业补贴削减贫困作用的发挥可通过如下路径实现：①农业补贴推动了农业经济发展，进而达到削减贫困的目的（Mosley & Suleiman，2005；Christiaensen & Demery，2006；Christiaensen et al.，2011；Fan et al.，2004；Davis et al.，2005；秦建军、武拉平，2011；林建、廖杉杉，2014；王谦、王秋苏，2017；张东玲等，2020）；②农业补贴以转移支付的形式直接增加了贫困农户收入，进而达到削减贫困的目的（秦建军、武拉平，2011；张伟宾、汪三贵，2013；陈鹏、李建贵，2018；张东玲等，2020；解垩、李敏，2020）；③农业补贴的实施增加了农户人力资本投资，削减了贫困（Davis et al.，2005）；④农业补贴有助于粮食市场的稳定，进而达到减贫的效果（张东玲等，2020）；⑤税收与转移支付通过影响家庭消费行为进而对削减贫困产生影响（解垩、李敏，2020）。

8.1.1.2　农业补贴对减贫影响的实证检验

农业补贴对减贫的影响不仅需要规范分析，而且需要结合经验数据，使用计量经济学分析方法进行实证检验，实证检验由支农支出总体对削减贫困影响的实证检验及支农支出中分项目类别对削减贫困影响的实证检验构成。（1）支农支出总体对削减贫困的影响的实证检验，不同学者采用不同国家数据，使用多种实证分析方法进行了实证检验，如朴等（Park et al.，2002），庄天慧、王欢（2016），李盛基等（2014），徐爱燕、沈坤荣（2017），邹文杰等（2019），秦建军、武拉平（2011），邹文杰、冯琳洁（2015），陈鹏、李建贵（2020），张东玲等（2020）使用中国数据；戴维斯等（Davis et al.，2005）使用墨西哥数据；莫斯利等（Mosley et al.，2004）采用 34 个国家数据，采用联立方程模型、3SLS 模型、空间计量模型、时间序列模型、面板数据模型、ECM 模型等多种实证方法对支农支出总体的减贫效果进行了实证检验，检验结果表明，支农支出显著削减了贫困。（2）支农支出中分项目类别对削减贫困的影响的实证检验，樊等（Fan et al.，2002）、林伯强（2005）使用中国数据，采用联立方程模型实证检验了各类支农支出的减贫效果，实证结果表明，生产性支出有效降低了贫困。朴等（Park et al.，1996）使用陕西省数据，实证检验发现，农业投资能够增加农户收入，进而达到削减贫困的目的。朱青、卢成（2020）使用2009~2015年全国农村固定观察点数据，采用分位回归方法实证检验了农业补贴的减贫效应，实证结果表明，农业补贴有助于增加中低收入群体收入，进而缓解农村绝对贫困。

8.1.2 简要评述

综上所述，关于农业补贴对减贫的影响，众多学者已经由规范分析与实证检验两个视角进行了较为深入的探讨，形成了较为丰富的研究成果，为本章研究农业补贴对减贫的影响提供了理论依据与经验借鉴。

尽管如此，农业补贴对削减贫困的影响，仍可由如下几个方面做进一步完善：第一，农业补贴的作用机理有待进一步探讨与检验。2020年，我国取得了脱贫攻坚的全面胜利，农村作为脱贫焦点区域，是巩固脱贫攻坚成果的重点地区。农业补贴在提高农村居民可支配收入的同时，推动了农业产出的增加与农业经济的增长，以此为媒介进而达到削减贫困的目的。尽管已有文献对农业补贴削减贫困的作用路径进行阐述，但是国内鲜有文献从实证的视角对农业补贴的减贫路径进行检验，为此我们通过多重途径搜集了县级政府减贫数据，使用中介效应模型对农业补贴削减贫困的作用机制进行了实证检验。第二，实证检验数据有待进一步拓展。当前我国研究农业补贴的宏观经济影响多以省级面板数据为主，但是不可否认的是省级数据过于笼统，省域内农业生产条件存在显著差异（如内蒙古东部与西部），此时用省级数据所得到的实证结论过粗，为了摆脱此窘境，我们将实证检验数据延伸至县级政府层面，通过查阅县级政府决算报告的方式获得了2016~2018年1400多个县（含产粮大县）农业生产支持补贴及其他支农支出数据，为获得更加精细的实证结论提供了坚实"原料"。

8.2 模型与数据

8.2.1 基础模型

以第 2 章构建的基本模型为基础，基于前述农业补贴对削减贫困影响的机理分析，结合实证检验需要即被解释变量为虚拟变量，因此，可考虑使用面板 Logit 模型或面板 Probit 模型。尽管面板 Probit 因为无法找到充分统计量不能估计固定效应（陈强，2015），但是本章样本中超过 90% 的被解释变量在样本期间内未发生变化，因此，使用固定效应模型回归数据会被忽略，损失大量样本，对回归结果造成严重影响，为此，我们采用随机效应模型：

$$\text{probit}(\text{pov}_{it} = 1 \mid \text{lnsub}_{it},\ x_{it}) = F(\beta_0 + \beta_1 \text{lnsub}_{it} + \kappa x_{it}) \qquad (8-1)$$

其中，$F(\cdot)$ 为标准正态的累积分布函数，pov 表示是否为贫困县（是贫困县为 1，非贫困县为 0），lnsub 表示 i 县 t 年农业生产支持补贴状况，x_{it} 表示由控制变量所构成的向量，β_0、β_1 为系数，κ 为系数向量。

8.2.2 变量与数据

8.2.2.1 变量设定

被解释变量：贫困县的衡量。我们采用二值变量衡量贫困县，即以国务院扶贫开发领导小组办公室 2020 年 10 月 16 日公布的 832 个国家级贫困县历年摘帽名单为依据，对样本县是否为贫困县进行取值，样本年份为贫困县定义为 1，样本年份为非贫困县定义为 0。

解释变量：县级政府农业生产支持补贴。以当年各县农业支出中，农业生产支持补贴金额表示。

控制变量：为了获得更加稳健的回归结果，我们对如下变量进行了控制：样本县农作物播种面积、农业机械拥有量、病虫害防治支出等。

8.2.2.2 数据说明与处理

（1）数据说明。

本部分实证数据来源于如下几个渠道：一是数据库（平台），包括EPSDATA数据库、国泰安（CSMAR）数据库、湖南统计信息网。二是统计年鉴与年鉴，包括《中国县域统计年鉴》《河北农村统计年鉴》《黑龙江省统计年鉴》《湖北农村统计年鉴》《广东农村统计年鉴》《武汉统计年鉴》《南宁统计年鉴》《滁州年鉴》《宿州年鉴》《六安年鉴》《永川年鉴》《铜梁年鉴》等上百部统计年鉴、年鉴。三是政府决算报告，产粮大县及非产粮大县2016~2018年政府决算报告。四是政府报告及国民经济和社会发展统计公报。部分数据来源于产粮大县及非产粮大县2016~2018年政府报告及国民经济和社会发展统计公报，如《罗田国民经济和社会发展统计公报》《通城县国民经济和社会发展统计公报》《巴东县2018国民经济和社会发展统计公报》《来凤县2018国民经济和社会发展统计公报》《鹤峰县2018国民经济和社会发展统计公报》《大冶市2018国民经济和社会发展统计公报》《阳新2018国民经济和社会发展统计公报》《郧西县2018国民经济和社会发展统计公报》等上百份统计公报。五是全球变化科学研究数据出版系统，中国地形起伏度公里网格数据集。

（2）数据处理。

为了消除异常值对回归结果的影响，我们运用winsor2对变量进行了5%分位及95%分位的缩尾处理

8.2.2.3 贫困县脱贫特征分析

2014年我国公布了国家级贫困县名单确定我国共有832个县为国家级贫困县，2020年我国全面完成脱贫攻坚任务，并于2020年10月公布了832个国家级贫困县历年摘帽名单，以此为依据我们对实证检验期内我国

贫困县脱贫过程进行描述性分析，从总体上感知 2016~2018 年我国贫困县脱贫过程。

通过表 8.1 可知，第一，绝对数上，2016~2018 年产粮大县、非产粮大县及脱贫县总数均呈现快速增长趋势，2016 年产粮大县脱贫数为 5 个，非产粮大县脱贫数为 23 个，脱贫县总数为 28 个。至 2018 年，产粮大县脱贫数达到了 61 个，非产粮大县达到了 222 个，脱贫县总数达到了 283 个。就绝对数而言，我国县级政府脱贫速度逐渐加快。第二，相对数上，产粮大县脱贫数占脱贫县总数的比重一直在 20% 左右，而非产粮大县脱贫数占脱贫县总数的比重一直在 80% 左右，换言之，我国的贫困县多集中于非产粮大县。

表 8.1   2016~2018 年我国贫困县脱贫状况

年份	产粮大县脱贫数		非产粮大县脱贫数		脱贫县总数	
	绝对数（个）	相对数（%）	绝对数（个）	相对数（%）	绝对数（个）	相对数（%）
2016	5	17.8671	23	82.1429	28	100
2017	24	19.2000	101	80.8000	125	100
2018	61	21.5548	222	78.4452	283	100

8.2.3　异质性分析

我国幅员辽阔，县域经济发展程度参差不齐，农业补贴在推进不同县域减贫过程中可能会存在一定差异。不仅如此，通过贫困县脱贫特征分析发现，我国的贫困地区多集中于非产粮大县。为了考察农业补贴在产粮大县与非产粮大县脱贫中产生的不同影响，我们以县域粮食产量为基本分类标准，将样本划分为产粮大县与非产粮大县，进而采用实证分析方法对农业补贴对不同县域经济形态下减贫的影响进行实证检验，以期获得具有对比价值的实证分析结论。

8.2.4 内生性问题讨论

农业生产支持补贴影响县级政府减贫的同时，县级政府是否贫困也会影响农业生产支持补贴的规模，反向因果的存在会对实证结果产生重大影响。为此，我们使用县域地表起伏度作为工具变量进行内生性处理。第一，地表起伏程度直接揭示了地表的平坦程度，通常而言地表越平坦，耕地面积越大，农业越发达，我国的粮食主产区基本分布于平原地区，耕地面积的多寡直接影响农业生产支持补贴的大小，因此，地表起伏度与农业生产支持补贴相关。第二，地表起伏度不会对县域贫困产生直接影响，因此，满足工具变量的外生性。基于此，使用地表起伏度作为工具变量，在对时间效应进行控制的情况下，对内生性进行处理。为此，我们在工具变量估计的第一阶段做如下设定：

$$\text{lnsub}_{it} = \alpha_0 + \alpha_1 \text{rdls} + \alpha_2 x_{it} + \psi_t + \nu_{it} \qquad (8-2)$$

其中，rdls 为样本县的地表起伏度，x_{it} 表示由控制变量所构成的向量，ψ_t 为时间固定效应。

8.2.5 机制检验

农业补贴特别是农业生产支持补贴的政策初衷是调动农民生产积极性、稳定粮食生产、保证国家粮食安全。基于农业补贴政策初衷，结合中介效应模型，对农业补贴对减贫影响的作用机制进行分析，具体作用路径如图 8.1 所示。

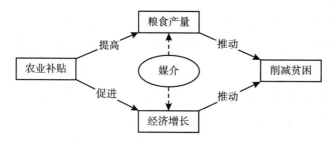

图 8.1　农业补贴削减贫困的作用机制

　　由图 8.1 可知，首先，农业补贴以粮食产量为媒介，推动了贫困的削减。农业补贴特别是农业生产支持补贴以调动农户生产积极性、稳定粮食生产为目的，当粮食价格稳定时，随着农户粮食产量的普遍提升，会有效增加农户收入，推动削减贫困目标的实现。其次，农业补贴以经济增长为媒介，推动贫困的削减。如前文所述，农业补贴的实施能够促进宏观农业经济增长，宏观农业经济的增长会带来更多增加收入的机会，实现整体收入水平的提高，最终达到削减贫困的目的。为了检验农业生产支持补贴以农业经济增长（价值形式与数量形式）为媒介对减贫的影响，我们构建如下中介效应模型：

$$\text{prob}(\text{pov}_{it} = 1 \mid \text{lnsub}_{it}, \ x_{it}) = F(\gamma_0 + \gamma_1 \text{lnsub}_{it} + \kappa x_{it}) \quad (8-3)$$

$$\text{lngdp} = \alpha_0 + \alpha_1 \text{lnsub}_{it} + \varphi x_{it} + \lambda_j + \mu_i + \varepsilon_{ijt} \quad (8-4)$$

$$\text{prob}(\text{pov}_{it} = 1 \mid \text{lnsub}_{it}, \ \text{lngdp}_{it}, \ x_{it}) = F(\tau_0 + \tau_1 \text{lnsub}_{it} + \tau_2 \text{lngdp}_{it} + v x_{it})$$
$$(8-5)$$

$$\text{prob}(\text{pov}_{it} = 1 \mid \text{lnsub}_{it}, \ x_{it}) = F(\eta_0 + \eta_1 \text{lnsub}_{it} + \theta x_{it}) \quad (8-6)$$

$$\text{lngr} = \beta_0 + \beta_1 \text{lnsub}_{it} + \nu x_{it} + \lambda_j + \mu_i + \varepsilon_{ijt} \quad (8-7)$$

$$\text{prob}(\text{pov}_{it} = 1 \mid \text{lnsub}_{it}, \ \text{lngr}_{it}, \ x_{it}) = F(\xi_0 + \xi_1 \text{lnsub}_{it} + \xi_2 \text{lngr}_{it} + \varpi x_{it})$$
$$(8-8)$$

　　其中，$F(\cdot)$ 为标准正态的累积分布函数，pov_{it} 表示是否为贫困县（是贫困县为 1，非贫困县为 0），lngdp 表示 i 县 t 年第一产业增加值，lngr 表示 i 县 t 年粮食产量，lnsub_{it} 表示 i 县 t 年农业生产者支持补贴状况，κ、φ、v、θ、ν、ϖ 为系数向量，x_{it} 表示由控制变量所构成的向量。λ_j、μ_i、ε_{ijt} 分别表示个体效应、时间效应及残差项，γ_0、α_0、τ_0、η_0、β_0、ξ_0、γ_1、α_1、τ_1、τ_2、η_1、β_1、ξ_1、ξ_2 为系数。

　　基于数理分析与实证模型，综合考虑实证数据的可得性，依据实证变量设定，我们对实证变量进行了定义并给出了描述性统计结果（如表 8.2 所示）。

表 8.2   变量定义与描述性统计

变量性质	变量符号	变量名称	变量定义	样本量	均值	标准差	最小值	最大值
被解释变量	pov	是否为贫困县	贫困县脱贫状况	4443	0.2501	0.4331	0.0000	1.0000
解释变量	lnsub	农业生产支持补贴	农业生产支持补贴的对数	4050	7.0603	1.7903	3.1355	9.7772
控制变量	lnbzmj	农作物播种面积	农作物播种面积的对数	4348	10.9825	0.7970	9.2534	12.2332
	lnjx	农业机械拥有量	农业机械拥有量的对数	4443	12.7397	0.8827	10.8198	14.1029
	lnbchh	病虫害防治支出	农业病虫害防治支出的对数	4016	5.4196	1.0028	3.4965	7.1823
	lnntsl	农田水利支出	农田水利支出的对数	3727	6.8030	1.5876	2.9957	8.7834
	lnnybx	农业保险补贴	农业保险补贴支出的对数	3335	6.0762	1.5785	2.0794	8.1236
工具变量	rdls	地表起伏度	地貌形态状况	4443	0.7698	0.8649	0.0001	5.4231

8.3 农业补贴对减贫影响的实证结果分析

8.3.1 基本实证结果分析

以第 2 章构建的基本模型为基础，基于前述农业补贴对削减贫困影响的规范分析，我们使用 2016~2018 年县级经验数据，实证检验了农业补贴对减贫的影响。表 8.3 报告了全样本条件下面板 Probit 回归结果，通过 LR 检验可知，应使用随机效应模型，具体回归结果如表 8.3 模型（1）所示。

表 8.3　　　　　　　　　农业补贴对减贫影响估计结果

变量	模型（1）	模型（2）	模型（3）
lnsub	-0.1292 ** （-2.4300）	0.0080 （0.0700）	-0.04987 （-0.6900）
lnbzmj	0.8029 *** （4.3400）	1.8278 *** （4.3900）	1.9873 *** （5.8300）
lnjx	-0.9580 *** （-6.3900）	-1.3470 *** （-3.8800）	-1.6503 *** （-6.0400）
lnbchh	-0.6316 *** （-7.1500）	-0.3648 *** （-2.7900）	-0.6696 *** （4.8400）
lnntsl	0.1408 *** （3.3500）	0.2008 ** （2.5100）	0.1276 ** （2.4200）
lnnybx	-0.0832 （-1.4900）	-0.1704 * （-1.9100）	-0.0534 （-0.5500）
常数	4.8982 *** （3.0100）	-5.5604 *** （-1.6200）	1.6981 （0.6000）
LR 检验	0.0000	0.0000	0.0000
样本量	3023	1465	1389

注：*、**、***分别表示在10%、5%、1%的水平上显著，括号内为 z 值。

由表 8.3 可知，第一，解释变量层面，农业生产支持补贴在 5% 水平上显著为负，意味着农业生产支持补贴的增加有助于削减贫困。第二，农业机械拥有量与病虫害防治支出在 1% 水平上显著为负，意味着农业机械拥有量与病虫害防治支出的增加有助于削减贫困。第三，农作物播种面积与农田水利支出在 1% 水平上显著为正，表明农作物播种面积与农田水利支出不利于削减贫困，可能的原因是农作物播种面积越大，农田水利支出越多，表明农业在县域经济中所占的比重越大，农业属于附加值较低的产业，增产并不能带来显著的增收效果。

8.3.2 异质性实证结果分析

我们在进行基本实证检验之后，探讨了异质性条件下，农业生产支持补贴对减贫的影响，异质性检验由产粮大县与非产粮大县视角展开，回归结果如表8.3模型（2）、模型（3）所示。由表8.3可知，农业生产支持补贴不管是对产粮大县还是非产粮大县贫困的削减均未产生显著影响，但是对比二者实证结果发现，农业生产支持补贴对产粮大县的回归系数为正，对非产粮大县的回归系数为负，这在一定程度上表明，农业生产支持补贴无益于产粮大县贫困的削减，并有加剧地区贫困的趋势，这可能的解释是农业生产支持补贴尽管带来了产粮大县粮食产量的提高，但是却对价值形式下农业经济增长产生负面影响。

8.3.3 内生性处理实证结果分析

尽管表8.3中的实证结果表明，总体而言农业生产支持补贴有助于削减贫困，但是由于内生性的存在可能会对实证结果产生重大影响，为此我们以县域地表起伏度为工具变量进行了内生性处理，实证检验结果如表8.4所示。

表8.4　　　　　　　农业补贴对减贫影响的 Ⅳ Probit 估计

变量	模型（1）		模型（2）		模型（3）	
	第一阶段	第二阶段	第一阶段	第二阶段	第一阶段	第二阶段
rdls	-0.4653 *** （ -13.5500 ）	—	-0.4901 *** （ -9.1000 ）	—	-0.1787 *** （ -3.9200 ）	—
lnsub	—	-1.5650 *** （ -11.4100 ）	—	-1.1305 *** （ -5.6000 ）	—	-3.7756 *** （ -3.8400 ）
lnbzmj	0.7554 *** （15.6000）	1.6989 *** （11.4700）	1.1151 *** （16.7200）	1.9691 *** （6.9000）	0.5025 *** （6.1000）	2.6452 *** （4.4500）

续表

变量	模型（1）		模型（2）		模型（3）	
	第一阶段	第二阶段	第一阶段	第二阶段	第一阶段	第二阶段
lnjx	0.17101 *** （3.8500）	− 0.0367 （− 0.4100）	0.1154 * （1.7300）	− 0.0957 （− 0.6800）	0.2537 *** （3.0100）	0.5281 （1.1900）
lnbchh	0.2778 *** （9.4000）	0.2674 *** （3.8200）	− 0.0328 （− 1.0500）	− 0.1772 *** （− 2.8700）	0.4551 *** （9.4600）	1.4858 *** （2.9900）
lnntsl	0.0278 （1.6100）	0.0110 （0.3400）	− 0.0449 ** （− 2.1600）	− 0.0786 * （− 1.8800）	0.0654 *** （2.7800）	0.2675 ** （2.3400）
lnnybx	− 0.1262 *** （− 7.0800）	− 0.1858 *** （− 5.1100）	− 0.1944 *** （− 9.5100）	− 0.2565 *** （− 4.6600）	− 0.1627 *** （− 4.8000）	− 0.5694 *** （− 2.7600）
常数	− 3.8747 *** （− 8.2300）	− 7.7710 *** （− 6.3000）	− 4.3515 *** （− 5.9600）	− 10.1950 *** （− 4.9300）	− 3.8996 *** （− 4.7600）	− 17.5405 *** （− 3.0200）
时间效应	控制	控制	控制	控制	控制	控制
Wald 检验	0.0000		0.0000		0.0000	
弱工具 变量检验	0.0000		0.0000		0.0000	
样本量	3023	3023	1465	1465	13889	1389

注：* 、** 、*** 分别表示在 10%、5%、1% 的水平上显著，表格中第一阶段括号内为 t 值，第二阶段括号内为 z 值。

表 8.4 中模型（1）、模型（2）、模型（3）分别是对表 8.3 中模型（1）、模型（2）、模型（3）的内生性处理结果。第一，初始变量检验。表 8.4 列示了对外生性原假设 "$\rho = 0$" 的 Wald 的检验结果，p 值均为 0，因此，可以在 1% 的水平上认为农业生产支持补贴为内生变量。不仅如此，第一阶段回归结果显示，工具变量地表起伏度的回归系数均通过 1% 水平的显著性检验，表明工具变量地表起伏度对农业生产支持补贴具有较强的解释力。第二，弱工具变量检验。表 8.4 倒数第二行，报告了弱工具变量检验结果，弱工具变量检验的 p 值均为 0，据此可知，我们使用的工具变量不是弱工具变量。

由表 8.4 的估计结果可知，使用Ⅳ Probit 估计方法时，全样本条件下，农业生产支持补贴的系数为 -1.565 且在 1% 水平上显著，这表明，如果使用一般的 Probit 模型进行估计，由于忽略了农业生产支持补贴的内生性，将会低估农业补贴对全样本条件下减贫的作用。不仅如此，使用Ⅳ Probit 估计方法时，异质性条件下，农业生产支持补贴的系数分别为 -1.1305 与 -3.7756 且通过 1% 水平显著检验，表明在有效控制了内生性情况下，农业生产支持补贴有显著的减贫效果，并且对非产粮大县的减贫效果更加明显。

8.3.4 机制检验实证结果分析

8.3.4.1 模型适用性检验

农业补贴对减贫影响的机制分析表明，农业补贴会以农业经济增长（价值形式与数量形式）为媒介对县域减贫产生影响，然而是否存在中介效应需要按照相应程序进行检验，借鉴温忠麟等（2004）的做法我们构建如下检验流程。

由图 8.2 可知，要检验农业补贴是否通过影响第一产业增加值及粮食产量进而影响县级政府减贫需要做如下检验：第一，检验式（8-3）、式（8-6）中农业补贴的系数是否显著，若显著则进行下一步检验，若不显著表明减贫与农业补贴不具备中介效应，检验过程终止。第二，当式（8-3）、式（8-6）中农业补贴系数显著时，我们进一步对式（8-4）、式（8-7）中农业补贴系数显著性及式（8-5）、式（8-8）中第一产业增加值及粮食产量系数显著性进行检验。第三，当式（8-4）、式（8-7）中农业补贴系数显著性及式（8-5）、式（8-8）中第一产业增加值及粮食产量系数显著时，我们进一步对式（8-5）、式（8-8）中农业补贴系数进行检验，当系数显著时存在中介效应，当系数不显著时存在完全中介效应。第四，当式（8-4）、式（8-7）中农业补贴系数显著性及式（8-5）、式（8-8）中第一产业增加值及粮食产量系数至少有一个不显著时，我们需要进行 Sobel 检验，若 Sobel 检验显著则存在中介效应，若 Sobel 检验不显著则不存在中介效应。

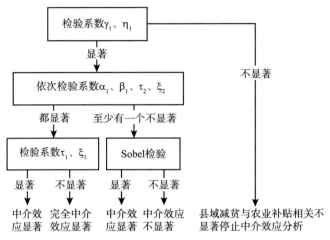

图 8.2　农业补贴与减贫的中介效应检验流程

8.3.4.2　机制检验实证结果分析

基于县级 2016～2018 年经验数据，我们对农业补贴是否通过第一产业增加值及粮食产量的路径影响减贫，采用中介效应模型进行了实证检验，由于前述实证检验表明，农业补贴对减贫影响存在内生性，因此，本部分实证中采用 IVProbit 模型进行实证检验，检验结果如表 8.5 所示。

表 8.5 列示了 Sobel 检验结果，由 Sobel 检验可知，第一产业增加值及粮食产量均通过 5% 显著水平检验，表明农业生产支持补贴通过第一产业增加值及粮食产量的路径对减贫产生影响。基于此，我们对农业生产支持补贴通过第一产业增加值路径影响减贫的检验流程做如下分析：第一，对第一产业增加值路径进行检验。一是检验式（8-3）中的农业生产支持补贴系数是否显著，表 8.5 模型（1）是对式（8-3）的实证检验，检验结果显示，农业生产支持补贴在 1% 水平上显著。二是检验式（8-4）中农业生产支持补贴系数是否显著，表 8.5 模型（2）是对式（8-4）的实证检验，检验结果表明农业生产支持补贴系数在 5% 水平上显著；同时，

表 8.5　农业补贴减贫的中介效应回归结果

变量	模型 (1) 第一阶段	模型 (1) 第二阶段	模型 (2)	模型 (3) 第一阶段	模型 (3) 第二阶段	模型 (4) 第一阶段	模型 (4) 第二阶段	模型 (5)	模型 (6) 第一阶段	模型 (6) 第二阶段
rdls	-0.4654*** (-13.5500)	—	—	-0.3504*** (-10.3400)	—	-0.3558*** (-10.0700)	—	—	-0.3163*** (-9.1600)	—
lnsub	—	-1.5650*** (-11.4100)	-0.0058** (-2.1100)	—	-1.9422*** (-9.1000)	—	-2.0183*** (-8.8700)	0.0068** (2.2500)	—	-2.2142*** (-8.1000)
lngdp	—	—	—	-0.1232** (-2.2700)	-0.9985*** (-8.1700)	—	—	—	—	—
lngr	0.7554*** (15.6000)	—	0.0499** (2.4300)	0.6476*** (15.0600)	1.0126*** (5.7400)	0.6325*** (14.2700)	1.8320*** (9.7600)	—	0.6707*** (12.1800)	1.1027*** (4.6600)
lnbzmj	1.6989*** (11.4700)	—	0.0618*** (3.1600)	0.2868*** (4.6700)	1.6110*** (10.3600)	0.5043*** (9.6700)	0.5677*** (3.0500)	0.1560** (2.0500)	0.1006 (1.6000)	1.0597*** (6.5700)
lnjx	0.1710*** (3.8500)	-0.0367 (-0.4100)	—	0.1336** (2.9800)	0.1436 (1.3400)	0.1856*** (6.7700)	0.2727*** (3.4600)	0.0720* (1.9500)	0.3071*** (5.7700)	0.3614*** (2.0800)
lnbchh	0.2778*** (9.4000)	-0.2674*** (-3.8400)	-0.0016 (-0.3300)	0.2687*** (9.2000)	0.4311*** (4.8300)	0.0348 (1.6300)	0.0301 (0.6200)	—	0.1913*** (7.1600)	0.31775*** (3.5800)
lnkj	—	—	—	—	—	—	—	0.0028 (0.8100)	0.0240 (1.1500)	0.0150 (0.2900)

续表

变量	模型(1)		模型(2)	模型(3)		模型(4)		模型(5)	模型(6)	
	第一阶段	第二阶段		第一阶段	第二阶段	第一阶段	第二阶段		第一阶段	第二阶段
lnmtsl	0.0278 (1.6100)	0.0110 (0.3400)	0.0021 (0.8900)	0.0122 (0.7300)	0.0116 (0.3200)	-0.0501*** (-2.6900)	-0.1275*** (-2.9500)	0.0034 (1.3300)	-0.0418** (-2.3000)	-0.1233*** (-2.6800)
lnnybx	-0.1262*** (-7.0800)	-0.1858*** (-5.1100)	0.0055** (2.3300)	-0.16089*** (-9.3400)	-0.2891 (-5.7100)	-0.1950*** (-9.7700)	-0.3711*** (-5.8700)	—	-0.2115*** (-10.8600)	-0.4352*** (-5.7800)
常数	-3.8748*** (-8.2300)	-7.7710*** (-6.3000)	11.1058*** (33.3200)	-4.3978*** (-7.8800)	-6.8211*** (-3.6600)	-5.6111*** (-11.1400)	-11.7822*** (-5.5300)	9.6080*** (9.0800)	-5.4084*** (-10.9700)	-12.5454*** (-5.2800)
时间效应	控制	控制	—	控制	控制	控制	控制	—	控制	控制
Wald 检验	0.0000	—	0.0000	0.0000	—	0.0000	0.0000	—		
弱工具变量检验	0.0000	—	0.0000	0.0000	—	0.0000	0.0000	—		
Hausman 检验	—	—	0.0000	—	—	0.0000	0.0000	—		
Sobel 检验			0.0407					0.0426		
样本量	3023	3023	2988	2988	2988	2612	2612	3271	2608	2608

注：*、**、***分别表示在10%、5%、1%的水平上显著，第一阶段、模型(2)、模型(5)括号内为 t 值，其他模型括号内为 z 值。

表 8.5 模型（3）为对式（8-5）的实证检验，检验结果表明第一产业增加值在 1% 水平上显著，表明农业生产支持补贴通过第一产业增加值路径影响减贫。三是检验式（8-5）中的农业生产支持补贴是否显著，表 8.5 模型（3）是对式（8-5）的实证检验，检验结果表明农业生产支持补贴 1% 水平上显著。综合以上检验可知，第一产业增加值在农业生产支持补贴在减贫中发挥中介效应，即农业生产支持补贴会通过影响第一产业增加值的途径进而影响减贫。

第二，对粮食产量路径进行实证检验。一是检验式（8-6）中的农业生产支持补贴系数是否显著，表 8.5 模型（4）是对式（8-6）的实证检验，检验结果显示农业生产支持补贴在 1% 水平上显著。二是检验式（8-7）中农业生产支持补贴系数是否显著，表 8.5 模型（5）是对式（8-7）的实证检验，检验结果表明农业生产支持补贴系数在 5% 水平上显著，同时表 8.5 模型（6）为对式（8-8）的实证检验，检验结果表明粮食产量在 1% 水平上显著，表明农业生产支持补贴通过粮食产量路径影响减贫。三是检验式（8-8）中的农业生产支持补贴是否显著，表 8.5 模型（6）是对式（8-8）的实证检验，检验结果表明农业生产支持补贴在 1% 水平上显著。综合以上检验可知，粮食产量在农业生产支持补贴与减贫中发挥中介效应，即农业生产支持补贴会通过影响粮食产量的途径进而影响减贫。

鉴于以上实证检验可知，农业生产支持补贴会通过第一产业增加值与粮食产量两条路径对减贫产生影响。

8.4 本章小结

本章以第 2 章构建的基本模型为基础，基于前述农业补贴对削减贫困影响的机理分析，使用县级 2016~2018 年经验数据，采用计量经济学相关方法，对农业补贴对减贫的影响进行了实证检验，得到如下实证结论。

8.4.1　农业补贴发挥了削减贫困的作用

我们使用县级数据，结合国家扶贫办公室发布的《832 个贫困县历年摘帽退出名单》，采用二值选择模型，实证检验了农业补贴对贫困县脱贫摘帽的影响，实证结果表明：第一，全样本条件下，农业补贴显著地削减了贫困。第二，异质性条件下，农业补贴未对削减贫困产生显著影响。当采用工具变量方法对内生性进行处理后，实证结果表明：第一，全样本条件下，农业生产支持补贴削减贫困的显著性更高、作用更大；第二，异质性条件下，农业生产支持补贴对削减贫困发挥了显著作用，不仅如此，农业生产支持补贴对非产粮大县减贫的效果更加明显。

8.4.2　农业补贴通过第一产业增加值与粮食产量路径作用于减贫

我们使用县级数据，采用中介效应模型，对农业补贴影响减贫的作用路径进行了实证检验。实证结果表明，第一产业增加值与粮食产量在农业生产支持补贴减贫中发挥了完全中介效应，即农业补贴会通过第一产业增加值及粮食产量的路径影响县域减贫。

第9章 农业补贴政策的综合评价与优化路径

新中国成立以来，我国农业补贴取得了长足发展，本书分别从理论分析、政策实践分析、实证分析三个方面对我国农业补贴进行了研究。本章将在上述研究的基础上，分别从我国农业补贴政策的综合评价、我国农业补贴政策的优化思路、优化农业补贴政策的路径选择以及推动农业发展的协同政策四个方面进行阐述，以期更好地推动我国农业发展。

9.1 农业补贴政策的综合评价

以前文研究为基础，本节将从农业补贴政策分析与实证分析结论、农业补贴政策的评价两个视角进行阐述，总结农业补贴政策取得的成就，发现农业补贴政策存在的问题。

9.1.1 农业补贴政策分析与实证分析结论

9.1.1.1 农业补贴政策分析的结论

基于第3章的研究，本部分将从规模与结构分析、政策感知的调研分析与二维框架分析三个层面对研究结论进行总结。

（1）规模与结构的分析结论。

新中国成立以来，农业补贴在支出规模与构成上发生了翻天覆地的变化，取得了举世瞩目的成就，但也存在一定问题。

①农业补贴规模与构成上取得的成就。第一，农业补贴规模迅速扩大。新中国成立以来，财政支出、支农支出以及农业补贴支出规模迅速扩大，为推动农业发展奠定了坚实的基础。第二，农业补贴结构日益完善。新中国成立后很长一段时间，由于经济重心在工业领域，农业是经济积累的重要来源，此时农业补贴相对稀少，农业补贴结构较为单一。改革开放以后特别是进入 21 世纪以后，农业补贴结构日益完善，逐渐形成以农业生产支持补贴（粮食直补、农资综合、良种补贴）为主体、农机购置补贴、价格补贴等多种补贴形式协同发展的农业补贴结构。

②农业补贴规模上存在的问题。基层政府农业补贴规模波动较大。尽管全国层面上我国农业补贴规模呈现迅速扩大的趋势，但是不同层级政府特别是基层政府农业补贴规模却存在较大波动，甚至部分县级政府某一年度农业补贴支出决算为负值。

（2）政策感知的调研分析结论。

农业补贴政策分析不仅需要客观分析，而且需要主观感知分析。为此前述使用民族志研究方法，通过实地观察与访谈，对农业生产者对农业补贴的主观感知状况进行了研究，发现农业补贴在为农业生产者带来好处的同时，也产生了一定的问题。

①政策感知视角下农业补贴为农业生产者带来的好处。由农户与农业企业层面对农业补贴带来的好处进行分析。第一，就农户而言，农业补贴提高了农户种粮积极性。通过实地观察与访谈，我们发现，农户对农业补贴都给予了较高的评价，均认为农业补贴在不同程度上提高了农户的种粮积极性。第二，就农业企业而言，农业补贴显著增加了农业合作社社员的收入。通过实地观察与访谈，我们发现，农业补贴对农业合作社社员收入的提高大有裨益。访谈中农业合作社社员表示，单个蔬菜大棚冬春两季能够为社员带来 3 万 ~4 万元的纯收入。

②政策感知视角下农业补贴为农业生产者带来的不良影响。由农户与农业企业层面对农业补贴对农业生产者带来的不良影响进行分析。第一，就农户而言，首先，农业补贴的激励作用逐渐消退。农户已经将农业补贴

作为政府每年发放的"年金",展现出习以为常的状态,对种粮积极性的提高作用逐渐消退。其次,农业补贴的存在增强了农户土地资本意识。土地作为农户领取补贴资金的基本依据及土地未来价值的不可测性,使得很多农户不耕种土地(甚至没有能力耕种)但却不愿意退出土地承包经营。再次,农业补贴改变了农户原有的耕作模式。"锄禾日当午"是几千年中国农业文化的真实写照,但是随着除草剂的大量使用,原有的耕作模式已经悄然发生变化,锄地在农村已经不多见。最后,农业补贴在一定程度上加剧了面源污染。农业补贴的实施使得农户更易获得化肥、农药、农膜等农资,这些农资的大量使用一定程度上加重了生态环境负担。第二,就农业企业而言,首先,农业补贴发放存在滞后。访谈中农业合作社社员反映,农业合作社成立于 2016 年,但是对合作社社员的补贴资金直至 2020 年下半年才发放至社员手中,农业补贴资金发放存在滞后。其次,农业补贴的补贴标准存在异议,受访社员表示农业补贴标准仅为蔬菜大棚内面积,但事实上,蔬菜大棚以外配套设施也占据较大面积,这些土地多为合作社社员向他人租赁而得,实质也属于蔬菜大棚补贴范围内的标的物,应获得农业补贴。

(3)二维框架下的分析结论。

3.4 节我们分别以农业生产要素为 X 轴,以农业价值链为 Y 轴,构建了二维分析框架,并对我国现行农业补贴政策进行了量化分析。通过研究发现该时期农业补贴政策存在优点的同时,也存在一定不足。

①二维框架下农业补贴政策的优点。农业补贴政策覆盖了农业生产要素与价值链形成的全过程。当我们以单维度考察农业补贴政策时,我们发现不管是表示农业生产要素的 X 轴,还是表示农业价值链的 Y 轴,均有农业补贴政策落在相应要素或环节上,农业补贴政策实现了单维度考察全覆盖。

②二维框架下农业补贴政策的不足。二维情境下农业补贴政策不均衡性特征明显。第一,农业补贴对劳动者能力提升支持不足。劳动力与 Y 轴农业价值链中的投入、流通以及零售环节的交互项为空白,即农业补贴未能通过劳动力途径作用于农业价值链的上述环节,不利于农产品的增值。

第二，农业补贴对农业技术提升不足。技术与 Y 轴农业价值链中的加工及零售环节的交互项较少，表明农业补贴通过技术路径作用于农产品加工以及零售环节较为薄弱，有待进一步加强。第三，农业补贴在一定程度上损害了自然资源。自然资源与 Y 轴的交互项集中于投入与生产环节，表明农业补贴通过影响自然资源进而作用于农业价值链的投入与生产环节。当农业补贴形成或诱发的投资有害于自然资源时，会对自然资源造成损害，无益于农业长期发展。

9.1.1.2　农业补贴实证分析的结论

基于第 4、第 5、第 6 章的微观实证分析，第 7、第 8 章的宏观实证分析，本部分将从微观与宏观两个层面对研究结论进行总结。

（1）农业补贴微观实证分析的结论。

农业补贴微观实证分析由农业补贴对农业生产者进入与退出决策的影响的实证分析、融资决策的影响的实证分析、投入的影响的实证分析、产出及农业企业发展的影响的实证分析组成。通过实证分析发现，农业补贴在为农业生产者带来好处的同时，也存在一定的问题。

①农业补贴为农业生产者带来的好处。第一，农业补贴显著降低了农业企业跨业经营的概率，提高了农业企业专业化生产经营的可能。第二，农业补贴显著提高了农业生产者内源性融资规模，显著降低了债务融资规模，提高了农业企业股权融资规模。第三，农业补贴显著提高了农业生产者要素投入。农户层面，农业补贴显著提高了农户的劳动力、土地及农业技术的投入。农业企业层面，农业补贴显著提高了农业企业资本、劳动力及技术的投入。第四，农业补贴显著提高了农业生产者产出，有助于产出结构的优化。第五，农业补贴有助于农业企业发展。具体表现为以下三个方面：首先，农业补贴显著提高了农业企业科研创新投入；其次，农业补贴显著提高了农业企业盈利能力；最后，农业补贴显著提高了农业企业成长能力。

②农业补贴为农业生产者带来的不良影响。第一，农业补贴显著提高了农户"隐形"退出农业生产经营的概率，降低了农业补贴资金的使用效

率，阻碍了农业规模化经营的推进。第二，农业补贴未对农业企业创新质量的提高产生显著影响。发明专利申请数反映了农业企业创新质量状况，第 6 章实证结果表明，农业补贴未对农业企业专利申请数产生显著影响，农业企业创新补贴资金使用效率有待进一步提高。

（2）农业补贴宏观实证分析的结论。

农业补贴宏观实证分析由农业补贴对区域结构的影响的实证分析、经济增长的影响的实证分析及减贫的影响的实证分析组成。通过实证分析发现，农业补贴在为宏观经济带来好处的同时，也存在一定的问题。

①农业补贴为宏观经济带来的好处。第一，农业补贴显著增强了农业区域优势；第二，农业补贴形成显著的区域外溢性；第三，农业补贴显著推动了数量形式下的农业经济增长；第四，农业补贴发挥了削减贫困的作用。

②农业补贴对宏观经济存在的不足。农业补贴显著抑制了价值形式下的农业经济增长。当我们以价值形式即第一产业增加值作为被解释变量时，农业补贴显著地抑制了地区农业经济增长。

9.1.2 农业补贴政策的评价

基于农业补贴政策分析与实证分析结论，我们对农业补贴政策取得的成就与存在的问题进行综合评价。

9.1.2.1 农业补贴政策取得的成就

新中国成立至今，我国农业补贴领域发生了翻天覆地的变化。农业补贴规模迅速扩大，农业补贴结构日益完善成熟，农业补贴政策实现了对农业生产要素与农业价值链创造过程的全覆盖。伴随着农业补贴的发展，农业补贴的经济效应日益显现。

（1）农业补贴贯通了农业生产者与宏观经济社会变量之间的经济脉络。第一，农业补贴贯通了农户与宏观经济社会变量之间的经济脉络。首先，农业补贴提高了农户种粮积极性，扩大了农户内源性融资规模，降低了债务融资需求，增加了农户农业要素投入，提高了农户产出水平，增加了农户收入，推动了地区减贫目标的实现。其次，农户要素投入的普遍增加，推动了社会总需求的提高。再次，农户产出水平的普遍提高，推动了社会总供给的提高。最后，以农业补贴为"引擎"，以农户要素投入与产出的整体提高为基础，社会总供给与总需求的提高为条件，推动了农业经济增长的实现。第二，农业补贴贯通了农业企业与宏观经济社会变量之间的经济脉络。首先，农业补贴降低了农业企业跨业经营的概率，提高了农业企业内源性融资与股权融资规模，降低了债务融资规模，增加了要素投入，提高了产出水平，推动了农业企业发展。其次，农业企业要素投入的普遍增加，推动了社会总需求的提高。再次，农业企业产出水平的普遍提高，推动了社会总供给的提高。最后，以农业补贴为"引擎"，以农业企业要素投入与产出的整体提高为基础，以社会总供给与总需求的提高为条件，推动了农业经济增长的实现。

（2）农业补贴强化了区域优势，形成了空间溢出效应。农业补贴扩大了农业生产的区域差异，增强了优势产区的区位优势，形成了农业补贴的区域结构效应。在此基础上，由于外溢性的存在，农业优势地区会对邻近区域农业发展形成带动作用。

9.1.2.2　农业补贴政策存在的问题

尽管我国农业补贴政策产生了众多经济效应，为微观农业生产者与宏观经济社会变量带来了诸多好处，但是通过农业补贴政策分析与实证分析仍然发现我国农业补贴政策存在一定问题。

（1）经济视角下，农业补贴政策存在的问题分析。①农业补贴资金使用效率有待进一步提高。第一，农业补贴对农户种粮积极性的影响逐渐减退；第二，农业补贴对农业企业创新质量提高的影响并不显著。②农业补贴结构有待进一步完善。第一，农业补贴对农业劳动力技能提升的支持有待进一步加强；第二，农业补贴对农业技术水平提高的支持有待进一步增强。

（2）制度视角下，农业补贴政策存在的问题分析。①农业法律有待严格执行。基层政府农业补贴规模变化的不稳定，与农业法律规定相背离。

②政府管理水平有待进一步提高。第一，对农业合作社社员的农业补贴资金发放存在滞后；第二，对农业合作社社员的农业补贴标准存在异议；第三，农业补贴资金管理存在漏洞，对"隐形"退出农户农业补贴资金管理存在缺失。

（3）文化视角下，农业补贴政策存在的问题分析。农耕文化保护与传承有待进一步加强。农业补贴在一定程度上改变了农业耕作模式，使得部分具有传承价值与教育意义的农业文化逐渐消逝。

（4）生态视角下，农业补贴政策存在的问题分析。农业生态保护有待进一步加强。农业补贴增加了农业生产的要素投入，但是农药、化肥、农膜等农资的大量使用会对农业自然资源与生态环境造成严重威胁。

9.2　我国农业补贴政策的优化思路

我国农业补贴政策优化遵循以农业发展为根本，以农业补贴支持为手段，多方协调共同推动的思路统筹推进。

9.2.1　优化农业发展的基本思路

我国农业补贴政策优化的思路以推动农业发展为根本，为了实现这一目标需要从农业投入、农业产出、农业经营及协调发展四个方面着手。

9.2.1.1　保证农业生产要素投入稳定与增长

对于农业而言，保证农业要素投入稳定与增长是促进农业发展的基石。在农业要素投入中，土地、良种、科技与物质装备是现代农业发展必不可少的要件。

（1）保证土地供给总量稳定，不遗余力提高耕地质量。土地是农业发展的基础性要素，土地的数量与质量直接关系到农产品的产量与质量，因此，保证土地供给总量稳定，千方百计提高耕地质量是推动农业发展的基础。为了实现这一目标，首先，严格落实耕地保护制度，坚决守住18亿亩耕地红线，确保耕地数量稳定。其次，加快中低产田改造步伐，积极推进高标准农田建设，有序开展耕地休耕，多种途径提高耕地质量。

（2）提高良种研发质效，保证良种供给。现代农业，种子是基础。提高良种研发，加强农业种质资源的综合开发与利用，积极推进生物育种项目，不断提升我国良种研发质效，保证良种供给，提高良种使用率是推动我国农业发展的基础。

（3）强化农业科技与物质装备支撑。首先，农业科技是推动农业发展的核心。现代农业的发展离不开农业科技的推动，因此，需要加快农业科技建设，不断提高农业科技创新水平。其次，提高农业物质装备支撑能力。农业物质装备的重心在农业机械，提高农业生产者农业机械使用程度：一是加大农业机械研发，根据农业生产现实需要，生产适销对路的农业机械；二是加大对农业机械的补贴力度；三是提高农业机械社会化服务水平。

9.2.1.2 提高农业产出数量与质量，优化农业产出结构

（1）保证粮食与主要农产品供给稳定。14亿人口的吃饭问题是关乎改革发展稳定大局的大事，是我们党和政府工作的重中之重。落实"粮袋子省长负责制""菜篮子市长负责制"是确保粮食及主要农产品供给安全的基本举措。

（2）提高农产品质量。食品安全是关乎人民福祉的民生性工程，为此在发展农业中要以提高农产品质量为重点任务。首先，农业生产过程中减少农药、化肥、生长素等对农产品质量安全构成威胁的生产资料的使用。其次，提高农产品储藏保鲜技术的研发与应用，保证农产品营养成分的保存。最后，建立农产品质量追溯体系，实现对农产品质量全程监测。

（3）优化农业产出结构。推动农业供给侧结构性改革，是未来很长一段时间内我国农业工作的重点内容。首先，提高高品质、个性化农产品供给，满足消费者多样化农产品需求。其次，降低中低端无效农产品供给，特别是降低存在"三高"压力农产品供给。最后，逐步建立农业生产大数

据体系,借助现代信息技术实现农产品供需均衡。

9.2.1.3 加快现代农业生产经营体系建设

(1)推进家庭农场建设。我国农业生产经营基本是以家庭为单位进行的,以家庭生产经营为主体,抓好家庭农场建设,鼓励多种形式的规模化经营,进而加快我国现代农业生产经营体系建设,推动农业发展。

(2)推动农业合作社健康发展。农业合作社作为重要的农业生产经营主体,在推动农业发展、增加农户收入、实施乡村振兴中发挥着重要作用。要不断提升农业合作社经营管理水平,提高对运营状况良好的农业合作社的支持力度。加快我国现代农业生产经营体系建设,推动农业健康发展。

(3)支持农业龙头企业发展。农业企业既是农业生产经营主体,同时还承担着衔接小农户与大市场的职责,因此,需要不断支持农业企业发展,推动农业企业创新,促使农业企业做大做强,优化我国农业生产经营体系,推动农业有序发展。

9.2.1.4 实现农业协同发展

农业生产是经济再生产与自然再生产的有机结合,需要在实现农业发展的同时注重与生态保护的协调。不仅如此,随着经济全球化的加快,推动农业发展必然需要协调国内与国际两个市场、两种资源。

(1)坚持经济与生态相协调。我们在第5章实证检验中发现,农业补贴的实施显著增加了农业生产者农业生产要素的使用量,农业生产要素特别是一些具有污染性的农业生产资料的使用对生态环境造成了较大的损害。当前我国农业面源污染问题较为严重,农药、化肥、农膜的过量使用造成了土地板结、水体富营养化及环境污染等众多生态问题。因此,在农业补贴优化过程中,要严格遵循经济与生态相协调的原则,在支持农业生产者获得农业生产经营利润的同时,积极引导农业生产者进行绿色、生态、高效农业的生产。

(2)立足国内,兼顾国际农业市场。随着经济全球化的不断加快,我国对外开放水平日益提高，国际农业市场与国内农业市场的联系日益加深。充分利用国内农业资源与国际农业资源发展本国农业产业，充分发掘本国农业市场与国际农业市场，壮大本国农业产业，是我国农业补贴政策的重要目标。首先，立足国内是我国农业补贴政策的根本，实施农业补贴的基本目标是保证农业生产者收益，调动农业生产者积极性，确保国内农产品供给安全。其次，农业补贴政策的制定要树立世界眼光，充分发掘共建"一带一路"国家的优秀农业资源，充分利用《农业协议》相关条款，维护本国农业利益，推动本国农业走出去。

9.2.2　优化农业补贴的基本思路

作为支农惠农的重要手段，需要对优化农业补贴的基本思路予以明确。整体而言，优化农业补贴的基本思路由优化农业补贴政策的基本原则、优化农业补贴政策取向与统筹农业补贴政策与其他支农政策的协调发展构成。

9.2.2.1　优化农业补贴政策的基本原则

公平与效率相结合的原则。农业补贴是支农惠农的重要手段，对促进农业生产者发展、提高农业产业质效发挥着重要作用，因此，在优化农业补贴政策时需要遵循公平与效率的原则，在尽可能使每一位农业生产者获得农业补贴支持的同时，要突出重点群体、重点项目、重点领域，提高农业补贴资金的使用效率。我国农业市场主要包含农户与农业企业两类生产经营主体，就农户而言，小农经营是我国农业生产经营的主要形式，因此在优化农业补贴政策时需要充分考虑小农户的诉求。与此同时，种粮大户在规模化经营、农业科技推广、农业机械使用、农业标准化生产等方面具有明显优势，需要将农业补贴资金适当向种粮大户倾斜，以提高农业补贴资金的使用效率。就农业企业而言，我国农业企业承担着一定的农业产业化责任，因此，推动农业企业做大做强显得尤为重要，但是农业属于附加值较低的产业，需要政府给予一定的补贴支持。更为重要的是，农业补贴应向对农业企业发展具有重大推动作用的项目与领域倾斜，壮大农业企业实力，提高农业补贴资金使用质效。

9.2.2.2 优化农业补贴政策取向

继续坚持与完善农业补贴政策。我国现行农业补贴政策已经运行多年，农业生产者特别是农户已经将农业补贴视为自己收入的一部分。在实地观察与访谈中，可以明确感知，对农户而言，农业补贴就是农户"待领的年金"。农业补贴带来众多经济效应的同时，也带来了农户对农业补贴的依赖，形成较为突出的惰性，一旦取消农业补贴很可能会对农业生产造成较大冲击，直接威胁国家粮食安全。就农业企业而言，农业补贴作为营业外收入，提高了农业企业收入，一定程度上弥补了农业产业盈利低的缺陷，不仅如此，具有特殊支出目标的农业补贴在一定程度上推动了农业企业发展，如农业企业创新补贴（只是创新的质效有待进一步提升）。在此情形下，我国农业补贴政策取向应在继续坚持现有农业补贴政策的同时（对农户的补贴不宜大幅度提高），根据农业发展的现实需要进行适当调整与完善，如农户层面适当向产粮大户倾斜；农业企业层面，在保持一般性补贴的同时，扩大专项补贴的份额，加强对补贴资金使用绩效的评估。

9.2.2.3 统筹农业补贴政策与其他支农政策的协调发展

现代农业的发展需要农业补贴政策的支持，但是仅仅依靠农业补贴政策很难实现农业的快速健康发展，为此在完善农业补贴政策的同时需要不断优化其他配套政策。第一，优化现代农业产业政策。农业产业的发展有助于农业现代化的推进与农民收入的提高，但是我国农业产业化体系建设还存在一定不足，因此，需要在完善农业补贴政策的同时同步推进农业产业化政策的完善。第二，优化财税支农政策。尽管我们已经对农业补贴政策的优化进行了论述，但是农业补贴政策以外的财税支农政策也在推动农业发展中发挥着重要作用。因此，需要同步推进财税支农政策的优化，财政支农方面，通过财政支农项目、支农结构、支农规模的调整引导推动农业发展；税收支农方面，通过税目、税率、税收减免等调整引导推动农业发展。第三，优化金融保险支农政策。首先，优化金融支农政策。资金不足是农业生产者遇到的现实问题之一，因此，完善农业补贴政策的同时需要同步优化金融支农政策，完善信贷审批制度，健全农业信贷市场，进而推动农业健康发展。其次，优化保险支农政策。农业生产具有双重风险性，为了抵御风险对农业的冲击，需要在完善农业补贴政策的同时同步推进农业保险的发展，健全农业保险体系，进而协调推动农业健康发展。第四，优化人才政策。农业的发展关键在人，为了更好地推动农业发展，需要在完善农业补贴政策的同时，积极完善农业人才政策，加快农业人才的培养，进而协调推进农业发展。第五，优化农业管理政策。管理质效的高低直接关系到农业发展，为此在完善农业补贴政策的同时需要同步推进农业管理政策的完善，进而协同推进农业发展。

9.3　优化农业补贴政策的路径选择

基于农业补贴政策综合评价，依据我国农业补贴政策优化思路，分别由经济、制度、文化、生态四个视角对我国农业补贴政策优化路径选择进行分析，提出具体政策措施。

9.3.1　基于经济视角的农业补贴政策优化路径选择

我们在前文中由经济视角对农业补贴政策进行了综合评价，沿着推动农业发展的基本思路，从经济视角对农业补贴政策优化提出相应政策建议。

9.3.1.1　稳定并适当扩大农业补贴规模

保持农业补贴规模稳定增长。各级政府特别是基层政府，要严格按照本级政府预算进行农业补贴支出，保证农业补贴规模的稳定，杜绝出现农业补贴资金被挪用甚至农业补贴在某一年度决算数为负值的状况。适当扩大农业补贴规模。在保持现有农业补贴规模的基础上，适当增加农业补贴到实施效果较为明显的项目，例如农业补贴对种粮大户种粮积极性的影响较为明显，则可以在原有农业补贴的基础上实行累进补贴制度，根据种粮大户的种植面积或粮食产量提高对种粮大户的支持，使得增加的农业补贴能够有的放矢，更好地推动农业发展。

9.3.1.2 优化农业补贴结构

（1）优化农业补贴标的物结构。第一，优化农业补贴在小农户与种粮大户之间的配置。鉴于农业补贴对小农户种粮积极性的影响已较为微弱，而对种粮大户具有明显的刺激作用，此时便需要在维持小农户农业补贴基本稳定的情况下，适当向种粮大户倾斜，并根据种粮大户种植面积或产量实施累进补贴制度，充分发掘种粮大户种粮积极性。第二，优化农业补贴在不同生产经营状况的农业合作社之间的配置。农业合作社生产经营状况千差万别，农业补贴在支持农业合作社发展中，对经营不善的农业合作社减少甚至停止支持，对生产经营状况良好的农业合作社进行重点支持，在增减中发挥农业补贴的支持与引导作用。第三，优化农业补贴在不同创新状况农业企业之间的配置。创新是农业企业的生命，但是农业企业的创新能力差异巨大，因此，创新补贴应尽可能向创新能力强的企业倾斜，缩减、收回部分创新能力不足甚至骗取创新补贴资金的企业的创新补贴，并纳入诚信企业失信名录，以更好地发挥创新补贴的作用。

（2）优化农业补贴对农业要素的投入结构。第一，适当提高农业补贴对劳动力技能提升的支持力度。针对农业补贴对农业劳动力技能提升的支持有待进一步加强的问题，我们可以尝试适当扩大农业补贴对劳动力技能的支持规模。第二，适当提高农业补贴对农业技术提升的支持力度。针对农业补贴对农业技术水平提高的支持有待进一步增强的问题，我们尝试适当扩大农业补贴对技术提升的支出规模。

9.3.1.3 提高农业补贴资金使用效率

（1）创新农业补贴发放形式。针对农业补贴对农户种粮积极性影响逐渐消退的问题，我们可以尝试通过改变农业补贴发放形式的方式予以解决。第一，将农业补贴分为两部分：基础补贴和绩效补贴；第二，基础补贴依据农户近三年农产品平均产量、农作物播种面积或耕地面积发放，在排除不可抗力对补贴标的物的影响后妥善调整基础补贴标准；第三，绩效补贴依据农户粮食产量或农作物播种面积增长情况予以发放。

（2）加强农业企业创新补贴监管。针对农业补贴对农业企业创新质量提高的影响不显著的问题，我们可尝试通过加强农业企业创新补贴监管的方式予以解决。第一，坚持农业创新项目立项的科学性、前瞻性、应用性。政府应根据经济发展战略与农业发展需要，选择具有科学性、前瞻性、应用性的项目设立创新补贴资金。第二，严格农业创新补贴项目申请审批程序。政府对申请创新补贴资助企业的创新资质进行严格审核，对具备农业科技创新能力的企业予以积极支持，对农业科技创新资质不足的企业审慎进行支持，严格防止以农业创新名义骗取国家农业补贴资金现象的出现。第三，加强对农业创新成果的考核与监督。严格区分"形式"创新还是"实质"创新，对"形式"创新企业的补贴资金发放与使用进行严密监督，力避骗取国家农业补贴资金问题的出现。

9.3.2　基于制度视角的农业补贴政策优化路径选择

我们在前文中由制度视角对农业补贴政策进行了综合评价，沿着推动农业发展的基本思路，从制度视角对农业补贴政策优化提出相应政策建议。

9.3.2.1　严格落实农业法律规定

针对基层政府农业补贴规模波动较大的问题，我们需要以农业法律为依据妥善解决。《中华人民共和国农业法》第 38 条明确规定："中央和县级以上地方财政每年对农业总投入的增长幅度应当高于其财政经常性收入的增长幅度。"以此为依据，保持基层政府农业补贴规模的稳定增长是落实农业法有关规定的应有之意。

9.3.2.2　提高政府管理水平

（1）提高农业补贴标准的科学性、公开性。针对农业合作社社员对农业补贴标准存在异议的问题，政府要提高农业补贴标准的科学性与公开性。第一，要从合作社生产经营的实际出发，将基础设施占地纳入农业补贴范围；第二，县级以上政府要将农业补贴标准向社会公示，提高农业补贴标准的公开性。（2）提高农业补贴政策执行力。针对农业补贴资金发放滞后的问题，各级政府要提高农业补贴政策的执行力，及时足额地将农业补贴资金发放至受补贴人手中。（3）提高政府对农业补贴的管理能力。针对农户"隐形"退出问题，要不断提高政府对农业补贴的管理能力。尝试建立农户补贴资金动态管理机制，对"隐形"退出农户，农业补贴采取逐年递减形式，逐步停止对"隐形"退出农户的补贴。

9.3.3　基于文化视角的农业补贴政策优化路径选择

我们在前文中由文化视角，对农业补贴政策进行了综合评价，沿着推动农业发展的基本思路，从文化视角对农业补贴政策优化提出相应政策建议。

探索构建农耕文化保护补贴制度。针对农业补贴改变了农业耕作模式，使得部分具有传承价值与教育意义的农耕文化逐渐消逝的问题，可以尝试构建农耕文化保护补贴制度予以解决。第一，坚持农业补贴政策的农耕文化保护取向。在农业补贴政策调整与完善中坚持农耕文化保护的价值取向，谋求农业发展与农耕文化保护的协调。第二，适当制定与农耕文化保护相关的农业补贴政策，加强农业补贴对农耕文化的保护力度。第三，加强对农耕文化保护补贴的管理水平，提高农耕文化保护补贴的使用效率。第四，加强农耕文化的宣传力度，采取多种形式提高农耕文化的教育意义。例如，以农耕文化体验课的形式，将中小学生拉进农田，参与农业生产，切身体验农耕文化的魅力，提高节约粮食的意识。

9.3.4 基于生态视角的农业补贴政策优化路径选择

我们在前文中由生态视角对农业补贴政策进行了综合评价，沿着推动农业发展的基本思路，从生态视角对农业补贴政策优化提出相应政策建议。

探索构建农业生态保护补贴制度。针对农业生态保护有待进一步加强的问题，我们尝试探索构建生态保护补贴制度予以解决。第一，坚持农业补贴政策的生态保护取向。在农业补贴政策调整与完善中要突出生态保护的价值取向，谋求农业发展与生态保护的协调。第二，提高无毒、无害、无污染的农资补贴力度，降低甚至取消有毒、有害、有污染的农资补贴，以农业补贴引导农业绿色发展。第三，农业补贴积极支持生态农业发展。首先，农业补贴支持农业生态模式的探索，摸索出更多符合生态规律的农业生态模式；其次，农业补贴积极扶持农业生态模式的推广，使更多农户采取农业生态模式进行农业生产；最后，农业补贴积极支持农业生态模式运行，对采用农业生态模式进行农业生产的农户，进行农业补贴支持。

9.4 推动农业发展的协同政策

农业补贴对推动农业发展的作用是毋庸置疑的，我们已经由政策分析、理论分析与实证检验三个视角对农业补贴在推动农业发展中的作用进行了分析，并在前文对农业补贴政策优化中提出了相应的政策建议。然而需要指出的是，农业发展是多方合力共同推动的结果，因此，在完善农业补贴政策的同时还需要其他政策措施的协同配合。

9.4.1 构建现代农业产业体系

9.4.1.1 充分发掘利用农村资源

第一，充分依托农村农业资源优势，着力打造农业全产业链。将农业产业链向田间倾斜，压缩农产品由田间到餐桌的时间，不仅有助于保证农产品品质，而且有助于发展农村经济。第二，充分发掘利用农村劳动力资源优势，着力培养适应农业全产业链需要的现代农民。构建现代农业产业体系的关键在于人才的培养，为了使农民能够更多地获得农业产业利益，分享产业增值收益，匹配农业产业链向"田间"倾斜的需要，加快农民素质的提高势在必行，这也是从根本上转变农业增产不增收的重要举措。

9.4.1.2　发展县域农业产业经济

第一，培植县域特色农业产业。县级政府要根据区域优势，选择适宜本地区发展的农业产业，以多种手段推动特色农业产业的发展。第二，加快县域农业产业经济基础设施建设。不断加快现代农业产业园、一二三产业融合发展示范园区、农业科技示范园区、产业强镇建设，着力打造县域农业全产业链，并尽可能地将农业产业链主体留在县域内。

9.4.1.3　加快现代农业全产业链标准化体系建设

第一，制定通行的农业产业链标准化生产指标体系。国家层面，从整体上对农业产业链标准化生产指标体系进行规划，设定相应的指标区间，用以指导地方。地方层面，特别是基层政府，要在国家标准的基础上，结合本地区实际制定与本地区农业产业链发展相适应的地区化农业产业链标准化生产指标体系。第二，严格按照农业产业链标准化指标体系进行生产。当农业产业链标准化指标体系制定后，农业生产者要严格按照农业产业链标准化指标体系进行生产，保证农产品标准化水平，推动农业产业的健康发展。

9.4.2　强化财政税收支农政策

9.4.2.1　强化财政政策支农力度

农业补贴是财政支农的重要手段，但是其他支农方式在推动农业发展中也发挥着不可忽视的作用。为此,需要依照《农业法》第 38 条、39 条、40 条的有关规定,逐步强化财政支农力度。第一,逐步提高农业投入总体水平。各级财政要确保当年财政投入总水平增长幅度高于财政经常性收入的增长幅度,以保证农业发展拥有充足的财政资金。第二,优化支农支出结构。在保证支农支出稳步增长的基础上,依据农业发展的现实需要,调整农田水利支出、抗旱支出、科技推广与转化服务支出、病虫害防治支出等支农资金的支出结构,补齐农业发展短板,推动农业均衡发展。第三,保证财政支农资金及时足额拨付到实处。力避支农支出"欠账"问题,确保农业发展权益。第四,以政府支农支出为杠杆,"撬动"社会资本进入农业生产领域,壮大农业资本,提高农业发展活力。

9.4.2.2　完善税收政策支农力度

第一,以税收优惠的方式对涉农产品、涉农产业予以扶持。依据税法,税收要对符合要求的涉农产品、涉农产业采取低税率、零税率、税收减免等形式给予支持,推动涉农产业健康发展。第二,对农业创新企业给予税收支持。对符合要求的农业创新企业,采取所得税减免、加计扣除、延迟纳税等方式予以扶持。第三,税收通过税目、税率的调整积极引导农业与生态协调发展。对存在面源污染的农资不进行税收减免甚至征税,进而提高污染有害类农资价格,降低该类农资使用程度。与此同时,加大对无毒无害农资的税收优惠力度,提高该类农资的使用程度。一增一减,推动农业与生态的协调发展。

9.4.3　强化金融保险支农政策

9.4.3.1　充分发挥金融支农作用

有效满足农业生产者的信贷需求,是推动农业健康发展的重要保障。第一,就农户而言,一是不断完善小额信贷审批程序,强化信贷支农力度，有效解决小农户资金短缺问题；二是完善与规范民间借贷行为，推动民间借贷健康发展；三是创新民间借贷组织形式，探索建立民间资本互助合作模式，以此来调剂农户间农业资本。第二，就农业企业特别是农业合作社而言，适当调整信贷资金审批标准，适当放宽信贷资金申请人年龄限制，完善财政贴息制度。

9.4.3.2 充分发挥农业保险支农作用

农业不同于其他产业，农业生产既受到自然风险的影响，同时也会受到市场风险的影响。为此，我们要构建健全的农业保险体系，充分发挥保险支农的作用，规避与弥补自然风险及市场风险对农业生产者造成的冲击，保持农业生产稳定，维护农业生产者收益，推动农业生产稳步发展。

9.4.4 完善科技人才支农政策

9.4.4.1 完善农业科技扶持政策

农业科技是推动农业由传统农业向现代农业迈进的关键，科技因素是农业发展的关键性因素。第一，要增加农业科技创新资金投入，保证农业科技创新资金充足。在政府大力支持农业科技创新的同时，积极引导社会资本进入农业科技创新领域，对农业科技创新项目、农业科技创新企业予以多种形式的资金扶持。第二，加强农业科研基础设施建设，为农业科研创新的开展奠定良好的硬件条件。

9.4.4.2 完善人才培养与支持政策

第一，加大农业科技创新人才培养与支持力度。一方面，要通过农业类专业免费教育、定向培养的形式，吸引更多的高中毕业生报考农业类专业，为我国农业科技创新奠定人才基础；另一方面，国家要大力支持农业科研人员的农业科研行为，全方位保护农业科研人员权益，提升农业科研人员的热情与活力。第二，做好农业科技创新知识产权保护，切实维护好农业科研人员、农业科研团队、农业科技创新公司的权益。

9.4.5　创新农业管理体系

9.4.5.1　创新政府农业管理体系

党的十九大报告明确指出：农业农村农民问题是关系国计民生的根本性问题，必须始终把解决好"三农"问题作为全党工作重中之重。换言之，农业问题不仅是经济问题，更是重大政治问题。为此，第一，要从落实政治责任的高度严守十八亿亩耕地红线，确保国家粮食供给安全。第二，落实"粮袋子省长负责制"，由省长牵头负责本区域内粮食生产、流通、消费，并依据《关于建立健全粮食安全省长责任制的若干意见》《粮食安全省长责任制考核办法》等文件对政策落实情况进行严格考核监督。第三，压实"菜篮子市长负责制"，由市长负责本区域内蔬菜的生产、流通、消费，保证蔬菜等民生性产品供给，并依据《"菜篮子"市长负责制考核办法》，对政策落实状况进行考核与监督。

9.4.5.2　创新农业合作社管理体系

农业合作社在推动农业发展、促进农民增收、实现乡村振兴中发挥着重要作用，但是通过实地观察与主观访谈发现农业合作在经营管理中存在较为突出的问题。为此，第一，构建新型农业合作社出资经营体系。探讨在原有的农户自发组织、自主经营、自负盈亏的出资经营模式基础上，引入政府资本，招聘具有现代企业管理经验的人员参与农业合作社经营管理，提高农业合作社组织性、专业性与计划性。第二，将现代企业管理方式引入农业合作社经营管理之中，提升农业合作社经营管理质效。现有农业合作社在经营管理方式上更多强调社员之间的互助合作性，这与现代企业经营管理方式存在明显差别，传统农业合作经营模式很难适应市场经济需求，很难保证农业合作社健康发展，为此我们要努力探寻现代企业管理与传统合作经营的最佳契合点，进而推动农业合作社健康发展。第三，加强对农业合作社社员及管理人员的培训，增强农业合作社社员及管理人员对现代经营管理理念的认知。

参 考 文 献

［1］阿维纳什·K. 迪克西特著，冯曲、吴桂英译：《经济理论中的最优化方法》，格致出版社 2015 年版。

［2］陈强：《高级计量经济学及 Stata 应用》，高等教育出版社 2013 年版。

［3］陈向明：《质的研究方法与社会科学研究》，教育科学出版社 2000 年版。

［4］陈希镇：《现代统计分析方法的理论和应用》，国防工业出版社 2016 年版。

［5］D. 盖尔·约翰逊著，林毅夫、赵耀辉译：《经济发展中的农业、农村、农民问题》，商务印书馆 2016 年版。

［6］郭宏宝：《中国财政农业补贴：政策效果与机制设计（第二版）》，西南财经大学出版社 2015 年版。

［7］戴维·罗默著，王根蓓译：《高级宏观经济学》，上海财经大学出版社 2014 年版。

［8］戴维·L. 韦默、艾丹·R. 瓦伊宁著，刘伟译：《公共政策分析理论与实践》，中国人民大学出版社 2013 年版。

［9］杜为公：《西方农业经济学理论与方法的新进展》，中国人民大学出版社 2016 年版。

［10］费孝通：《江村经济——中国农民的生活》，商务印书馆 2001 年版。

［11］费孝通：《乡土中国》，北京大学出版社 2012 年版。

［12］黄季焜、郜亮亮、冀县卿等：《中国的农地制度、农地流转和

农地投资》，格致出版社 2012 年版。

［13］哈维·S. 罗森、特德·盖亚著，郭庆旺、赵志耘译：《财政学（第八版）》，中国人民大学出版社 2009 年版。

［14］姜春云：《中国农业实践概论》，人民出版社 2001 年版。

［15］蒋协新：《公共财政支持农业与农村发展问题研究》，中国农业出版社 2007 年版。

［16］孔祥智：《农业经济学》，中国人民大学出版社 2014 年版。

［17］Lawrence C. Hamilton 著，巫锡炜、焦开山、李丁译：《应用 STATA 做统计分析》，清华大学出版社 2017 年版。

［18］刘世闵、曾世丰、钟明伦：《NVivo11 与网路质性研究方法论》，五南出版社 2017 年版。

［19］李扬：《财政补贴的经济分析》，上海三联书店 1990 年版。

［20］刘佐：《中国税制概览》，经济科学出版社 2010 年版。

［21］宋洪远：《转型的动力中国农业供给侧结构性改革》，广东经济出版社 2019 年版。

［22］盛来运：《转型期农业发展与农民增收》，中国统计出版社 2016 年版。

［23］唐忠：《中国农业发展 40 年：回顾与展望》，经济科学出版社 2018 年版。

［24］王洪慧、张肃、林杰：《市场失灵视角下的美国农业保护与支持政策》，东北师范大学出版社 2015 年版。

［25］伍威·弗里克著，孙进译：《质性研究导引》，重庆大学出版社 2011 年版。

［26］西奥多·W. 舒尔茨著，梁小民译：《改造传统农业》，商务印书馆 2016 年版。

［27］西奥多·W. 舒尔茨著，郭熙保、周开年译：《经济增长与农业》，中国人民大学出版社 2015 年版。

［28］亚洲开发银行政策研究技援项目（TA－7306）专家组：《中国政府农业投入政策研究》，人民出版社 2013 年版。

［29］张冬平、刘旗、陈俊国：《农业补贴政策效应及作用机理研究》，中国农业出版社 2011 年版。

［30］中国农业科学院：《中国农业产业发展报告（2018）》，经济科学出版社 2018 年版。

［31］中华人民共和国财政部农业司：《（1950～1995）国家财政用于农业支出统计资料》，经济科学出版社 1993 年版。

［32］张红玉：《我国粮食补贴政策研究》，立信会计出版社 2010 年版。

［33］钟甫宁：《农业政策学》，中国农业出版社 2011 年版。

［34］钟甫宁、周应恒、朱晶：《农业经济学学科前沿研究报告（2010）》，经济管理出版社 2013 年版。

［35］周应恒、易福金、耿献辉等：《农业经济学学科前沿研究报告（2012）》，经济管理出版社 2017 年版。

［36］周应恒：《农业经济学学科前沿研究报告（2013）》，经济管理出版社 2016 年版。

［37］阿尔弗洛德·拉帕波特，丁世艳、郑迎旭：《创造股东价值》，云南人民出版社 2002 年版。

［38］番绍立：《中国农业补贴政策效应：理论解析、实证检验与政策优化》，东北财经大学博士学位论文，2016。

［39］何忠伟：《中国农业补贴政策的效果与体系研究》，中国农业科学院博士学位论文，2005。

［40］葛干忠：《我国农业上市公司价值创造能力研究》，湖南农业大学博士学位论文，2014。

［41］江朦朦：《农业补贴政策经济效应评估研究》，华中师范大学博士学位论文，2018。

［42］梁毕明：《中国农业上市公司成长性研究》，东北农业大学博士学位论文，2010。

［43］刘红霞：《社会嵌入与企业发展——对进驻蒙古国中国资源开发企业的实地研究》，中央民族大学博士学位论文，2017。

［44］冷建飞：《中国农业上市公司盈利性的影响因素分析》，南京农

业大学博士学位论文，2007。

　　[45] 谢枫：《粮食生产补贴、生产要素投入与我国粮食生产率》，江西财经大学博士学位论文，2015。

　　[46] 曾瑜：《中国农业直接补贴的政策效应研究——基于河南省 4 市农村住户调查面板数据》，华中科技大学博士学位论文，2016。

　　[47] 王肖婧：《人力资本、社会资本对农户贫困的影响及作用机制研究》，西北大学博士学位论文，2019。

　　[48] 陈强：《气候冲击、政府能力与中国北方农民起义（公元 25～1911 年)》，载《经济学（季刊)》2015 年第 4 期。

　　[49] 孙礼照：《我国农产品蛛网模型发散之迷》，载《数量经济技术经济研究》1990 年第 5 期。

　　[50] 袁微：《二值选择模型内生性检验方法、步骤及 Stata 应用》，载《统计与决策》2018 年第 6 期。

　　[51] 郭军、孔祥智：《新形势下我国财政支农问题研究》，载《江淮论坛》2015 年第 4 期。

　　[52] 国家发展和改革委员会宏观经济研究院课题组：《粮食主产区农业补贴政策的调整向何处去——对吉林省长春市的调查》，载《中国农村经济》2003 年第 6 期。

　　[53] 王思博：《现阶段我国乡村发展中的若干问题及振兴建议——2017—2018 年度中央一号文件地方贯彻落实情况第三方评估调研思考》，载《西部论坛》2018 年第 1 期。

　　[54] 牛永辉：《完善我国农业补贴政策的路径探析》，载《海南大学学报（人文社会科学版)》2011 年第 2 期。

　　[55] 何菊芳：《重构我国农业补贴政策体系》，载《生产力研究》2008 年第 3 期。

　　[56] 张明、杨颖、邹小容：《新时期中国粮食补贴政策的战略协同与差异设计》，载《农业经济问题》2021 年第 3 期。

　　[57] 魏玉君、叶中华：《粮食政策研究：问题与对策》，载《宏观经济管理》2019 年第 6 期。

［58］刘景景：《美国农业补贴政策演进与农民收入变化研究》，载《亚太经济》2018 年第 6 期。

［59］王勇：《美国农业政策的特点及启示》，载《经济纵横》2014 年第 12 期。

［60］吴文浩、周琳、尹昌斌等：《欧美有机农业补贴政策分析——基于农业生产环境视角》，载《世界农业》2019 年第 2 期。

［61］张云华、赵俊超、殷浩栋：《欧盟农业政策转型趋势与启示》，载《世界农业》2020 年第 5 期。

［62］汤敏：《中国农业补贴政策调整优化问题研究》，载《农业经济问题》2017 年第 12 期。

［63］李锐、李宁辉：《农户借贷行为及其福利效果分析》，载《经济研究》2004 年第 12 期。

［64］徐雪、夏海龙：《发达国家农业补贴政策调整及其经验借鉴——基于欧盟、美国、日本的考察》，载《湖南农业大学学报（社会科学版）》2015 年第 3 期。

［65］李利英、肖开红：《我国粮食补贴政策的目标取向及改革思路》，载《中州学刊》2015 年第 8 期。

［66］童馨乐、杜婷、徐菲菲等：《需求视角下农户借贷行为分析——以六省农户调查数据为例》，载《农业经济问题》2015 年第 9 期。

［67］冷建飞、王凯：《补贴对农业上市公司盈利的影响研究——基于面板数据模型的分析》，载《江西农业学报》2007 年第 2 期。

［68］柯炳生：《三种农业补贴政策的原理与效果分析》，载《农业经济问题》2018 年第 8 期。

［69］肖海林、王方华：《企业可持续发展新论》，载《当代财经》2004 年第 7 期。

［70］李静、刘志迎：《安徽技术创新能力与企业发展关系的实证研究》，载《中国科技论坛》2007 年第 8 期。

［71］何忠伟、蒋和平：《我国农业补贴政策的演变与走向》，载《中国软科学》2003 年第 10 期。

［72］J.柯斯特罗维茨基、潘幸来：《世界农业类型学》，载《经济问题》1980 年第 2 期。

［73］展进涛、邵兴娟、徐萌：《政府补贴对农业企业 R&D 投资行为的影响研究》，载《科研管理》2019 年第 4 期。

［74］陆桂琴、张兵：《涉农上市公司的实际态势：内源融资博弈外部融资》，载《改革》2011 年第 11 期。

［75］李传健、何伦志：《农业多功能性与我国的农业补贴》，载《农业经济》2007 年第 5 期。

［76］吕新业、胡向东：《农业补贴、非农就业与粮食生产——基于黑龙江、吉林、河南和山东四省的调研数据》，载《农业经济问题》2017 年第 9 期。

［77］刘云芬、陈砺：《多元化、政府支持与公司绩效——基于中国农业上市公司的实证研究》，载《农业技术经济》2015 年第 2 期。

［78］黄金秋、史顺超：《地方政府作用对农民专业合作社成长影响的实证分析》，载《统计观察》2018 年第 19 期。

［79］王亚运、蔡银莺、朱兰兰：《农业补贴政策的区域效应及影响因素分析——以湖北省武汉、荆门、黄冈等典型主体功能区为实证》，载《华中农业大学学报（社会科学版）》2017 年第 1 期。

［80］顾和军：《农业补贴政策与农民收入关系探讨》，载《山东农业大学学报（社会科学版）》2007 年第 2 期。

［81］梁世夫、姚惊波：《农业多功能性理论与我国农业补贴政策的改进》，载《调研世界》2008 年第 4 期。

［82］周振、张琛、彭超等：《农业机械化与农民收入：来自农机具购置补贴政策的证据》，载《中国农村经济》2016 年第 2 期。

［83］彭超：《我国农业补贴基本框架、政策绩效与动能转换方向》，载《理论探索》2017 年第 3 期。

［84］徐全红：《我国农业财政补贴的经济学分析》，载《经济研究参考》2006 年第 93 期。

［85］王秀东、王永春：《基于良种补贴政策的农户小麦新品种选择

行为分析——以山东、河北、河南三省八县调查为例》，载《中国农村经济》2008 年第 7 期。

［86］吴海涛、霍增辉、臧凯波：《农业补贴对农户农业生产行为的影响分析——来自湖北农村的实证》，载《华中农业大学学报（社会科学版）》2015 年第 5 期。

［87］王欧、杨进：《农业补贴对中国农户粮食生产的影响》，载《中国农村经济》2014 年第 5 期。

［88］吴静、张冬平：《国家科技政策对农业创新型企业发展影响的实证分析》，载《技术经济与管理研究》2018 年第 6 期。

［89］李旭：《农民专业合作社成长性的评价与决定机制——基于利益相关者理论》，载《农业技术经济》2015 年第 5 期。

［90］于健南、王玉蓉、王广深：《农业龙头企业技术创新扶持政策的作用机制及启示》，载《科技管理研究》2015 年第 23 期。

［91］郭瑞玮、李瑞芬、夏龙：《税收优惠政策对农业科技创新的影响研究——以农业龙头企业上市公司为例》，载《中国农学通报》2018 年第 8 期。

［92］许芳、余国新：《财税补贴政策对中国农业上市公司成长性的影响》，载《农业展望》2018 年第 4 期。

［93］吕珊淑、易加斌：《我国农业上市公司盈利能力研究——来自我国农业类上市公司的经验证据》，载《会计之友》2012 年第 5 期。

［94］杨雪、何玉成、刘成：《政府补助对农业上市公司全要素生产率的影响——基于面板门限模型的分析》，载《湖南农业大学学报（社会科学版）》2020 年第 3 期。

［95］郭玥：《政府创新补助的信号传递机制与企业创新》，载《中国工业经济》2018 年第 9 期。

［96］周煊、程立茹、王皓：《技术创新水平越高企业财务绩效越好吗？——基于 16 年中国制药上市公司专利申请数据的实证研究》，载《金融研究》2012 年第 8 期。

［97］黎文靖、郑曼妮：《实质性创新还是策略性创新？——宏观产

业政策对微观企业创新的影响》，载《经济研究》2016 年第 4 期。

［98］杨涵、陈和平：《中国农业上市公司盈利能力及其影响因素的实证分析》，载《河南农业大学学报》2014 年第 4 期。

［99］谢玲红、毛世平：《中国涉农企业科技创新现状、影响因素与对策》，载《农业经济问题》2016 年第 5 期。

［100］金赛美、汤新华：《优惠政策对农业上市公司利润的影响》，载《农业与技术》2003 年第 6 期。

［101］陈瑜、马彦图：《甘肃农业龙头企业成长性与融资关系实证分析》，载《江苏农业科学》2017 年第 16 期。

［102］高佳、李世平、宋戈：《基于广义多层线性模型的农户土地承包经营权退出意愿》，载《中国农业大学学报》2017 年第 4 期。

［103］韩占兵：《高龄农民愿意退出土地承包权与经营权吗？——基于河南省农户的调查》，载《经济经纬》2019 年第 4 期。

［104］李荣耀、叶兴庆：《农户分化、土地流转与承包权退出》，载《改革》2019 年第 2 期。

［105］李江一：《农业补贴政策效应评估：激励效应与财富效应》，载《中国农村经济》2016 年第 12 期。

［106］刘克春：《粮食生产补贴政策对农户粮食种植决策行为的影响与作用机理分析——以江西省为例》，载《中国农村经济》2010 年第 2 期。

［107］牟燕、郭忠兴、于波等：《农业补贴政策对农地租赁市场中供给和需求决策的影响分析》，载《国土资源科技管理》2007 年第 2 期。

［108］冀县卿、钱忠好、葛轶凡：《如何发挥农业补贴促进农户参与农地流转的靶向作用》，载《农业经济问题》2015 年第 5 期。

［109］江喜林、陈驰波：《直补模式下新农业补贴有效率吗？——基于农户要素配置的分析》，载《经济经纬》2013 年第 1 期。

［110］周静、曾福生、张明霞：《农业补贴类型、农业生产及农户行为的理论分析》，载《农业技术经济》2019 年第 5 期。

［111］李红星、李洪军：《我国财税贴政策对农业上市公司经营状祝

的影响》，载《税务研究》2012 年第 9 期。

［112］范黎波、马聪聪、马晓婕：《多元化、政府补贴与农业企业绩效——基于 A 股农业上市企业的实证研究》，载《农业经济问题》2012 年第 11 期。

［113］彭熠、胡剑锋：《财税补贴优惠政策与农业上市公司经营绩效——实施方式分析与政策启示》，载《四川大学学报（哲学社会科学版）》2009 年第 3 期。

［114］毛其淋、盛斌：《中国制造业企业的进入退出与生产率动态演化》，载《经济研究》2013 年第 4 期。

［115］杨天宇、张蕾：《中国制造业企业进入和退出行为的影响因素分析》，载《管理世界》2009 年第 6 期。

［116］陈艳莹、原毅军、游闽：《中国服务业进入退出的影响因素——地区和行业面板数据的实证研究》，载《中国工业经济》2008 年第 10 期。

［117］吴三忙：《中国制造业企业的进入与退出决定因素分析》，载《产业经济研究》2009 年第 4 期。

［118］孙香玉、钟甫宁：《对农业保险补贴的福利经济学分析》，载《农业经济问题》2008 年第 2 期。

［119］孙香玉、钟甫宁：《福利损失、收入分配与强制保险——不同农业保险参与方式的实证研究》，载《管理世界》2009 年第 5 期。

［120］钟春平、陈三攀、徐长生：《结构变迁、要素相对价格及农户行为——农业补贴的理论模型与微观经验证据》，载《金融研究》2013 年第 5 期。

［121］时小琳、刘伟平：《油茶补贴政策与茶籽油价格调控政策的福利经济分析》，载《福建论坛（人文社会科学版）》2015 年第 8 期。

［122］罗超平、牛可、但斌等：《粮食价格波动与主产区农户福利效应——基于主产区省际面板数据的分析》，载《中国软科学》2017 年第 2 期。

［123］郭庆宾、骆康、虞婧婕：《农业补贴对农户的福利效应研究——以江汉平原为例》，载《农业经济与管理》2018 年第 1 期。

［124］邓小华：《粮食流通体制改革的经济效应分析——以安徽省来安县、天长市粮食补贴改革试点为例》，载《农业经济问题》2004 年第 5 期。

［125］张祖荣：《论农业保险在新农村建设中的作用》，载《经济问题》2009 年第 12 期。

［126］谢玉梅、刘慰霖：《风险、信贷约束与农户新技术选择——基于湖南衡东县的实证研究》，载《广东农业科学》2013 年第 24 期。

［127］施红：《政府介入对政策性农业保险的运作效率影响的分析》，载《农业经济问题》2008 年第 12 期。

［128］施红：《财政补贴对我国农户农业保险参保决策影响的实证研究——以浙江省为例》，载《技术经济》2008 年第 9 期。

［129］吴连翠、蔡红辉：《粮食补贴政策对农户种植决策行为影响的实证分析——基于安徽省 17 个地市 421 户农户的调查数据》，载《经济与管理》2010 年第 7 期。

［130］颜玄洲、孙水鹅、欧一智：《农机购置补贴政策下种稻大户购机决策影响因素分析》，载《农林经济管理学报》2015 年第 6 期。

［131］陈飞、翟伟娟：《农户行为视角下农地流转诱因及其福利效应研究》，载《经济研究》2015 年第 10 期。

［132］陈飞：《农户生产投入选择行为及其收入效应研究》，载《财经问题研究》2016 年第 9 期。

［133］曹光乔、周力、易中懿等：《农业机械购置补贴对农户购机行为的影响——基于江苏省水稻种植业的实证分析》，载《中国农村经济》2010 年第 6 期。

［134］黄洁莉、汤佩、蒋占华：《税收优惠政策下农业企业研发投入、风险与收益——基于我国农业上市公司的实证检验》，载《农业技术经济》2014 年第 2 期。

［135］张倩、许泉、王全忠等：《补贴政策与农户稻作制度选择——基于湖南省微观调研的证据》，载《产业经济研究》2016 年第 6 期。

［136］王莉、周密：《农业支持保护补贴政策效应研究——基于农户

策略选择的博弈经济分析》，载《财经理论与实践》2017 年第 3 期。

　　［137］高玉强：《农机购置补贴与财政支农支出的传导机制有效性——基于省际面板数据的经验分析》，载《财贸经济》2010 年第 4 期。

　　［138］杨林、许丹：《基于粮食生产效率的财政补贴政策地区差异化研究》，载《经济学动态》2011 年第 12 期。

　　［139］彭澧丽、龙方、卜蓓：《我国粮食生产补偿政策对粮食生产的影响》，载《技术经济》2013 年第 5 期。

　　［140］钱加荣、赵芝俊：《现行模式下我国农业补贴政策的作用机制及其对粮食生产的影响》，载《农业技术经济》2015 年第 10 期。

　　［141］包月红、赵芝俊：《专利保护和加计扣除能促进私人农业研发么?》，载《科研管理》2019 年第 12 期。

　　［142］仇晓雪、张颖：《政府补助、研发支出与农业上市企业绩效研究——基于沪深 A 股 44 家农业上市企业的实证分析》，载《湖北农业科学》2020 年第 8 期。

　　［143］张慧琴、韩晓燕、吕杰：《粮食补贴政策的影响机理与投入产出效应》，载《华南农业大学学报（社会科学版)》2016 年第 5 期。

　　［144］庄道元、卓翔之、黄海平等：《农户小麦补贴品种选择行为的影响因素分析》，载《西北农林科技大学学报（社会科学版)》2013 年第 3 期。

　　［145］陈苏、胡浩：《不同农业政策对中国农户粮食生产决策影响的实证研究》，载《农业经济与管理》2017 年第 3 期。

　　［146］李想、陈宏伟：《农户技术选择的激励政策研究——基于选择实验的方法》，载《经济问题》2018 年第 3 期。

　　［147］高鸣、宋洪远、Michael Carter：《粮食直接补贴对不同经营规模农户小麦生产率的影响——基于全国农村固定观察点农户数据》，载《中国农村经济》2016 年第 8 期。

　　［148］高鸣、宋洪远、Michael Carter：《补贴减少了粮食生产效率损失吗? ——基于动态资产贫困理论的分析》，载《管理世界》2017 年第 9 期。

［149］高鸣、宋洪远：《脱钩收入补贴对粮食生产率的影响——基于农户收入差异的视角》，载《农业技术经济》2018 年第 5 期。

［150］叶乐安、吴永兴、茅国芳：《粮食直补后水稻生产经济效益评价——来自上海市郊 1887 个水稻监测点的动态分析》，载《农业经济问题》2008 年第 7 期。

［151］洪自同、郑金贵：《农业机械购置补贴政策对农户粮食生产行为的影响——基于福建的实证分析》，载《农业技术经济》2012 年第 11 期。

［152］孙伟艳、翟印礼：《农业补贴政策对农户农业生产经营意愿的影响探析——以辽宁省为例》，载《农业经济》2016 年第 12 期。

［153］韩剑锋：《我国农机购置补贴政策对农民收入的影响分析》，载《生产力研究》2010 年第 3 期。

［154］邱雁、李越：《生产、收入与成本：中国粮食补贴政策绩效分析》，载《财经科学》2016 年第 5 期。

［155］辛翔飞、张怡、王济民：《我国粮食补贴政策效果评价——基于粮食生产和农民收入的视角》，载《经济问题》2016 年第 2 期。

［156］田聪颖、肖海峰：《目标价格补贴与生产者补贴的比较：对我国大豆直补方式选择的思考》，载《农业经济问题》2018 年第 12 期。

［157］李道和、池泽新：《政策支持与农业龙头企业绩效关系研究——以江西省为例》，载《农业技术经济》2011 年第 12 期。

［158］舒云：《涉农企业政府补助对企业可持续发展能力的影响研究——以 2008～2015 年沪深 A 股主板上市公司为例》，载《公共经济与政策研究》2017 年第 1 期。

［159］白全民、张同义、李晓力：《研发投入、政府支持驱动农业企业绩效提升效应研究》，载《科学与管理》2018 年第 1 期。

［160］王金莲：《关于农机补贴与农机推广的关系分析》，载《农业与技术》2013 年第 5 期。

［161］李农、万祎：《我国农机购置补贴的宏观政策效应研究》，载《农业经济问题》2010 年第 12 期。

［162］张冀民：《基于数理分析的我国农业补贴政策目标的选择》，

载《生产力研究》2009 年第 8 期。

[163] 康涌泉：《农业补贴政策的绩效考量及优化重构研究》，载《经济经纬》2015 年第 3 期。

[164] 徐敏丽、付方媛：《政府补贴、研发投入对企业绩效的影响——基于农业上市公司的实证研究》，载《科技经济市场》2018 年第 3 期。

[165] 张玉周：《粮食补贴对我国粮食生产影响的实证分析》，载《财政研究》2013 年第 12 期。

[166] 朱满德、李辛一、程国强：《综合性收入补贴对中国玉米全要素生产率的影响分析——基于省级面板数据的 DEA – Tobit 两阶段法》，载《中国农村经济》2015 年第 11 期。

[167] 江东坡、朱满德、伍国勇：《收入性补贴提高了中国小麦生产技术效率吗——基于随机前沿函数和技术效率损失函数的实证》，载《农业现代化研究》2017 年第 1 期。

[168] 汪阳洁、姜志德、王晓兵：《退耕还林（草）补贴对农户种植业生产行为的影响》，载《中国农村经济》2012 年第 11 期。

[169] 陈波、王雅鹏、黎东升等：《直接补贴、科技兴粮与粮食生产》，载《统计与决策》2005 年第 22 期。

[170] 孙云奋、齐春宇：《两种补贴对两类粮农种粮收入的影响分析》，载《经济问题》2010 年第 10 期。

[171] 谷征：《我国农业支持政策对农民收入影响测评》，载《农村经济》2014 年第 11 期。

[172] 杜青林：《论农业产业化经营与农业综合生产能力的提高》，载《改革》2005 年第 8 期。

[173] 梁荣：《农业综合生产能力初探》，载《中国农村经济》2005 年第 12 期。

[174] 吕向东、王济民、吕新业：《我国农业综合生产能力的指标体系及其评价》，载《农业经济问题》2005 年第 S1 期。

[175] 林海明、张文霖：《主成分分析与因子分析的异同和 SPSS 软件——兼与刘玉玫、卢纹岱等同志商榷》，载《统计研究》2005 年第 3 期。

［176］李江、刘源浩、黄萃等：《用文献计量研究重塑政策文本数据分析——政策文献计量的起源、迁移与方法创新》，载《公共管理学报》2015 年第 2 期。

［177］黄萃、任弢、张剑：《政策文献量化研究：公共政策研究的新方向》，载《公共管理学报》2015 年第 2 期。

［178］黄萃、任弢、李江等：《责任与利益：基于政策文献量化分析的中国科技创新政策府际合作关系演进研究》，载《管理世界》2015 年第 12 期。

［179］王麦宁：《供给侧改革下考虑政府补助的农民合作社技术创新研究》，载《农业经济》2020 年第 10 期。

［180］金涛：《中国粮食生产时空变化及其耕地利用效应》，载《自然资源学报》2014 年第 6 期。

［181］姚成胜、李政通、易行：《中国粮食产量变化的驱动效应及其空间分异研究》，载《中国人口·资源与环境》2016 年第 9 期。

［182］龚维进、覃成林、李超：《中国财政支出的减贫效应——基于结构与空间视角》，载《经济与管理研究》2018 年第 5 期。

［183］伍山林：《中国粮食生产区域特征与成因研究——市场化改革以来的实证分析》，载《经济研究》2010 年第 10 期。

［184］卢新海、柯楠、匡兵：《中国粮食生产能力的区域差异和影响因素》，载《中国土地科学》2020 年第 8 期。

［185］潘佩佩、杨桂山、苏伟忠等：《太湖流域粮食生产时空格局演变与粮食安全评价》，载《自然资源学报》2013 年第 6 期。

［186］陈秧分、李先德：《中国粮食产量变化的时空格局与影响因素》，载《农业工程学报》2013 年第 20 期。

［187］李兆亮、罗小锋、张俊飚等：《农业 R&D 投入、空间溢出与中国农业经济增长》，载《科研管理》2020 年第 9 期。

［188］邓翔、王仕忠：《农业科技创新投入对农业经济增长影响研究》，载《东岳论丛》2020 年第 12 期。

［189］李焕彰、钱忠好：《财政支农政策与中国农业增长：因果与结

构分析》，载《中国农村经济》2004 年第 8 期。

[190] 吕诚伦、江海潮：《财政农业支出影响农业经济增长效应研究——基于 1952～2012 年的数据分析》，载《财经理论与实践》2016 年第 6 期。

[191] 辛冲冲、陈志勇：《我国财政支农支出与农业经济增长——基于 LMDI 分解法的研究》，载《上海经济研究》2017 年第 3 期。

[192] 苏永伟：《基于 ECM 模型的财政支农支出对农业经济增长的效应分析》，载《社会科学家》2015 年第 6 期。

[193] 张海燕、邓刚：《财政支农支出对四川农业经济增长贡献的实证研究》，载《经济问题》2012 年第 6 期。

[194] 林艳丽、孟校臣、王海涛：《辽宁省财政支农支出与农业经济增长关系的实证研究——基于 VAR 模型的分析》，载《东北大学学报（社会科学版)》2014 年第 2 期。

[195] 郑斌斌：《基于实例探讨我国地方财政农业支出对区域农业经济增长的影响》，载《农业经济》2017 年第 4 期。

[196] 阎坤、于树一：《公共财政减贫的理论分析与政策思路》，载《财贸经济》2008 年第 4 期。

[197] 闫坤、于树一：《中国模式反贫困的理论框架与核心要素》，载《华中师范大学学报（人文社会科学版)》2013 年第 6 期。

[198] 王海：《财政支出减贫：机理分析与政策启示》，载《河南师范大学学报（哲学社会科学版)》2013 年第 3 期。

[199] 刘明慧、侯雅楠：《财政精准减贫：内在逻辑与保障架构》，载《财政研究》2017 年第 7 期。

[200] 秦建军、武拉平：《财政支农投入的农村减贫效应研究——基于中国改革开放 30 年的考察》，载《财贸研究》2011 年第 3 期。

[201] 林建、廖杉杉：《民族地区财政金融政策的反贫困效应研究》，载《中国人口·资源与环境》2014 年第 9 期。

[202] 王谦、王秋苏：《我国财政支农支出的区域减贫效应研究》，载《山东财经大学学报》2017 年第 5 期。

［203］张东玲、陈景帅、范伟丽：《财政支农与普惠金融的减贫增收效应——基于整体性贫困治理视角的实证分析》，载《中南林业科技大学学报（社会科学版）》2020年第5期。

［204］张伟宾、汪三贵：《扶贫政策、收入分配与中国农村减贫》，载《农业经济问题》2013年第2期。

［205］陈鹏、李建贵：《财政支农资金的减贫增收效应分析》，载《西北农林科技大学学报（社会科学版）》2018年第5期。

［206］解垩、李敏：《相对贫困、再分配与财政获益：税收和转移支付的作用如何?》，载《上海财经大学学报》2020年第6期。

［207］庄天慧、王欢：《基于空间计量模型的四川省财政支农支出与农民增收关系的实证研究》，载《中国农业大学学报》2016年第9期。

［208］李盛基、吕康银、朱金霞：《财政支出、经济增长与农村贫困——基于1990－2008年时间序列数据的实证分析》，载《东北师大学报（哲学社会科学版）》2014年第3期。

［209］徐爱燕、沈坤荣：《财政支出减贫的收入效应——基于中国农村地区的分析》，载《财经科学》2017年第1期。

［210］邹文杰、冯琳洁：《空间异质性、收入门槛与财政支农减贫效应》，载《财经论丛》2015年第9期。

［211］邹文杰、林航、朱鹏颐：《财政支农减贫的结构效应及门槛特征》，载《东南学术》2019年第6期。

［212］林伯强：《中国的政府公共支出与减贫政策》，载《经济研究》2005年第1期。

［213］朱青、卢成：《财政支农政策与农民收入的实证研究——基于农业补贴的视角》，载《暨南学报（哲学社会科学版）》2020年第3期。

［214］葛永波、姜旭朝：《企业融资行为及其影响因素：基于农业上市公司的实证研究》，载《金融研究》2008年第5期。

［215］许庆、陆钰凤、张恒春：《农业支持保护补贴促进规模农户种粮了吗?——基于全国农村固定观察点调查数据的分析》，载《中国农村经济》2020年第4期。

［216］易小兰、颜琰、张婷：《农业支持保护补贴对粮食生产的影响——基于 6 省 326 份农户样本的分析》，载《山西农业大学学报（社会科学版）》2020 年第 3 期。

［217］林万龙、张莉琴：《农业产业化龙头企业政府财税补贴政策效率：基于农业上市公司的案例研究》，载《中国农村经济》2004 年第 10 期。

［218］王永华、王泽宇：《财政补贴对农业企业融资影响研究——基于沪深两市 21 家农业上市公司的经验数据》，载《经济问题》2017 年第 9 期。

［219］汪珊珊、唐俐：《基于新优序融资理论的融资方式对我国农业上市公司绩效的影响》，载《安徽农业科学》2011 年第 4 期。

［220］刘勇、李睿：《农业补贴、非正规金融是否刺激了农户正规信贷需求？——基于 CHFS 调查数据的经验分析》，载《西部论坛》2018 年第 2 期。

［221］郭捷：《探究政府资金支持、企业多元化经营与地区经济发展》，载《金融经济》2019 年第 18 期。

［222］穆月英：《关于农业补贴政策的作用和局限性的思考》，载《理论探讨》2010 年第 1 期。

［223］韦苇、杨卫军：《农业的外部性及补偿研究》，载《西北大学学报（哲学社会科学版）》2004 年第 1 期。

［224］王吉鹏、肖琴、李建平：《新型农业经营主体融资：困境、成因及对策——基于 131 个农业综合开发产业化发展贷款贴息项目的调查》，载《农业经济问题》2018 年第 2 期。

［225］于光远：《以农业为基础是我国社会主义现代化建设的一个基本方针》，载《经济研究》1979 年第 3 期。

［226］温忠麟、张雷、侯杰泰等：《中介效应检验程序及其应用》，载《心理学报》2004 年第 5 期。

［227］王征兵：《农民贫困的根源浅析》，载《西北农林科技大学学报（社会科学版）》2001 年第 2 期。

［228］李登旺、仇焕广、吕亚荣等:《欧美农业补贴政策改革的新动态及其对我国的启示》,载《软科学》2015年第8期。

［229］高玉强、沈坤荣:《欧盟与美国的农业补贴制度及对我国的启示》,载《经济体制改革》2014年第2期。

［230］骆永民、樊丽明:《土地:农民增收的保障还是阻碍》,载《经济研究》2015年第8期。

［231］穆月英、小池淳司:《我国农业补贴政策的SCGE模型构建及模拟分析》,载《数量经济技术经济研究》2009年第1期。

［232］王文娟:《新形势下我国农业补贴政策的思考》,载《中国行政管理》2011年第7期。

［233］彭慧蓉、钟涨宝:《新中国农业补贴政策的阶段性分解与分析》,载《农村经济》2011年第1期。

［234］温涛、王煜宁:《政府主导的农业信贷、财政支农模式的经济效应——基于中国1952—2002年的经验验证》,载《中国农村经济》2005年第10期。

［235］江喜琳、陈池波:《直补模式下新农业补贴有效率吗?——基于农户要素配置的视角》,载《经济经纬》2013年第1期。

［236］程国强、朱德满:《中国工业化中期阶段的农业补贴制度与政策选择》,载《管理世界》2012年第1期。

［237］李长健:《中国农业补贴法律制度的具体设计——以生存权和发展权平等为中心》,载《河北法学》2009年第9期。

［238］曹帅、林海、曹慧:《中国农业补贴政策变动趋势及其影响分析》,载《公共管理学报》第4期。

［239］朱德满、程国强:《中国农业政策:支持水平、补贴效应与结构特征》,载《管理世界》2011年第7期。

［240］杜辉、张美文、陈池波:《中国新农业补贴制度的困惑与出路:六年实践的理性反思》,载《中国软科学》2010年第7期。

［241］范宝学:《财政惠农补贴政策效应评价及改进对策》,载《财政研究》2011年第4期。

［242］方松海、王为农：《成本快速上升背景下的农业补贴政策研究》，载《管理世界》2009 年第 9 期。

［243］侯石安：《初始禀赋差异、农业补贴与农地流转选择——全国 8 省 30 村的微观实证分析》，载《中国农业科学》2012 年第 21 期。

［244］李金珊、徐越：《从农民增收视角探究农业补贴政策的效率损失》，载《统计研究》2015 年第 7 期。

［245］陈池波、江喜琳、吕明霞：《从以农补工到反哺农业：对农业补贴短期与长期涵义的探讨》，载《农业经济问题》2012 年第 12 期。

［246］刘兆德：《财税补贴政策对农业公司经营绩效影响的实证分析——以西部农业上市公司为例》，载《西安财经学院学报》2011 年第 5 期。

［247］张学功：《财政补贴、财务政策与农业上市公司的科技创新——基于贝叶斯层次方程的分析》，载《中国农村经济》2013 年第 6 期。

［248］胡春阳、汪上、李强等：《财政支农支出与农业经济增长的动态关系——基于县域层面的协整及脉冲响应分析》，载《长春理工大学学报（社会科学版）》2012 年第 5 期。

［249］孙红霞：《财政支农支出总量与最优支出规模的实证分析》，载《农村财政与财务》2008 年第 5 期。

［250］罗向明、张伟、丁继锋：《地区补贴差异、农民决策分化与农业保险福利再分配》，载《保险研究》2011 年第 5 期。

［251］李传健：《关于我国农业补贴的经济学解释》，载《生产力研究》2007 年第 10 期。

［252］吕新业、冀县卿：《关于中国粮食安全问题的再思考》，载《农业经济问题》2013 年第 9 期。

［253］罗东、矫健：《国家财政支农资金对农民收入影响实证研究》，载《农业经济问题》2014 年第 12 期。

［254］彭慧蓉、钟涨宝：《国内农业补贴政策研究综述》，载《商业时代》2009 年第 27 期。

［255］于淑英：《国内农业补贴政策研究综述》，载《中国集体经济》

2013 年第 16 期。

　　[256] 高玉强、林光祺：《国外农业补贴：研究述评与未来展望》，载《经济体制改革》2015 年第 4 期。

　　[257] 常钢花、王志斌：《基于 VAR 模型的政策性补贴与中国农业增长分析》，载《广东农业科学》2011 年第 4 期。

　　[258] 郭艳枝、刘旭：《基于格兰杰因果检验和典型相关的农民收入影响因素研究》，载《农业技术经济》2011 年第 10 期。

　　[259] 李慧燕、张淑英：《基于粮食安全背景下的我国农业补贴绩效评价研究》，载《改革与战略》2012 年第 2 期。

　　[260] 黄德林、李向阳、蔡松锋：《基于中国农业 CGE 模型的农业补贴政策对粮食安全影响的研究》，载《中国农学通报》2010 年第 24 期。

　　[261] 彭慧蓉、钟涨宝：《建国六十年我国农业补贴政策演变轨迹及逻辑转换》，载《经济问题探索》2010 年第 11 期。

　　[262] 陈超、张明杨、石成玉：《江苏省水稻良种补贴对保护品种推广的影响》，载《华南农业大学学报（社会科学版）》2012 年第 4 期。

　　[263] 关建波、谭砚文：《良种补贴对中国棉花生产效率的影响分析》，载《农业技术经济》2014 年第 3 期。

　　[264] 李谷成、李芳、冯中朝：《良种补贴政策实施效果的分析与评价——对 13 省 1486 种植户的研究》，载《中国农业大学学报》2014 年第 4 期。

　　[265] 钟甫宁、顾和军、纪月清：《农民角色分化与农业补贴政策的收入分配效应——江苏省农业税减免、粮食直补收入分配效应的实证研究》，载《管理世界》2008 年第 5 期。

　　[266] 王利清：《农民视角下的农业科技推广困境与出路研究》，载《科学管理研究》2013 年第 4 期。

　　[267] 褚红梅：《农业补贴的理论依据探析》，载《现代农业科技》2008 年第 15 期。

　　[268] 黄安胜、许佳贤、徐琳：《农业补贴政策对经济增长方式的转变效应分析》，载《福建师大福清分校学报》2013 年第 3 期。

［269］贾伟、秦富：《农业企业绩效影响因素实证分析》，载《西北农林科技大学学报（社会科学版）》2013 年第 5 期。

［270］罗向明、张伟、丁继锋：《收入调节、粮食安全与欠发达地区农业保险补贴安排》，载《农业经济问题》2011 年第 1 期。

［271］王姣、肖海峰：《我国良种补贴、农机补贴和减免农业税政策效果分析》，载《农业经济问题》2007 年第 2 期。

［272］刘长庚、王迎春：《我国农民收入差距变化趋势及其结构分解的实证研究》，载《经济学家》2011 年第 11 期。

［273］杨灿明、郭慧芳、孙群力：《我国农民收入来源构成的实证分析——兼论增加农民收入的对策》，载《财贸经济》2007 年第 2 期。

［274］黄汉权、蓝海涛、王为农等：《我国农业补贴政策改革思路研究》，载《宏观经济研究》2016 年第 8 期。

［275］邢鹏、黄昆：《政策性农业保险保费补贴对政府财政支出和农民收入的模拟分析》，载《农业技术经济》2007 年第 3 期。

［276］华慧婷：《中国财政农业直接补贴政策》，载《当代经济》2011 年 8 月上。

［277］罗双发、欧晓明：《政治关联方式与农业企业绩效——基于农业类上市公司 2004—2012 年的经验数据》，载《农业经济问题》2015 年第 15 期。

［278］侯石安、赵和楠：《中国粮食安全与农业补贴政策的调整》，载《贵州社会科学》2015 年第 1 期。

［279］毛学峰、刘靖、朱信凯：《中国粮食结构与粮食安全：基于粮食流通贸易的视角》，载《管理世界》2015 年第 3 期。

［280］王晓芸、赵玲：《中国农业补贴对农民收入效应的实证研究》，载《中国证券期货》2010 年第 6 期。

［281］旷宗仁、高晓巍、胥译心等：《中国农业科技推广人力资源情况分析》，载《东南学术》2011 年第 3 期。

［282］盛来运、付凌晖：《转型期农业发展对经济增长的影响》，载《中国农村经济》2014 年第 1 期。

［283］江虹：《WTO 框架下我国农业补贴法律制度的完善》，载《法制与经济》2000 年第 1 期。

［284］江晓华：《农业补贴社区化法律机制研究》，载《政治与法律》2009 年第 2 期。

［285］陈美球、钟太洋、吴月红：《农业补贴政策对农户耕地保护行为的影响研究》，载《农林经济管理学报》2014 年第 1 期。

［286］李永友、沈坤荣：《财政支出结构、相对贫困与经济增长》，载《管理世界》2007 年第 11 期。

［287］吕捷、王雨濛：《当前国际粮食经济形势与中国粮食安全》，载《中共中央党校（国家行政学院）学报》2019 年第 8 期。

［288］黄宗智：《中国的新时代小农场及其纵向一体化：龙头企业还是合作组织?》，载《中国乡村研究》2010 年第 8 期。

［289］罗楚亮：《经济增长、收入差距与农村贫困》，载《经济研究》2010 年第 2 期。

［290］胡兵、赖景生、胡宝娣：《经济增长、收入分配与贫困缓解》，载《数量经济技术经济研究》2007 年第 5 期。

［291］夏庆杰、宋丽娜、Simon Appleton：《经济增长与农村反贫困》，载《经济学（季刊）》2010 年第 3 期。

［292］叶普万：《贫困经济学研究：一个文献综述》，载《世界经济》2005 年第 9 期。

［293］凌廷友、王甫、周志忠：《权衡理论和优序融资理论的比较探析》，载《华东经济管理》2003 年第 1 期。

［294］李延喜、郑春艳、包世泽等：《权衡理论与优序融资理论的解释力研究：来自中国上市公司的经验证据》，载《管理学报》2007 年第 1 期。

［295］李廷敏、乔俊：《政府补贴与农业产业化龙头企业的债务融资能力相关性研究》，载《东北农业大学学报（社会科学版）》2019 年第 4 期。

［296］李万福、杜静、张怀：《创新补助究竟有没有激励企业创新

自主投资——来自中国上市公司的新证据》，载《金融研究》2017 年第
10 期。

［297］郭建宇、牛青山：《农业产业化扶持政策效果分析》，载《经
济问题》2009 年第 10 期。

［298］卢东宁：《农业技术创新的政府补贴策略研究》，载《农村经
济》2011 年第 10 期。

［299］胡静、黎东升：《我国中小型农业上市公司成长性实证研究》，
载《农业技术经济》2013 年第 3 期。

［300］孙养学、吕德宏：《杨凌农业高新技术企业成长性分析及启
示》，载《西北农林科技大学学报（社会科学版）》2006 年第 6 期。

［301］唐清泉、罗党论：《政府补贴动机及其效果的实证研究》，载
《金融研究》2007 年第 6 期。

［302］赵海：《政府政策扶持、创新驱动对我国农业产业化龙头企业
发展的影响——基于 894 家国家重点龙头企业的实证分析》，载《技术经
济》2012 年第 8 期。

［303］张杰、陈志远、杨连星等：《中国创新补贴政策的绩效评估：
理论与证据》，载《经济研究》2015 年第 10 期。

［304］彭红星、王国顺：《中国政府创新补贴的效应测度与分析》，
载《数量经济技术经济研究》2018 年第 1 期。

［305］甄霖、王超、成升魁：《1953—2016 年中国粮食补贴政策分
析》，载《自然资源学报》2017 年第 6 期。

［306］鲁礼新：《1978 年以来我国农业补贴政策的阶段性变动及效果
评价》，载《改革与战略》2007 年第 11 期。

［307］朱应皋：《中国农业补贴制度的变迁与反思》，载《乡镇经济》
2006 年第 3 期。

［308］侯石安：《财政对农业的补贴政策研究》，载《财政研究》
2000 年第 3 期。

［309］王双进、苏景然：《粮食价格支持政策演变历程及经验启示》，
载《宏观经济管理》2014 年第 9 期。

［310］肖卫东、张宝辉、贺畅等：《公共财政补贴农业保险：国际经验与中国实践》，载《中国农村经济》2013 年第 7 期。

［311］于晓华、武宗励、周洁红：《欧盟农业改革对中国的启示：国际粮食价格长期波动和国内农业补贴政策的关系》，载《中国农村经济》2017 年第 2 期。

［312］亢霞：《新中国成 60 年来我国粮食价格政策演变》，载《中国粮食经济》2010 年第 4 期。

［313］刘晓雪、李书友：《中国粮食市场 60 年发展历程与变迁特点》，载《北京工商大学学报（社会科学版）》2010 年第 2 期。

［314］张攀峰、杜辉：《中国农业支持制度的历史变迁：发展回顾与规律辨析》，载《理论探索》2011 年第 3 期。

［315］王扬、张晓涛：《改革开放以来中国粮食政策的演变》，载《粮食科技与经济》2004 年第 2 期。

［316］刘云、叶选挺、杨芳娟等：《中国国家创新体系国际化政策概念、分类及演进特征——基于政策文本的量化分析》，载《管理世界》2014 年第 12 期。

［317］王宏新、邵俊霖、张文杰：《政策工具视角下的中国闲置土地治理——基于 192 篇政策文本（1992 - 2015）分析》，载《中国行政管理》2017 年第 3 期。

［318］刘克春、张明林、包丽：《多元化非农经营战略对农业龙头企业产出绩效影响的实证分析——基于江西省农业龙头企业的经验数据》，载《中国农村经济》2011 年第 12 期。

［319］郑阳阳、罗建立：《农户缘何不愿流转土地：行为背后的解读》，载《经济学家》2019 年第 10 期。

［320］钱忠好：《农地承包经营权市场流转：理论与实证分析——基于农户层面的经济分析》，载《经济研究》2003 年第 2 期。

［321］罗必良、何应龙、汪沙等：《土地承包经营权：农户退出意愿及其影响因素分析》，载《中国农村经济》2012 年第 6 期。

［322］张晓星、赵军洁：《农村承包地退出：理论逻辑与选择偏好》，

载《农村经济》2019 年第 11 期。

　　［323］王征兵：《论新型农业经营体系》，载《理论探索》2016 年第 1 期。

　　［324］孔祥智：《新型农业经营主体的地位和顶层设计》，载《改革》2014 年第 5 期。

　　［325］黄祖辉、傅琳琳：《新型农业经营体系的内涵与建构》，载《学术月刊》2015 年第 7 期。

　　［326］张辉、刘佳颖、何宗辉：《政府补贴对企业研发投入的影响——基于中国工业企业数据库的门槛分析》，载《经济学动态》2016 年第 12 期。

　　［327］杨洋、魏江、罗来军：《谁在利用政府补贴进行创新？——所有制和要素市场扭曲的联合调节效应》，载《管理世界》2015 年第 1 期。

　　［328］樊利、李忠鹏：《政府补贴促进制造业企业研发投入了吗？——基于资本结构的门槛效应研究》，载《经济体制改革》2020 年第 2 期。

　　［329］蔡海龙、关佳晨：《不同经营规模农户借贷需求分析》，载《农业技术经济》2018 年第 4 期。

　　［330］罗必良：《农业供给侧改革的关键、难点与方向》，载《农村经济》2017 年第 1 期。

　　［331］汪小勤、曾瑜、王俊杰：《农业直接补贴政策：文献综述与国别研究》，载《河南社会科学》2016 年第 3 期。

　　［332］贾小玫、段雯瑾、夏冷：《权衡理论和优序融资理论模型与实证》，载《统计与决策》2017 年第 11 期。

　　［333］李芳、斯图尔特·迈尔斯：《对金融经济学的贡献——科睿唯安引文桂冠奖入选者学术贡献评介》，载《经济学动态》2018 年第 11 期。

　　［334］沈洪涛、沈艺峰、杨熠：《新股增发：自由现金流量假说还是优序融资假说》，载《世界经济》2003 年第 8 期。

　　［335］张伟、易沛、徐静等：《政策性农业保险对粮食产出的激励效应》，载《保险研究》2019 年第 1 期。

　　［336］李延敏、乔俊：《政府补贴与农业产业化龙头企业的债务融

资能力相关性研究》，载《东北农业大学学报（社会科学版）》2019 年第 4 期。

［337］鲁礼新：《农业补贴的效果及其理论背景分析》，载《甘肃农业》2006 年第 7 期。

［338］张纯、高吟：《政府资金支持、企业多元化经营与地区经济发展》，载《财政研究》2011 年第 7 期。

［339］黄季焜、王晓兵、智华勇等：《粮食直补和农资综合补贴对农业生产的影响》，载《农业技术经济》2011 年第 1 期。

［340］邹彩芬：《政府财税补贴政策对农业上市公司绩效影响实证分析》，载《产业经济研究》2006 年第 3 期。

［341］冯锋、杜加、高牟：《基于土地流转市场的农业补贴政策研究》，载《农业经济问题》2009 年第 7 期。

［342］黄河：《论我国农业补贴法律制度的构建》，载《法律科学（西北政法学院学报）》2007 年第 1 期。

［343］程名望、盖庆恩、Jin Yanhong 等：《人力资本积累与农户收入增长》，载《经济研究》2016 年第 1 期。

［344］乔翠霞：《农业补贴绩效影响因素分析——基于政府决策与农户行为反应的视角》，载《山东大学学报（哲学社会科学版）》2012 年第 1 期。

［345］杨林、邓丽祺：《农业补贴理论的最新发展：一个文献综述》，载《经济研究参考》2012 年第 22 期。

［346］谢凤杰、谭砚文：《农业补贴政策的理论分析》，载《华南农业大学学报（社会科学版）》2007 年第 1 期。

［347］肖琴：《农业补贴的政策有效性研究及其政策改革分析——基于顺序 logistic 模型的分析》，载《工业技术经济》2009 年第 3 期。

［348］侯玲玲、孙倩、穆月英：《农业补贴政策对农业面源污染的影响分析——从化肥需求的视角》，载《中国农业大学学报》2012 年第 4 期。

［349］吕月凤、陈会广：《农业补贴政策及其对土地流转的影响研

究》，载《农业现代化研究》2015 年第 3 期。

［350］杨小静、冷熠、宗义湘：《农业补贴政策实施效果的影响因素分析——基于河北省 376 个农户调查》，载《农村经济》2010 年第 1 期。

［351］马爱慧、张安录：《农业补贴政策效果评价与优化》，载《华中农业大学学报（社会科学版)》2012 年第 3 期。

［352］张淑杰、孙天华：《农业补贴政策效率及其影响因素研究——基于河南 360 户农户调研数据的实证分析》，载《农业技术经济》2012 年第 12 期。

［353］李明桥：《农业补贴政策与农村收入不平等——基于农村贫困地区住户调查的分析》，载《宁夏社会科学》2013 年第 5 期。

［354］冯海发：《农业补贴制度改革的思路与措施》，载《农业技术经济》2015 年第 3 期。

［355］李长健：《农业补贴制度体系化建构逻辑的法理分析——基于利益与利益机制的视角》，载《上海财经大学学报》2011 年第 2 期。

［356］王雨濛、岳振飞、吕丹等：《农机补贴政策实施的现状问题与完善措施——来自湖北的调查》，载《湖北社会科学》2015 年第 6 期。

［357］侯石安、刘飞：《粮食直补政策实施效果分析——基于湖北省咸宁市的问卷调查》，载《学习与实践》2011 年第 2 期。

［358］蔡海龙、林万龙：《供给侧结构性改革与农业补贴政策调整》，载《甘肃社会科学》2017 年第 4 期。

［359］Elizabeth Nolan and Paulo Santos, "Genetic Modification and Yield risk: A Stochastic Dominance Analysis of Corn in the USA" [J]. *PLOS ONE*, 2019, 14 (10): 1 – 10.

［360］Khaledi, Mohammad, Weseen, Simon, Sawyer, Erin, Ferguson, Shon and Gray, Richard, "Factors Influencing Partial and Complete Adoption of Organic Farming Practices in Saskatchewan, Canada" [J]. *Canadian Journal of Agricultural Economics*, 2010, 58 (1): 37 – 56.

［361］Cranfield, John, Henson, Spencer and Blandon, Jose, "The Effect of Attitudinal and Sociodemographic Factors on the Likelihood of Buying

Locally Produced Food" [J]. *Agribusiness*, 2012, 28 (2): 205 –221.

[362] Wassily. W. Leontief, "Quantitative Input and Out-put Relations in the Economic System of the United States" [J]. *Review of Economics and Statistics*, 1936, 18: 105 – 125.

[363] Lego, Brian, Gebremedhin, Tesfa and Cushing, Brian, "A Multi-sector Export Based Model of Long – Run Regional Employment Growth" [J]. *Agricultural and Resource Economics Review*, 2000, 29 (2): 192 – 197.

[364] John C. Leatherman, Donald J. Howard and Terry L. Kastens, "Improved Prospects for Rural Development: an Industrial Targeting System for the Great Plains" [J]. *Review of Agricultural Economics*, 2002, 24 (1): 59 – 77.

[365] Gautam, Madhur, "Agricultural Subsidies: Resurging Interest in a Perennial Debate" [J]. *Indian Journal of Agricultural Economics*, 2015, 70 (1): 83 – 105.

[366] Thomas S. Jayne, Nicole M. Mason, William J. Burke and Ariga, Joshua, "Review: Taking Stock of Africa's Second-generation Agricultural Input Subsidy Programs" [J]. *Food Policy*, 2018, 75: 1 – 14.

[367] Frederick J. Nelson, Mark Simone and Constanza Valdes, "Graphically Speaking: Agricultural Subsidies in Canada, Mexico and the United States, 1982 –91" [J]. *Choices*, 1994, 9 (1): 22 –23.

[368] Marcos Gallacher and Daniel Lema, "Argentine Agricultural Policy: Producer and Consumer Support Estimates 2007 – 2012" [J]. *Documentos de Trabajo*, 2014, 554: 1 –40.

[369] Sergei Strokov and William H. Meyers, "Producer Subsidy Equivalents and Evaluation of Support to Russian Agricultural Producers" [J]. *Center for Agricultural & Rural Development*, 1996, 25: 1 – 35.

[370] Monica Fisher and Vongai Kandiwa, "Can Agricultural Input Subsidies Reduce the Gender Gap in Modern Maize Adoption? Evidence from Malawi" [J]. *Food Policy*, 2014, 45: 101 – 111.

[371] Jacob Ricker – Gilbert and Michael Jones, "Does Storage Technology Affect Adoption of Improved Maize Varieties in Africa? Insights from Malawi's Input Subsidy Program" [J]. *Food Policy*, 2015, 50: 92 – 105.

[372] Hanna Freudenreich and Oliver Mußhoff, "Insurance for Technology Adoption: An Experimental Evaluation of Schemes and Subsidies with Maize Farmers in Mexico" [J]. *Journal of Agricultural Economics*, 2018, 69 (1): 96 – 120.

[373] Mahesh Pandit, Krishna P. Paudel and Ashok K. Mishra, "Do Agricultural Subsidies Affect the Labor Allocation Decision? Comparing Parametric and Semiparametric Methods" [J]. *Journal of Agricultural and Resource Economics*, 2013, 38 (1): 1 – 18.

[374] Jisang Yu and Daniel A. Sumner, "Effects of Subsidized Crop Insurance on Crop Choices" [J]. *Agricultural Economics*, 2018, 49 (4): 533 – 545.

[375] Melinda Smale, Ekin Birol and Dorene Asare – Marfo, "Smallholder Demand for Maize Hybrids in Zambia: How Far do Seed Subsidies Reach?" [J]. *Journal of Agricultural Economics*, 2014, 65 (2): 349 – 367.

[376] Akhter Ali and Awudu Abdulai, "The Adoption of Genetically Modified Cotton and Poverty Reduction in Pakistan" [J]. *Journal of Agricultural Economics*, 2010, 61 (1): 175 – 192.

[377] Jisang Yu, Aaron Smith and Daniel A. Sumner, "Effects of Crop Insurance Premium Subsidies on Crop Acreage" [J]. *American Journal of Agricultural Economics*, 2017, 100 (1): 91 – 114.

[378] Hiroyuki Takeshima and Lenis Saweda O. Liverpool – Tasie, "Fertilizer Subsidies, Political Influence and Local Food Prices in Sub – Saharan Africa: Evidence from Nigeria" [J]. *Food Policy*, 2015, 54: 11 – 24.

[379] Nicole M. Mason and Melinda Smale, "Impacts of Subsidized Hybrid Seed on Indicators of Economic Well-being Among Smallholder Maize Growers in Zambia" [J]. *Agricultural Economics*, 2013, 44 (6): 659 – 670.

[380] Ji Chai, Zhanqi Wang, Jun Yang and Liguo Zhang, "Analysis for Spatial-temporal Changes of Grain Production and Farmland Resource: Evidence from Hubei Province, Central China" [J]. *Journal of Cleaner Production*, 2019, 207: 474 –482.

[381] Shantayanan Devarajan, Vinaya Swaroop and Heng-fu Zou, "The Composition of Public Expenditure and Economic Growth" [J]. *Journal of Monetary Economics*, 1996, 37 (2): 313 –344.

[382] Uris Lantz C. Baldos, Frederi G. Viens, Thomas W. Hertel and Keith O. Fuglie, "R&D Spending, Knowledge Capital, and Agricultural Productivity Growth: A Bayesian Approach" [J]. *American Journal of Agricultural Economics*, 2019, 101 (1): 291 –310.

[383] Luc Christiaensen, Lione Demery and Jesper Küh, "The Role of Agriculture in Poverty Reduction An Empirical Perspective" [J]. *Journal of Development Economics*, 2011, 96 (2): 239 –254.

[384] Fan, Shenggen, Zhang Linxiu and Zhang, Xiaobo, "Reforms, Investment and Poverty in Rural China" [J]. *Economic Development and Cultural Change*, 2004, 52 (2): 395 –421.

[385] Frédéric Bouchet, David Orden and George W. Norton, "Sources of Growth in French Agriculture" [J]. *American Journal of Agricultural Economics*, 1989, 71 (2): 280 –293.

[386] Paul Mosley, John Hudson and Arjan Verschoor, "Aid, Poverty Reduction and the New Conditionality" [J]. *Economic Journal*, 2004, 114 (496): F217 – F243.

[387] Jikun Huang, Xiaobing Wang and Scott Rozelle, "The Subsidization of Farming Households in China's Agriculture" [J]. *Food Policy*, 2013, 41: 124 –132.

[388] Jacob Ricker – Gilbert, Thomas S. Jayne and Ephraim Chirwa, "Subsidies and Crowding Out: A Double – Hurdle Model of Fertilizer Demand in Malawi" [J]. *American Journal of Agricultural Economics*, 2011, 93 (2):

26 – 42.

[389] Nicole M. Mason, Thomas S. Jayne and Nicolas Van De Walle, "The Political Economy of Fertilizer Subsidy Programs in Africa: Evidence from Zambia" [J]. *American Journal of Agricultural Economics*, 2017, 99 (3): 321 – 331.

[390] Thomas S. Jayne, D. Mather, Nicole M. Mason and Jacob Ricker – Gilbert, "How Do Fertilizer Fubsidy Programs Affect Total Tertilizer Use in Sub – Saharan Africa? Crowding Out, Diversion, and Benefit/Cost Assessments" [J]. *Agricultural Economics*, 2013, 44 (6): 687 – 703.

[391] Jacob Ricker – Gilbert and Thomas S. Jayne, "Estimating the Enduring Effects of Fertiliser Subsidies on Commercial Fertiliser Demand and Maize Production: Panel Data Evidence from Malawi" [J]. *Journal of Agricultural Economics*, 2016, 68 (1): 70 – 97.

[392] Andrew Dorward and Ephraim Chirwa, "The Malawi Agricultural Input Subsidy Programme: 2005 – 6 to 2008 – 9" [J]. *Social Science Electronic Publishing*, 2010, 9 (1): 232 – 247.

[393] Zhiying Xu, William J. Burkea, Thomas S. Jaynea and Jones Goverehb, "Do Input Subsidy Programs 'Crowd in' or 'Crowd out' Commercial Market Development? Modeling Fertilizer Demand in a Two – Channel Marketing System" [J]. *Agricultural Economics*, 2009, 40 (1): 79 – 94.

[394] Tesfamicheal Wossen, Tahirou Abdoulaye, Arega Alene, Shifeaw Feleke, Jacob Ricker – Gilbert, Victory Manyong and Bola Amoke Awotide, "Productivity and Welfare Effects of Nigeria's e – Voucher – Based Input Subsidy Program" [J]. *World Development*, 2017, 97: 251 – 265.

[395] Jacob Ricker – Gilbert, Thomas Jayne and Gerald Shively, "Addressing the 'Wicked Problem' of Input Subsidy Programs in Africa" [J]. *Applied Economic Perspectives & Policy*, 2013, 35 (2): 322 – 340.

[396] Stein Holden and Rodney Lunduka, "Do Fertilizer Subsidies Crowd Out Organic Manures? The Case of Malawi" [J]. *Agricultural Econom-*

ics, 2012, 43 (3): 303 – 314.

[397] Marian Rizov, Jan Pokrivcak and Pavel Ciaian, "CAP Subsidies and Productivity of the EU Farms" [J]. *Journal of Agricultural Economics*, 2013, 64 (3): 537 – 557.

[398] Xueqin Zhu and Alfons Oude Lansink, "Impact of CAP Subsidies on Technical Efficiency of Crop Farms in Germany, the Netherlands and Sweden" [J]. *Journal of Agricultural Economics*, 2010, 61 (3): 545 – 564.

[399] Abdoulaye Seck, "Fertiliser Subsidy and Agricultural Productivity in Senegal" [J]. *World Economy*, 2017, 40 (9): 1989 – 2006.

[400] Jean Joseph Minviel and Kristof De Witte, "The Influence of Public Subsidies on Farm Technical Efficiency: A Robust Conditional Nonparametric Approach" [J]. *European Journal of Operational Research*, 2017, 259: 1112 – 1120.

[401] Jean Joseph Minviel and Laure Latruffe, "Effect of Public Subsidies on Farm Technical Efficiency: A Meta-analysis of Empirical Results" [J]. *Applied Economics*, 2016, 49 (2): 1 – 14.

[402] Andrius Kazukauskasa, Carol Newmanb and Johannes Sauer, "The Impact of Decoupled Subsidies on Productivity in Agriculture: A Cross-country Analysis Using Microdata" [J]. *Agricultural Economics*, 2014, 45 (3): 327 – 336.

[403] Praduman Kumar and P. K. Joshi, "Input Subsidy vs Farm Technology Which is More for Agricultural Development?" [J]. *Agricultural Economics Research Review*, 2014, 27 (1): 1 – 18.

[404] David Laborde Debucquet and Will Martin, "Implications of the Global Growth Slowdown for Rural Poverty" [J]. *Agricultural Economics*, 2018, 49 (3): 325 – 338.

[405] Ganesh Thapa, Anjani Kumar, Devesh Roy and P. K. Joshi, "Impact of Crop Diversification on Rural Poverty in Nepal" [J]. *Canadian Journal of Agricultural Economics*, 2018, 66: 379 – 413.

[406] Shi Li, "Poverty Reduction and Effects of Pro-poor Policies in Rural China" [J]. *China & World Economy*, 2014, 22 (2): 22 – 41.

[407] Zahabia Saleem and John A. Donaldson, "Pathways to Poverty Reduction" [J]. *Development Policy Review*, 2016, 34 (5): 671 – 690.

[408] Chiara Cazzuffi, Mariana Pereira – López, Isidro Soloaga, "Local Poverty Reduction in Chile and Mexico: The Role of Food Manufacturing Growth" [J]. *Food Policy*, 2017, 68: 160 – 185.

[409] Kelvin Balcombe, Iain Fraser and Salvatore Di Falco, "Traffic Lights and Food Choice: A Choice Experiment Examining the Relationship between Nutritional Food Labels and Price" [J]. *Food Policy*, 2010, 35: 211 – 220.

[410] Nina Michaelidou and Louise M. Hassan, "Modeling the Factors Affecting Rural Consumers' Purchase of Organic and Free-range Produce: A Case Study of Consumers' from the Island of Arran in Scotland, UK" [J]. *Food Policy*, 2010, 35: 130 – 139.

[411] Fengxia Dong and Frank Fuller, "Dietary Structural Change in China's Cities: Empirical Fact or Urban Legend?" [J]. *Canadian Journal of Agricultural Economics*, 2010, 58 (1): 73 – 91.

[412] Hope C. Michelson, "Small Farmers, NGOs, and a Walmart World: Welfare Effects of Supermarkets Operating in Nicaragua" [J]. *American Journal of Agricultural Economics*, 2013, 95 (3): 628 – 649.

[413] Elizaphan J. O. Rao, Bernhard Brummer and Matin Qaim, "Farmer Participation in Super-market Channels, Production Technology and Efficiency: The Case of Vegetables in Kenya" [J]. *American Journal of Agricultural Economics*, 2012, 94 (4): 891 – 912.

[414] Junichi ITO, "Inter-regional Difference of Agricultural Productivity in China: Distinction between Biochemical and Machinery Technology" [J]. China Economic Review, 2010, 21 (3): 394 – 410.

[415] Christine Aubry and Leïla Kebir, "Shortening Food Supply

Chains: A Means for Maintaining Agriculture close to Urban Areas? The Case of the French Metropolitan Area of Paris" [J]. *Food Policy*, 2013, 41: 85 – 93.

[416] Shenggen Fan and Philip G. Pardey, "Research, Productivity and Output Growth in Chinese Agriculture" [J]. *Journal of Development Economics*, 1997, 53 (1): 115 – 137.

[417] Shenggen Fan and Xiaobo Zhang, "Production and Productivity Growth in Chinese Agriculture: New National and Regional Measures" [J]. *Economic Development and Cultural Change*, 2002, 50 (4): 819 – 838.

[418] Park, Albert, Scott Rozelle, Christine Wong and Changqing Ren, "Distributional Consequences of Reforming Local Public Finance in China" [J]. China Quarterly, 1996, 147: 751 – 778.

[419] Park, Albert, Sangui Wang and Guobao Wu, "Regional Poverty Targeting in China" [J]. *Journal of Public Economics*, 2002, 86 (1): 123 – 153.

[420] Judit Szonyi, Eddy De Pauw, Roberto La Rovere and Aden Aw – Hassan, "Mapping Natural Resource-based Poverty, with an Application to Rural Syria" [J]. *Food Policy*, 2010, 35: 41 – 50.

[421] Takashi Yamano and Yoko Kijima, "The Associations of Soil Fertility and Market Access with Household income: Evidence from rural Uganda" [J]. *Food Policy*, 2010, 35: 51 – 59.

[422] Yan Wang, Yuchun Zhu, Shuoxin Zhang and Yongqiang Wang, "What could Promote Farmers to Replace Chemical Fertilizers with Organic Fertilizers?" [J]. *Journal of Cleaner Production*, 2018, 199: 882 – 890.

[423] Theodoros Skevas, Spiro E. Stefanou and Alfons Oude Lansink, "Do Farmers Internalise Environmental Spillovers of Pesticides in Production?" [J]. *Journal of Agricultural Economics*, 2013, 64 (3): 624 – 640.

[424] Tufail Khan Yousafzai and Kaliappa Kalirajan, "Environmental Implications of Agricultural Externality: Policy for Socially Optimal Output" [J].

Journal of Quantitative Economics, 2015, 13 (1): 1 – 14.

［425］Oliver Allais, Patrice Bertail and Veronique Nichele, "The Effects of a Fat Tax on French Households' Purchases: A Nutritional Approach" ［J］. *Social Science Electronic Publishing*, 2010, 92 (1): 228 – 245.

［426］Geir Waehler Gustavsen and Kyrre Rickertsen, "Adjusting VAT Rates to Promote Healthier Diets in Norway: A Censored Quantile Regression Approach" ［J］. *Food Policy*, 2013, 42: 88 – 95.

［427］Aidan J. Connolly, Leona Shaojing Luo, Michael Woolsey, Mark Lyons and Kate Phillips Connolly, "A Blueprint for Food Safety in China" ［J］. *China Agricultural Economic Review*, 2015, 8 (1): 129 – 147.

［428］Valerio Bini, "Food Security and Food Sovereignty in West Africa" ［J］. *African Geographical Review*, 2018, 37 (1): 1 – 15.

［429］Munir A. Hanjra and M. Ejaz Qureshi, "Global Water Crisis and Future Food Security in an Era of Climate Change" ［J］. *Food Policy*, 2010, 35: 365 – 377.

［430］Jørgen Dejgård Jensen and Sinne Smed, "The Danish Tax on Saturated Fat Short Run Effects on Consumption, Substitution Patterns and Consumer Prices of Fats" ［J］. *Food Policy*, 2013, 42: 18 – 31.

［431］B. Brummer, T. Glauben and W. Lu, "Policy Reform and Productivity Change in Chinese Agriculture: A Distance Function Approach" ［J］. *Journal of Development Economics*, 2006, 81 (1): 61 – 79.

［432］Hans P. Binswanger and Donald A. Sillers, "Risk Aversion and Credit Constraints in Farmers' Decision Making: A Reinterpretation" ［J］. *The Journal of Development Studies*, 1983, 20: 5 – 21.

［433］Ashok Gulati, A. N. Sharma, "Subsidising Agriculture: A Cross Country View" ［J］. *Economic and Political Weekly*, 1992, 27: 106 – 116.

［434］William M. Liefert, David J. Sedik, Robert B. Koopman, Eugenia Serova and Olga Melyukhina, "Producer Subsidy Equivalents for Russian Agriculture: Estimation and Interpretation" ［J］. *American Journal of Agricultural*

Economics, 1996, 78: 792 – 798.

[435] David A. Hennessy, "The Production Effects of Agricultural In-come Support Policies Under Uncertainty" [J]. *American Journal of Agricultural Economics*, 1998, 80 (1): 46 – 57.

[436] Busom Isabel, "An Empirical Evaluation of the Effects of R&D Subsidies" [J]. Burch Working Paper, 1999, No. B99 – 05.

[437] Ivan Miroshnychenko, Stefano Bozzi and Roberto Barontini, "Firm Growth and Legal Environment" [J]. *Economic Notes*, 2019, 48 (1): 1 – 24.

[438] Takehiko Yasuda, "Firm Growth Size Age and Behavior in Japanese Manufacturing" [J]. *Small Business Economics*, 2005, 24 (1): 1 – 15.

[439] Bronwyn Hall and John Van Reenen, "How Effective are Fiscal Incentives for R&D? A Review of the Evidence" [J]. *Research Policy*, 2000, 29 (4 – 5): 449 – 469.

[440] Asli Demirgüç – Kunt and Vojislav Maksimovic, "Law, Finance and Firm Growth" [J]. The Journal of Finance, 1998, 53 (6): 2107 – 2137.

[441] David S. Evans, "Tests of Alternative Theories of Firm Growth" [J]. *Journal of Political Economy*, 1987, 95 (4): 657 – 674.

[442] Philipp Boeing, "The Allocation and Effectiveness of China's R&D Subsidies – Evidence from Listed Firms" [J]. *Research Policy*, 2016, 45 (9): 1774 – 1789.

[443] Kim P. Huynh and Robert J. Petrunia, "Age Effects, Leverage and Firm Growth" [J]. *Journal of Economic Dynamics and Control*, 2010, 34 (5): 1003 – 1013.

[444] Paul R. Rosenbaum and Donald B. Rubin, "Constructing a Control Group Using Multivariate Matched Sampling Models That Incorporate the Propensity Score" [J]. *The American Statistician*, 1985, 39 (1): 33 – 38.

［445］ Orr, Dale, "The Determinants of Entry: A Study of the Canadian Manufacturing Industries" ［J］. *Review of Economics and Statistics*, 1974, 56 (1): 58 –66.

［446］ Hisham S. El-osta, Ashok K. Mishra and Mary C. Ahearn, "Labor Supply by Farm Operators Under 'Decoupled' Farm Program Payments" ［J］. *Review of Economics of the Household*, 2004, 2 (4): 367 –385.

［447］ John S. Austin and David I. Rosenbaum, "The Determinants of Entry and Exit Rates into U. S. Manufacturing Industries" ［J］. *Review of Industrial Organization*, 1990, 5 (2): 211 –223.

［448］ Rosenbaum, David I and Lamort, Fabian, "Entry, Barriers, Exit and Sunk Costs: An Analysis" ［J］. *Applied Economics*, 1992, 24 (3): 297 –304.

［449］ Michael P. Todaro, "A Model of Labor Migration and Urban Unemployment in Less Developed Countries" ［J］. *American Economic Review*, 1969, 59 (1): 138 –148.

［450］ John R. Harris and Michael P. Todaro, "Migration, Unemployment and Development: A Two – Sector Analysis" ［J］. *American Economic Review*, 1970, 60 (1): 126 –142.

［451］ Lence S H. and A K. Mishra, "The Impacts of Different Farm Programs on Cash Rents" ［J］. *American Journal of Agricultural Economics*, 2003, 85 (3): 753 –761.

［452］ Kirwan B E. , "The Incidence of US Agricultural Subsidies on Farmland Rental Rates" ［J］. *Journal of Political Economy*, 2009, 117 (1): 138 –164.

［453］ Laure Latruffe, Sophia Davidova, Elodie Douarin and Matthew Gorton, "Farm Expansion in Lithuania after Accession to the EU: The role of CAP Payments in Alleviating Potential Credit Constraints" ［J］. *Europe – Asia Studies*, 2010, 62 (2): 351 –365.

［454］ Arathi Bhaskar and John C. Beghin, "How Coupled are Decoupled

Farm Payments? A Review of the Evidence" [J]. *Journal of Agricultural and Resource Economics*, 2009, 34 (1): 130 - 153.

[455] Euan Phimister, "Farm Household Production in the Presence of Restrictions on Debt: Theory anf Policy Implications" [J]. *Journal of Agricultural Economics*, 1995, 46 (3): 371 - 380.

[456] Barry K. Goodwin and Ashok K. Mishra, "Are Decoupled Farm Program Payments Really Decoupled An Empirical Evaluation" [J]. *American Journal of Agricultural Economic*, 2006, 88 (1): 73 - 89.

[457] James Vercammen, "Farm Bankruptcy Risk as a Link between Direct Payments and Agricultural Investment" [J]. *European Review of Agricultural Economics*, 2007, 34 (4): 479 - 500.

[458] Hong Zou and Jason Zezhong Xiao, "The Financing Behaviour of Listed Chinese Firms" [J]. The British Accounting Review, 2006, 38 (3): 239 - 258.

[459] Nadine Mccloud and Subal C Kumbhakar, "Do Subsidies Drive Productivity? A Cross-country Analysis of Nordic Dairy Farms" [J]. *Bayesian Econometrics*, 2008, 23: 245 - 274.

[460] Jean Joseph Minviel and Laure Latruffe, "Effect of Public Subsidies on Farm Technical Efficiency: A Meta-analysis of Empirical Results" [J]. *Applied Economics*, 2017, 49 (2): 213 - 226.

[461] Bela Balassa, "Tariff Protection in Industrial Countries: An Evaluation" [J]. *Journal of Political Economy*, 1965, 73 (6): 573 - 594.

[462] W. M. Corden, "Effective Protective Rates in the General Equilibrium Model: A Geometric Note" [J]. *Oxford Economic Papers*, 1986, 21 (2): 135 - 141.

[463] Fairbairn, Madeleine, "Framing Transformation: the Counterhegemonic Potential of Food Sovereignty in the US Context" [J]. *Agriculture and Human Values*, 2012, 29 (2): 217 - 230.

[464] Patel, Raj, "Food Sovereignty" [J]. *Journal of Peasant Studies*,

2009，36（3）：663 - 706.

[465] Stewart Myers and Nicholas Majluf，"Corporate Financing and In-vestment Decisions when Firms Have Information that Investors Do Not Have"[J]. *Journal of Financial Economics*，1984，13（2）：187 - 221.

[466] Neil C. Churchill and Virginia L. Lewis，"The Five Stages of Small Business Growth"[J]. *Harvard Business Review*，1983，61（3）：7 - 12.

[467] Ideba E. Ele，Iniobong E. Okon，Otu W. Ibok and Itoro N. Brown，"Analysis of Agricultural Public Capital Expenditure and Agricultural Economic Growth in Nigeria 1961 - 2010"[J]. *American Journal of Experimental Agriculture*，2014，4（4）：443 - 456.

[468] Kendra Levine and Nicole M. Mason，"Do Input Subsidies Crowd in or Crowd out other Soil Fertility Management Practices? Evidence from Zambia"[C]. Agricultural and Applied Economics Association，2014 Annual Meeting.

[469] Nicole M. Mason and Solomon T. Tembo，"Do Input Subsidy Programs Raise Incomes and Reduce Poverty among Smallholder Farm Households? Evidence from Zambia"[C]. Indaba Agricultural Policy Research Institute（IAPRI）Working Papers，2015.

[470] Channing Arndt，Karl Pauw and James Thurlow，"The Economy-wide Impacts and Risks of Malawi's Farm Input Subsidy Program"[C]. Association's 2014 AAEA Annual Meeting，2014.

[471] Alejandro Onofri and Lilyan Fulginiti，"Public Capital，R&D，Agricultural Production And Endogenous Growth"[C]. American Agricultural Economics Association，1999 Annual Meeting，1999.

[472] Roel Jongeneel and Lan Ge，"Explaining Growth in Dutch Agriculture：Prices，Public R&D and Technological Change"[C]. XIth International Congress of the EAAE，2014.

[473] Boubaker Dhehibi，Roberto Telleria and Aden Aw - Hassan，"Impacts of Public，Private and R&D Investments on Total Factor Productivity

Growth in Tunisian Agriculture" [C]. 4th International Conference of African Association of Agricultural, 2013.

[474] Paul Mosley and Abrar Suleiman, "Aid, Agriculture and Poverty in Developing Countries" [Z]. Sheffield Economic Research Paper Series SERP Number: 2005010, 2005.

[475] Jean – Jacques Dethier and Alexandra Effenberger, "Agriculture and Development A Brief Review of the Literature" [Z]. Policy Research Working Paper, 2011.

[476] Benjamin Davis, Sudhanshu Handa, Marta Ruiz, Marco Stampini and Paul Winters, "Agricultural Subsidies, Human Capital Development and Poverty Reduction: Evidence from Rural Mexico" [Z]. Working Paper OVE/WP – 03/05, 2005.

[477] Michael B. Ormiston, "First and Second Degree Transformations and Comparative Statics Under Uncertainty" [J]. *International Economic Review*, 1992, 33 (1): 33 – 44.

[478] N. Kendra Levine, Nicole M. Mason and Stephen N. Morgan, "Do Input Subsidies Crowd in or Crowd out Other Soil Fertility Management Practices? Panel Survey Evidence from Zambia" [C]. AAAE Fifth International Conference, 2016.

[479] Elizabeth P. Marshall and Frances R. Homans, "Using Optimal Control to Characterize the Economic and Ecological Implications of Spatial Externalities" [Z]. Working Paper, 2001.

[480] Ann E. Bartos, "Discourses of Food Sovereignty from Somewhere" [J]. *Dialogues in Human Geography*, 2014, 4 (2): 190 – 194.

[481] Navin, Mark Christopher and Dieterle, J. M. , "Cooptation or Solidarity: Food Sovereignty in the Developed World" [J]. *Agriculture and Human Value*, 2018, 35 (2): 319 – 329.

[482] Ruth M. W. Yeung and Wallace M. S. Yee, "Consumer Perception of Food Safety Related Risk" [J]. *Journal of International Food and Agribusi-*

ness Marketing, 2005, 17 (2): 195 – 212.

[483] Lam, Hon – Ming, Remais, Justin and Fung, Ming – Chiu, "Food Supply and Food Safety Issues in China" [J]. *LANCET*, 2013, 381 (9882): 2044 – 2053.

[484] Ortiz, Rodomiro, Sayre, Kenneth, Govaerts, Bram, Gupta, Raj, Subbarao, G. , Ban, Tomohiro, Hodson, David, Dixon, John M. , Ivn Ortiz – Monasterio, J. and Reynolds, Matthew, "Climate Change: Can Wheat Beat the Heat?" [J]. *Agriculture, Ecosystems & Environment*, 2008, 126 (1 – 2): 46 – 58.

[485] Muhuddin Rajin Anwar, Garry O'Leary, David McNeil, Hemayet Hossain and Roger Nelson, "Climate Change Impact on Rainfed Wheat in South – Eastern Australia" [J]. *Field Crops Research*, 2007, 104 (1): 139 – 147.

附　　录

附录 2.1

蛛 网 模 型

蛛网模型是运用弹性原理，通过价格信号，分析生产周期较长的商品在失去均衡时如何波动的动态分析模型。蛛网模型在农业经济特别是农产品市场分析中应用较多，一方面农产品生产周期较长，另一方面蛛网模型能够较好地描述农业的特点。

假设农业生产者 t 期的生产决策是基于当期的产品价格 P_t 做出的，但是由于农产品生产周期较长，t 期开始生产的产品直到 $t+1$ 期才能销售，因此，当期的产品价格不能确定当期的产品供给量 Q_{st}，只能确定 $Q_{s,t+1}$。假定供给函数与需求函数均为线性形式，并且市场处于出清状态，因此有：

$$Q_{dt} = a - bP_t(a,\ b > 0) \tag{1}$$

$$Q_{st} = -c + dP_{t-1}(c,\ d > 0) \tag{2}$$

$$Q_{dt} = Q_{st} \tag{3}$$

将式（1）、式（2）代入式（3），则可得到一个一阶差分方程：

$$P_t + \frac{d}{b}P_{t-1} = \frac{a+c}{b} \tag{4}$$

解此一阶差分方程，可得一阶差分方程的通解，由于 b、d 均是正数，所以 $\frac{d}{b} \neq -1$，因此可得如下通解：

$$P_t = \left(P_0 - \frac{a+c}{b+d} \right) \left(-\frac{d}{b} \right)^t + \frac{a+c}{b+d} \tag{5}$$

由于 $\frac{a+c}{b+d}$ 是一阶差分方程的特别解，可以将其视为模型的跨期均衡价格（$\bar{P}$），因此有：

$$P_t = \left(P_0 - \bar{P} \right) \left(-\frac{d}{b} \right)^t + \bar{P} \tag{6}$$

基于式（6）可以得到一个关于价格 P 的运动轨迹，即通常所说的蛛网模型，根据 b、d 的关系，P 的运动轨迹呈现三种模式：（1）当 b > d 时，模型呈现收敛波动状态；（2）当 b = d 时，模型呈现等幅波动（单位波动）状态；（3）当 b < d 时，模型呈现发散波动状态（如图 1（a）、图 1（b）、图 1（c）所示）。

图 1（a）~图 1（c）展现了三种农产品波动形态：通常而言，等幅波动情形只是在极个别情况下才会出现，发散波动情形也只在特殊时期出现（我国在改革开放初期由于农村经济体制改革、农产品供给"双轨制"的原因，使得农产品市场呈现发散波动蛛网模型形态）（孙礼照，1990）。收敛波动是农产品市场的常态。形成收敛波动的原因有两个方面：一是就农产品供给弹性而言，农业生产活动对农民来说是一种职业，进行农业生产是获取报酬的主要途径，是维持生计的基本手段。就我国而言，农业生产多是以家庭生产为主，农民进行农业生产的目标一方面是满足自身消费；另一方面是将多余的农产品投向市场，随着农业科技的推广、农业生产率的提高以及农民收入的增加，农产品商品化数量越来越大，农产品的供给弹性逐渐降低。此外，农产品不易贮藏，农产品生产出来后如果不尽快销售，会形成较大的贮藏成本，贮藏越久霉变、虫害的风险越大，严重影响农产品品质与价格，农产品的不易贮藏性降低了农产品的供给弹性。二是就农产品需求弹性而言，农产品是生活必需品，农产品的总体需求缺乏弹性，但是单就某种农产品而言，通常都会有多种替代品。农产品供给弹性低、需求弹性高的特点决定了农产品市场的收敛波动形态。

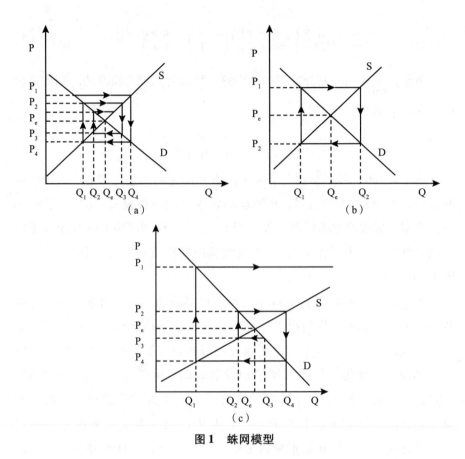

图 1　蛛网模型

　　结合农业生产特点，依据蛛网模型，可以探知农业补贴的合理性。首先，农产品生产周期较长，农民生产决策是根据当期农产品价格决定，当农产品生产出来后，农产品供需状况很可能已经发生变化。其次，农业生产是自然生长与人类劳动双重作用的结果，农产品的自然生长是持续的，一旦做出生产决策，不管市场情况如何，只能完成农产品生产。最后，农产品产量超过市场需求时，政府不进行干预的情况下，农产品价格必然会下跌，当价格下跌幅度大于产量增加幅度时，农业增产但是不能增收，形成市场化风险。如图 1（a）所示，农业生产者在价格为 P_1 处做出生产决策，不考虑自然风险，下一期农产品的供给量为 Q_4，若将农产品全部卖出，此时农产品价格已经下跌至 P_4，当农产品增产的幅度小于农产品价格下降幅度时，农产品增产反而会使得农户的收入水平下降，即产生"谷贱伤农"问题。"谷贱伤农"问题深刻揭示了农业生产的市场化风险，为了巩固农业的基础地位，降低市场化风险对农产品市场的冲击，降低农产品市场波动，保护农业生产者利益，各国均采取财政补贴的形式予以支持，国内的保护价收购政策、目标价格补贴都是对此问题的直接回应。

附录 2.2

$$\frac{K_n + K_{ns}}{K_{rs}} > \frac{K_n}{K_r} \tag{1}$$

$$= \frac{K_r(K_n + K_{ns}) - K_n K_{rs}}{K_{rs} K_r} \tag{2}$$

$$= \frac{K_r K_n + K_r K_{ns} - K_n K_{rs}}{K_{rs} K_r} \tag{3}$$

将式（2-32）、式（2-33）代入式（3）可得：

$$= \frac{K_n(K_n + K_w) + (K_n + K_w)K_{ns} - K_n(K_n + K_{ns} + K_w)}{K_{rs} K_r} \tag{4}$$

$$= \frac{K_n^2 + K_n K_w + K_n K_{ns} + K_w K_{ns} - K_n^2 - K_n K_{ns} - K_n K_w}{K_{rs} K_r} \tag{5}$$

$$= \frac{K_w K_{ns}}{K_{rs} K_r} \tag{6}$$

显然，K_w、K_{ns}、K_{rs}、K_r 均是大于 0 的，因此可知 $\frac{K_w K_{ns}}{K_{rs} K_r} > 0$。

附录 3.1

改革成熟阶段我国农业综合生产能力测算过程

1. 数据处理

我们使用主成分分析方法对我国农业综合生产能力进行分析，但是需要对数据进行无量纲化处理。

数据的无量纲化。由于我们的指标体系中存在多种指标，各个量化指标中存在不同的统计单位，为了消除原始指标单位的影响，我们需要对数据进行无量纲化处理。通常而言，常用的无量纲化方法有均值化、标准化及极值化等方法。我们使用标准化方法进行数据的无量纲化处理，标准化公式为：

$$x_{ij}^{*} = \frac{x_{ij} - \bar{x}_j}{\sqrt{\mathrm{var}(x_j)}} \tag{1}$$

其中，x_{ij}^{*} 为标准化观测值，x_{ij} 为真实值，$\bar{x}_j$、$\mathrm{var}(x_j)$ 分别为均值与标准差。

2. 实证检验

参考林海明、张文霖（2005）提出的主成分分析步骤，我们的实证分析过程如下。

（1）数据说明。

本部分实证样本期间为 1979～2018 年，数据来源于教育部网站、国家统计局网站、《辉煌 70 年：新中国经济社会发展成就》、CEIC 宏观经济数据库、EPSDATA 数据库、历年《中国水利年鉴》、历年《中国农村统计年鉴》、历年《中国固定资产投资统计年鉴》、历年《中国科技统计年鉴》。由于部分数据缺失，为了尽可能地增加样本量我们使用最近 3 年平均增长率法对缺失数据进行补充。

（2）模型适用性检验。

使用主成分分析方法，需要进行 KMO 检验及 Bartlett 球形检验，以检验指标之间是否存在相关关系，如果存在相关关系，则可以提取相应的主成分；若指标之间不存在相关关系，则不能进行主成分分析。通常而言，KMO 值介于 0 和 1 之间，KMO 值有如下度量标准：0.5 以下不适合使用主成分分析；0.5 ~ 0.6 不太适合使用主成分分析；0.6 ~ 0.7 勉强可以使用主成分分析；0.7 ~ 0.8 适合使用主成分分析；0.8 ~ 0.9 很适合使用主成分分析；0.9 以上非常适合使用主成分分析。Bartlett 球形检验的 P 值小于或等于 0.05 则表明适合使用主成分分析（陈希镇，2016）。

由表 1 可知，KMO 检验值为 0.882，表明很适合使用主成分分析，不仅如此，Bartlett 球形检验的 P 值为 0.0000，也表明可以使用主成分分析对改革成熟阶段我国农业综合生产能力即农业实践进行分析。

表 1   **KMO 检验、Bartlett 检验、特征值与方差贡献率**

项目	特征值	方差	方差贡献率	累计方差贡献率
1	14.6965	12.8766	0.8165	0.8165
2	1.8199	1.3010	0.1011	0.9176
KMO 检验	0.8820			
Bartlett 检验	P = 0.0000			

（3）主成分提取。

由表 1 可知，第一个主成分的特征值为 14.6965，方差贡献率为 0.8165；第二个主成分的特征值为 1.8199，方差贡献率为 0.1011，两个主成分的累计贡献率为 0.9176。由于两个主成分已经包含了全部指标所具有的信息并且累计方差贡献率已达到 91.76%，且特征值大于 1，因此，我们提取两个主成分。

（4）结果分析。

结果分析由三部分组成：主成分命名、主成分表达式构建、主成分与综合主成分值求解。

①主成分命名。主成分的命名与载荷量直接相关，载荷量表示主成分与相应变量的相关系数，因此，我们在表 2 中对载荷量进行报告。

表 2　　　　　　　　　　　载荷矩阵

变量	主成分 1	主成分 2
耕地面积（X1）	0.8282	0.4250
农作物播种面积（X2）	0.9441	0.0978
农作物未受灾面积（X3）	0.8784	− 0.2943
有效灌溉面积（X4）	0.9887	0.0851
水库数（X5）	0.8538	− 0.3826
水库总容量（X6）	0.9844	− 0.1331
农村人口（X7）	− 0.9419	0.2523
农村人口中男性人口（X8）	− 0.9484	0.2500
支农支出（X9）	0.0232	0.7629
农药使用量（X10）	0.9184	0.3458
化肥使用量（X11）	0.9292	0.3240
农膜使用量（X12）	0.9742	0.2073
农业机械拥有量（X13）	0.9834	0.1119
农用柴油量（X14）	0.9411	0.3067
农村用电量（X15）	0.9968	− 0.0421
农业科研经费（X16）	0.9605	− 0.0184
农学本专科毕业生人数（X17）	0.9366	− 0.2779
农业院校数（X18）	0.7541	− 0.3377

由表 2 可知，主成分 1 与耕地面积、农作物播种面积、农作物未受灾面积、有效灌溉面积、水库数、水库总容量、农药使用量、化肥使用量、农膜使用量、农业机械拥有量、农用柴油量、农村用电量、农业科研经费、农学本专科毕业生人数及农业院校数显著正相关，因此，主成分 1 为上述变量的综合指标。主成分 2 与支农支出显著正相关，因此，主成分 2 为支农支出的指标。

②主成分表达式构建。基于主成分系数，我们构建如下主成分表达式：

$$F_1 = 0.2163X_1 + 0.2463X_2 + 0.23X_3 + 0.2578X_4 + 0.2232X_5$$
$$+ 0.2567X_6 - 0.2456X_7 - 0.2473X_8 + 0.0061X_9 + 0.2395X_{10}$$
$$+ 0.2423X_{11} + 0.254X_{12} + 0.2564X_{13} + 0.2454X_{14}$$
$$+ 0.2599X_{15} + 0.2508X_{16} + 0.2446X_{17} + 0.1978X_{18} \quad (2)$$

$$F_2 = 0.3099X_1 + 0.0714X_2 - 0.2136X_3 + 0.0618X_4 - 0.2775X_5$$
$$- 0.0954X_6 + 0.1779X_7 + 0.1766X_8 + 0.6343X_9 + 0.2472X_{10}$$
$$+ 0.2317X_{11} + 0.1494X_{12} + 0.0804X_{13} + 0.2216X_{14}$$
$$- 0.029X_{15} - 0.0119X_{16} - 0.2008X_{17} - 0.2534X_{18} \quad (3)$$

③主成分与综合主成分值求解。基于主成分表达式，我们能够得到主成分值，在此基础上依据公式 $F_{综} = \sum_{i=1}^{m} \left(\dfrac{\lambda_i}{p} \right) F_i$ 进一步求出综合主成分值。

附录 3. 2

访 谈 提 纲

（普通农户）

一、基本信息类

1. 性别、年龄。

2. 家庭人口数。

3. 家庭拥有土地数。

4. 家庭耕种的土地数。若未耕种是否愿意退出土地承包经营？不愿退出的原因是什么？

5. 出租或交由他人耕种土地数。

二、政策感知类

1. 是否知道有农业补贴？

2. 您是否知道农业补贴标准是多少？

3. 在您看来国家实施农业补贴的原因是什么？（增加农户收入；调动农户生产积极性）

三、政策评价类

1. 如何评价农业补贴？（农业补贴好还是不好？好的话好在什么地方？不好的话问题在什么地方？）

2. 农业补贴提高了种粮积极性吗？

3. 农业补贴增加了您家对农业的投资吗？

四、政策期盼类

1. 如果国家对农业补贴政策进行调整，您希望该如何调整？（增加补

贴金额；改变补贴方式）

2. 除了补贴以外，您认为国家采取哪些方式更能够促进农民增收？

3. 由于您家存在有承包经营权但是未耕种的土地，针对未耕种土地如果国家给予一定补偿是否愿意退出承包经营？若愿意您需要每亩补偿多少钱？

附录3.3

访 谈 提 纲

（种粮大户）

一、基本信息类

1. 性别、年龄。

2. 家庭人口数。

3. 家庭拥有土地数。

4. 家庭耕种的土地数。自有土地多少？种植他人土地多少？是否需要支付租金？

二、政策感知类

1. 您是否知道有农业补贴？

2. 您是否知道农业补贴标准是多少？

3. 在您看来国家实施农业补贴的原因是什么？

4. 耕种他人土地的补贴资金归谁所有？

三、政策评价类

1. 如何评价农业补贴？

2. 农业补贴提高了种粮积极性吗？

3. 农业补贴增加了您家对农业的投资了吗？

四、政策期盼类

1. 作为种粮大户如果国家对农业补贴政策进行调整，您希望如何调整？（增加补贴金额；改变补贴方式）

2. 除了补贴以外，您认为国家采取哪些方式更能够促进农民增收？

附录 3.4

访 谈 提 纲
（农业合作社社员）

一、合作社基本情况

1. 合作社名称？主要经营项目？

2. 合作社成立的时间？

3. 合作社社员人数？

4. 合作社成立的目的？

5. 合作社成立之初是否进行了投资？投资钱数是多少？资金来源是什么？

6. 合作社目前经营状况？

二、合作社得到政府支持情况

1. 合作社是否得到了政府支持？（资金支持（如补贴、信贷支持、无息贷款）、技术支持（免费技术指导））

2. 若得到政府支持，得到了哪些支持？

3. 农业合作社经营管理状况如何？

4. 农业合作社社员收益状况如何？

三、合作社社员对政府支持的评价

1. 如何评价政府对合作社的支持？

2. 当前政府支持农业合作社的政策存在哪些不足？

四、合作社对政府支持的期盼

1. 您看来制约合作社发展的因素有哪些？（人才制约，缺乏管理人才

技术人才；资金制约，合作社资金不足；技术制约，生产经营管理差；市场制约，缺乏销路）

　　2. 您认为合作社最需要政府哪方面的支持？（资金支持；技术支持；搭建市场）

附录 3. 5

访 谈 提 纲

（村干部）

一、基本情况

1. 受访者年龄。

2. 受访者在村委会中的职务；担任此职务的时间。

3. 村名称。

4. 村内共有多少户？

5. 村内共有多少亩土地？

6. 是否为贫困村？

7. 是否有贫困户？

二、支农惠农政策基本情况

1. 当前国家对农民有哪些支持政策？（农业补贴；危房改造；厕所革命；饮水安全）

2. 由于贵村有农业合作社，请问您是否知道政府对农业合作社有支持政策？

3. 农户放弃耕种土地的越来越多，农户不耕种土地但是又不放弃承包经营权的原因是什么？（农业补贴；土地的增值潜力；其他）

三、支农惠农政策评价

1. 如何评价政府支农惠农政策？（增加农户收入；提高农户种粮积极性；改善农户生活；增加农户对农业的投资；增加农户产量）

2. 您认为当前国家支农惠农政策是否存在不足？若存在，存在哪些不足？

3. 国家大力支持农业合作社建设，给予合作社大量支持，您认为农业合作社能否令农户增收？

4. 在您看来，农户建立农业合作社的真正意图是什么？（增收；套取国家补贴资金）

5. 在您看来农业合作社是否真正能带动农民增收？是否真的适合发展现代农业？

四、支农惠农政策期盼

1. 作为村干部，您认为将来国家支农惠农的政策调整方向是什么？（增加、减少甚至取消农业补贴；改变农业补贴方式（直接给予种子化肥））

2. 您认为国家应采取哪些方式支持农业发展（增加补贴；培养特色产业"一村一品"；支持合作社）

3. 您认为应该如何解决农户放弃耕种土地的问题？（加大补贴力度；国家有偿收回土地）

附录 3.6

访 谈 提 纲
（驻村干部）

一、基本情况

1. 受访者年龄。

2. 受访者工作单位。

3. 受访者驻村时间。

4. 受访者驻村目的。

二、支农惠农政策基本情况

1. 当前政府有哪些支农惠农政策？（农业补贴；危房改造；饮水安全；厕所革命；"两不愁三保障"）

2. 是否了解政府对农业合作社的支持政策？

3. 农户放弃耕种土地的越来越多，农户不耕种土地但是又不放弃承包经营权的原因是什么？（农业补贴；农户土地的增值潜力；其他）

三、支农惠农政策评价

1. 请问如何评价政府支农惠农政策？（农业补贴是否增加农户收入？农业补贴是否调动农户生产积极性？农业补贴是否增强了农户的地主意识（不愿退出土地）？农业补贴是否增加了农户农业投资？"两不愁三保障"政策如何？）

2. 国家采取多种形式推动农业合作社发展，如何评价政府支持农业合作社发展政策？（你认为农业合作社能带动农户致富吗？农业合作社设立的目的是什么？农业合作社潜在的风险是什么？）

四、支农惠农政策期盼

1. 在您看来，如果真正想让农户富起来需要哪些政策？或者说政府能够扮演什么角色？（政府是纯粹的扶持者，给予农户补贴资金扶持、信贷扶持等；投资者（建设产业化项目）；旁观者（放任不管））

2. 在您看来，当前制约农户发展的核心问题是什么？制约农村发展的核心问题是什么？制约农业发展的核心是什么？

3. 您认为应该如何解决农户放弃耕种土地的问题？（加大补贴力度；国家有偿收回土地）

4. 在您看来，中国农业最大的问题是什么？最大的风险是什么？

附录 3. 7

访 谈 提 纲

（县干部）

一、基本情况

1. 受访者年龄。

2. 受访者工作单位。

3. 受访者职务（曾任职单位是什么？是否在基层（乡镇）供职过?)

二、支农惠农政策基本情况

1. 当前政府有哪些支农惠农政策？（农业补贴；危房改造；饮水安全；厕所革命；"两不愁三保障"）

2. 您所在的县有多少合作社？（以老爷庙村合作社为例，成立时间，成立目的，是否有补助）

3. 农户放弃耕种土地的越来越多，农户不耕种土地但是又不放弃承包经营权的原因是什么？（农业补贴；农户土地的增值潜力；其他）

三、支农惠农政策评价

1. 请问如何评价政府支农惠农政策？（农业补贴是否增加农户收入?农业补贴是否调动农户生产积极性？农业补贴是否增强了农户的地主意识？（不愿退出土地）农业补贴是否增加了农户农业投资?)

2. 国家采取多种形式推动农业合作社发展，如何评价政府支持农业合作社发展政策？（你认为农业合作社能带动农户致富吗？农业合作社设立的目的是什么？农业合作社潜在的风险是什么?)

四、支农惠农政策期盼

1. 在您看来，如果真正想让农户富起来需要哪些政策？或者说政府能够扮演什么角色？（政府是纯粹的扶持者，给予农户补贴资金扶持、信贷扶持等；投资者（建设产业化项目）；旁观者（放任不管））

2. 在您看来，当前制约农户发展的核心问题是什么？制约农村发展的核心问题是什么？制约农业发展的核心是什么？

3. 您认为应该如何解决农户放弃耕种土地的问题？（加大补贴力度；国家有偿收回土地）

4. 在您看来，中国农业最大的问题是什么？最大的风险是什么？

5. 国家大力扶持农业合作社发展，如何评价农业合作社的作用？（是否能带动农户致富？农业合作社能否改变农户小规模经营状态？）

6. 由宏观层面看（县级政府视角），国家应该如何引导农民致富、农业发展？（发展特色产业；实施财政扶持）

附录 3.8

表3　普通农户访谈基本情况

编号	性别	年龄	人口数	土地面积	土地使用情况	农业补贴	其他补贴或扶贫项目	家庭经济收入来源
P1（有录音）	男（党员）	72	5口（现实是，家庭中常住人口仅有被访谈者1人，儿子、媳妇、孙子、孙女均在城市生活，多年均不参与农业生产）	7.5亩	土地未耕种，由他人耕种，未收取租金，存在撂荒情况（5等地撂荒，实施退耕还林项目，现实状况是土地撂荒，林未造）	600元左右，对农业补贴的准确标准不了解，只知道总数	有太阳能光伏发电，2017年建成，免费安装，初装费由政府垫付，垫付资金由所发电形成的资金偿还，目前已还清贷款。回收电价0.95元/度，每日产电量0~22度（天气下雨不发电，光照充足每日可发电20度左右），平均每月太阳能光伏发电获得收入为500元左右，此外被访谈人为退役军人，有优抚及物价补贴	家庭收入来源：一是受访者自用农车，用农车拉货赚取一部分金钱；二是各种补贴收入（优抚、物价补贴、养老保险、太阳能光伏发电、粮食直补）；三是子女会偶尔会给一定收入
P2（有录音）	男	67	6口（现实是，家庭中仅有被访者及妻子在家中居住，土地由其妻子耕种，其子女不参与农业生产）	5.6亩	土地自己耕种，交给他人耕种历史），并有1.97亩土地租给他人做食用菌种植，每年租1000元/亩，今年租出土地的农业补贴由土地承租人支取，土地存在撂荒，撂荒面积为1.6亩左右，撂荒为1.6等级为4等，此外原有开垦的荒地俗称小荒也被丢弃	400元左右，对农业补贴的准确标准不了解，只知道补贴总数	身体原因享受低保，每月金额为200元，政府支付其妻子照顾费每月200元，农村养老保险100元左右	家庭经济收入来源：一是受访者得到的各种补贴（粮食收入、低保收入、养老保险收入）；二是卖玉米收入，2020年卖玉米收入1000多元；三是子女子偶尔给子一定收入

续表

编号	性别	年龄	人口数	土地面积	土地使用情况	农业补贴	其他补贴或扶贫项目	家庭经济收入来源
P3（有录音）	女（村民代表）	56	4 口（现实是家庭仅有受访者一人长期在家居住，丈夫在外工作，女儿在城市工作，子女及丈夫不参与农业生产）	8 亩左右	土地交由他人耕种，未签订土地租赁合同，土地未收取租金，农业补贴由自己领取，土地存在自己撂荒（退耕还林一部分，土地撂荒一部分）	700 元左右，对农业补贴具体标准不清楚，大致补贴在 80 元左右	不存在其他形式补贴	家庭经济收入来源：一是丈夫的工资性收入（退休金及现行的返聘性工资收入）；二是补贴性收入（粮食直补）；三是子女偶尔给予的资金
P4	男	65	3 口（现实是家庭中夫妻二人长期居住，其子在外求学，子女不参加农业生产）	7.54 亩	土地由自己耕种，不存在土地租赁行为，部分土地被撂荒，撂荒土地为 5 等类型有开垦的小荒	600 元左右，对农业补贴的准确标准不了解，只知道总数	夫妻二人有农村养老保险每月每人 100 元左右，危房改造得到国家财政 18000 元左右，安装太阳能得到国家财政补贴 1000 元	家庭经济收入，2020 年卖玉米收入 8000 元左右；二是经商收入；三是养殖性收入，2020 年卖牛 14500 元；四是补贴性收入（粮食直补，养老保险）；五是子女给予的资金
P5（部分录音）	女	65	3 口（现实是家庭中夫妻二人长期居住，子女不参加农业生产）	4 亩左右	土地由自己耕种，不存在土地租赁行为	500 元左右，对农业补贴的准确标准不了解，只知道总数	夫妻二人有农村养老保险每月每人 100 元左右，由政府出资建设保障性住房一套（面积 50 平米），受访者享有使用权，产权属于国家	家庭经济收入，2020 年卖玉米收入 5300 元；二是工资性收入；三是补贴性收入（粮食直补及农村养老保险）；四是子女偶尔给予的资金

附录 3.9

表 4　种粮大户访谈基本情况

性别	年龄	家庭人口数	自有土地面积	农业补贴金额	耕种土地面积	是否需要支付租金	粮食产粮	是否为贫困户	纯收入
男	50	4口	3.99亩	373元（2019年）	30多亩	否	30000斤	是	27000元

农业补贴政策感知状况	受访的种粮大户知道农业补贴，并能够清晰记得自己家 2019 年的农业补贴金额，表明种粮大户较为在意农业补贴；此外，尽管种粮大户耕种了 30 多亩土地，但是耕种他人的土地都是免费耕种，未签订租赁合同，农业补贴收入也由土地承包人领取。每亩土地年平均纯收入 400~700 元。受访者认为，国家实施农业补贴的重要目的是激励农户的种粮意愿，调动农户农业生产积极性
农业补贴政策评价状况	种粮大户认为农业补贴的实施提高了农户的种粮意愿，调动了农户农业生产的积极性，但是由于农业生产产的积极性，但是农业补贴对农户农业投资影响较小
农业补贴政策期许	谈及农业补贴的期许，种粮大户认为：首先，国家应该增加对农户的补贴，特别是向实际耕种面积较大，但未得到财政较低，受访者多欢迎是及农产品价格相对较低，若能提高农产品价格，种粮大户则会在其中直接受益；最后，在农业补贴调整来看，受访种粮大户期待政府直接发放种子、农药等农资。不仅如此，在受访的种粮大户看来，当前农村有越来越多的人享有土地承包权但是不进行农业生产，同时不愿意放弃承包地的重要原因是看重耕地的升值潜力。此外，种粮大户建议将在种粮大户看来集中，由几个人承租集中，便于机械化的使用，同时有助于有机农业发展

附录 3.10

表5

农业合作社社员访谈基本情况

性别	年龄	合作社名称	合作社成立时间	合作社户数	成立目的	是否有补贴	是否得到国家支持（技术支持、市场构建）	合作社投资状况
男	67	提盛合作社	2016年	10户（目前在经营的仅剩3户）	冬春季进行蔬菜生产（以黄瓜为主）	有	否	5万元（自投），3万元财政贴息贷款（受访者由于年龄超过60周岁无法办理财政贴息贷款，自家耕地，并承包他人耕地用于蔬菜大棚建设，每亩租金每年1000元

合作社得到政府支持状况	资金支持，一是直接的财政补贴，合作社社员获得每亩均2万元的财政补贴资金；二是财政贴息贷款，每户3万元（年龄超过60周岁无法申请）；三是基础设施支持（政府出资免费为合作社打了一眼井）；四是技术指导，在合作社成立初期，政府对合作社作物种植进行了技术指导
社员对政府支持评价	首先，社员得到了政府财政补贴支持，于2020年拿到了补贴资金，每户2万元，但是受访者对政府补贴标准存在异议，未建设合作社时，政府曾发放扶贫补贴资金2万元，不仅如此，补贴资金发放也存在滞后，作为补贴兑现，即公路通往蔬菜大棚的路面硬化就已经建设完成并投入生产，补贴面积仅为棚内面积，事实上若加上建筑物面积，补贴面积至至2020年才予以下发。其次，政府承诺在蔬菜生产路面硬化也未兑现，当前社员的蔬菜种植依旧是土路，一旦下雨下雪泥泞不堪。再次，政府仅在合作社成立之初对合作社农业生产进行技术指导，当前社员的蔬菜生产所梁断裂，社员需要生产的同时还要跑销售。最后，合作社产品由合作社社员自行寻找销路，产品与市场的桥梁断裂，社员需要增加合作社农户的收入。事实上，就农业合作社经营蔬菜大棚而言，单个棚年均纯收入3万~4万元，能够显著增加合作社农户的收入
社员对政府支持的期盼与合作社发展的建议	农业合作社能够增加社员收入，期盼政府在如下方面发挥作用：首先，增加对农业合作社的扶持力度。落实扶持政策（如路面硬化），及时发放补贴资金（承诺的补贴标准发现不足额，不及时）。其次，加大人才扶持力度，受访者反复提及现有合作社社长搞"一言堂"，一人说了算，合作社内部管理松散混乱，从某种意义上讲着社员已经各存己见，民主管理水平不高。再次，加大对合作社的技术扶持，当前对合作社技术水平高于统一收购，但是若能够直接对接市场则能够节省人力。此外，在日常经营管理中也是由社长大权独揽，社员已对社长被现不信任。政府各项扶持政策与社员直接对接，社员不甚了解。因此，强烈需要政府加大人员扶持力度，引进现代化管理人才，提高合作社民主决策，民主管理水平，使得合作社市场与市场有效衔接（尽管自产自销经营利率平高于统一收购，但是若能够直接对接市场则能够节省人力）

附录 3.11

表6　村干部访谈基本情况

性别	年龄	职务	政治面貌	上任时间	任职期限	是否为贫困村	贫困户	户数	土地面积	是否有合作社
男	61	村支部书记（兼任村长）	党员	2017年	2017～2021年	是	29	210	530亩	是

支农惠农政策基本情况	农户层面，对普通农户有粮食直补（补贴标准为100元每亩左右），农村老龄人口可享受农村养老保险（男性满60周岁，女性满55周岁，每人每月100元左右），农村危房改造（两种形式，一是根据家庭人口数，由国家负责建造，使用权归农户；二是国家对危房农户旧房改造及重建予以现金补贴，农户有使用权及房产所有权）。对贫困农户，政府有农户小额贴息贷款申请到5万元的小额贴息贷款以扶持养牛。 农业合作社层面，国家给予农业合作社一定的补贴及基础设施扶持。根据支部书记介绍，国家对农业合作社给予了公子2万元的财政补贴；基础设施建设方面，国家财政免费为合作社打了一口井。 农村层面，国家实行了农村建设投入了大量资金，美丽乡村建设方面，国家免费建设了院墙，安装了太阳能光伏发电路灯；农村文化建设层面，财政扶持建设了农村书屋、村民活动室，并在各个小组建设了农民活动场所并安装了相应的健身器材
支农惠农政策评价	农户层面，对普通农户补贴对农户的影响不大，没有明显改变农户对农业生产的投入状况。对于本村而言由于山地较多、靠天吃饭，农户进行农业生产的成本较高，种粮食的不确定性太高，且每户土地面积较少，土地收入不高（质量高的土地风调雨顺能产1500斤玉米，若每斤1元，扣除300元每亩的成本，大致一亩田地纯收入在1200元，但是对质量不好的土地如山地，若遇上干旱年份，如2020年一亩地纯收入只能在几百元，不如外出务工挣钱容易）。 农业合作社层面，国家确实任农业合作社进行大力扶持，但是就本村的情况而言，农业合作社做得并不成功，较少有农户使用，目前只有几户在种植蔬菜。与国家支持农村发展的初衷存在一定差异。 农村层面，财政改善对农村建设给予了大量的支持，但是部分设施利用率甚至并不实用（如污水处理设施，较少有农户在使用，农村厕所改造的使用率也较低），对农户而言并不实用（耗费国家资金，如1组公共厕所造价10万元左右，但是厕所并不实用，不劳民伤财但是伤财）
支农惠农政策期盼	对于本村而言，实现农户的脱贫并不困难，农业收入加务工收入基本能够脱贫，但是农户存在目光短浅的问题，温饱即安，不愿意在农业上进行长期、大量投资。因此，如果想要扶持本村农业发展，需要国家财政资金的直接介入并配备专业化的管理人才，现行的农业补贴政策无法达到农户长期发展的需要

附录 3.12

表7 驻村干部访谈基本情况

性别	年龄	工作单位	职务	驻村时间	驻村目的
男	34	承德县融媒体中心	一	7个月	扶贫

支农惠农政策基本情况	当前支农惠农政策主要集中于农户层面，包含如下5个方面内容：1. 农业补贴类。包含下粮食直补80~90元每亩每年，天然林13.5元每亩每年，退耕还林90元每亩每年，生态扶贫。包含两方面：2. 产业扶贫，针对贫困户8000元每年，通过公益岗每户收益不低于1200元。3. 扶贫小额贷款，包括小额信用贷款（5万元以下，3年以内，利率4.35%，完全由财政贴息）。4. 光伏扶贫。包含户用光伏及村级光伏电站，户用光伏，每户补助不低于1200元，村级光伏电站设置公益岗，为贫困户发放劳务收入。5. 异地扶贫搬迁与危房改造。异地扶贫搬迁分为分散安置（补助3.5万~5万元）与集中安置（补助6万元）。危房改造分为翻建（最高6万元）与维修（最高1.2万元）。与合作社层面，对具体扶持政策不甚了解
支农惠农政策评价	当前国家实施的支农惠农政策总体而言是好的，增加了农户收入，改善了农户生活，特别是贫困户的生活
支农惠农政策建议	在对支农惠农政策提出建议时，首先对当前农业现实进行了阐述。受访人所在地区为京津涵养水源区，由于现实及政策的限制，不能进行用水量较大的农作物生产，只能生产节水耐旱的玉米，但是玉米的价格较低，收益较少，受地形限制，受访地区不利于大规模农业机械的使用，只能投入大量的劳动，但是由于农业收入低，户均土地面积小，导致大量农户放弃农业生产将土地交由他人耕种。 基于当地农业现实，受访者认为，应该加快农村土地流转，将土地集中交由种粮大户统一耕种，普通农户收取租金，同时可进入种粮大户经营的农业，获得劳务性收入，这也可能是将来农业补贴政策调整得考虑的方面。受访者认为最大的问题是如何做好中国农业现状与国家惠农政策的有效衔接，"小"与"大"的有效衔接。"大"是国家制定的农业政策如补贴政策是属于普惠性政策，但是中国国土幅员辽阔，地区之间差异巨大，国家农业"大"政策落地后都有一定的"水土不服"，"小"是小农户，是国家政策难以有效衔接的，中国的农业是以农户经营为主，小农户经营规模小，经营分散，效率低，成本低、收益低。如何实现小农户与大政策之间有效衔接是中国农业面临的重大问题

附录3.13

表8　县干部访谈基本情况

性别	年龄	职务	工作单位	曾任职单位	是否曾在基层任职	备注
男	55	—	县扶贫办	乡（镇）副职	是	应受访者要求，未录音，对职务保密
支农惠农政策基本情况						农户层面，首先，国家对农户进行了耕地地力补贴，推动农户进行产业扶贫（太阳能光伏发电）；贫困户入股分红（由国家财政代替贫困户出资参与合作社，收入的80%分配给贫困户，20%由村集体使用）；小额信息项目支持（财政贴息项目也是支农的重要举措，贷款金额5万元）。最后，针对贫困农民的低保、养老保险，农村危房改造项目也是支农的重要举措。农业合作社层面，首先，对合作社社员予以一定的财政补贴。其次，出于扶贫目的对贫困户予以资助，财政直接替贫困户出资1.2万元/户，交由合作社统一经营，平时参与合作社劳动赚取工资，年底在合作社分取分红资金。最后，对合作社子以物资支持（灌溉设施、铺集设施等），免费予以技术指导等。农村层面，国家财政实施了多项支持农村发展的政策，最典型的是美丽乡村建设下的一系列支农惠农政策（如同所有革命老区），农村路面硬化，农村自来水项目建设，农村污水处理项目，农村院落美化工程等
支农惠农政策评价						农户层面，各类支农惠农政策为农民带来了实惠，增加了农民的收入，提高了农民的基本生活，保障了农民的种植积极性，提高了农民的生活品质。农业合作社层面，若农业合作社经营较好，能够使用政府资金"撬动"农村经济发展，增加农业合作社社及贫困户收入；若农业合作社经营不善，则会对政府及贫困户带来困扰。政府财政层面，政府财政负担较为沉重；经营不善贫困户并不能收到分红，若农户出资贫困户可能会血本无归，可能会影响农村稳定。农村层面，以美丽乡村建设为代表的支农惠农政策推动了农村公共服务水平及生活品质的提高，但是带来了一定的财政负担，而且部分项目建设得初看起来是好的，但并不实用，使用效率较低
支农惠农政策期盼（建议）						首先，农业补贴对农户农业投入及产出的影响不大，但是农户已经习惯于惯了这种对农户补贴，一旦停止对农户补贴，有可能会引发农户弃耕行为。因此，现有的农业补贴应该继续实施，但是不宜大幅度提高补贴标准。其次，农业合作社能够带动农民致富，但是需要引进先进的管理人才，由农民自身管理合作社存在诸多弊端（管理混乱，家族式垄断经营，恶意套取国家财政资金）。最后，提高财政支农惠农资金使用效率，建设农村居民切实需要的工程项目，给农民带来真正的实惠。事实上，中国农业面临着农民不种田地的风险（农业收入低），因此，可以考虑农户承包土地进行调整，将土地集中，发展立体式生态农业，以京津冀协调发展为契机，瞄准京津市场，发展当地农业产业

附录3.14

图1　农业生产过程

注：图1力图说明如下问题：一是透过图1可以看出当前农业生产已经部分使用农业机械，最下方的农业机械售价68000元左右，可享受21000元左右的农机购置补贴，中间的小型农业机械虽有补贴但是补贴金额在200元左右，大量农户没有领取。图1的最上方为一名50多岁的农村妇女在对玉米打除草剂（打后不需要再锄地），观察地区农业生产已经成为名副其实的"夕阳产业"与"妇女产业"，"夕阳产业"是因为农业生产基本由老年人完成，年龄一般在60岁以上，40岁以下从事农业活动的较为稀少；"妇女产业"是妇女在农业生产中占据着很大比重，甚至在外出务工人员家庭中，妇女承担了农业生产任务。

附录 3.15

图 2　财政支持的美丽乡村建设

注：图 2 均为国家财政出资建设的项目，左上角为政府出资的"厕所革命"修建的厕所（造价 5000 元左右），左侧中间位置为财政出资建设的农村污水处理项目（农民反映单体造价 1 万多元），左下角为财政出资建设的农村公共厕所（农民反映造价 10 万元左右），建成后一直处于闲置状态，右上角为财政出资建设的农民健身器材，右侧中部为财政出资建设的路面硬化及农户院墙建设。中间位置为财政出资建设的太阳能光伏路灯。

附录 3.16

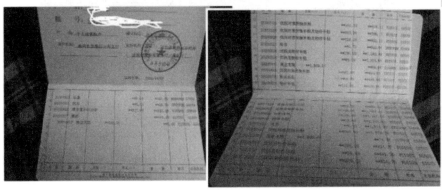

图 3　受访者 P1 的太阳能光伏发电扶贫项目、
农业补贴存折、优抚及物价补贴存折

附录 3.17

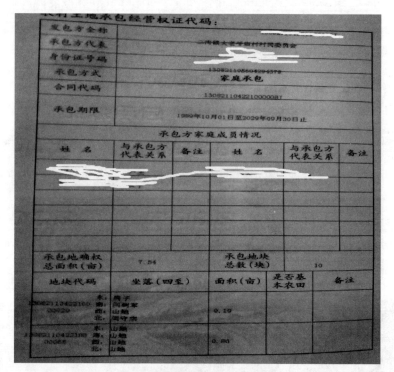

图 4　受访者 P4 土地承包合同

注：将土地承包合同单独列出的目的是说明如下问题：一是土地承包期限为 1999~2029 年；二是土地承包面积为 7.54 亩；三是承包地块总数为 10 块，据此可知农户承包经营的土地较为分散，不利于土地集中使用。

附录 3.18

图5 受访者 P4 危房改造后新房、政府补助安装太阳能及家庭养殖牲畜

注：房屋补贴金额18000多元，建筑面积140平方米，有房本。

附录 3. 19

图 6　受访者 P5 危房改造后房屋状况

注：受访者 P5 危房改造项目是由国家财政直接出资 6 万元，由承包人负责房屋建造、室内装修，个人仅为建筑工人提供吃喝即可，但与受访者 P4 所不同的是 P5 建筑面积仅有 50 平方米，且农户没有房本（产权属于国家）。

附录 3.20

图7　种植大户危房改造及饲养的牲畜

　　注：受访的种粮大户为贫困户，享受国家危房改造项目补贴6万元，同时自己投资7万多元进行了房屋重建，图7左侧为财政资助的危房改造项目（建筑面积90平方米），图7右侧为种粮大户原有住房状况；图7上侧为种粮大户饲养的牛，国家对贫困农户的养殖行为予以小额信贷支持（每户5万元）。

附录 3. 21

图 8   受访的农业合作社情况

注：图 8 最下方为平整好的蔬菜大棚即将进行蔬菜的栽种；图 8 中部左侧为合作社蔬菜大棚的远景，图 8 中部右侧为通往合作社的道路，通过图片可以发现路面为土路，雨雪天气会对合作社蔬菜运输产生影响；图 8 最上端为荒废的蔬菜大棚，当前仅有 3 户在继续进行蔬菜种植。

附录 3.22

表 9 政策文献计量分析文件（部分）

序号	文件类型	政府文件名称
1		关于边远地区和深山区收购三类农副产品实行运费补贴的联合通知
2		财政部、商业部关于边远地区和深山区收购三类农副产品实行运费补贴的补充通知
3		支援农村人民公社投资使用管理暂行规定
4		粮食商业企业政策性亏损定额补贴试行办法
5		农牧渔业部、劳动人事部、财政部关于农业单位专职从事有毒、有害工作人员试行保健津贴的通知
6		民政部、财政部关于对甘肃省、宁夏回族自治区特大自然灾害救济费试行包干的通知
7		中国人民银行关于对粮、棉、油贷款实行补贴的通知
8		中药材生产扶持专项资金管理办法
9	补贴类政府文件	财政部、国务院扶贫开发领导小组关于印发《"三西"农业建设专项补助资金使用管理办法》的通知
10		财政部、农业部关于颁发《农业生产救灾柴油、化肥专项补贴资金使用管理暂行办法》的通知
11		财政部、国家发展计划委员会、国家粮食储备局、中国农业发展银行关于下达 1998 年粮食风险基金补贴政策的通知
12		中国农业发展银行关于印发《中国农业发展银行财政补贴资金管理暂行办法》的通知
13		财政部办公厅、农业部办公厅关于印发《优质专用小麦良种推广项目资金管理规定》的通知
14		财政部、农业部关于印发《农作物良种推广项目资金管理暂行办法》的通知
15		财政部、农业部关于印发《水稻良种推广补贴资金管理暂行办法》的通知
16		财政部实行对种粮农民直接补贴　调整粮食风险基金使用范围的实施意见
17		农业部关于印发《农业机械购置补贴资金使用管理办法（试行）》的通知

续表

序号	文件类型	政府文件名称
18	补贴类政府文件	财政部、国家发展和改革委员会、农业部、国家粮食局、中国农业发展银行关于印发《进一步完善对种粮农民直接补贴政策的意见》的通知
19		财政部、农业部关于印发《测土配方施肥试点补贴资金管理暂行办法》的通知
20		财政部、农业部关于印发《农业机械购置补贴专项资金使用管理暂行办法》的通知
21		农业部办公厅、财政部办公厅关于下达 2005 年国家良种推广补贴项目实施方案的通知
22		农业部办公厅关于 2005 年优势农产品重大技术推广旱作节水项目申报条件和实施内容调整的通知
23		国务院同意财政部、水利部《关于特大抗旱经费使用范围的请示报告》通知
24		国家经委、民政部、财政部等认真做好扶助农村贫困户工作的通知
25		国务院批转民政部等部门关于扶持农村贫困户发展生产治穷致富的请示的通知
26		关于加强特大抗旱、防汛补助费使用管理问题的通知
27		关于国家科研单位和部属院校科技人员参加黄淮海平原农业研究与开发有关问题的试行办法
28		特大防汛抗旱补助费使用管理暂行办法
29		财政部、中华全国供销合作总社、中国农业发展银行关于 1998 年度棉花收购价差补贴问题的通知
30		科技部农村与社会发展司、农业部科技教育司关于公布"九五"第四批主要农作物后补助新品种的通告
31		财政部、国务院扶贫开发领导小组关于印发《"三西"农业建设专项补助资金使用管理办法》的通知（2001 修订）
32		财政部关于印发《农业税灾歉减免财政专项补助资金管理办法》的通知
33		财政部关于印发《退耕还林工程现金补助资金管理办法》的通知
34		国务院办公厅关于完善退耕还林粮食补助办法的通知
35		财政部、水利部关于印发《中央财政小型农田水利工程设施建设"民办公助"专项资金管理试点办法》的通知

序号	文件类型	政府文件名称
36	补贴类政府文件	财政部、农业部关于印发《农村劳动力转移培训财政补助资金管理办法》的通知
37		农业部关于印发《膜下滴灌设备补助试点资金管理办法》的通知
38		中国人民银行、民政部关于农村救灾保险试点工作若干问题的通知
39		拖拉机保险条款（2005）
40		财政部关于对种粮农民柴油、化肥等农业生产资料增支实行综合直补的通知
41		农业部、财政部2006年测土配方施肥试点补贴资金管理暂行办法
42		财政部关于进一步做好2007年对种粮农民直接补贴工作的通知
43		财政部关于做好2007年对种粮农民农资综合直补工作的通知
44		农业部办公厅关于做好2007年"以机代牛"补贴工作的通知
45		农业部办公厅关于进一步做好2007年农业机械购置补贴工作的通知
46		财政部《关于做好2008年对种粮农民农资综合直补工作》的通知
47		财政部关于印发《秸秆能源化利用补助资金管理暂行办法》的通知
48		财政部关于印发《中央财政种植业保险保费补贴管理办法》的通知
49		国家农业综合开发办公室关于印发关于2009年产业化经营种植养殖基地项目实行财政补贴的意见
50		农业部、财政部关于印发《2009年农业机械购置补贴实施方案》的通知
51		农业部办公厅、财政部办公厅关于批复2008年测土配方施肥补贴项目实施方案的通知
52		财政部、发展改革委、农业部印发《关于进一步完善农资综合补贴动态调整机制的实施意见》的通知
53		财政部、国家发展和改革委员会、国家粮食局、中国农业发展银行关于印发《东北大豆压榨企业收购加工2009年度国产大豆补贴管理办法》的通知
54		财政部、国家发展和改革委员会、国家粮食局关于印发《国内油脂加工企业收购加工2009年度国产油菜籽补贴管理办法》的通知
55		财政部、农业部关于印发《中央财政农作物良种补贴资金管理办法》的通知
56		财政部关于明确2009年部分国家临时存储玉米定向销售补贴政策的通知

续表

序号	文件类型	政府文件名称
57		财政部关于印发《中央财政新型农村金融机构定向费用补贴资金管理暂行办法》的通知
58		财政部关于印发《中央财政新增农资综合补贴资金集中用于粮食基础能力建设暂行管理办法》的通知
59		国家发展改革委、水利部关于改进中央补助地方小型水利项目投资管理方式的通知
60		农业部办公厅、财政部办公厅关于印发2009年马铃薯原种生产补贴试点项目实施指导意见的通知
61		农业部办公厅、财政部办公厅关于印发2009年全国粮棉油高产创建项目实施指导意见的通知
62		农业部办公厅、财政部办公厅关于印发2009年测土配方施肥补贴项目实施指导意见的通知
63	补贴类政府文件	农业部办公厅、财政部办公厅关于印发2009年中央财政农作物良种补贴项目实施指导意见的通知
64		农业部办公厅关于开展农机作业补贴试点工作的通知
65		农业部办公厅关于启动实施农机深松作业等补贴工作的紧急通知
66		农业部办公厅关于切实做好2009年第二批农机购置补贴资金实施工作的紧急通知
67		农业部办公厅关于切实做好抗旱机具补贴工作的紧急通知
68		农业部办公厅关于印发《农机作业补贴试点方案》的通知
69		农业部办公厅关于切实做好农机深松整地作业实施工作的通知
70		农业部办公厅、财政部办公厅关于印发《2010年农业机械购置补贴实施指导意见》的通知
71		农业部办公厅、财政部办公厅关于印发2010年花生良种补贴项目实施指导意见的通知
72		农业部办公厅、财政部办公厅关于印发2010年中央财政农作物良种补贴项目实施指导意见的通知

序号	文件类型	政府文件名称
73		农业部办公厅、财政部办公厅关于印发 2010 年土壤有机质提升补贴项目实施指导意见的通知
74		农业部办公厅、财政部办公厅关于印发《2010 年全国测土配方施肥补贴项目实施指导意见》的通知
75		财政部关于进一步做好农业保险保费补贴工作有关事项的通知
76		农业部办公厅关于切实做好玉米收获机械补贴工作的紧急通知
77		农业部办公厅、财政部办公厅关于做好 2010 年第二批农机购置补贴实施工作的通知
78		农业部关于落实补贴资金推进农机深松整地作业的通知
79		财政部关于印发《中央财政农村金融机构定向费用补贴资金管理暂行办法》的通知
80	补贴类政府文件	财政部关于扩大农村金融机构定向费用补贴政策范围的通知
81		农业部办公厅、财政部办公厅关于印发《2011 年马铃薯原种生产补贴试点项目实施指导意见》的通知
82		农业部办公厅、财政部办公厅关于印发《2011 年粮棉油糖高产创建项目实施指导意见》的通
83		农业部办公厅、财政部办公厅关于印发《2011 年全国测土配方施肥补贴项目实施指导意见》的通知
84		农业部办公厅、财政部办公厅关于印发《2011 年中央财政农作物良种补贴项目实施指导意见》的通知
85		农业部办公厅、财政部办公厅关于印发《2011 年农业机械购置补贴实施指导意见》的通知
86		农业部办公厅、财政部办公厅关于印发《2011 年土壤有机质提升补贴项目实施指导意见》的通知
87		财政部关于进一步加大支持力度做好农业保险保费补贴工作的通知
88		农业部办公厅、财政部办公厅关于印发《2012 年扶持"菜篮子"产品生产项目实施指导意见》的通知

续表

序号	文件类型	政府文件名称
89		农业部办公厅、财政部办公厅关于印发《2012 年高产优质苜蓿示范建设项目实施指导意见》的通知
90		农业部办公厅、财政部办公厅关于印发《2012 年农业机械购置补贴实施指导意见》的通知
91		农业部办公厅、财政部办公厅关于印发《2012 年土壤有机质提升补贴项目实施指导意见》的通知
92		农业部办公厅、财政部办公厅关于做好 2012 年中央财政农作物良种补贴项目实施工作的通知
93		农业部办公厅、财政部办公厅关于印发《2012 年农产品产地初加工补助项目实施指导意见》的通知
94		农业部办公厅、财政部办公厅关于印发《2012 年粮棉油糖高产创建项目实施指导意见》的通知
95	补贴类政府文件	财政部关于 2013 年度中央财政农业保险保费补贴有关事项的通知
96		农业部办公厅、财政部办公厅关于印发《2013 年测土配方施肥补贴项目实施指导意见》的通知
97		农业部办公厅、财政部办公厅关于印发《2013 年冬小麦"一喷三防"技术补助资金实施指导意见》的通知
98		农业部办公厅、财政部办公厅关于印发《2013 年高产优质苜蓿示范建设项目实施指导意见》的通知
99		农业部办公厅、财政部办公厅关于印发《2013 年粮棉油糖高产创建项目实施指导意见》的通知
100		农业部办公厅、财政部办公厅关于印发《2013 年农产品产地初加工补助项目实施指导意见》的通知
101		农业部办公厅、财政部办公厅关于印发《2013 年农业机械购置补贴实施指导意见》的通知
102		农业部办公厅、财政部办公厅关于印发《2013 年土壤有机质提升补贴项目实施指导意见》的通知

序号	文件类型	政府文件名称
103		农业部办公厅、财政部办公厅关于做好 2013 年中央财政农作物良种补贴项目有关工作的通知
104		农业部办公厅、财政部办公厅关于印发《2014 年农业机械购置补贴实施指导意见》的通知
105		农业部办公厅、财政部办公厅关于做好 2014 年中央财政农作物良种补贴工作的通知
106		财政部、农业部关于调整完善农业三项补贴政策的指导意见
107		农业部办公厅、财政部办公厅关于印发《2015～2017 年农业机械购置补贴实施指导意见》的通知
108		关于农业综合开发项目实行"先建后补"的意见
109		农业部办公厅、财政部办公厅关于浙江等 3 省 2016 年农机新产品购置补贴试点方案的意见
110	补贴类政府文件	财政部、农业部关于印发《农业支持保护补贴资金管理办法》的通知
111		财政部关于印发《中央财政农业保险保险费补贴管理办法》的通知
112		财政部、农业部关于全面推开农业"三项补贴"改革工作的通知
113		农业部办公厅、财政部办公厅关于印发《2018～2020 年农机购置补贴实施指导意见》的通知（2018）
114		"三西"农业建设专项补助资金使用管理办法（2006 修订）
115		财政部、农业部关于印发《中央财政农作物病虫害防治补助资金管理暂行办法》的通知
116		财政部、农业部关于印发《中央财政新型农民科技培训补助资金管理暂行办法》通知
117		财政部、水利部关于印发《中央财政小型农田水利工程建设补助专项资金管理办法（试行）》的通知（2006 修订）
118		财政部关于印发《国有农场税费改革减收补助办法》的通知
119		财政部关于印发《生物能源和生物化工原料基地补助资金管理暂行办法》的通知

序号	文件类型	政府文件名称
120		财政部、水利部关于印发《中央财政小型农田水利设施建设和国家水土保持重点建设工程补助专项资金管理办法》的通知
121		农业部办公厅、财政部办公厅关于印发《南方双季晚稻及东北粳稻增施肥促早熟防病虫补助资金实施指导意见》的通知
122		财政部、水利部关于印发《特大防汛抗旱补助费管理办法》的通知（2011修订）
123		农业部办公厅、财政部办公厅关于印发《华北黄淮等地小麦抗旱浇水补助资金实施指导意见》的通知
124		农业部办公厅、财政部办公厅关于印发《主产区冬小麦弱苗施肥补助资金实施指导意见》的通知
125		农业部办公厅、财政部办公厅关于印发《北方冬麦区小麦抗旱浇水补助资金实施指导意见》的通知
126	补贴类政府文件	农业部办公厅、财政部办公厅关于印发《长江中下游五省农业抗旱减灾恢复生产补助资金实施指导意见》的通知
127		财政部、国家林业局关于印发《中央财政湿地保护补助资金管理暂行办法》的通知
128		财政部、水利部关于印发《中央财政补助中西部地区、贫困地区公益性水利工程维修养护经费使用管理暂行办法》的通知
129		财政部、水利部关于修改《中央财政小型农田水利设施建设和国家水土保持重点建设工程补助专项资金管理办法》有关条文的通知（2012）
130		财政部关于印发《中央财政农业技术推广与服务补助资金管理办法》的通知
131		农业部办公厅、财政部办公厅关于印发《农业生产防灾减灾稳产增产补助资金实施指导意见》的通知
132		财政部、农业部关于印发《中央财政农业资源及生态保护补助资金管理办法》的通知
133		农业部办公厅、财政部办公厅关于印发《2014年冬小麦一喷三防实施指导意见》通知
134		农业部办公厅关于印发《2014年农产品产地初加工补助设施技术方案》的通知

序号	文件类型	政府文件名称
135		财政部、水利部关于印发《农田水利设施建设和水土保持补助资金使用管理办法》的通知（2015 修订）
136		农业部关于印发《国家救灾备荒种子储备补助经费管理办法》的通知
137		农业部办公厅关于印发 2016 年农产品产地初加工补助政策补助设施目录及技术方案的通知
138		农业部办公厅、财政部办公厅关于开展农作物秸秆综合利用试点促进耕地质量提升工作的通知
139	补贴类政府文件	财政部、农业部、水利部、国土资源部关于印发《中央财政农业生产救灾及特大防汛抗旱补助资金管理办法》的通知
140		财政部、农业部关于修订《农业资源及生态保护补助资金管理办法》的通知（2017）
141		农业保险条例
142		财政部关于 2013 年度中央财政农业保险保费补贴有关事项的通知
143		财政部关于印发《农业保险大灾风险准备金管理办法》的通知
144		农业保险条例（2016 修订）
145		财政部关于在粮食主产省开展农业大灾保险试点的通知
146		农业部办公厅关于做好粮食主产省农业大灾保险试点工作有关事宜的通知
147		财政部、农业农村部、银保监会关于将三大粮食作物制种纳入中央财政农业保险保险费补贴目录有关事项的通知
148		示范繁殖农场工作暂行条例
149		国务院关于棉花生产几项政策规定的通知
150		国务院关于棉粮、糖粮挂钩奖售粮几个问题的通知
151	奖励类政府文件	国家计委、农牧渔业部、商业部关于棉花奖售化肥单列指标问题的通知
152		商业部、国家计委关于棉花奖售化肥分配供应办法的通知
153		农牧渔业"丰收奖"奖励办法（试行）
154		全国农牧渔业"丰收奖"奖励办法实施细则（试行）
155		"农业部企业技术进步奖"奖励办法
156		国务院办公厅转发国家计委等部门关于对调出棉花实行奖励政策报告的通知

序号	文件类型	政府文件名称
157		农业部关于《农业部科学技术进步奖励办法》实施细则
158		农业部办公厅关于做好全国1000个种粮大户农机具购置补贴奖励工作的通知
159		农业部关于印发《神农中华农业科技奖奖励办法（试行）》的通知
160		财政部关于印发《生物能源和生物化工非粮引导奖励资金管理暂行办法》的通知
161	奖励类政府文件	财政部关于印发《财政县域金融机构涉农贷款增量奖励资金管理暂行办法》的通知
162		农业部关于印发《全国农牧渔业丰收奖奖励办法》的通知（2010修订）
163		财政部关于印发《财政县域金融机构涉农贷款增量奖励资金管理办法》的通知（2010修订）
164		农业部办公厅关于印发《全国农牧渔业丰收奖奖励办法实施细则》的通知
165		农业部办公厅、财政部办公厅关于选择部分国家现代农业示范区实施以奖代补政策的通知
166		农业部办公厅、财政部办公厅关于做好现代农业示范区以奖代补工作的通知
167		财政部《产粮（油）大县奖励资金管理暂行办法》
168		政务院关于发放农业贷款的指示
169		政务院关于清理农业贷款中若干问题的指示
170		关于扶持粮棉集中产区搞好转化、转产贴息贷款管理办法
171		中国人民银行、中国农业银行扶持贫困地区专项贴息贷款管理暂行办法
172	财政贴息类政府文件	财政部、农业部关于下发《扶持粮棉大县发展经济专项贷款贴息办法》的通知
173		财政部、农业部关于发布《国家救灾备荒种子储备贷款贴息资金管理办法》的通知
174		财政部关于印发《财政部支农周转金管理办法》的通知（1996）
175		财政部关于印发《农业综合开发项目贴息资金管理办法》的通知
176		财政部关于印发《农业综合开发中央财政贴息资金管理办法》的通知（2008）
177		《中华人民共和国农业改革法》
178	涉农法律	《中华人民共和国土地管理法》
179		《中华人民共和国土地管理法（1988修正）》

序号	文件类型	政府文件名称
180		《中华人民共和国水土保持法》
181		《中华人民共和国农业技术推广法》
182		《中华人民共和国农业法》
183		《中华人民共和国种子法》
184		《中华人民共和国防沙治沙法》
185		《中华人民共和国农民专业合作社法》
186	涉农法律	《中华人民共和国农产品质量安全法》
187		《中华人民共和国水土保持法（2010 修订）》
188		《中华人民共和国农业法（2012 修正）》
189		《中华人民共和国农业技术推广法（2012 修正）》
190		《中华人民共和国种子法（2013 修正）》
191		《中华人民共和国种子法（2015 修订）》
192		《中华人民共和国土壤污染防治法》
193		《中华人民共和国农业机械化促进法（2018 修正）》
194		国务院关于今冬明春大规模地开展兴修农田水利和积肥运动的决定
195		财政部、农林部关于农牧企业试行小型农田水利支出办法
196		国务院办公厅转发水利电力部关于加强农田水利设施管理工作报告的通知
197		国务院办公厅转发水利电力部关于发展农村水利增强农业后劲报告的通知
198		国务院批转水利部关于依靠群众合作兴修农村水利意见的通知
199	农田水利类文件	国务院关于进一步搞好今冬明春水利基本建设的通知
200		国务院关于进一步加强农田水利基本建设的通知
201		财政部、水利部关于进一步做好建立水利建设基金工作的通知
202		财政部、国土资源部关于结合土地开发整理推进小型农田水利建设的通知
203		财政部、水利部关于实施中央财政小型农田水利重点县建设的意见
204		财政部、水利部关于印发《中央财政小型农田水利重点县建设管理办法》的通知
205		财政部、水利部关于从土地出让收益中计提农田水利建设资金有关事项的通知

序号	文件类型	政府文件名称
206	农田水利类文件	财政部、水利部关于中央财政统筹部分从土地出让收益中计提农田水利建设资金有关问题的通知
207		水利部关于印发全国冬春农田水利基本建设实施方案的通知
208		水利部关于印发《全国水土保持信息化实施方案》的通知
209		占用农业灌溉水源、灌排工程设施补偿办法（2014 修正）
210		国家发展和改革委员会、财政部、水利部关于鼓励和引导社会资本参与重大水利工程建设运营的实施意见
211		农田水利条例
212		财政部关于印发《中央财政水利发展资金使用管理办法》的通知
213		水利部办公厅关于编制 2017～2018 年冬春农田水利基本建设实施方案的通知
214		水利部关于印发《深化农田水利改革的指导意见》的通知
215		水利部办公厅关于印发《2018 年农村水利工作要点》的通知
216	支持农技发展与推广类文件	农牧渔业部农业机械化技术推广工作管理办法
217		农业技术重点推广项目管理试行办法
218		农牧渔业"丰收计划"农业技术推广基金暂行管理办法
219		农牧渔业"丰收计划"暂行实施办法
220		国务院办公厅转发农研中心关于推广旱作农业技术发展旱地农业生产报告的通知
221		国务院关于依靠科技进步振兴农业加强农业科技成果推广工作的决定
222		农业部印发《农业部关于进一步加强科教兴农工作的决定》的通知
223		国家科委、国家计委、农业部、林业部、财政部、人事部关于印发《关于加强农业科技工作促进高产优质高效农业和农村经济发展的意见》的通知
224		关于财政支持农业技术推广的若干意见
225		"科技兴农计划"资金管理办法（试行）
226		国务院办公厅转发农业部等部门关于稳定基层农业技术推广体系意见的通知
227		农业部关于推进农业科技入户工作的意见
228		农业部关于实施"农机科技兴粮行动计划"的通知
229		农业部关于印发《农业科技入户项目资金管理暂行办法》的通知

序号	文件类型	政府文件名称
230		农业部关于做好超级稻示范推广工作的通知
231		国家农业综合开发办公室关于印发《关于开展膜下滴灌节水技术推广试点工作的指导意见》的通知
232		农业部办公厅关于做好 2006 年水稻育插秧机械化技术示范推广项目实施工作的通知
233		农业部办公厅关于开展 2008 年农业科技下乡活动的通知
234		农业部办公厅关于推荐热带南亚热带作物主导品种和主推技术的通知
235		农业部办公厅、财政部办公厅关于印发 2009 年基层农技推广体系改革与建设示范县项目实施指导意见的通知
236		农业部办公厅关于做好 2010 年全国农技推广示范县工作的通知
237		国务院关于加快推进现代农作物种业发展的意见
238		农业部关于加强基层农技推广工作制度建设的意见
239	支持农技发展与推广类文件	农业部办公厅关于印发玉米生产机械化技术指导意见的通知
240		农业部办公厅、财政部办公厅关于印发《2012 年基层农业技术推广体系改革与建设实施指导意见》的通知
241		农业部办公厅关于印发黄河流域棉区棉花机械化生产技术指导意见的通知
242		农业部办公厅关于印发油菜机械化生产技术指导意见的通知
243		农业部关于加强农业机械化技术推广工作的意见
244		农业部关于推进节水农业发展的意见
245		春季棉花生产技术指导意见
246		黄淮海地区冬小麦机械化生产技术指导意见
247		农业部办公厅、财政部办公厅关于印发《2013 年基层农业技术推广体系改革与建设实施指导意见》的通知
248		农业部办公厅关于印发《水肥一体化技术指导意见》的通知
249		农业部办公厅关于印发《西北内陆棉区棉花机械化生产技术指导意见（试行)》的通知
250		农业部办公厅关于印发 2013～2014 年度小麦秋冬种和冬油菜生产技术意见的通知

续表

序号	文件类型	政府文件名称
251	支持农技发展与推广类文件	农业部办公厅关于印发花生机械化生产技术指导意见的通知
252		农业部办公厅关于印发水稻机械化生产技术指导意见的通知
253		农业部办公厅关于做好 2013 年稻田综合种养技术示范项目实施工作的通知
254		农业部办公厅、财政部办公厅关于做好旱作农业技术推广工作的通知
255		农业部办公厅、财政部办公厅关于做好 2014 年基层农技推广体系改革与建设工作的通知
256		农业部办公厅关于印发大豆机械化生产技术指导意见的通知
257		农业部办公厅关于做好 2017 年基层农技推广体系改革与建设有关工作的通知
258		农业部关于印发《农业技术试验示范与服务支持项目资金管理办法》的通知
259		农业农村部办公厅关于开展农业重大技术协同推广计划试点的通知
260		农业部关于贯彻实施《中华人民共和国农业技术推广法》的意见
261		农业农村部办公厅关于印发《2018 年推进农业机械化全程全面发展重点技术推广行动方案》的通知
262	农业生态保护类文件	国务院水土保持委员会关于水土保持设施管理养护办法（草案）
263		国务院批转财政部、水利电力部关于水土保持经费问题的请示的通知
264		水土保持条例
265		国务院环境保护委员会关于发展生态农业加强农业生态环境保护工作的意见
266		小型农田水利和水土保持补助费管理的规定
267		土地复垦规定
268		国家计委关于印发《全国国土工作座谈会会议纪要》的通知
269		国务院批转国家土地管理局、农业部关于在全国开展基本农田保护工作请示的通知
270		国务院关于加强水土保持工作的通知
271		《基本农田保护条例》
272		国务院办公厅关于治理开展农村"四荒"资源进一步加强水土保持工作的通知
273		《基本农田保护条例（1998）》
274		国土资源部关于切实做好耕地占补平衡工作的通知
275		国务院关于进一步做好退耕还林还草试点工作的若干意见

序号	文件类型	政府文件名称
276		国务院关于进一步完善退耕还林政策措施的若干意见
277		《退耕还林条例》
278		国土资源部、农业部、国家发展和改革委员、财政部、建设部、水利部、国家林业局关于进一步做好基本农田保护有关工作的意见
279		农业部关于印发《高毒农药替代实验示范项目资金管理暂行办法》的通知
280		国务院关于完善退耕还林政策的通知
281		财政部、国务院西部地区开发领导小组办公室、国家发展改革委等关于印发《巩固退耕还林成果专项资金和管理办法》的通知
282		财政部关于印发《完善退耕还林政策补助资金管理办法》的通知
283		国务院办公厅关于加快推进农作物秸秆综合利用的意见
284		国务院办公厅转发环境保护部等部门关于实行"以奖促治"加快解决突出的农村环境问题实施方案的通知
285	农业生态保护类文件	年财政部、环境保护部关于印发《中央农村环境保护专项资金管理暂行办法》的通知
286		《基本农田保护条例（2011 修订）》
287		《中华人民共和国水土保持法实施条例（2011 修订）》
288		农业部办公厅关于印发《保护性耕作项目实施规范》《保护性耕作关键技术要点》的通知
289		国家农业综合开发办公室关于印发支持有机肥生产试点指导意见的通知
290		农业部办公厅、财政部办公厅关于做好 2014 年耕地保护与质量提升工作的通知
291		国务院关于全国水土保持规划（2015—2030 年）的批复
292		国家发展改革委、财政部、农业部、环境保护部关于进一步加快推进农作物秸秆综合利用和禁烧工作的通知
293		国务院关于全国土地整治规划（2016—2020 年）的批复
294		农业部推进水肥一体化实施方案（2016—2020 年）
295		农业部等十部委办局关于印发探索实行耕地轮作休耕制度试点方案的通知
296		财政部、国土资源部、环境保护部关于印发《重点生态保护修复治理专项资金管理办法》的通知

序号	文件类型	政府文件名称
297	农业生态保护类文件	国家发展改革委、财政部、国土资源部等关于印发耕地草原河湖休养生息规划（2016—2030 年）的通知
298		国务院关于建立粮食生产功能区和重要农产品生产保护区的指导意见
299		财政部、国土资源部关于印发《土地整治工作专项资金管理办法》的通知
300		农业部、国家发展改革委、财政部、国土资源部、环境保护部、水利部关于印发《东北黑土地保护规划纲要（2017—2030 年)》的通知
301		农业部关于印发《东北地区秸秆处理行动方案》的通知
302		农业部关于印发《开展果菜茶有机肥替代化肥行动方案》的通知
303		农业部关于印发《农膜回收行动方案》的通知
304		财政部关于印发《中央对地方重点生态功能区转移支付办法》的通知（2018）
305		农业部关于印发《耕地质量保护专项资金管理办法》的通知
306		农业部关于印发《农业生态环境保护项目资金管理办法》的通知
307		农业农村部关于支持长江经济带农业农村绿色发展的实施意见
308		水利部办公厅关于印发 2018 年水土保持工作要点的通知
309		生态环境部、农业农村部关于印发农业农村污染治理攻坚战行动计划的通知
310	农作物病虫害防治类文件	国务院办公厅转发农牧渔业部关于做好蝗虫防治工作紧急报告的通知
311		农业部办公厅关于印发《热带作物病虫害疫情监测与防治项目资金管理暂行办法》的通知
312		农业部关于推进农作物病虫害专业化防治的意见
313		农业部关于印发《农作物病虫鼠害疫情监测与防治经费管理暂行办法》的通知
314		农业部办公厅关于印发《2013 年全国农作物病虫害绿色防控示范区建设方案》的通知
315		农业部办公厅关于印发《2013 年热带作物病虫害疫情监测与防控工作方案》的通知
316		农业部办公厅关于印发《全国蝗虫灾害可持续治理规划（2014—2020 年)》的通知
317		关于印发《防病治虫夺秋粮丰收行动方案》的通知

序号	文件类型	政府文件名称
318	农作物病虫害防治类文件	农业部植物保护办公室关于印发《2016年防病治虫夺粮食丰收行动方案》的通知
319		农业部关于印发《农作物病虫鼠害疫情监测与防治经费项目资金管理办法》的通知
320	农业及粮食发展基金类文件	关于加强发展粮食生产专项资金管理的若干规定
321		国务院关于建立农业发展基金增加农业资金投入的通知
322		农业发展基金管理办法
323		农业发展基金开发项目管理办法
324		国务院批转财政部等部门《粮食风险基金管理暂行办法》的通知
325		发展粮食生产专项资金项目管理实施办法（试行）
326		国务院关于印发《粮食风险基金实施意见》的通知
327		农业部、财政部关于印发《发展棉花生产专项资金使用管理暂行办法》的通知
328		财政部、农业部、水利部关于印发《粮食自给工程资金项目管理办法（试行)》的通知
329		财政部、国家计委、国家粮食储备局、中国农业发展银行关于进一步完善粮食风险基金使用管理办法的通知
330		国务院办公厅转发财政部、中国农业发展银行关于完善粮食风险基金管理办法的通知
331		财政部、国土资源部关于印发《用于农业土地开发的土地出让金使用管理办法》的通知
332		财政部关于印发《中央财政现代农业生产发展资金使用管理办法》的通知（2009修订）
333		财政部关于印发《中央财政新增农资综合补贴资金集中用于粮食基础能力建设暂行管理办法》的通知
334		农业部办公厅关于利用现代农业生产发展资金推进现代农业示范区建设的通知
335		财政部办公厅关于做好2011年财政支持现代农业生产发展工作的通知
336		财政部、农业部关于印发《农业生产发展资金管理办法》的通知

续表

序号	文件类型	政府文件名称
337		政务院关于实行粮食的计划收购和计划供应的命令
338		政务院财政经济委员会关于一九五三年棉粮比价的指示
339		国务院 1956 年关于预购棉花的指示
340		粮食部、纺织工业部、农业部、中华全国供销合作总社关于做好棉花的群众选种自留种和良棉保种工作的通知
341		国务院关于本年度棉花统购工作的指示
342		国务院关于实行"粮食征购、销售、调拨包干一定三年"的粮食管理办法
343		国务院关于提高菜油、芝麻油、茶油、桐油、木油、柏油和东北、内蒙古豆油销售价格的指示
344		国务院批转商业部、农牧渔业部、国家物价局关于做好城市蔬菜产销工作报告的通知
345		国务院批转国家物价局关于价格改革出台情况及稳定物价措施报告的通知
346		国务院办公厅转发商业部关于继续做好城市蔬菜产销工作报告的通知
347	农产品价格保护类文件	国务院关于调整粮油统销价格的决定
348		国务院关于提高粮食统销价格的决定
349		国务院关于改进粮棉"三挂钩"兑现办法的通知
350		国务院关于调整粮食销售价格的通知
351		国务院关于改变棉花加价办法和取消北方棉区价外补贴的通知
352		国务院关于加强棉花产购销综合平衡的通知
353		国家物价局、商业部、轻工业部、林业部、国家物资局、国家医药局、中国丝绸公司、中国烟草总公司下达《关于改进农产品价格管理的若干规定》的联合通知
354		国务院关于做好夏季粮油收购工作的通知
355		国务院办公厅转发国家物价局关于一九八七年物价安排意见报告的通知
356		国务院办公厅转发商业部关于继续做好城市蔬菜产销工作报告的通知
357		国家物价局、商业部、纺织工业部、财政部关于 1989 年度棉花供应价格的通知
358		国务院关于提高棉花价格和实行棉花调出调入包干办法的通知
359		国务院批转国家体改委关于改革棉花流通体制意见的通知
360		国务院关于建立粮食收购保护价格制度的通知

序号	文件类型	政府文件名称
361		国务院关于切实做好 1994 年度棉花购销工作的通知
362		国务院关于保护价敞开收购议购粮的通知
363		国家计委关于严格执行棉花价格政策的紧急通知
364		国务院办公厅关于进一步做好粮食购销和价格管理工作的补充通知
365		《粮食收购条例》
366		国家计委关于安排 1998 年粮食收购价格的通知
367		国务院关于进一步完善粮食流通体制改革政策措施的补充通知
368		国家发展改革委、国家粮食局关于 2003 年粮食收购价格有关问题的通知
369		国家发展改革委、财政部、国家粮食局、中国农业发展银行关于公布中籼稻和粳稻最低收购价格的通知
370		国家发展和改革委员会、财政部、国家粮食局等关于公布晚籼稻最低收购价格的通知
371	农产品价格保护类文件	国家发展改革委、财政部、国家粮食局、农业发展银行关于公布 2006 年稻谷和小麦最低收购价格的通知
372		国家发展改革委、国家烟草专卖局关于 2006 年烤烟收购价格政策的通知
373		国家发展改革委、财政部、农业部等关于印发《2007 年小麦最低收购价执行预案》的通知
374		国家发展改革委、财政部、农业部等关于印发 2008 年早籼稻最低收购价执行预案的通知
375		国家发展改革委、财政部、农业部等关于再次提高 2008 年稻谷和小麦最低收购价格的通知
376		国家发展和改革委员会、财政部、农业部等关于公布 2008 年稻谷和小麦最低收购价格的通知
377		国家发展和改革委员会、财政部、农业部等关于提高 2009 年小麦最低收购价格的通知
378		国家发展改革委、财政部、农业部等关于提高 2009 年稻谷最低收购价格的通知
379		国家发展改革委、财政部、农业部等关于印发 2009 年小麦最低收购价执行预案的通知

序号	文件类型	政府文件名称
380		国家发展改革委、财政部、农业部等关于印发 2009 年中晚稻最低收购价执行预案的通知
381		国家发展和改革委员会、财政部、国家粮食局等关于做好 2010 年油菜籽收购有关工作的通知
382		国家发展改革委、财政部、农业部等关于提高 2010 年稻谷最低收购价格的通知
383		国家发展和改革委员会、财政部、农业部等关于印发 2010 年小麦最低收购价执行预案的通知
384		国家发展改革委、财政部、农业部等关于印发 2010 年早籼稻最低收购价执行预案的通知
385		国家发展改革委、财政部、农业部等关于印发 2010 年中晚稻最低收购价执行预案的通知
386		国家发展和改革委员会、财政部、农业部等关于提高 2011 年稻谷最低收购价格的通知
387	农产品价格保护类文件	国家发展改革委、财政部、农业部等关于印发 2011 年早籼稻最低收购价执行预案的通知
388		国家发展改革委、财政部、农业部等关于提高 2012 年小麦最低收购价格的通知
389		国家发展改革委、财政部、农业部等关于印发 2011 年中晚稻最低收购价执行预案的通知
390		国家发展改革委、财政部、农业部等关于印发 2011 年小麦最低收购价执行预案的通知
391		国家发展改革委、财政部、农业部等关于提高 2012 年稻谷最低收购价格的通知
392		国家发展改革委、财政部、农业部等关于印发 2012 年小麦最低收购价执行预案的通知
393		国家发展改革委、国家烟草专卖局关于 2012 年烟叶收购价格政策的通知
394		国家发展和改革委员会、财政部、农业部等关于印发 2012 年中晚稻最低收购价执行预案的通知
395		国家发展改革委、财政部、农业部等关于提高 2013 年玉米临时收储价格的通知
396		国家发展改革委、财政部、农业部等关于提高 2014 年小麦最低收购价格的通知

序号	文件类型	政府文件名称
397		国家发展改革委、财政部、农业部等关于印发 2013 年中晚稻最低收购价执行预案的通知
398		国家发展改革委、财政部、农业部等关于印发 2014 年小麦和早籼稻最低收购价执行预案的通知
399		国家发展和改革委员会、财政部、农业部等关于印发 2014 年中晚稻最低收购价执行预案的通知
400	农产品价格保护类文件	国家发展和改革委员会、财政部、农业部关于发布 2014 年棉花目标价格的通知
401		国家发展和改革委员会、国家烟草专卖局关于放开烟叶收购价格的通知
402		国家发展改革委、财政部、农业部等关于公布 2015 年稻谷最低收购价格的通知
403		国家发展改革委、国家粮食局、财政部等关于做好 2015 年油菜籽收购工作的通知
404		国家发展改革委、财政部、农业部等关于公布 2017 年小麦最低收购价格的通知
405		国家发展改革委、财政部、农业部等关于公布 2018 年小麦最低收购价格的通知
406		国家发展改革委、财政部关于深化棉花目标价格改革的通知
407		国家发展改革委、财政部、农业农村部等关于公布 2019 年小麦最低收购价格的通知
408		《新解放区农业税暂行条例》
409		受灾农民农业税减免办法
410		农业税收工作指示
411		政务院关于一九五三年农业税工作的指示
412		财政部关于农村工商税收的暂行规定
413	税式支出类文件	《全国农业税条例》
414		财政部、农垦部关于国营农场交纳工商统一税问题的通知
415		中共中央批转财政部党组关于调整农业税负担的报告
416		财政部复青海省财政厅关于轮歇地免征农业税问题的函
417		财政部复湖南省财政厅关于农业税工作中的几个问题的函
418		财政部关于飞机场种植农作物的收入缴纳农业税问题的通知
419		财政部复广西壮族自治区财政局关于中小学校办农场征收农业税问题的函

序号	文件类型	政府文件名称
420		国务院批转财政部关于执行农业税起征点办法的情况报告
421		财政部关于对国营华侨农（林）场、工厂等减免税问题的通知
422		财政部关于对种子公司免征批发环节营业税的通知
423		财政部关于基层供销社销售农用柴油、汽油、润滑油暂免征收零售环节营业税问题的通知
424		财政部关于农业税征收减免若干问题的通知
425		财政部税务总局关于对农机管理服务站销售农用柴油暂免征收零售环节营业税问题的通知
426		关于农副产品出口生产基地引进良种及有关设备减税问题的通知
427		烟类产品税征税办法
428		财政部关于对敌百虫等五种农药产品暂免征产品税的通知
429		财政部关于耕地占用税具体政策的规定
430	税式支出类文件	财政部关于农用塑料薄膜免征增值税问题的通知
431		《中华人民共和国耕地占用税暂行条例》
432		国家税务局关于对异稻瘟净等九种农药产品暂免征产品税的通知
433		国家税务局关于对供销社系统经营化肥、农药等征免营业税的通知
434		国家税务局关于对国家计划内进口的粮食、化肥、农药免征进口环节产品税（或增值税）的函
435		国家税务局关于水利设施用地征免土地使用税问题的规定
436		国家税务局关于对小化肥在 1989 年内继续免征产品税的通知
437		国家税务局关于对县以下农机化系统征免营业税问题的通知
438		国家税务局关于对农机零配件给予定期减征增值税照顾的通知
439		国务院关于完善化肥、农药、农膜专营办法的通知
440		国家税务局关于对化肥产品减免税问题的通知
441		国家税务局关于对销售化肥、农机等农业生产资料一律按批发征税的通知
442		国家税务局关于对销售化肥、农药等征免营业税的通知
443		国家税务局关于各级农机公司销售农机产品及其零配件征收营业税问题的通知

序号	文件类型	政府文件名称
444		国家税务总局关于对小化肥、农用塑料薄膜、农药产品在一九九〇年内继续免税的通知
445		国家税务局关于部分化肥产品、农药产品和农用塑料薄膜减免产品税、增值税问题的通知
446		国家税务局关于对水利系统开展支农业务征免营业税问题的通知
447		国家税务局关于国家粮食储备局储备粮油业务征免营业税问题的通知
448		国家税务局关于供销社等部门经营部分农业生产资料的业务免征营业税的通知
449		国家税务局关于农业生产者销售自产农产品不征收营业税的通知
450		财政部关于做好农林特产税征收工作的通知
451		国家税务局关于发展高产优质高效农业有关税收问题暂行规定的通知
452		国家税务总局关于降低烟叶产品税税率的通知
453		《中华人民共和国营业税暂行条例实施细则》
454		《中华人民共和国增值税暂行条例实施细则》
455	税式支出类文件	国务院关于调整农林特产税税率的通知
456		国务院关于对农业特产收入征收农业税的规定
457		财政部、国家税务总局、海关总署关于进口种子（苗）、种畜（禽）和鱼种（苗）免征进口环节增值税的通知
458		财政部、国家税务总局《关于企业所得税若干优惠政策的通知》
459		财政部、国家税务总局关于对若干项目免征营业税的通知
460		财政部、国家税务总局关于调整农业产品增值税税率和若干项目征免增值税的通知
461		财政部关于对收购边销茶原料减征农业特产税问题的通知
462		关于对小化肥免征增值税后税款退还问题的通知
463		财政部、国家税务总局关于复混肥免征增值税的通知
464		财政部、国家税务总局关于钾肥产品增值税问题的通知
465		财政部、国家税务总局关于出口成品冬虫夏草退税问题的批复
466		财政部、国家税务总局关于对进口饲料和农膜免征增值税的通知
467		财政部、国家税务总局关于对若干农业生产资料征免增值税问题的通知

续表

序号	文件类型	政府文件名称
468		财政部、国家税务总局关于国有粮食企业征免增值税问题的通知
469		财政部、国家税务总局关于进口种子（苗）种畜（禽）鱼种（苗）和非盈利性种用野生动植物种源税收问题的通知
470		财政部、国家税务总局关于调整国有良种示范繁殖农场农业税征免政策的通知
471		国家税务总局关于西藏农业特产品外运征收农业特产税问题的通知
472		财政部、国家税务总局、海关总署关于使用新疆棉生产出口产品实行零税率管理办法的通知
473		财政部、国家税务总局关于1997年计划内进口化肥、农药等农业生产资料进口增值税征免问题的通知
474		财政部、国家税务总局关于1997年进口农用塑料原料进口环节增值税有关政策的通知
475		财政部、国家税务总局关于1998年进口部分品种粮食免征进口环节增值税的通知
476	税式支出类文件	国家税务总局关于做好贫困农户农业税减免工作的通知
477		海关总署关于1997年化肥、农药进口环节增值税征免税问题的通知
478		海关总署关于1997年粮食进口环节增值税征免问题的通知
479		海关总署关于调整零售包装农药成药进口暂定税率的通知
480		财政部、国家税务总局、海关总署关于对使用新疆棉生产的出口产品退税问题的通知
481		财政部、国家税务总局关于1998年进口化肥、农药进口增值税征免问题的通知
482		财政部、国家税务总局关于1998年进口农药原料及中间体等农资进口环节增值税政策的通知
483		财政部、国家税务总局关于对若干农业生产资料征免增值税问题的通知
484		财政部、国家税务总局关于继续对商业企业批发肉、禽、蛋、水产品和蔬菜的业务实行增值税先征后返政策问题的通知
485		国家税务总局关于恢复食糖出口退税的通知
486		国家税务总局关于农业土地出租征税问题的批复

续表

序号	文件类型	政府文件名称
487		海关总署关于1998年进口部分品种化肥、农药和粮食进口环节增值税征免问题的通知
488		财政部、国家税务总局关于粮食企业增值税征免问题的通知
489		国家税务总局关于稀土磷肥征免增值税问题的批复
490		海关总署关于1999年进口农药进口环节增值税征免问题的通知
491		国家税务总局关于出口甜菜粕准予退税的批复
492		国家税务总局关于全国棉花交易市场棉花购销合同暂免征收印花税的通知
493		国家税务总局关于以出顶进国产棉花退税暂行管理办法
494		海关总署关于2000年化肥、农药进口环节增值税征免等问题的通知
495		财政部、国家税务总局关于国家计划内安排进口钾肥、复合肥免征进口增值税的通知
496		财政部、国家税务总局关于进一步做好2001年农牧业税减免工作及核拨农牧业税灾歉减免指标的通知
497	税式支出类文件	财政部、国家税务总局关于农药和农药原药免征进口环节增值税问题的通知
498		财政部、国家税务总局关于农业生产资料免征增值税通知
499		财政部、国家税务总局关于若干农业生产资料征免增值税政策的通知
500		海关总署关于国家计划内进口钾肥、复合肥免征进口环节增值税的通知
501		海关总署关于进口农药和农药原药免征进口环节增值税有关问题的通知
502		财政部、国家税务总局关于出口大米、小麦、玉米增值税实行零税率的通知
503		财政部、国家税务总局关于出口棉花实行零税率的通知
504		财政部、国家税务总局关于进口化肥税收政策问题的通知
505		财政部、国家税务总局关于提高农产品进项税抵扣率的通知
506		财政部、国家税务总局关于同意云南省人民政府在进口花卉种苗种球种籽的免税指标范围内进行种类数量和金额调剂使用的通知
507		财政部、国家税务总局关于农村税费改革试点地区个人取得农业特产所得征免个人所得税问题的通知
508		财政部、国家税务总局关于在"非典"疫情期间对北京市经营蔬菜的个体工商户免征有关税收的通知

序号	文件类型	政府文件名称
509		海关总署关于 2003 年进口农药原料及中间体进口环节增值税先征后返问题的通知
510		财政部、国家税务总局关于钾肥增值税有关问题的通知
511		财政部、国家税务总局关于尿素产品增值税先征行返问题的通知
512		财政部、海关总署、国家税务总局关于云南省 2004 年进口花卉种苗种球种籽免税进口计划的通知
513		财政部、农业部、国家税务总局关于 2004 年降低农业税税率和在部分粮食主产区进行免征农业税改革试点有关问题的通知
514		国家税务总局关于贯彻《中共中央、国务院关于促进农民增加收入若干政策的意见》落实有关税收优惠政策的公告
515		财政部、国家税务总局关于继续对尿素产品实行增值税先征后返政策的通知
516		财政部、国家税务总局关于水利工程水费征免营业税问题的批复
517	税式支出类文件	财政部、国家税务总局关于"十一五"期间进口种子（苗）种畜（禽）鱼种（苗）和种用野生动植物种源税收问题的通知
518		财政部、国家税务总局关于国家林业局 2006 年度种子（苗）和种用野生动植物种源免税进口数量的通知
519		财政部、国家税务总局关于农业部 2006 年度种子（苗）种畜（禽）鱼种（苗）和种用野生动植物种源免税进口计划的通知
520		财政部、海关总署、国家税务总局关于"十一五"期间云南省进口花卉种苗种球种籽免征进口税收有关问题的函
521		财政部、国家税务总局关于促进农产品连锁经营试点税收优惠政策的通知
522		国务院关税税则委员会关于大陆对部分原产于台湾地区的进口农产品免征进口关税的通知
523		财政部、国家税务总局关于免征滴灌带和滴灌管产品增值税的通知
524		财政部、国家税务总局关于免征磷酸二铵进口环节增值税的通知
525		财政部、国家税务总局关于国家林业局 2007 年度种子（苗）和种用野生动植物种源免税进口数量的通知

序号	文件类型	政府文件名称
526		财政部、国家税务总局关于国家林业局2008年度种子（苗）和种用野生动植物种源免税进口数量的通知
527		财政部、国家税务总局关于黑大豆出口免征增值税的通知
528		财政部、国家税务总局关于有机肥产品免征增值税的通知
529		农业部办公厅关于转发《财政部、国家税务总局关于农民专业合作有关税收政策的通知》的通知
530		财政部、海关总署、国家税务总局关于印发《种子（苗）种畜（禽）鱼种（苗）和种用野生动植物种源进口税收优惠政策暂行管理办法》的通知
531		农业部办公厅关于印发《关于种子（苗）种畜（禽）鱼种（苗）进口税收优惠政策实施细则》的通知
532		财政部、国家税务总局关于农业部2010年度种子（苗）种畜（禽）鱼种（苗）和种用野生动植物种源免税进口计划的通知
533	税式支出类文件	国家税务总局关于"公司＋农户"经营模式企业所得税优惠问题的公告
534		国家税务总局关于农用拖拉机、收割机和手扶拖拉机专用轮胎不征收消费税问题的公告
535		财政部、国家税务总局关于个人独资企业和合伙企业投资者取得种植业、养殖业、饲养业、捕捞业所得有关个人所得税问题的批复
536		财政部、国家税务总局关于"十二五"期间进口种子（苗）种畜（禽）鱼种（苗）和种用野生动植物种源税收问题的通知
537		财政部、国家税务总局关于享受企业所得税优惠的农产品初加工有关范围的补充通知
538		财政部、海关总署、国家税务总局关于印发《"十二五"期间进口种子种源免税政策管理办法》的通知
539		财政部、国家税务总局关于免征蔬菜流通环节增值税有关问题的通知
540		财政部、海关总署、国家税务总局关于种子（苗）种畜（禽）鱼种（苗）和种用野生动植物种源2012年免税进口计划的通知
541		农业部办公厅关于转发财政部《基本建设贷款中央财政贴息资金管理办法》的通知

序号	文件类型	政府文件名称
542	税式支出类文件	财政部、海关总署、国家税务总局关于云南省2013年度进口花卉种苗、种球、种籽免税计划的通知
543		财政部、国家税务总局关于免征储备大豆增值税政策的通知
544		财政部、国家税务总局关于中国农业银行三农金融事业部涉农贷款营业税优惠政策的通知（2015）
545		财政部、海关总署、国家税务总局关于种子（苗）种畜（禽）鱼种（苗）和种用野生动植物种源2015年免税进口计划的通知
546		财政部、国家税务总局关于"十三五"期间进口种子种源税收政策的通知
547		海关总署关于执行"十三五"期间中央储备粮油进口税收优惠政策有关问题的通知
548		海关总署关于执行"十三五"期间进口种子种源税收政策有关问题的通知
549		财政部、海关总署、税务总局关于2017年种子种源免税进口计划的通知
550		农业部办公厅关于印发《"十三五"期间进口种子种源免税政策实施办法》的通知
551		财政部、海关总署、税务总局关于2018年度种子种源免税进口计划的通知

附录 3.23

表 10   农业补贴政策内容量化分析文件

序号	文本名称
1	中共中央、国务院关于加快推进农业科技创新持续增强农产品供给保障能力的若干意见
2	中共中央、国务院关于加快发展现代农业进一步增强农村发展活力的若干意见
3	中共中央、国务院印发《关于全面深化农村改革加快推进农业现代化的若干意见》
4	中共中央、国务院关于加大改革创新力度加快农业现代化建设的若干意见
5	中共中央、国务院关于落实发展新理念加快农业现代化实现全面小康目标的若干意见
6	中共中央、国务院关于深入推进农业供给侧结构性改革，加快培育农业农村发展新动能的若干意见
7	中共中央、国务院关于实施乡村振兴战略的意见
8	中共中央、国务院关于坚持农业农村优先发展做好"三农"工作的若干意见
9	中共中央办公厅、国务院办公厅印发《关于促进小农户和现代农业发展有机衔接的意见》
10	中共中央、国务院关于推进社会主义新农村建设的若干意见
11	中共中央、国务院关于积极发展现代农业扎实推进社会主义新农村建设的若干意见
12	中共中央、国务院关于切实加强农业基础建设进一步促进农业发展农民增收的若干意见
13	中共中央、国务院关于 2009 年促进农业稳定发展农民持续增收的若干意见
14	中共中央、国务院关于加大统筹城乡发展力度进一步夯实农业农村发展基础的若干意见
15	中共中央、国务院关于加快水利改革发展的决定
16	农业农村部关于印发《农业绿色发展技术导则（2018—2030 年)》的通知
17	农业农村部关于实施农村一二三产业融合发展推进行动的通知
18	农业农村部就促进农村产业融合发展助推乡村振兴举行发布会
19	农业农村部就质量兴农工作相关情况举行发布会
20	《关于促进小农户和现代农业发展有机衔接的意见》发布会
21	坚持农业农村优先发展做好"三农"工作《若干意见》发布会
22	国务院办公厅关于加快推进农业供给侧结构性改革大力发展粮食产业经济的意见
23	农业部关于推进农业供给侧结构性改革的实施意见
24	国务院关于印发全国现代农业发展规划（2011—2015 年）的通知

序号	文本名称
25	农业部、国家发展改革委、科技部等关于印发《全国农业可持续发展规划（2015—2030年）》的通知
26	国务院关于印发全国农业现代化规划（2016—2020年）的通知
27	农业部关于印发《全国农业和农村经济发展第十一个五年规划（2006—2010年）》的通知
28	农业农村部、财政部关于实施绿色循环优质高效特色农业促进项目的通知
29	农业部关于实施发展现代农业重点行动的意见
30	农业部关于印发《全国农业和农村经济发展第十二个五年规划》的通知
31	农业部、国家发展改革委、科技部等关于印发国家农业可持续发展试验示范区建设方案的通知
32	农业部关于进一步推进国家现代农业示范区建设的通知
33	农业部关于印发《"十三五"农业科技发展规划》的通知
34	农业部关于印发《西北旱区农牧业可持续发展规划（2016—2020年）》的通知
35	农业部关于印发《全国农产品加工业与农村一二三产业融合发展规划（2016—2020年）》
36	农业部办公厅、国家农业综合开发办公室关于印发农业综合开发区域生态循环农业项目指引（2017—2020年）的通知
37	国家发展改革委、财政部、农业部、环境保护部关于进一步加快推进农作物秸秆综合利用和禁烧工作的通知
38	农业部、国家发展和改革委、国土资源部等关于积极开发农业多种功能大力促进休闲农业发展的通知
39	农业部办公厅、财政部办公厅关于做好2016年现代农业生产发展等项目实施工作的通知
40	农业部、国家林业局、国务院扶贫办等关于印发特色产业增收工作实施方案的通知
41	国务院办公厅关于加快转变农业发展方式的意见
42	国务院办公厅关于进一步促进农产品加工业发展的意见
43	农业部办公厅关于印发《〈到2020年化肥使用量零增长行动方案〉推进落实方案》的通知
44	农业部办公厅关于进一步推动贯彻落实农产品加工业扶持政策的通知
45	农业部关于打好农业面源污染防治攻坚战的实施意见
46	国务院办公厅关于完善支持政策促进农民持续增收的若干意见
47	农业部等十部委办局关于印发探索实行耕地轮作休耕制度试点方案的通知

序号	文本名称
48	农业部关于进一步促进休闲农业持续健康发展的通知
49	农业部、中央农村工作领导小组办公室、国家发展和改革委员会等关于开展特色农产品优势区创建工作的通知
50	农业部办公厅关于印发《全国设施蔬菜重点区域发展规划（2015—2020 年）》的通知
51	财政部关于支持多种形式适度规模经营促进转变农业发展方式的意见
52	农业部办公厅、财政部办公厅关于印发《2012 年基层农业技术推广体系改革与建设实施指导意见
53	农业部办公厅关于印发《全国农业科技促进年农产品质量安全科技促进活动方案》的通知
54	农业部关于推进节水农业发展的意见
55	国务院办公厅关于印发国家农业节水纲要
56	农业部办公厅关于印发《2013—2015 年万名农技推广骨干人才培养计划指导意见》的通知
57	农业部、教育部、科学技术部、人力资源和社会保障部关于印发《现代农业人才支撑计划实施方案》的通知
58	农业部、国家发展改革委、财政部等关于促进农业产业化联合体发展的指导意见
59	农业部办公厅关于印发《水肥一体化技术指导意见》的通知
60	国务院关于支持农业产业化龙头企业发展的意见
61	农业部办公厅、财政部办公厅关于印发《2013 年基层农业技术推广体系改革与建设实施指导意见》的通知
62	农业部关于贯彻落实《全国现代农业发展规划（2011—2015 年)》加快推进现代农业建设的实施
63	农业部关于大力推进农机社会化服务的意见
64	商务部关于贯彻落实《中共中央、国务院关于加快发展现代农业进一步增强农村发展活力的若干意见》的实施意见
65	农业部办公厅关于印发《全国农机化科技创新与推广行动方案》的通知
66	农业部关于加快推进农业清洁生产的意见
67	农业部关于印发《全国休闲农业发展"十二五"规划》的通知
68	国家发展改革委、农业部、财政部关于印发"十二五"农作物秸秆综合利用实施方案的通知

续表

序号	文本名称
69	国务院办公厅关于推进农业高新技术产业示范区建设发展的指导意见
70	农业部关于印发《农业科技发展"十二五"规划》的通知
71	农业部办公厅关于印发《2011年全国节水农业工作方案》的通知
72	农业部关于加强基层农技推广工作制度建设的意见
73	农业部关于印发《农产品质量安全发展"十二五"规划》的通知
74	农业农村部办公厅关于印发农业种质遗传资源保护与利用三年行动方案的通知
75	国务院办公厅关于加强鲜活农产品流通体系建设的意见
76	农业农村部、财政部关于做好2019年农业生产发展等项目实施工作的通知
77	农业部办公厅关于印发《农业贸易促进规划（2011—2020年）》的通知
78	农业部关于加快推进乡镇或区域性农业技术推广机构改革与建设的意见
79	农业农村部办公厅、财政部办公厅关于做好2019年绿色循环优质高效特色农业促进项目实施工作的通知
80	农业部、国家发展改革委、财政部关于加快发展农业生产性服务业的指导意见
81	国务院关于促进农业机械化和农机工业又好又快发展的意见
82	农业部办公厅关于印发《全国农田节水示范活动工作方案》的通知
83	工业和信息化部关于贯彻落实国务院促进农业机械化和农机工业又好又快发展意见的通知
84	农业农村部办公厅关于印发《2019年农业农村绿色发展工作要点》的通知
85	国务院办公厅转发发展改革委、农业部关于加快转变东北地区农业发展方式建设现代农业指导意见的通知
86	农业部关于推进农作物病虫害专业化防治的意见
87	中央农村工作领导小组办公室、农业农村部关于加强基层农村经营管理体系建设的意见
88	自然资源部、农业农村部关于加强和改进永久基本农田保护工作的通知
89	国务院关于构建现代农业体系深化农业供给侧结构性改革工作情况的报告
90	国务院关于当前稳定农业发展促进农民增收的意见
91	农业部关于印发《农业科技发展规划（2006—2020年)》的通知
92	国务院办公厅关于加快推进农作物秸秆综合利用的意见
93	国务院关于深化改革加强基层农业技术推广体系建设的意见
94	农业部大力发展保护性耕作的意见

序号	文本名称
95	国家发展改革委关于印发现代农业示范项目建设规划（2007—2010年）的通知
96	农业部、财政部关于印发《现代农业产业技术体系建设实施方案（试行）》的通知
97	农业部关于贯彻落实《国务院关于深化改革加强基层农业技术推广体系建设的意见》的意见
98	农业部、国家发展和改革委员会、财政部等关于加快发展农业产业化经营的意见
99	农业部办公厅关于印发《科学应对旱涝灾害保障粮食和农业丰收预案》的通知
100	国务院办公厅关于做好当前减轻农民负担工作的意见
101	农业部关于印发《全国农业和农村信息化建设总体框架（2007—2015）》的通知
102	农业部办公厅关于印发《全国农机社会化服务"十一五"发展纲要》的通知
103	农业部关于实施农业绿色发展五大行动的通知
104	农业部绿色食品管理办公室关于印发《全国绿色食品产业发展规划纲要（2016—2020年）》的通知
105	农业农村部关于支持长江经济带农业农村绿色发展的实施意见
106	农业部新闻发布会：农产品总体上安全放心
107	农业部新闻发言人就农业部"定时定点"新闻发布会和发展现代农业等有关方面介绍情况并答记者问
108	农业部2007年4月25日下午2时就重大财政支农专项执行效果这一主题举行"定时定点"新闻发布会
109	农业部2008年10月15日举行新闻发布会，总结上半年粮食和农产品增产科技支撑作用，介绍下一步科技服务措施
110	农业部2008年4月1日举行新闻发布会，介绍我国测土配方施肥有关情况，并答记者问
111	盘点2009：种植业发展成就和亮点
112	盘点2009：农业机械化发展成就和亮点
113	农业部举行新闻发布会介绍当前农业生产形势有关情况回答记者提问
114	农业部举行新闻发布会介绍国务院下发《关于加快推进现代农作物种业发展的意见》的有关情况回答记者提问
115	农业部新闻办公室举行新闻发布会，解读《全国现代农业发展规划》，并回答记者提问
116	农业部总经济师、新闻发言人毕美家介绍中国粮食"九连增"等情况并答记者问

序号	文本名称
117	农业部新闻办公室举行新闻发布会介绍夏粮和当前农业生产形势有关情况回答记者提问
118	农业部举行新闻发布会介绍《全国现代农作物种业发展规划（2012—2020 年）》有关情况回答记者提问
119	粮食增产农民增收以及贯彻落实十八届三中全会精神等情况，并答记者问
120	农业部就"切实抓好粮食生产，保障国家粮食安全"举行发布会
121	农业部就《农业部关于促进家庭农场发展的指导意见》有关情况举行新闻发布会
122	国新办就我国今年粮食生产形势等有关情况举行发布会
123	国务院政策吹风会：《全国农业可持续发展规划》等有关情况回答记者提问
124	国新办就农业面源污染防治工作有关情况举行发布会
125	农业农村部就农业生态环境保护工作有关情况举行发布会
126	农业部就耕地轮作休耕制度试点情况举行新闻发布会
127	国新办举行深入推进"互联网＋农业"促进农村一二三产业融合发展吹风会

后　记

　　六年的时光，弹指一挥间。在三月和煦的春光中，我怀着一颗感恩的心，感念师恩、感谢亲友、感恩父母、感服自己。

　　感谢我的导师尹音频教授。博士研究生学知识，也在学做人。尹音频教授生活中简朴节约，学术上细致严谨，工作中认真负责，每次指导论文都会对论文进行打印，逐字逐句进行审阅，指出论文中格式、错别字，甚至标点符号的错误。读博六年，我深深地被尹老师的细致、踏实、认真所感染，这使得我不仅在学术上得到了提升，在为人处世方面也深受启发，授业教诲之恩情将始终铭记于心。

　　感谢众位老师的教诲。首先，感谢我的副导师李云荣副教授、李建军教授给予的技术指导以及王文甫教授在论文写作过程中的指导。其次，感谢博士阶段的授课老师们，因为你们无私的奉献使得我在学术上不断提高，他们是刘蓉教授、朱明熙教授、王君斌副教授等。再次，感谢行政教辅老师们，是你们的辛勤付出才换来我的安定学习，他们是何加明书记、邱晓幸副书记、魏丽霞老师、杨帆老师等。最后，感谢我的硕士研究生导师张丽华教授。虽然已经离开云南财经大学多年，但张老师一直在学习与生活上关心指导我，是导师也是亲人。

　　感谢亲友的支持。博士研究生学业的完成离不开众多亲友的支持，在此深表感谢。首先，感谢我的姐姐。感谢大姐在生活上的关心与支持；感谢二姐在学业与生活上的支持；感谢三姐在生活上的关心。其次，感谢众位同窗的陪伴。他们是汤云鹏博士、毛锐博士、程树磊博士、吴茵茵博士、王鑫博士等。

　　感恩父母的哺育与培养。自1994年读书至今，没有父母的支持我不可能走到今天。已至而立之年，望着渐渐老去的父母，心里莫名酸楚，还望行孝未晚，在此跪谢父母哺育与培养之恩。

感谢自己。也曾迷茫，也曾彷徨，但未曾放弃。对于复读、三本、专硕的我走到今天着实应该感谢自己，虽然不曾头悬梁、锥刺股，但是也算尝遍了求学过程中的种种辛酸，有赞美、有嘲讽、有意气风发、有灰头土脸，坎坎坷坷中读到博士。读博并不轻松，特别是延期毕业的博士更是如此，感情的不顺、科研的压力、断水断电、无寝室可住的威胁无一不是严重困扰。为此，睡过地板、躺过沙发、流过眼泪，然终未放弃。虽谈不上玉汝于成，但终归是尝遍了读博路上的艰难困苦。此刻，唯一想做的便是蹲下，摸一摸自己的影子，对自己真诚的说一句：谢谢你的坚持。

人生路漫漫，博士研究生学习生涯即将结束，我将怀着一颗感恩的心，奋勇前行。

闫胜利于格致楼

2021 年 3 月